十四五高职高专交通土建工程校企双元新型教材

公路工程招投标与合同管理

主　编　吴志华

副主编　王　轩　周荣英　陈艳琼

主　审　宁金成　许宝宝

厦门大学出版社　国家一级出版社
XIAMEN UNIVERSITY PRESS　全国百佳图书出版单位

图书在版编目（CIP）数据

公路工程招投标与合同管理 / 吴志华主编；王轩，
周荣英，陈艳琼副主编. -- 厦门：厦门大学出版社，
2024.6
　ISBN 978-7-5615-9290-8

Ⅰ．①公… Ⅱ．①吴… ②王… ③周… ④陈… Ⅲ．
①道路施工-招标-高等职业教育-教材②道路施工-投
标-高等职业教育-教材③道路工程-经济合同-管理-
高等职业教育-教材 Ⅳ．①U415.1

中国国家版本馆CIP数据核字(2024)第029141号

责任编辑	眭　蔚
美术编辑	李嘉彬
技术编辑	许克华

出版发行	厦门大学出版社
社　　址	厦门市软件园二期望海路 39 号
邮政编码	361008
总　　机	0592-2181111　0592-2181406(传真)
营销中心	0592-2184458　0592-2181365
网　　址	http://www.xmupress.com
邮　　箱	xmup@xmupress.com
印　　刷	厦门市竞成印刷有限公司

开本	787 mm×1 092 mm　1/16
印张	25.25
字数	630 千字
版次	2024 年 6 月第 1 版
印次	2024 年 6 月第 1 次印刷
定价	55.00 元

厦门大学出版社
微信二维码

厦门大学出版社
微博二维码

本书如有印装质量问题请直接寄承印厂调换

内容提要

  本书是十四五高职高专交通土建工程校企双元新型教材。共分为10个模块，主要内容包括建设工程市场概述，公路工程施工招标投标，公路工程项目施工开标、评标与定标，公路工程勘察设计、施工监理、采购招投标，建设工程合同管理基本知识，公路工程施工合同订立、履行管理，施工合同变更、转让及终止，以及建设工程其他合同等。书中重点介绍了公路工程施工招投标，公路工程项目施工开标、评标与定标，公路工程施工合同订立、履行管理。本书有完整的工程项目示例和练习项目案例，模块后附有复习思考题和综合实训。本书可作为道路与桥梁工程技术、建设工程监理、建设工程管理专业教材，市政工程技术、港口与航道工程等专业的学生也可参考使用，还可作为建设工程技术人员的培训教材或自学用书。

前　言

　　本教材贯彻落实《国家职业教育改革实施方案》，促进产教融合、校企合作、"双元"育人，对接国家专业教学标准和行业（企业）标准以及"合同管理与招投标""公路招投标与合同管理"等课程标准，与公路、市政一级施工总承包企业进行校企合作，遵循立德树人的育人理念，围绕专业人才培养目标，以学生职业能力、素质培养为重，按照模块化方式进行编写。教材内容以合作企业近期通过工程招投标中标的工程施工项目为工程案例，具有真实性、时效性，能体现公路工程项目目前建设工程招投标与合同管理的真实状况，顺应学生今后的就业工作实际情况。学生按照此教材学习，毕业后能更快地适应自己的工作岗位，迅速成长为适应现代化工程建设第一线需要的高素质技术技能人才。

　　本教材以建设工程企业工程招投标流程及工程施工合同订立、履行、终止等管理流程为导向编制，学生完成一个项目任务的过程就是掌握相关知识、技能的过程。学生通过本课程的学习，可熟练掌握企业工程招投标程序、招投标技巧，工程合同订立、履行、终止等管理程序、方法及内容，满足监理员、造价员、施工员等岗位工作要求。

　　本教材编写人员及编写分工如下：福建船政交通职业学院吴志华编写模块4、模块8，河南交通职业技术学院王轩编写模块1，云南交通职业技术学院周荣英编写模块9，福建船政交通职业学院陈艳琼编写模块2、模块5，福建船政交通职业学院高兰芳编写模块6、模块7，福建船政交通职业学院赖礼邦编写模块3的3.1～3.3部分、模块10，神州建设集团有限公司郑融源编写模块3的3.4部分。全书由吴志华担任主编，王轩、周荣英、陈艳琼担任副主编，河南交通职业技术学院宁金成教授、神州建设集团有限公司许宝宝高级工程师担任主审。吴志华负责全书的统稿和校订工作。

本教材在编写过程中引用了大量法律、法规、标准、规范、案例、图书、专业文献等资料,恕未在书中一一注明。在此,对有关作者表示诚挚的谢意。

由于编者水平有限,加上教材内容多,编写时间仓促,书中难免有不当之处,敬请专家、同仁和广大读者批评指正。

编　者

2023 年 12 月

目　录

工程项目示例

【工程项目一】国道×××线 K192＋427～K200＋838 段路面重铺工程

国道×××线 K192＋427～K200＋838 段路面重铺工程 1 标段招标公告（电子招投标）

第一章　招标公告（未进行资格预审）

国道×××线 K192＋427～K200＋838 段路面重铺工程 1 标段招标公告

1. 招标条件

本招标项目国道×××线 K192＋427～K200＋838 段路面重铺工程施工图设计已批准，项目业主为福建省××市公路局××分局，建设资金来自财政资金，招标人为福建省××市公路局××分局。项目已具备招标条件，现对该项目的施工进行公开招标。

2. 项目概况与招标范围

建设地点：××县。建设规模：该项目全长 8.402 公里，工程最高控制价 3573.5102 万元。计划工期：90 日历天。招标范围：路基路面、路基防护排水、通道涵洞、安全设施及预埋管线，详见工程量清单和施工图纸。标段划分：一个标段。

3. 投标人资格要求

3.1　本次招标要求投标人须具有国内独立法人资格，交通部门核发的公路养护工程从业资质二类甲级或乙级或经年检合格有效的建设行政主管部门颁发的公路工程施工总承包三级及以上资质，且具备有效的企业安全生产许可证、　／　业绩，并在人员、设备、资金等方面具有相应的施工能力。

投标人应进入交通运输部"全国公路建设市场监督管理系统（https://hwdms.mot.gov.cn/BMWebSite/）"中的公路工程施工资质企业名录，且投标人名称和资质与该名录中的相应企业名称和资质完全一致。或投标人应进入福建省交通运输厅"福建省公路水运建设市场信用信息管理系统"中的公路工程施工资质企业名录,且投标人名称和资质与该名录中的相应企业名称和资质完全一致。

3.2 本次招标不接受联合体投标。

3.3 每个投标人最多可对 1 个标段投标;被福建省交通运输主管部门评为 ＿/＿ 信用等级的投标人最多可对 ＿/＿ 个标段投标。每个投标人允许中 1 个标。对投标人信用等级的认定条件为:福建省交通运输厅、省重点办最新发布的养护施工信用等级。

3.4 与招标人存在利害关系可能影响招标公正性的单位,不得参加投标。单位负责人为同一人或存在控股、管理关系的不同单位,不得参加同一标段投标,否则,相关投标均无效。

3.5 在"信用中国"网站(http://www.creditchina.gov.cn/)中被列入失信被执行人名单的投标人,不得参加投标。

4. 招标文件的获取

4.1 凡有意参加投标者,请在××市公共资源交易信息网(以下简称"电子交易平台",网址:http://ggzyjy.×××××××××.gov.cn)进行身份注册并办理相应的 CA 数字证书。

4.2 完成网员注册后,请于招标公告发布之时起至投标截止时间前,通过互联网登录"电子交易平台",免费下载电子招标文件(含《工程量清单》)。招标人不另行出售纸质招标文件。联合体投标的,由联合体牵头人完成招标文件等资料下载。本招标项目电子招标文件使用海迈电子标书软件最新版本打开。

5. 投标文件的递交及相关事宜

5.1 本次招标不组织踏勘现场,不召开投标预备会。

5.2 投标文件应为加密的投标文件。投标文件递交截止时间(投标截止时间,下同)为20××年 02 月 18 日 09 时 30 分,投标人应在投标截止时间前,通过互联网使用 CA 数字证书登录"电子交易平台"(网址:http://ggzyjy.×××××××××.gov.cn),将加密的投标文件上传,并保存上传成功后系统自动生成的电子签收凭证,递交时间即为电子签收凭证时间。逾期未完成上传或未按规定加密的投标文件,招标人予以拒收。

5.3 本项目采用电子招投标,请各投标人在投标截止时间之前完成电子投标文件的递交。逾期上传成功的或者未上传到指定网址的投标文件,招标人不予受理;因投标人的原因未能正常签到、解密的投标文件将无法进入评审程序,按无效投标处理。

5.4 如遇中心停电或其他不可抗力因素导致不能按时开标、评标的,则开标日期改期,具体开标时间由招标人与交易中心协商确定后另行通知。

5.5 评标结束后,中标候选人提交的投标报价、业绩及项目经理、技术负责人的姓名、个人业绩和相关证书编号,以及被否决投标的投标人名称、否决依据和原因等将在福建省公共资源交易电子公共服务平台(https://ggzyfw.fj.gov.cn)、××市公共资源交易信息网(http://ggzyjy.×××××××××.gov.cn)上进行公示。

6. 评标办法

本招标项目采用的评标办法:合理低价法(含信用分)。

7. 发布公告的媒介

本次招标公告同时在福建省公共资源交易电子公共服务平台(http://ggzyfw.fj.gov.cn)、××市公共资源交易信息网(http://ggzyjy.×××××××××.gov.cn)等媒体上发布。

8. 联系方式

招标人:福建省××市公路局××分局   招标代理机构:福建省×××有限公司

地　址:××县   地　　　址:××县××路 379 号

邮　编:××××××   邮　　　编:××××××

联系人:陈先生   联　系　人:王先生

电　话:05××-××××××××   电　　　话:2719××××

传　真:05××-××××××××   传　　　真:05××-2719××××

电子邮箱:××××××××@163.com   电子邮箱:fj××××@163.com

监督单位:××县交通运输局

监督电话:××××-××××××××

交易中心技术支持电话:05××-2213××××、05××-5050×××

20××年 1 月 20 日

【工程项目二】××县××镇××高速公路出口至 115 县道公路工程 1 标段

××县××镇××高速公路出口至 115 县道公路工程 1 标段招标公告(电子招投标)

第一章　招标公告

××县××镇××高速公路出口至 115 县道公路工程 1 标段招标公告

1. 招标条件

本招标项目××县××镇××高速公路出口至 115 县道公路工程已由××县交通运输局以侯交〔20××〕469 号批准建设,施工图设计已由××县交通运输局以侯交〔20××〕469 号批准。项目业主为××县××镇人民政府,建设资金来自县财政拨款,招标人为××县××镇人民政府。项目已具备招标条件,现对该项目的施工进行公开招标,本次招标采用资格后审方式。

2. 项目概况与招标范围

2.1 项目的建设地点:福建省××市××县。

2.2 项目的规模:××镇××高速出口至 115 县道公路工程起点位于孔元精品村××高速出口处,起点桩号为 K0+000,终点与 115 县道现有水泥路平交相接,终点桩号 K7+066.649,路线长 7.067 km。本项目采用三级公路(兼城市道路功能)标准建设,设计速度采用 30 km/h,双向四车道,路基宽度为 18 m,全线采用水泥混凝土路面;本项目共设计大桥157.08米 1 座,中桥204.66米 3 座,桥梁上部采用预制 T 梁;全线盖板涵 8 道。本项目共设置公交停靠站 10 对,平面交叉 6 处。本项目主要建设内容包括路基工程、路面工程、桥涵工程、交通安全设施工程及绿化工程等(具体范围以招标人提供的工程量清单为准,招标图纸为依据)。

2.3 项目的计划工期:工程施工计划工期为 __24__ 个月,缺陷责任期 __24__ 个月。

2.4 招标范围及标段划分:

本项目工程施工共分为 __1__ 个标段;本次共招标 __1__ 个标段。具体情况见下表:

施工标段	属组别	里程桩号	长度/km	主要工程内容或工程量	施工工期
1	Z1	K0＋000～K7＋066.649	7.067	××镇××高速出口至 115 县道公路工程起点位于孔元精品村××高速出口处,起点桩号为K0＋000,终点与 115 县道现有水泥路平交相接,终点桩号K7＋066.649,路线长 7.067 km。本项目采用三级公路(兼城市道路功能)标准建设,设计速度采用30 km/h,双向四车道,路基宽度为 18 m,全线采用水泥混凝土路面;本项目共设计大桥157.08米 1 座,中桥 204.66 米 3 座,桥梁上部采用预制 T 梁;全线盖板涵 8 道。本项目共设置公交停靠站 10 对,平面交叉 6 处。本项目主要建设内容包括路基工程、路面工程、桥涵工程、交通安全设施工程及绿化工程等(具体范围以招标人提供的工程量清单为准,招标图纸为依据)。	24 个月

3. 投标人资格要求

3.1 本次 __Z1__ 标段组招标要求投标人须具备以下条件:

(1)具有国内独立法人资格,具备建设行政主管部门核发的①公路工程施工总承包二级及以上资质和②市政公用工程施工总承包二级及以上资质(参照强制性资格条件附录 1 填写);具备有效的企业安全生产许可证。

(2)投标人业绩条件(参照强制性资格条件附录 3 简要填写):不要求。

(3)人员、设备、资金等方面具备相应的施工能力。

3.2 本次招标不接受联合体投标。

3.3 每个投标人最多可对 __1__ 个标段组投标,其中投标人每一投标段组通过随机确定可参投 __1__ 个标段,但每个投标人在本项目只能中 __1__ 个标段;对某一标段组投标的,投标文件需包含 1 份商务文件及该标段组所有标段的报价文件。

3.4 与招标人存在利害关系可能影响招标公正性的单位,不得参加投标。单位负责人为同一人或存在控股、管理关系的不同单位,不得参加同一标段投标,否则,相关投标均无效。

3.5 与招标人或发布本公告的交易系统开发单位存在利害关系可能影响招标公正性的法人、其他组织或者个人,不得参加投标。

3.6 中标候选人不得与同一标段已中标的监理单位为同一法人、相互隶属或隶属同一法人,否则,招标人有权取消其中标候选人资格(如本次招标同时含有施工、监理标,则定标顺序依次为施工、监理标）。

3.7 在"信用中国"网站（www.creditchina.gov.cn）中被列入失信被执行人名单的投标人，不得参加投标。

4. 招标文件的获取

4.1 本项目采用匿名投标，凡有意参加投标者，请于招标公告发布之时起至投标截止时间前，登录××县公路水运工程电子招投标交易平台（网址：http://xxjt.××××××.com），下载电子招标文件（含《工程量清单》）（若不提供图纸，应提供满足投标人编制投标文件需要的参考资料）。本招标项目电子招标文件使用电子标书软件最新版本打开。

4.2 招标人没有电子印章的，须附招标人对招标代理机构的电子印章授权书。

5. 投标文件的递交及相关事宜

5.1 本次招标不组织踏勘现场。

5.2 本次招标不召开投标预备会。

5.3 投标文件递交截止时间（北京时间，下同）：20××年12月12日09时30分，通过××县公路水运工程电子招投标交易平台（网址：http://xxjt.××××××.com）在线递交投标文件。

5.4 本项目采用电子招投标，请各投标人在投标截止时间之前完成电子投标文件的递交。逾期上传成功或未上传到指定网址的投标文件，招标人不予受理；因投标人的原因未能正常签到、解密的投标文件将无法进入评审程序，按无效投标处理。如遇交易中心停电或其他不可抗力因素导致不能按时开标、评标的，则开标日期改期，具体开标时间由招标人与交易中心协商确定后另行通知。

5.5 评标结束后，中标候选人所提交的投标报价、业绩（若有）及项目经理、技术负责人的姓名、个人业绩（若有）和相关证书编号，以及被否决投标的投标人名称、否决依据和原因等将在福建省公共资源交易电子公共服务平台（http://ggzyfw.fj.gov.cn）、××县公路水运工程电子招标投标交易平台（http://xxjt.×××.com）网站上进行公示。

6. 评标办法

本招标项目采用的评标办法：合理低价法（含信用分）。

7. 投标保证金的提交

7.1 投标保证金提交的时间：20××年12月12日09时30分前到账。

7.2 投标保证金提交的金额：80万元。

7.3 投标保证金提交的方式：转账或电汇、银行保函、年度保证金、电子保函。

8. 发布公告的媒介

本次招标公告同时在福建省公共资源交易电子公共服务平台（http://ggzyfw.fj.gov.cn）、××县公路水运工程电子招标投标交易平台（http://xxjt.×××.com）等媒体上发布。

9. 联系方式

招标人：××县××镇人民政府

地　址：××市××县××镇安平路

邮　编：350×××

联系人：沈××

电　话：1585906××××

传　真:/_____

电子邮箱:/_____

招标代理机构:福建××××有限公司_____

地　　址:××市××县××大道2号_____

邮　　编:350×××_____

联系人:小江_____

电　　话:177××××××××、05××-8786××××

传　真:/_____

电子邮箱:4174××××@qq.com_____

监督单位:××县交通运输局_____

监督电话:05××-2298××××_____

20××年11月14日

模块 1 建设工程市场概述

学习目标

知识目标	①会概述建设工程市场概念、特点、发展新格局及分类,归纳我国公路基本建设程序、建设工程市场交易及运行机制、工程承发包模式、公路建设市场的发展过程及交通强国建设规划、招投标的发展历程、存在问题及规范市场行为的措施等。 ②会辨析公路建设市场的主体和客体,列举建设市场相关主体的职责,叙述建筑行业的节能转型情况。 ③会概述勘察、设计、施工、监理等从业企业的资质规定,以及建设工程从业人员资格管理规定。 ④会叙述建设工程交易中心的定义、性质,会列举建设工程交易中心的功能、职责、运行程序、建设工程交易的监督管理规定等。 ⑤会概述电子招投标的概念,电子招标投标系统的概念、特点及作用;会归纳电子招标投标系统的建设内容及分类、电子招标投标的特点及特别规定。 ⑥会概述我国法律体系基本框架的组成、表现形式、建设工程管理中常见的主要法律法规。
能力目标	①具有辨析公路建设市场的主体和客体的能力; ②具有上网登录建设主管部门相关网络平台查询从业企业的资质规定及从业人员资格管理规定,查明某从业企业的资质或某从业人员执业资格状况的能力; ③具有上网登录公共资源交易电子公共服务平台或建设工程电子招投标交易平台,查询工程项目招投标信息的能力。
素质目标	①培养学生遵守国家法律、法规,严格执行行业标准及相关规定的意识; ②培养学生交通强国、强国有我的信念。

1-1　登录当地的公共资源交易电子公共服务平台或公路(建设)工程电子招投标交易平台,了解平台的栏目及功能,查询工程项目招投标信息。

1-2　登录住房和城乡建设部、全国建筑市场监管公共服务平台、全国公路建设市场监督管理系统等网站,查询勘察设计企业、建筑业施工企业、监理咨询企业资质,了解它们的资质等级及资质范围。

1.1　建设工程市场基础知识

1.1.1　建设工程市场的基本概念及特点

1. 建设工程市场的概念及特点

(1)建设工程市场的概念

建设工程市场简称建筑市场,是进行建筑商品和相关要素交换的市场,是固定资产投资转化为建筑产品的交易场所。建设工程市场通常由有形建筑市场和无形建筑市场两部分构成。

建设工程市场有广义的建筑市场和狭义的建筑市场之分。广义的建筑市场是指建筑商品供求关系的总和,包括有形的建筑市场和无形的建筑市场,如技术服务、场所服务等。狭义的建筑市场是指交易建筑商品的场所,是有形建筑市场,如建设工程交易中心、建筑物、构筑物等。

建设工程包括建筑工程、公路工程、铁路工程、民航机场工程、港口与航道工程、水利水电工程、市政公用工程、通信与广电工程、矿业工程、机电工程等类型,相应地,建设工程市场同样包括建筑市场、公路建设市场等类型。

(2)建设工程市场的特点

①建筑市场主要交易对象的单件性。建筑市场的主要交易对象建筑产品不可能批量生产,建筑市场的买方只能通过选择建筑产品的生产单位来完成交易。建筑产品都是各不相同的,都需要单独设计,单独施工。

②生产活动与交易活动的统一性。建筑市场的生产活动和交易活动交织在一起,从工程建设的咨询、设计、施工发包与承包,到工程竣工、交付使用和保修,发包方与承包方进行的各种交易(包括生产),都是在建筑市场中进行的,都自始至终共同参与。交易的统一性使得交易过程长、各方关系极为复杂。因此,合同的签订、执行和管理就显得非常重要。

③建筑市场上有严格的行为规范。市场有市场参与者共同遵守的行为规范。这种规范是在长期实践中形成的,不同的市场繁简各有不同。这些行为规范对市场的每一个参加者都具有法律的或道德的约束力,从而保证建筑市场能够有秩序地运行。

④建筑市场交易活动的长期性和阶段性。建筑产品的生产周期很长,与之相关的设计、

咨询、材料设备供应等持续的时间都较长，其间，生产环境(气候、地质等条件)、市场环境(材料、设备、人工的价格变化)和政府政策变化的不可预见性，决定了建筑市场中合同管理的重要作用和特殊要求。一般要求使用合同示范文本，要求合同签订得详尽、全面、准确、严密，对可能出现的情况约定各自的责任和权利，约定解决的方法和原则。

⑤建筑市场交易活动的不可逆转性。建筑市场的交易一旦达成协议，设计、施工、咨询等承包单位必须按照双方约定进行设计、施工和咨询管理，项目竣工就不可能返工、退换。

⑥建筑市场具有显著的地域性。一般来说，建筑产品规模和价值越小，技术越简单，则其地域性越强，或者说其咨询、设计、施工、材料设备等供应方的区域范围越小；反之，建筑产品规模越大、价值越高、技术越复杂，建筑产品的地域性越弱，供应方的区域范围越大。

⑦建筑市场竞争较为激烈。由于建筑市场中需求者相对来说处于主导地位，甚至是相对垄断地位，这就加剧了建筑市场的竞争。建筑市场的竞争主要表现为价格竞争、质量竞争、工期竞争(进度竞争)和企业信誉竞争。

⑧建筑市场的社会性。建筑市场的交易对象主要是建筑产品，所有的建筑产品都具有社会性，涉及公众利益。例如，建筑产品的位置、施工和使用，影响到城市的规划、环境、人身安全。这个特点决定了作为公众利益代表的政府，必须加强对建筑市场的管理，加强对建筑产品的规划、设计、交易、开工、建造、竣工、验收和投入使用的管理，以保证建筑施工和建筑产品的质量和安全。

(3)构建建设工程市场新发展格局

中共中央、国务院专门印发《关于加快建设全国统一大市场的意见》，强调建设全国统一大市场是构建新发展格局的基础支撑和内在要求。党的二十大报告强调，加快构建新发展格局，着力推进高质量发展，必须加快"构建全国统一大市场，深化要素市场化改革，建设高标准市场体系"，对加快建设全国统一大市场进行了再部署。从全局和战略高度加快建设全国统一大市场，充分发挥我国超大规模市场优势，是推动我国市场由大到强和实现经济高质量发展的必由之路，对构建以国内大循环为主体、国内国际双循环相互促进的新发展格局至关重要。当前建设完善全国统一大市场，加快构建新发展格局，需要在畅通国内大循环、推进现代化产业体系建设、充分释放内需潜力、持续优化营商环境和推进高水平对外开放方面持续重点发力。所谓高质量发展，就是能够很好满足人民日益增长的美好生活需要的发展，是体现新发展理念的发展，是创新成为第一动力、协调成为内生特点、绿色成为普遍形态、开放成为必由之路、共享成为根本目的的发展。实现高质量发展，是中国式现代化的本质要求之一。

建筑业是国家经济的重要支柱产业，实现高质量发展必须大力发展绿色建筑，推广应用绿色建材产品，推行装配式建筑等新型绿色建造方式，大力推广钢结构建筑，倒逼钢结构行业加快科技创新，进一步提升产品质量及为建筑业的转型升级，为实现绿色低碳发展做出更大贡献。

2. 公路建设市场的概念

公路建设市场是指以公路工程承发包交易活动为主要内容的市场，有广义和狭义之分。狭义的公路建设市场是指公路建设产品交易的场所(有形市场)，其内涵的本质是公路建设产品的供求关系。广义的公路建设市场是指从公路工程建设的咨询、勘察、设计、施工及设备供应等各项任务的发包开始，到工程竣工、交付使用、后评价结束为止的全过程。

3. 建设工程市场的分类

建设工程市场按照不同的划分依据,可以分为若干个不同的类型。

(1)按交易对象,分为建筑产品市场、资金市场、劳动力市场、建筑材料市场、设备租赁市场、技术市场和服务市场等。

(2)按市场覆盖范围,分为国际市场和国内市场。

(3)按有无固定交易场所,分为有形市场和无形市场。

(4)按固定资产投资主体,分为国家投资形成的建设工程市场、企事业单位自有资金投资形成的建设工程市场、私人住房投资形成的建设工程市场和外商投资形成的建设工程市场等。

(5)按建筑产品的性质,分为工业建设工程市场、民用建设工程市场、公用建设工程市场、市政工程市场、道路桥梁市场、装饰装修市场、设备安装市场等。

1.1.2 基本建设程序

基本建设是添置新增固定资产的投资活动,包括固定资产的新建、扩建和改建等,属于固定资产的扩大再生产。具体来讲,基本建设就是把一定的建筑材料、设备等,通过购置、建造和安装等活动,转化为固定资产的过程。

基本建设程序是指基本建设项目从设想、选择、评估、决策、设计、施工到竣工投产交付使用的整个建设过程中各项工作必须遵循的先后顺序。它是基本建设全过程及其客观规律的反映,是建设项目科学决策和顺利实施的重要保证。按照建设项目发展的内在联系和发展过程,将建设程序分为若干阶段,这些发展阶段有严格的先后次序,不能任意颠倒。

我国现行的基本建设程序可概括为 4 个阶段和 8 个程序,如图 1-1 所示。

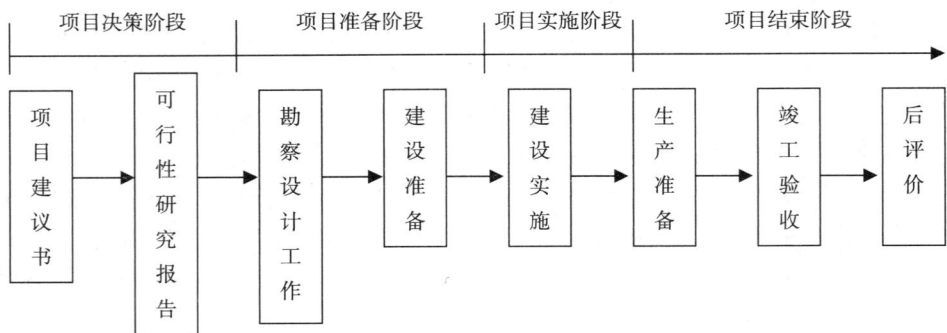

图 1-1 我国现行基本建设程序示意

1.1.3 建设工程市场交易及运行机制

1. 建设工程市场交易机制

建设工程市场交易机制是指在市场规则和主体的市场行为共同运作下的交易运作方式。随着《中华人民共和国招标投标法》及有关配套法规和规章的颁布和实施,形成了以体现公开、公平、公正的招标投标为主要交易形式的市场竞争机制。

在我国,某项建设工程一旦立项,就要成立相应的项目法人(即业主、发包人),由项目法人对项目建设全过程负责。

项目法人成立后,筹集资金作为工程建设费,并通过建设工程市场进行招标投标等市场活动,选择合适的承包人来完成工程项目建设各个阶段的任务,由业主支付工程费用,承包人交付工程。市场交易贯穿于工程项目建设全过程。在建设过程中,业主和各承包人之间要签订工程承包合同,通过合同来管理工程项目的建设实施。

2. 建筑市场的运行机制

建筑市场运行机制是指建筑市场中经济活动关系的总和。建筑市场由工程建设发包方、承包方和中介服务机构组成市场主体,各种形态的建筑商品及相关要素(如建筑材料、建筑机械、建筑技术和劳动力)构成市场客体。

3. 依法推进建筑市场规范运行

深化建筑市场治理是规范建筑市场秩序、完善建筑业市场体系的重要举措。坚持走中国特色社会主义法治道路,建设中国特色社会主义法治体系,依法推进建筑市场规范运行。

1.1.4 工程承发包模式

近年来,由于建筑行业的快速发展,工程建设模式在建筑施工行业当中起着重要的作用。目前,在我国的建筑工程行业中,主要有 EPC、PMC、DB、DBB、CM、BOT、PPP 等承发包模式。下面介绍各种模式的优缺点。

1. 工程总承包模式

工程总承包(EPC)模式(又称交钥匙模式),英文全称为 engineering procurement construction,是设计、采购、施工一体化的承发包模式,是指在项目决策阶段以后,从设计开始,经招标,委托一家工程公司对设计、采购、建造进行总承包。在这种模式下,按照承包合同规定的总价或可调总价,由工程公司负责对工程项目的进度、费用、质量、安全进行管理和控制,并按合同约定完成工程。

EPC 总承包模式是当前国际工程承包中一种被普遍采用的承包模式,也是在当前国内建筑市场中被我国政府和我国现行《建筑法》积极倡导、推广的一种承包模式。这种承包模式已经在众多房地产开发、大型市政基础设施建设、公路建设等项目中被采用。

2. 项目管理承包模式

项目管理承包(PMC)模式,英文全称为 project management consultant,指项目管理承包商代表业主对工程项目进行全过程、全方位的项目管理,包括进行工程的整体规划、项目定义、工程招标、选择 EPC 承包商,并对设计、采购、施工、试运行进行全面管理,一般不直接参与项目的设计、采购、施工和试运行等阶段的具体工作。

PMC 模式体现了初步设计与施工图设计的分离,施工图设计进入技术竞争领域,但初步设计是由 PMC 完成的。

3. 设计-建造模式

设计-建造(DB)模式,英文全称为 design and build,在我国称设计-施工(design-construction)总承包模式,是在项目原则确定之后,业主选定一家公司负责项目的设计和施工。这种方式在投标和订立合同时是以总价合同为基础的。设计-建造总承包商对整个项目成本负责,首先选择一家咨询设计公司进行设计,然后采用竞争性招标方式选择分包商,当然也可以利用本公司的设计和施工力量完成一部分工程。

DB 避免了设计和施工的矛盾,可显著降低项目的成本,缩短工期。然而,业主关心的重点是工程按合同竣工交付使用,而不在乎承包商如何去实施。同时,在选择承包商时,把设计方案的优劣作为主要的评标因素,可保证业主得到高质量的工程项目。

4. 平行发包模式

平行发包(DBB)模式,即设计-招标-建造(design-bid-build)模式,是在国际上应用最早且比较通用的工程项目发包模式,指由业主委托建筑师或咨询工程师进行前期的各项工作(如进行机会研究、可行性研究等),待项目评估立项后再进行设计。在设计阶段编制施工招标文件,随后通过招标选择承包商;而有关单项工程的分包和设备、材料的采购一般都由承包商与分包商和供应商单独订立合同并组织实施。在工程项目实施阶段,工程师则为业主提供施工管理服务。这种模式最突出的特点是强调工程项目的实施必须按照 D-B-B 的顺序进行,只有一个阶段全部结束,另一个阶段才能开始。

5. 施工管理承包模式

施工管理承包(CM)模式,英文全称为 construction management,又称"边设计、边施工"方式、分阶段发包方式。CM 模式是由业主委托 CM 单位,以一个承包商的身份,采取有条件的"边设计、边施工"方式,着眼于缩短项目周期,因此也称快速路径法。承包商采用快速路径生产组织方式来进行施工管理,直接指挥施工活动,在一定程度上影响设计活动,而它与业主的合同通常采用"成本+利润"承发包方式,通过施工管理商来协调设计和施工的矛盾,使决策公开化。

其特点是由业主和业主委托的工程项目经理与工程师组成一个联合小组,共同负责组织和管理工程的规划、设计和施工。完成一部分分项(单项)工程设计后,即对该部分进行招标,发包给一家承包商,无总承包商,由业主直接按每个单项工程与承包商分别签订承包合同。这是近年在国外广泛流行的一种合同管理模式,这种模式与过去那种设计图纸全都完成之后才进行招标的连续建设生产模式不同。

6. 建造-运营-移交模式

建造-运营-移交(build-operate-transfer,BOT)模式,是指一国财团或投资人为项目的发起人,从一个国家的政府那里获得某项目基础设施的建设特许权,然后由其独立式地联合其他方组建项目公司,负责项目的融资、设计、建造和经营。在整个特许期内,项目公司通过项目的经营获得利润,并用此利润偿还债务。在特许期满之时,整个项目由项目公司无偿或以极少的名义价格移交给东道国政府。

BOT 模式的最大特点是由于获得政府许可和支持,有时可得到政策优惠,拓宽了融资渠道。标准 BOT 虽有 BOOT、DBOT、BRT 等不同的演变方式,但它们基本特点是一致的,即项目公司必须得到政府有关部门授予的特许权。该模式主要用于机场、隧道、发电厂、港口、收费公路、电信、供水和污水处理等一些投资较大、建设周期长和可以运营获利的基础设施项目。

7. 公共部门与私人企业合作模式

公共部门与私人企业合作(public-private partnership,PPP)模式是民间参与公共基础设施建设和公共事务管理的模式,统称为公私(民)伙伴关系,是指政府、私人企业基于某个项目而形成相互间合作关系的一种特许经营项目融资模式。由该项目公司负责筹资、建设与经营,政府通常与提供贷款的金融机构达成一个直接协议,该协议不是对项目进行担保,而是政府向借贷机构做出的承诺,将按照政府与项目公司签订的合同支付有关费用。这个协议使项目公司能比较顺利地获得金融机构的贷款。而项目的预期收益、资产以及政府的扶持力度将直接影响贷款的数量和形式。采取这种融资形式的实质是政府通过给予民营企业长期的特许经营权和收益权来换取基础设施加快建设及有效运营。

PPP模式适用于投资额大、建设周期长、资金回报慢的项目,包括铁路、公路、桥梁、隧道等交通部门,电力、煤气等能源部门以及电信网络等通信事业等。无论是在发达国家还是发展中国家,PPP模式的应用越来越广泛。项目的参与者和股东只有都清晰了解了项目的所有风险、要求和机会,才有可能充分享受PPP模式带来的收益。

1.1.5 公路建设市场的发展历程及交通强国建设规划

1. 公路建设市场的发展历程

中华人民共和国成立七十多年来,我国公路建设事业取得了辉煌的成就,公路交通状况得到了极大改善,为国家经济社会发展、人民生活水平提高提供了强有力的支撑。伴随着我国社会主义市场经济体制的建立和不断完善,公路建设领域的市场化改革也取得了巨大成就。从1949年至今,我国公路建设市场化改革主要经历了以下几个阶段。

(1)第一阶段:计划经济时期(1949—1979年)

1958年前,中央政府负责国家干线公路的规划与修建,地方政府负责本区域地方公路的规划与修建。1958年后,除国防公路仍由中央政府负责投资建设外,其他所有公路的建设与管理权全部下放至地方政府。各省(自治区、直辖市)地方政府由于财政实力所限,主要采取挤用公路养路费的方法建设公路,还采用民工建勤、以工代赈等方法,直接以指令性计划和行政命令管理。

(2)第二阶段:改革开放初期(1980—1983年)

1980年,国家在交通部分项目中试行基本建设投资有偿占用制度,基本建设投资由原先的无偿政府拨款改为有偿商业贷款。

1983年以后,国家为了解决交通发展滞后问题,开征能源交通重点建设基金和建筑税(固定资产投资方向调节税)。

自1983年起,各省提高了公路养路费的征收标准,扩大征收范围,使各省能从养路费中拿出更多资金用于交通发展。

(3)第三阶段(1984—1986年)

1984年,国务院开始推行招标投标制度,代替行政分配任务制度;建立工程承包制度,实行基建物资和设备供应企业化运作,开始引进市场竞争机制。

(4)第四阶段(1987—1992年)

国务院颁布的《国务院关于印发投资管理体制近期改革方案的通知》(国发〔1988〕45号),重点对政府投资范围、资金来源和经营方式进行初步改革。

1988年1月,交通部、财政部、国家物价局联合出台了贷款修建高等级公路和大型公路桥梁、隧道收取车辆通行费的文件。

1992年,交通部发出《关于深化改革、扩大开放、加快交通发展的若干意见》的通知,进一步明确了对外开放、积极引进外资的态度,扩大了外资引入规模。

（5）第五阶段（1993—1998年）

按照1993年党的十四届三中全会通过的《中共中央关于建立社会主义市场经济体制若干问题的决定》和1997年党的十五大会议精神，我国开始对公路的经营管理和产权制度进行改革尝试：通过推行公路建设项目竞争性公开招标机制，实行公路咨询、公路勘察设计、施工、质量监理的企业化经营模式。

（6）第六阶段（1999—2017年）

1999年开始，《中华人民共和国合同法》、《中华人民共和国公路法》（第一次修正）和《中华人民共和国招标投标法》（以下简称《招标投标法》）相继实施。政府管理职能转变加快，市场化改革深入推进。

2001年，我国加入世界贸易组织（WTO），推进了公路建设领域对外开放和经济市场化进程。

2004年，《公路建设市场管理办法》（交通部令2004年第14号）出台，提出建立市场经济社会信用体系，随后《关于印发建立公路建设市场信用体系的指导意见的通知》（交公路发〔2006〕683号）发布，从法律和道德两个层面规范了市场竞争秩序。

2005年，国务院下发《国务院关于鼓励支持和引导个体私营等非公有制经济发展的若干意见》，放宽了非公有制企业的市场准入条件，进一步打破了行业垄断壁垒，鼓励私营等非公有制企业参与国有企业改革。

2007年10月16日，交通部发布《经营性公路建设项目投资人招标投标管理规定》（交通部令2007年第8号），允许社会资本采取投标方式投资建设与经营公路，我国在公路建设市场化进程上迈出了可喜的一步。

（7）第七阶段（2017年党的十九大至今）

①管理制度不断完善。《公路水运工程监理企业资质管理规定》（交通运输部令2018年第7号），《交通运输部办公厅关于贯彻实施〈公路水运工程监理企业资质管理规定〉的通知》（交办公路〔2018〕102号），2018年版公路工程标准施工监理招标文件和招标资格预审文件（交通运输部公告2018年第25号）以及2018年版公路工程标准勘察设计招标文件和招标资格预审文件（交通运输部公告2018年第26号）发布，保障了公路建设市场的公平竞争和规范有序。

②营商环境不断优化。监理企业资质标准得到完善，资质申报材料得到简化，审批流程得到优化，监理企业资质网上"电子化""清单式"申报和许可网上办理得到推行，行政审批事项进一步调整和下放，营商环境不断优化。

③项目招标投标不断规范。2018年版公路工程勘察设计和施工监理招标标准文件修订发布，国家公路建设项目评标专家库管理系统得到升级，规范了招标投标行为。

④信用体系建设不断推进。加强信用信息的基础性建设工作，完善全国统一的从业单位和从业人员数据库，利用信息化手段，实现信息共享，做到市场主体信用信息公开、透明、有效。规范信用信息的应用管理，完善守信激励和失信惩戒的相关制度。

⑤公路建设市场监管信息化水平不断提高。全面优化升级了全国公路建设市场信用信息管理系统。推进公路建设市场与收费公路监管信息系统建设，打造公路建设市场监管全国一张网。

⑥建立健全统一开放的公路建设市场体系。坚持和完善社会主义基本经济制度，毫不

动摇地巩固和发展公有制经济,毫不动摇地鼓励、支持、引导非公有制经济发展,充分发挥市场在资源配置中的决定性作用。加强代建市场的培育,各级交通运输主管部门要建立健全代建项目管理的规章制度,推进项目管理专业化。要通过政策引导和有效管理,促进代建市场规范有序发展。加强从业人员管理,交通运输主管部门、项目法人及有关从业单位应充分考虑不同层次、不同岗位从业人员的差别化需求,加强各类培训和经验交流。公路建设项目各参建单位对一线操作人员要积极创造学习条件,定期举办技术交流培训,促使操作人员熟练掌握工作技能,不断提高文化和职业素质。

截至 2022 年年底,全国公路里程 535.48 万公里,公路密度 55.78 公里/百平方公里,公路养护里程 535.03 万公里,占公路里程比重为 99.9%。全国高速公路里程 17.73 万公里,国家高速公路里程 11.99 万公里,通达 99% 的城镇人口 20 万以上的城市及地级行政中心;全国四级及以上等级公路里程 516.25 万公里,占公路里程比重为 96.4%,其中,二级及以上等级公路里程 74.36 万公里,占公路里程比重为 13.9%,通达 97.6% 的县城;农村公路里程 453.14 万公里,其中县道里程 69.96 万公里,乡道里程 124.32 万公里,村道里程 258.86 万公里;全国公路桥梁 103.32 万座、8576.49 万延米,全国公路隧道 24850 处、2678.43 万延米。覆盖广泛、互联成网、质量优良、运行良好的公路网络已基本形成,"两通"兜底性目标全面实现,有力支撑如期打赢脱贫攻坚战。

2. 交通强国建设规划

交通是兴国之要、强国之基。2019 年 9 月,中共中央、国务院印发《交通强国建设纲要》,明确从 2021 年到 21 世纪中叶,我国将分两个阶段推进交通强国建设,到 2035 年,基本建成交通强国,形成三张交通网、两个交通圈。

2021 年 2 月,中共中央、国务院印发了《国家综合立体交通网规划纲要》,并发出通知,要求各地区各部门结合实际认真贯彻落实。为加快建设交通强国,构建现代化高质量国家综合立体交通网,支撑现代化经济体系和社会主义现代化强国建设,编制本规划纲要。规划期为 2021 至 2035 年,远景展望到 21 世纪中叶。

2023 年是全面贯彻落实党的二十大精神的开局之年,交通运输部制定实施了《加快建设交通强国五年行动计划(2023—2027 年)》,重点聚焦加强现代化综合交通基础设施建设、交通运输服务乡村振兴和区域协调发展、强化交通科技创新驱动发展、提升运输服务质量等十方面内容,构建安全、便捷、高效、绿色、经济的现代化综合交通运输体系,实现交通运输质的有效提升和量的合理增长,奋力加快建设交通强国,努力当好中国式现代化的开路先锋,为全面建设社会主义现代化国家、全面推进中华民族伟大复兴提供坚强有力的交通运输服务保障。

"十四五"时期,公路建设的发展思路要围绕"补短板、优供给、强服务、增动能"四个方面,到 2025 年,便捷、高效、绿色、经济的现代化公路交通运输体系建设取得重大进展。由此可见,未来公路建设将向高质量发展,以高水平的公路交通运输体系适应经济高质量发展的要求。

1.1.6 公路建设市场招投标的发展

1. 公路建设市场招投标的发展历程

我国公路建设市场招投标的发展,大体可以分为四个阶段。

(1)第一阶段(20世纪80年代)

1980年10月17日,国务院发布的《关于开展和保护社会主义竞争的暂行规定》首次提出对一些适于承包的生产建设项目和经营项目试行招标投标的办法。1981年间,吉林省吉林市和深圳特区率先试行工程招标投标,并取得了良好效果。1984年9月18日,国务院颁发了《关于改革建筑业和基本建设管理体制若干问题的暂行规定》,同年11月,国家计委和城乡建设环境保护部联合制定了《建设工程招标投标暂行规定》,招投标制度初步建立,招标管理机构在全国各地陆续成立。但在20世纪80年代,工程招标方式基本以议标为主,交易活动比较分散,招标投标很大程度上还流于形式。

(2)第二阶段(20世纪90年代)

20世纪90年代初期到中后期,招标方式已经从以议标为主转变到以邀请招标为主,全国各省、市初步形成招标投标监督管理网络,为完善我国的招标投标制度打下了坚实的基础。

从1992年建设部第23号令的发布到1998年正式施行《中华人民共和国建筑法》,招标投标法制建设步入正轨。1995年起全国各地陆续开始建立具有"一站式"管理和"一条龙"服务特点的建筑市场监督管理新模式,工程交易活动已由无形转为有形,隐蔽转为公开,信息公开和招标程序逐步规范化,招标投标制得到规范发展。

(3)第三阶段(2001—2016年)

2000年1月1日起施行的《中华人民共和国招标投标法》明确规定我国的招标方式不再包括议标方式,必须招标和必须公开招标的范围得到了明确,工程招标已从单一的土建安装延伸到公路、水运、建筑设备和工程监理等,招投标制度不断完善。

招标投标管理的手段形成建设市场管理的"五结合":一是专业人士监督管理与计算机辅助管理相结合;二是建筑现场管理与交易市场管理相结合;三是工程评优治劣与评标定标相结合;四是管理与服务相结合;五是规范市场与执法监督相结合。

(4)第四阶段(2017年起)

随着改革的不断深入和相关法律法规的逐渐完善,以及信息技术的快速发展、互联网的普及和招投标网络化,电子招投标制度应运而生。这种突破传统、用电子数据代替纸张的投标备案方式,能更好地提高效率和降低交易成本,并能尽量减少在招标过程中的人为因素。为了规范电子招标投标活动,促进电子招标投标健康发展,国家发展和改革委员会、工业和信息化部、国家监察部、住房和城乡建设部、交通运输部、铁道部、水利部、商务部联合制定了《电子招标投标办法》及其附件《电子招标投标系统技术规范》,自2013年5月1日起施行。

为做好《"互联网+"招标采购行动方案(2017—2019年)》(发改法规〔2017〕357号)的贯彻实施工作,国家发展改革委会同国务院有关部门制定了《国务院有关部门2017年推进电子招标投标工作要点》,进一步促进了电子招投标制度的实施和发展。

2. 公路建设市场招投标发展中存在的问题

(1)招标投标法规建设仍不够健全。原有的法规和办法已经不能完全解决新出现的问题,招投标管理工作还存有较多不规范之处。

(2)行政干预较严重,未完全打破地区和部门的垄断。许多工程项目或许早已拍板定案,招标过程流于形式。

(3)资质审查不严,标段划分不合理。

（4）限价（招标控制价）编制欠缺合理性，流标现象时有发生。

（5）招标文件编制欠规范，评标定标控制不严。

（6）投标报价缺乏规范性：

①投标单位利用欺诈手段谋求中标，如假借他人资质，伪造业绩、类似工程等。

②投标方违约挂靠、分包和转包。

③投标方以行贿方式谋求中标。

④投标方以主动压低价、垫资等不正当竞争方式谋求中标。

⑤投标过程中串标、围标、陪标。

3. 进一步纠治不当市场竞争和市场干预行为

党的二十大报告强调，构建全国统一大市场，深化要素市场化改革，建设高标准市场体系。中共中央、国务院《关于加快建设全国统一大市场的意见》实施，将加快完善建设全国统一大市场的配套政策，推动全国统一大市场建设取得实质性进展。

（1）加强反垄断力度。完善垄断行为认定法律规则，健全经营者集中分类分级反垄断审查制度。破除平台企业数据垄断等问题，防止利用数据、算法、技术手段等方式排除、限制竞争。

（2）依法查处不正当竞争行为。对市场主体、消费者反映强烈的重点行业和领域，加强全链条竞争监管执法，以公正监管保障公平竞争。健全跨部门、跨行政区域的反不正当竞争执法信息共享、协作联动机制，提高执法的统一性、权威性、协调性。

（3）破除地方保护和区域壁垒。指导各地区综合比较优势、资源环境承载能力、产业基础、防灾避险能力等因素，找准自身功能定位，力戒贪大求洋、低层次重复建设和过度同质竞争，不搞"小而全"的自我小循环，更不能以"内循环"的名义搞地区封锁。

（4）废除妨碍依法平等准入和退出的规定和做法。除法律法规明确规定外，不得要求企业必须在某地登记注册，不得为企业跨区域经营或迁移设置障碍，不得设置不合理和歧视性的准入、退出条件以限制商品服务、要素资源自由流动。

（5）持续清理和废止招标采购领域违反统一市场建设的规定和做法。制定招标投标和政府采购制度规则要严格按照国家有关规定进行公平竞争审查、合法性审核。深入推进招标投标全流程电子化，加快完善电子招标投标制度规则、技术标准，推动优质评标专家等资源跨地区、跨行业共享。

1.2 建设工程市场主体与客体

1.2.1 建设工程市场主体

1. 主体的概念

建设工程市场主体是指参与建设工程市场交易活动的各种法人和自然人。

经过近年来的逐步发展，建设工程市场主体主要由发包方、承包方和为双方服务的咨询服务者（包括投资人，勘察、设计、施工、监理企业和中介机构等）以及市场组织管理者组成。

2. 业主

(1)业主的概念

业主是指既有进行某种工程的需求,又具有工程建设资金和各种准建手续,在建筑市场中发包建设任务,并最终得到建筑产品达到其投资目的的法人、其他组织和个人。业主可以是学校、医院、工厂、房地产开发公司,或是政府及政府委托的资产管理部门,也可以是个人。在我国工程建设中常将业主称为建设单位或甲方、发包人。

现阶段,为了规范业主行为,我国建立了投资责任约束机制,即项目法人责任制,由项目法人对项目建设全过程负责。

业主只有在发包工程或组织工程建设时才成为建设市场的主体,因此具备不确定性。

(2)项目业主产生的主要方式

项目业主的产生主要有以下三种方式:

①业主是企业或单位。如某工程为企、事业单位投资的新建、改建工程,则该企业或事业单位即为项目业主。

②业主是联合投资董事会。由不同投资方参股或共同投资的项目,则业主是共同投资方组成的董事会或管理委员会。

③业主是各类开发公司。开发公司自行融资或由投资方协商组建或委托开发的工程管理公司也可称为业主。

(3)项目业主的主要职能

项目业主在项目建设中的主要职能如下:

①建设项目可行性研究与立项决策;

②建设项目的资金筹措与管理;

③办理建设项目的有关手续;

④建设项目的招标与合同管理;

⑤建设项目的施工与质量管理;

⑥建设项目的竣工验收和试运行;

⑦建设项目的统计与文档管理。

3. 承包商

(1)承包商的概念

承包商是指有一定生产能力、技术装备、流动资金,具有承包工程建设任务的营业资格,在建筑市场中能够按照业主的要求,提供不同形态的建筑产品,并获得工程价款的建筑业企业。

在我国工程建设中承包商又称为承包人、乙方。

(2)承包商的类型

按从事的专业分,有建筑、水利水电、公路、港口、铁路、市政工程承包商等。

按生产的主要形式不同分,有勘察、设计单位,建筑安装企业,制作混凝土预制构件、非标准件等的生产厂家,商品混凝土供应站,建筑机械租赁单位,以及专门提供劳务的企业等。

按照承包方式不同分,有施工总承包企业、专业承包企业、劳务分包企业。

(3)承包商从事建设生产的条件

相对于业主,承包人为建筑市场主体,是长期和持续的。因此,对承包人一般宜进行从业资格管理。

承包人从事建设生产，一般需要以下三个方面的条件：

①拥有符合国家规定的注册资本。

②拥有与其等级相适应且具有注册执业资格的专业技术和管理人员。

③具有从事相应建筑活动所需的技术装备。

（4）承包商的实力

在建设工程市场中，承包商需要通过工程招投标等市场竞争取得施工项目，要依靠自身的实力去赢得市场。承包商的实力主要包括以下四个方面。

①技术方面：有精通本行的工程师、造价师、经济师、会计师、项目经理、合同管理人员等专业人员及机械施工设备，有承揽相应类型项目的经验。

②经济方面：具有周转资金、设备资金、承担风险资金，具有一定的融资和垫付资金的能力；有相当的固定资产和为完成项目购入大型设备所需的资金；具有支付各种担保和保险费用的能力，以及有承担相应风险的能力；承揽国际工程还需要具备筹集外汇的能力。

③管理方面：具有成本控制能力及施工管理方法，并采用先进的施工方法提高工作效率和技术水平。

④信誉方面：要有良好的信誉，遵守当地法律法规，承揽国外工程时能按国际惯例办事，保证工程质量、安全、工期，文明施工，合同履约。承包人承揽工程，必须根据本企业的施工力量、机械装备、技术力量、工程经验等方面的条件，选择能发挥自己优势的项目，避开企业不擅长或缺乏经验的项目，做到扬长避短，避免给企业带来不必要的风险和损失。

（5）项目经理部及项目经理

项目经理部是施工企业为了完成某项建设工程施工任务而设立的组织。项目经理部不具备法人资格，是施工企业组建的下属机构。项目经理部行为的法律后果由企业法人承担。

项目经理是受企业法人的委派，对项目全面负责的项目管理者。项目经理根据企业法人的授权进行工作，其职务是一种施工企业内部的岗位职务。

4. 工程咨询服务机构

工程咨询服务机构（国际称咨询公司）是指具有一定注册资金，一定数量的工程技术、经济、管理人员，取得建设咨询资质和营业执照，能为工程建设提供费用咨询、管理咨询、建设监理等智力型服务并获取相应费用的企业，如勘察设计单位、工程监理公司、工程造价咨询单位、招标代理单位、工程管理单位等。

工程咨询服务机构的服务内容包括勘察设计、工程造价（测量）、工程管理、招标代理、工程监理服务等。工程咨询服务机构与业主之间是契约的关系，其受业主委托或聘用，与业主订有协议书，主要是向业主提供咨询、设计、监理等智力型服务，弥补业主对工程建设过程不熟悉的缺陷。在我国，目前数量最多并有明确资质标准的是勘察设计单位、工程监理单位、工程造价咨询单位和招标代理单位。

1.2.2 建设市场的客体

1. 建设市场客体的概念

建设市场客体一般称为建筑产品，是建筑市场的交易对象，既包括有形建筑产品，也包括无形建筑产品。因为建筑产品本身及其生产过程具有不同于其他工业产品的特点，在不同的生产交易阶段,建设产品表现为不同的形态。有形建筑产品包括建筑物、构筑物,如桥梁、房屋、混凝土构件、商品混凝土供应站。无形建筑产品包括咨询、监理等各种智力型服务,如设计方案、施工图纸、勘察报告、咨询报告、咨询意见等。

公路建设市场的客体,一般称作公路建设产品。

2. 公路建设产品的特点

在公路建设市场中,公路建设产品本身及其生产过程具有不同于其他工业产品的特点,具体如下:

(1)公路建设产品的固定性及生产过程的流动性。公路建设产品与土地相连,不可移动,具有固定性,因而其施工人员、施工机械等只能随工程项目位置而不断流动,进而带来施工管理的多变性和复杂性。

(2)公路建设产品的单件性。

(3)公路建设产品的整体性和分部分项工程的相对独立性。

(4)公路建设产品的不可逆性。公路产品一旦进入生产阶段,就不可能退换,也难以重新建造,否则,双方都将承受极大的损失。公路建设生产的最终产品质量是由各阶段的成果质量决定的。只有规划、设计、施工都严格按照规范和标准进行,才能保证生产优质的建筑产品。

(5)公路建设产品的社会性。公路属于社会基础设施,涉及公众的利益和生命财产安全,也会影响到环境,所以加强对建筑产品的规划、设计、交易、建造的管理是非常必要的,有关工程建设的市场行为都应受到管理部门的监督和审查。

3. 公路建设产品的建设标准

在公路建设市场中,公路建设产品的质量不仅关系到承发包双方的利益,也关系到国家和社会的公共利益,产品的设计、施工及验收等生产过程均应遵循相应的工程建设标准,这些建设标准是以国家标准、国家规范等形式颁布实施的,具有法定性。从事建筑产品生产的任何一方都必须遵守这些标准、规范。

工程建设标准是指对工程勘察、设计、施工、验收、质量检验等各个环节的技术要求。它包括五个方面的内容:

(1)工程建设勘察设计、施工及验收等的质量要求和方法。

(2)与工程建设有关的安全、卫生、环境保护的技术要求。

(3)工程建设的术语、符号、代号、计量与单位、建筑模数和制图方法。

(4)工程建设的试验、检验和评定方法。

(5)工程建设的信息技术要求。

工程建设标准根据不同的划分依据,可分为以下类型:

(1)根据标准的约束性划分,包括强制性标准和推荐性标准。

(2)根据内容划分,包括设计标准、施工及验收标准、建设定额。

(3)按属性划分,包括技术标准、管理标准、工作标准。

(4)按标准分级划分,包括国家标准、行业标准、地方标准、企业标准。

在具体形式上,工程建设标准包括标准、规范、规程等。它一方面通过有关的标准规范,为相应的专业技术人员提供了需要遵循的技术要求和支持;另一方面,标准的法律性和权威性确保了从事工程建设的有关人员按照规定去执行,为保证工程质量打下了基础。

4. 推进建筑、交通等领域清洁低碳转型

党的二十大报告提出,推动能源清洁低碳高效利用,推进工业、建筑、交通等领域清洁低碳转型。绿色建筑是在全生命周期内,节约资源,保护环境,减少污染,为人们提供健康、适宜、高效的使用空间,最大限度地实现人与自然和谐共生的高质量建筑。对建筑节能和绿色建筑而言,绿色理念和节能举措应该贯穿从绿色设计到绿色建造再到绿色运行等的全生命周期。

1.3 建设市场的从业资质管理

在我国建筑市场中,市场的主体是业主、承包商以及中介服务机构等从业单位和从业人员。工程建设活动不同于一般的经济活动,其专业性及技术性很强,建设工程从业单位和从业人员的技术水平、管理水平高低、行为规范与否直接影响到工程实体的质量和安全生产,一旦发生问题将给社会和人民的生命财产安全造成极大损失。为了加强对建筑活动的监督管理,维护公共利益和规范建筑市场秩序,保证建设工程的质量与安全,促进建筑业的健康发展,需要对从事建设活动的企业单位和从业人员实行严格的从业资格管理,即资质管理制度。

现阶段,我国建设市场的从业资格管理包括建设工程从业单位的资质管理和从业人员的执业资格管理两类。

1.3.1 建设工程从业单位资质管理

1. 建设工程从业单位资质制度法律依据

《中华人民共和国建筑法》第 12 条规定,从事建筑活动的建筑施工企业、勘察单位、设计单位和工程监理单位,应当具备下列条件:

(1)有符合国家规定的注册资本;

(2)有与其从事的建筑活动相适应的具有法定执业资格的专业技术人员;

(3)有从事相关建筑活动所应有的技术装备;

(4)法律、行政法规规定的其他条件。

《中华人民共和国建筑法》第 13 条规定,从事建筑活动的建筑施工企业、勘察单位、设计单位和工程监理单位,按照其拥有的注册资本、专业技术人员、技术装备和已完成的建筑工程业绩等资质条件划分为不同的资质等级,经资质审查合格,取得相应等级的资质证书后,方可在其资质等级许可的范围内从事建筑活动。

根据《建筑业企业资质管理规定》第 3 条,企业应当按照其拥有的资产、主要人员、已完成的工程业绩和技术装备等条件申请建筑业企业资质,经审查合格,取得建筑业企业资质证书后,方可在资质许可的范围内从事建筑施工活动。

2. 建设工程企业资质分类

(1)工程勘察企业的资质管理

根据中华人民共和国住房和城乡建设部《工程勘察资质标准》(2013),勘察企业资质分为综合资质、专业资质和劳务资质三个类别。其中工程勘察综合资质只设甲级。岩土工程、岩土工程设计、岩土工程物探测试检测监测专业资质设甲、乙两个级别;岩土工程勘察、水文地质勘察、工程测量专业资质设甲、乙、丙三个级别。工程勘察劳务资质不分等级。

取得综合资质的勘察企业,可以承担所有专业工程类别建设工程项目的工程勘察业务;取得专业资质的勘察企业,可承担相应专业工程类别、相应等级的工程勘察业务;取得劳务资质的勘察企业,可承担相应的工程钻探、凿井等工程勘察劳务业务。

(2)工程设计企业的资质管理

根据中华人民共和国原建设部《工程设计资质标准》(2007),设计企业资质分为综合资质、行业资质、专业资质和专项资质四个系列。其中工程设计综合资质只设甲级。工程设计行业资质和工程设计专业资质设甲、乙两个级别;根据行业需要,建筑、市政公用、水利、电力(限送变电)、农林和公路行业设立工程设计丙级资质,建筑工程设计专业资质设丁级。建筑行业根据需要设立建筑工程设计事务所资质。工程设计专项资质根据需要设置等级。

取得工程设计综合资质的企业,可承担各行业建设工程项目的设计业务,其规模不受限制;但在承接工程项目设计业务时,须满足本标准中与该工程项目对应的设计类型对专业及人员配置的要求。

取得工程设计行业资质甲级的企业,可承担本行业建设工程项目主体工程及其配套工程的设计业务,其规模不受限制;乙级的企业,可承担本行业中、小型建设工程项目的主体工程及其配套工程的设计业务;丙级的企业,可承担本行业小型建设项目的工程设计业务。

取得工程设计专业资质甲级的企业,可承担本专业建设工程项目主体工程及其配套工程的设计业务,其规模不受限制;乙级的企业,可承担本专业中、小型建设工程项目的主体工程及其配套工程的设计业务;丙级的企业,可承担本专业小型建设项目的设计业务。

取得工程设计专项资质的企业,可承担规定的专项工程的设计业务,具体规定见有关专项资质标准。

(3)建筑施工企业的资质管理

①资质分类

根据《建筑业企业资质标准》(2014)(以下简称《标准》),建筑业企业资质分为施工总承包、专业承包和施工劳务三个序列。施工总承包序列设有 12 个类别,一般分为 4 个等级(特级、一级、二级、三级);专业承包序列设有 36 个类别,一般分为 3 个等级(一级、二级、三级);施工劳务序列不分类别和等级。

建筑施工企业资质类别、等级划分及业务范围详见表 1-1。

表 1-1 建筑施工企业资质类别、等级划分及业务范围

资质序列	资质类别	资质等级	业务范围
施工总承包	12 个	一般划分为特级、一级、二级、三级	可承接施工总承包工程或工程项目管理业务。可全部自行施工,也可以将专业工程或劳务作业依法分包给具有相应资质的专业承包企业或劳务分包企业
专业承包	36 个	一般分为一级、二级、三级	可承接施工总承包企业分包的专业工程,和建设单位依法发包的专业工程。可以对所承接的专业工程全部自行施工,也可以将劳务作业依法分包给具有相应资质的劳务分包企业
施工劳务	不分	不分等级	可承担各类施工劳务作业

②基本条件

具有法人资格的企业申请建筑业企业资质应具备下列基本条件：

a. 具有满足《标准》要求的资产；

b. 具有满足《标准》要求的注册建造师及其他注册人员、工程技术人员；

c. 具有满足《标准》要求的工程业绩；

d. 具有必要的技术装备。

（4）工程监理企业的资质管理

根据《工程监理企业资质管理规定》（2007），工程监理企业资质分为综合资质、专业资质和事务所资质。其中，专业资质按照工程性质和技术特点划分为若干工程类别。

综合资质、事务所资质不分级别。专业资质分为甲级、乙级；其中，房屋建筑、水利水电、公路和市政公用专业资质可设立丙级。

取得综合资质的监理企业，可以承担所有专业工程类别建设工程项目的工程监理业务，以及建设工程的项目管理、技术咨询等相关服务。取得专业甲级资质的监理企业，可承担相应专业工程类别建设工程项目的工程监理业务，以及相应类别建设工程的项目管理、技术咨询等相关服务；取得专业乙级资质的监理企业，可承担相应专业工程类别二级（含二级）以下建设工程项目的工程监理业务，以及相应类别和级别建设工程的项目管理、技术咨询等相关服务；取得专业丙级资质的监理企业，可承担相应专业工程类别三级（含三级）以下建设工程项目的工程监理业务，以及相应类别和级别建设工程的项目管理、技术咨询等相关服务。取得事务所资质的监理企业，可承担三级建设工程项目的工程监理业务，但是，国家规定必须实行强制监理的工程除外。

3. 建设工程企业资质管理规定

在中华人民共和国境内从事建设工程勘察、设计、施工、监理活动的企业，必须按照资质标准规定要求申请相应资质，经审查合格并取得资质证书后，方可在其资质许可的范围内从事相应的建设工程勘察、设计、施工、监理活动。

（1）企业资质许可机关

国务院建设行政主管部门负责审批建设工程勘察综合、专业甲级资质，设计综合、甲级资质，监理综合、甲级资质，施工总承包综合、甲级资质。国务院交通、水利、信息产业等有关部门按照国务院规定的职责分工，配合国务院建设行政主管部门审批相关行业建设工程企业资质。

省、自治区、直辖市建设行政主管部门负责审批本行政区域内的建设工程勘察、设计、施工、监理乙级资质，部分专业施工承包甲级资质、专业作业资质。省、自治区、直辖市交通、水利、信息产业等有关部门在各自的职责范围内，配合建设行政主管部门审批相关行业建设工程企业资质。

（2）申请与受理

从事建设工程勘察、设计、监理、施工的企业可申请建设工程企业资质中的一类或多类企业资质。

建设工程企业申请资质，包括首次申请、增项申请、升级申请，企业改制重组、分立、合并等需重新核定资质的申请。企业申请资质，应当根据资质标准，向建设行政主管部门提供相应的申请资料。

由国务院建设行政主管部门负责审批的资质,由企业工商注册所在地的省、自治区、直辖市建设行政主管部门负责受理。对国务院建设行政主管部门负责审批的资质,中央管理的企业及其所属企业(三层以内全资控股企业)直接向国务院建设行政主管部门申请。省、自治区、直辖市建设行政主管部门负责审批的资质,由各地确定受理方式。资质受理部门应当随时受理企业的资质申请。

(3)资质证书管理

建设工程企业资质证书分正本和副本,由国务院建设行政主管部门统一印制,正、副本具备同等法律效力。资质证书有效期为五年。

任何单位和个人不得涂改、伪造、出借、转让建设工程企业资质证书,不得非法扣押、没收建设工程企业资质证书。

建设行政主管部门应当随时受理建设工程企业资质证书变更申请。

(4)资质等级管理

首次申请或增项申请工程勘察、设计、监理企业资质,资质等级最高为乙级;首次申请或增项申请施工类资质,资质等级为最低级,施工总承包企业申请相应专业承包增项资质,按实际达到的标准审批。

企业同时申请工程勘察、设计、施工、监理资质中的两个以上类型企业资质时,其技术人员、注册资金和办公场所等资质条件可合并考核。

(5)监督管理

国务院建设行政主管部门对全国建设工程企业资质实施统一监督管理。国务院交通、水利、民航等有关部门按照职责分工,配合国务院建设行政主管部门对相关行业建设工程企业资质进行监督管理。

县级以上地方人民政府建设行政主管部门负责对本行政区域内的建设工程企业资质实施监督管理。县级以上地方人民政府交通、水利、信息产业等有关部门配合建设行政主管部门对相关行业建设工程企业资质进行监督管理。

1.3.2 建设工程从业人员资格管理

1. 建设工程从业人员资格制度法律依据

《建筑法》第十四条规定,从事建筑活动的专业技术人员,应当依法取得相应的执业资格证书,并在执业资格证书许可的范围内从事建筑活动。

建筑施工企业、勘察单位、设计单位和工程监理单位必须具有与其从事的建筑活动相适应的具有法定执业资格的专业技术人员,这是设立建筑施工企业、勘察单位、设计单位和工程监理单位的一项十分重要的条件,是由建筑活动本身的性质所决定的。从事建筑活动的企业和单位不仅需要懂经营、懂管理的经营管理人员,更需要有与其从事的建筑活动相适应的专业技术人员。从事建筑工程活动的人员,要通过国家任职资格考试、考核,由建设行政主管部门注册并颁发资格证书。

2. 专业技术人员职业资格划分

根据人力资源和社会保障部发布的最新《国家职业资格目录(专业技术人员职业资格)》,与建设工程相关的专业技术人员职业资格主要有8项。其中准入类资格有6项,分别为注册建筑师、监理工程师、造价工程师、建造师、勘察设计注册工程师、注册安全工程师;水平评价类资格 2 项,为公路水运工程试验检测专业技术人员职业资格、水利工程质量检测员资格。与建设工程监理及施工密切相关的专业技术人员职业资格主要有监理工程师、造价工程师、建造师。

（1）监理工程师

所谓监理工程师是指通过职业资格考试取得中华人民共和国监理工程师职业资格证书,并经注册后从事建设工程监理及相关业务活动的专业技术人员。凡从事工程监理活动的单位,应当配备监理工程师。

住房和城乡建设部、交通运输部、水利部、人力资源和社会保障部共同制定监理工程师职业资格制度,并按照职责分工分别负责监理工程师职业资格制度的实施与监管。各省、自治区、直辖市住房和城乡建设、交通运输、水利、人力资源和社会保障行政主管部门,按照职责分工负责本行政区域内监理工程师职业资格制度的实施与监管。

监理工程师职业资格考试全国统一大纲,统一命题,统一组织。资格考试专业科目分为土木建筑工程、交通运输工程、水利工程 3 个专业类别,考生在报名时可根据实际工作需要选择。其中,土木建筑工程专业由住房和城乡建设部负责,交通运输工程专业由交通运输部负责,水利工程专业由水利部负责。

（2）造价工程师

所谓造价工程师,是指通过职业资格考试取得中华人民共和国造价工程师职业资格证书,并经注册后从事建设工程造价工作的专业技术人员。工程造价咨询企业应配备造价工程师,工程建设活动中有关工程造价管理岗位按需要配备造价工程师。

造价工程师分为一级造价工程师和二级造价工程师。一级造价工程师英文译为 class 1 cost engineer,二级造价工程师英文译为 class 2 cost engineer。

住房和城乡建设部、交通运输部、水利部、人力资源和社会保障部共同制定造价工程师职业资格制度,并按照职责分工负责造价工程师职业资格制度的实施与监管。各省、自治区、直辖市住房和城乡建设、交通运输、水利、人力资源和社会保障行政主管部门,按照职责分工负责本行政区域内造价工程师职业资格制度的实施与监管。

一级造价工程师职业资格考试全国统一大纲,统一命题,统一组织。二级造价工程师职业资格考试全国统一大纲,各省、自治区、直辖市自主命题并组织实施。

造价工程师职业资格考试专业科目分为土木建筑工程、交通运输工程、水利工程和安装工程 4 个专业类别,考生在报名时可根据实际工作需要选择其一。其中,土木建筑工程、安装工程专业由住房和城乡建设部负责,交通运输工程专业由交通运输部负责,水利工程专业由水利部负责。

（3）建造师

注册建造师,是指通过考核认定或考试合格取得中华人民共和国建造师资格证书（以下简称资格证书）,并按照规定注册,取得中华人民共和国建造师注册证书（以下简称注册证书）和执业印章,担任施工单位项目负责人及从事相关活动的专业技术人员。未取得注册证书和执业印章的,不得担任大中型建设工程项目的施工单位项目负责人,不得以注册建造师的名义从事相关活动。

注册建造师实行注册执业管理制度,注册建造师分为一级注册建造师和二级注册建造师。取得资格证书的人员,经过注册方能以注册建造师的名义执业。

一级建造师职业资格考试全国统一大纲,统一命题,统一组织。二级建造师职业资格考试全国统一大纲,各省、自治区、直辖市自主命题并组织实施。一级建造师考试专业分为建筑工程、公路工程、铁路工程、民航机场工程、港口与航道工程、水利水电工程、市政公用工程、通信与广电工程、矿业工程、机电工程10个专业类别,二级建造师考试专业分为建筑工程、公路工程、水利水电工程、矿业工程、市政公用工程和机电工程6个专业类别,考生在报名时可根据实际工作需要选择其一。

3. 专业技术人员职业资格管理规定

住房和城乡建设部、交通运输部、水利部、人力资源和社会保障部等共同制定专业技术人员职业资格制度,并按照职责分工负责专业技术人员职业资格制度的实施与监管。各省、自治区、直辖市住房和城乡建设、交通运输、水利、人力资源和社会保障行政主管部门等,按照职责分工负责本行政区域内专业技术人员职业资格制度的实施与监管。

不同岗位的专业技术人员执业资格管理存在许多共同点,是我国建筑业专业人员执业资格制度的核心内容。

(1)均需参加统一考试

跨行业、跨区域执业的专业技术人员(如一级造价工程师、一级建造师),需要参加全国统一考试;只在本行业内部执业的,要参加本行业统一考试;只在本区域内部执业的(如二级造价工程师、二级建造师),要参加本区域统一考试。职业资格考试原则上每年一次。

(2)均需注册

只有经过注册,取得注册证书及执业印章后,才能成为注册执业人员。没有注册的,即使通过了统一考试,也不能执业。每个不同的执业资格的注册办法均由相应的法规或者规章所规定。专业技术人员取得职业资格后,不得同时受聘于两个或两个以上单位执业,不得允许他人以本人名义执业,严禁"证书挂靠"。出租出借注册证书的,依据相关法律法规进行处罚;构成犯罪的,依法追究刑事责任。

(3)均有各自的执业范围

每个执业资格证书都限定了执业范围,该范围也均由相应的法规或者规章所界定。注册执业人员不得超越范围执业。

(4)均须接受继续教育

由于知识在不断更新,每一位注册执业人员都必须及时更新知识,因此都必须接受继续教育。同时,党的二十大报告也指出,统筹职业教育、高等教育、继续教育协同创新,推进职普融通、产教融合、科教融汇,优化职业教育类型定位。在继续教育领域,要求建立个人学习账号和学分累计制度,畅通继续教育通道,促进教育变革创新,充分发挥在线教育、网络教育和人工智能的优势,办好继续教育,加快发展伴随每个人一生的教育、平等面向每个人的教育、适合每个人的教育、更加开放灵活的教育,提升教育服务经济社会发展的能力。接受继续教育的频率和形式由相应从业者资格的具体管理办法规定。

1.4　建设工程交易中心与电子招投标

1.4.1　建设工程交易中心

1. 建设工程交易中心的定义、性质及功能

（1）定义

建设工程交易中心是所有代表国家或国有企事业单位的业主进行招标的场所,是与工程招标相关的各管理部门集中办公的场所。

建设工程交易中心成立的目的是解决国有资金建设项目的透明度问题,加强建筑市场管理。

（2）建设工程交易中心的性质与作用

①建设工程交易中心的性质。建设工程交易中心为服务性机构,需得到政府或政府授权的主管部门批准才能成立,且要集中设立,不以营利为目的,不具备监督管理职能。

②建设工程交易中心的作用。建设工程交易中心能够促进工程招投标制度的推行;规范建设工程承发包行为;将建筑市场纳入了法制管理轨道,由专门的监督机构进行监督。

（3）建设工程交易中心的基本功能

①信息服务功能（收集、存储和发布各类信息,如工程招标、建材价格、工程造价等）。

②场所服务功能（为建设工程的招标、评标、定标、合同谈判等提供设施和场所,如信息发布大厅、洽谈室、开标室、会议室及相关设施）。

③集中办公功能（工程报建、招标登记、承包商资质审查、合同登记、质量报监、施工许可证发放等）。

④专家管理功能（提供评标专家成员名册）。

（4）建设工程交易中心的运行原则

①信息公开原则;②依法管理原则;③公平竞争原则;④办事公正原则。

2. 建设工程交易中心具备的条件

地级以上城市（包括地、州、盟）设立建设工程交易中心应经住房和城乡建设部、国家发

改委、国家监察委员会协调小组批准。建设工程交易中心必须具备下列条件：

(1)有固定的建设工程交易场所和满足建设工程交易中心基本功能要求的服务设施。

(2)有政府管理部门设立的评标专家名册。

(3)有健全的建设工程交易中心工作规则、办事程序和内部管理制度。

(4)工作人员必须奉公守法并熟悉国家有关法律法规,具有工程招投标等方面的基本知识;负责人必须具备 5 年以上从事建设市场管理的工作经历,熟悉国家有关法律法规,具有较丰富的工程招标投标等业务知识。

(5)建设工程交易中心不能重复设立,每个地级以上城市(包括地、州、盟)只设一个,不按照行政管理部门分别设立。

3. 建设工程交易中心的职责

(1)贯彻执行建筑市场和建设工程管理的法律、法规和规章,按照交易规则及时收集、发布信息。

(2)为在建筑市场进行交易的各方提供服务。

(3)配合市场各部门调解交易过程中发生的纠纷。

(4)向政府有关部门报告交易活动中发现的违法违纪行为。

4. 建设工程交易中心的运作程序

按照有关规定,建设项目进入中心后,一般按规定程序运行。由于各地情况不同,各中心的运行程序会有所不同。一般程序如下:

(1)拟建工程得到计划管理部门立项(或计划)批准后,到中心办理报建备案手续;

(2)确认招标方式;

(3)进入勘查、设计、施工、监理以及工程有关的重要设备、材料等的招标投标程序;

(4)发包单位与中标单位签订合同;

(5)按规定进行质量、安全监督登记;

(6)统一缴纳有关工程的前期费用;

(7)领取建设工程施工许可证。

5. 建设工程交易的监督管理规定

建设工程交易中心必须与政府部门脱钩,人员、职能分离,不能与政府部门及其所属机构搞"两块牌子、一套班子"。

政府有关部门及其管理机构可以在建设工程交易中心设立服务窗口,集中办理有关审批手续,并对建设工程招标投标活动依法实施监督。

建设行政主管部门的各职能机构也进驻建设工程交易中心。受理申报的内容一般包括工程报建、招标登记、承包商资质审查、合同登记、质量报检、施工许可证发放等。

1.4.2 电子招标投标简介

为了规范电子招标投标活动,促进电子招标投标制度健康发展,根据《中华人民共和国招标投标法》《中华人民共和国招标投标法实施条例》,国家发展改革委、工业和信息化部、国家监察委员会、住房和城乡建设部、交通运输部、铁道部、水利部、商务部联合制定了《电子招标投标办法》及其附件《电子招标投标系统技术规范》,自 2013 年 5 月 1 日起施行。在中华人民共和国境内进行电子招标投标活动,适用《电子招标投标办法》。

电子招标投标市场发展的最终目标,是在全国范围内建立起交易平台、公共服务平台、行政监督平台三大平台,以及分类清晰、功能互补、互联互通的电子招标投标系统,最终实现所有招标项目全过程电子化。

1. 电子招标投标的概念

所谓电子招标投标活动是指以数据电文形式,依托电子招标投标系统完成的全部或者部分招标投标交易、公共服务和行政监督活动。数据电文形式与纸质形式的招标投标活动具有同等法律效力。

所谓全流程电子招投标,顾名思义,就是在计算机和网络上完成招标投标的整个过程,亦即在线完成招标、投标、开标、评标、定标等全部活动。它与依托纸质文件开展的招标投标活动并无本质上的区别。

2. 电子招标投标系统

(1)系统的概念

电子招标投标系统是以网络技术为基础,招标、投标、评标、合同等业务全过程实现数字化、网络化、高度集成化的系统,主要由网络安全系统与网上业务系统两部分组成。

电子招投标系统提供电子标书、数字证书加解密、计算机辅助开/评标等技术,全面实现资格标、技术标和商务标的电子化和计算机辅助评标,支持电子签到、流标处理和中标锁定,支持电子评标报告和招投标数字档案,极大地提高了招投标的效率,节省了招投标的成本。可支持的类型包括工程、货物、服务类招标投标。

(2)系统的特点及作用

和传统的基于书面文件的招标系统相比,基于网络技术的电子招标投标系统具有的一个突出特点就是:解决了传统招投标模式中"公平、公正、公开"与"择优""质量""效率"的矛盾。

与其他媒体相比,互联网技术由于开放性、交互性和普及性更高,因而公开程度能够得到充分的保证。由于互联网的公开性,招投标过程可以得到更多的社会监督,公正性也能得到充分的保证;由于招投标过程的公开性、公正性,公平也得到了保证。电子招投标系统能够满足不同要求的多种数据仓库、数据挖掘、数据共享、数据查询、数据分析等功能需求,可以把评委从繁重的审阅工作中解放出来,因而招投标工作的质量和效率得以保证。

电子招投标系统还有如下的作用:

①促进招标机构与招标管理部门内部的规范化管理;

②有利于提高招标机构内部资源的利用率;

③提高招标的公开性和透明度,促进竞争,保证招标的公正与公开。

(3)系统建设内容

电子招标投标系统建设的重要内容包括:

①引入数字证书,解决投标人网上身份认证问题,并解决电子文件的法律有效性问题。

②建立统一登录门户,兼容数字证书用户和普通账号用户。

③建立物资供应商预登记系统,加强物资供应商入围管理。

④引入电子签章,使之符合传统工作习惯,并可直观感受。

⑤引入电子标书,实现电子化招投标。

⑥引入电子标书加解密技术,解决电子投标文件安全性问题。

⑦建立协同工作平台,实现业务自动流转,辅助个人办公管理。

⑧建立计算机辅助开标系统,提高开标效率。

⑨建立计算机辅助评标系统,减轻评标负担,解决评标难题。

⑩建立招投标数字档案系统,实现招投标文件自动归档。

⑪统一信息标准,实现业务数据自动统计。

⑫建立领导查询系统,为领导提供自助查询统计服务。

⑬建立短信服务平台,保障重要通知及时送达。

⑭建立安全保障系统,解决网上招投标安全性问题。

(4)系统的分类

电子招标投标系统根据功能的不同,分为电子交易平台、公共服务平台和行政监督平台。

①电子交易平台

电子交易平台是以数据电文形式完成招标投标交易活动的信息平台。

现行电子交易平台有三类,第一类是各级地方政府机构的交易中心平台,如福建省公共资源交易中心、河南省公共资源交易中心、云南省公共资源交易中心、郑州市公共资源交易中心、昆明市公共资源招标采购平台、泉州市公共资源交易平台、福州市公路工程电子招标投标交易平台(图1-2)等;第二类是第三方平台,如龙源工程采购交易平台、千里马招标网、福建省六一八电子招投标平台、E共享电子招标投标交易平台、海易招电子招标投标交易平台等;第三类是国企平台,如中煤招标有限责任公司电子招投标平台、中国电子进出口招标采购网等。

图1-2 福州市公路工程电子招标投标交易平台示例

②公共服务平台

公共服务平台是满足交易平台之间信息交换、资源共享需要,并为市场主体、行政监督部门和社会公众提供信息服务的信息平台,一般由地方人民政府发展改革部门会同有关部门推动建立。如福建省公共资源交易电子公共服务平台、福建招标投标公共服务平台、河南省电子招标投标公共服务平台、云南公共资源交易服务平台、广州公共资源交易公共服务平台、福州公共资源交易服务平台等。

公共服务平台具有交易平台枢纽、公共信息载体、身份互认桥梁、行政监管依托、指定发布媒介等功能。

③行政监督平台

行政监督平台是行政监督部门和监察机关在线监督电子招标投标活动的信息平台。

行政监督平台一般由设区市以上政府机构建立,如福建省公共资源交易电子行政监督平台、河北省招标投标行政监督平台、成都市工程建设项目招标投标行政监督平台、菏泽市公共资源行政监督平台等。

行政监督平台建设应体现简政放权,做到高效透明,不得与交易平台合并建设和运营,也不得具备任何交易功能。

3. 电子招标投标的特点

(1)数据电文形式与纸质形式的招标投标活动具有同等法律效力。

(2)电子招标投标某些环节需要同时使用纸质文件的,应当在招标文件中明确约定;当纸质文件与数据电文不一致时,除招标文件特别约定外,以数据电文为准。

(3)招标、开标、评标、定标以及争议处理等所有招标投标活动均通过电子招标投标系统完成。

(4)电子招标投标中的数据电文都需要电子签名。

(5)需要签订电子合同。即招标人应当通过电子招标投标交易平台,以数据电文形式与中标人签订合同。

4. 电子招标投标的特别规定

(1)电子招标投标系统的开发、检测、认证、运营必须遵守《电子招标投标系统技术规范》。

(2)投标截止时间前未完成投标文件传输的,视为撤回投标文件。

(3)开标和评标应当在线进行,所有投标人均应准时在线参加开标。

(4)因投标人原因造成投标文件未解密的,视为撤销其投标文件;因投标人之外的原因造成投标文件未解密的,视为撤回其投标文件。部分投标文件未解密的,其他投标文件的开标可以继续进行。

(5)电子招标投标系统未按照规定通过检测和认证,应责令改正;拒不改正的,不得交付使用,已经运营的,应当停止运营。

1.5 建设工程管理相关法律法规

1.5.1 我国法律体系基本框架的组成

我国法律体系基本框架由宪法与宪法相关法、民法商法、行政法、经济法、社会法、刑法、诉讼与非诉讼程序法七大类组成,详见表1-2。

表 1-2　我国法律体系基本框架组成

序号	类别	调整关系	包括的主要法律
1	宪法与宪法相关法	规定国家的政治制度、社会制度	宪法,再加 6 个相关法
2	民法商法	三类主体间(平等主体): (1)公民间 (2)法人间 (3)公民与法人间 两类关系: (1)财产关系 (2)人身关系	民法典、公司法、招标投标法
3	行政法	行政主体与三类主体: (1)行政相对人 (2)行政法制监督主体 (3)行政主体内部 四种关系: (1)行政管理关系 (2)行政法制监督关系 (3)行政救济关系 (4)内部行政关系	行政处罚法、行政复议法、行政许可法、环境影响评价法、城市房地产管理法、城乡规划法、建筑法
4	经济法	经济关系	统计法、土地管理法、标准化法、税收征收管理法、预算法、审计法、节约能源法、政府采购法、反垄断法
5	社会法	劳动关系、社会保障关系、社会福利关系	残疾人保障法、矿山安全法、劳动法、职业病防治法、安全生产法、劳动合同法
6	刑法	犯罪和刑罚	刑法
7	诉讼与非诉讼程序法	法律流程	民事诉讼法、行政诉讼法、刑事诉讼法、仲裁法

1.5.2　我国现行法律法规制度体系的表现形式

我国现行法律法规制度体系的表现形式包括宪法、法律、行政法规、部门规章、地方性法规、地方政府规章、国际条约,共 7 种,详见表 1-3。

表 1-3　我国现行法律法规制度体系的表现形式

序号	法律形式	名称特征	制定单位	公布形式
1	宪法	宪法	全国人大	
2	法律	××法(民法典除外)	全国人大及其常委会	国家主席签署主席令
3	行政法规	××条例	国务院	总理签署国务院令

续表

序号	法律形式	名称特征	制定单位	公布形式
4	部门规章	××规定、办法、实施细则	国务院各部委	部门首长签署命令
5	地方性法规	××地方××条例	地方人大及其常委会	省级由人大主席团发布,其他由地方人大常委会发布公告
6	地方政府规章	××地××规定、办法、实施细则	省级和较大的市级人民政府	省长、市长签署命令
7	国际条约	××公约、条约、协议、宪章、盟约		

1.5.3 完善以宪法为核心的中国特色社会主义法律体系

坚持依法治国首要坚持依宪治国,坚持依法执政首要坚持依宪执政,坚持宪法确定的中国共产党领导地位不动摇,坚持宪法确定的人民民主专政的国体和人民代表大会制度的政体不动摇。加强宪法实施和监督,健全保证宪法全面实施的制度体系,更好地发挥宪法在治国理政中的重要作用,维护宪法权威。加强重点领域、新兴领域、涉外领域立法,统筹推进国内法治和涉外法治,以良法促进发展、保障善治。推进科学立法、民主立法、依法立法,统筹立、改、废、释、纂,增强立法系统性、整体性、协同性、时效性。完善和加强备案审查制度。坚持科学决策、民主决策、依法决策,全面落实重大决策程序制度。

1.5.4 与公路工程建设相关的法律法规

在建设工程市场活动中,建设工程管理应当以合同为核心,以法律为依据。与公路工程建设相关的法律法规较多,可以分为以下几类:

1. 与公路工程建设相关的国家有关法律法规

(1)《中华人民共和国建筑法》(1997年11月1日中华人民共和国主席令第91号公布,2011年4月第一次修正,2019年4月第二次修正)。

(2)《中华人民共和国民法典》(2020年5月28日中华人民共和国主席令第45号公布,自2021年1月1日起施行)。

(3)《中华人民共和国招标投标法》(1999年8月30日中华人民共和国主席令第21号公布,2000年1月1日起施行,2017年12月27日修正)。

(4)《中华人民共和国安全生产法》(2002年6月29日中华人民共和国主席令第70号公布,自2002年11月1日起施行;2021年6月10日第三次修正,2021年9月1日起施行)。

(5)《中华人民共和国公路法》(1997年7月3日中华人民共和国主席令第86号公布,2017年11月修订施行)。

(6)《中华人民共和国政府采购法》(2002年6月29日中华人民共和国主席令第68号公布,2014年8月修订施行)。

(7)《中华人民共和国行政许可法》(2003年8月27日中华人民共和国主席令第7号公

布,2019 年 4 月修订施行)。

(8)《建设项目环境保护管理条例》(1998 年 11 月 29 日国务院令〔1998〕第 253 号公布,2017 年 7 月修订,10 月施行)。

(9)《建设工程质量管理条例》(2000 年 1 月 30 日国务院令〔2000〕第 279 号公布,2019 年 4 月修订施行)。

(10)《建设工程勘察设计管理条例》(2000 年 9 月 25 日国务院令〔2000〕第 293 号公布,2017 年 10 月修订施行)。

(11)《中华人民共和国招标投标法实施条例》(2011 年 12 月 20 日国务院令〔2011〕第 613 号公布,自 2012 年 2 月 1 日起施行;2019 年 3 月 2 日第三次修订)。

2. 与公路建设相关的部门规章及规范性文件(部分)

(1)《公路工程建设项目招标投标管理办法》(交通运输部令 2015 年第 24 号)。

(2)《工程建设项目施工招标投标办法》(七部委 30 号令,2013 年 3 月修订)。

(3)《工程建设项目勘察设计招标投标办法》(八部委 2 号令,2013 年 3 月修订)。

(4)《公路工程基本建设项目设计文件编制办法》(交公路发〔2007〕358 号)。

(5)《公路水运工程质量监督管理规定》(交通运输部令 2017 年第 28 号)。

(6)《农村公路建设管理办法》(交通运输部令 2018 年第 4 号)。

(7)《公路工程设计变更管理办法》(交通部令 2005 年第 5 号)。

(8)《建设工程价款结算暂行办法》(财建〔2004〕369 号)。

(9)《公路工程竣(交)工验收办法实施细则》(交公路发〔2010〕65 号)。

(10)《建设部关于修改〈建筑工程施工许可管理办法〉的决定》(住建部令 2014 年第 18 号,2021 年 3 月修订)。

(11)《公路建设项目法人资格标准(试行)》(交公路发〔2001〕583 号)。

(12)《公路建设四项制度实施办法》(交通部令 2000 年第 7 号)。

(13)《公路建设市场准入规定》(交通部令 2000 年第 6 号)。

(14)《公路工程设计施工总承包管理办法》(交通运输部令 2015 年第 10 号)。

(15)《电子招标投标办法》(八部委 2013 年第 20 号令)。

1.5.5 建设工程管理中常见的法律法规

目前,调整我国建筑市场中社会关系的法律主要有《中华人民共和国建筑法》《中华人民共和国招标投标法》《中华人民共和国民法典》等,行政法规主要有《中华人民共和国招标投标法实施条例》《建设工程质量管理条例》《建设工程安全生产管理条例》等。

1. 建筑法

为了加强对建筑活动的监督管理,维护建筑市场秩序,保证建筑工程的质量和安全,促进建筑业健康发展,制定《中华人民共和国建筑法》。在中华人民共和国境内从事建筑活动,实施对建筑活动的监督管理,应当遵守本法。

《中华人民共和国建筑法》(以下简称《建筑法》)于 1997 年 11 月 1 日第八届全国人民代表大会常务委员会第二十八次会议通过,1998 年 3 月 1 日起施行,2011 年 4 月 22 日第一次修正,2019 年 4 月 23 日第二次修正。

建筑法是调整建筑活动中形成的社会关系的法律规范的总称。《建筑法》分总则、建筑许可、建筑工程发包与承包、建筑工程监理、建筑安全生产管理、建筑工程质量管理、法律责任、附则,共 8 章 85 条。

建筑法律关系主体包括政府相关部门、业主方、承包方、中介组织、公民个人,客体包括财、物、行为、非物质财富等。

从事建筑活动应遵循的原则:

(1)依法原则。从事建筑活动应当遵守法律、法规,不得损害社会公共利益和他人的合法权益。实施对建筑活动的监督管理,应当遵守国家法律、法规的规定。任何单位和个人都不得妨碍和阻挠依法进行的建筑活动。

(2)确保建筑工程质量和安全原则。建筑活动应当确保建筑工程质量和安全,符合国家的建筑工程安全标准。

(3)有利于建筑业发展,有利于先进科学技术发展的原则。国家扶持建筑业的发展,支持建筑科学技术研究,提高房屋建筑设计水平,鼓励节约能源和保护环境,提倡采用先进技术、先进设备、先进工艺、新型建筑材料和现代管理方式。

2. 招标投标法

《中华人民共和国招标投标法》(以下简称《招标投标法》)是为了规范招标投标活动,保护国家利益、社会公共利益和招标投标活动当事人的合法权益,提高经济效益,保证项目质量制定的法律。在中华人民共和国境内进行招标投标活动,适用本法。

《招标投标法》于 1999 年 8 月 30 日第九届全国人民代表大会常务委员会第十一次会议通过,2000 年 1 月 1 日起施行,2017 年 12 月 27 日修正。

招标投标法是调整市场竞争中因招标投标活动而产生的社会关系的法律规范的总称。《招标投标法》分总则,招标,投标,开标、评标和中标,法律责任,附则,共 6 章 68 条。

3.《民法典》合同编

合同法是民法的重要组成部分,广义的合同法是指调整平等主体的自然人、法人、其他组织之间设立、变更、终止民事权利义务关系的法律规范的总称,狭义上是指《中华人民共和国民法典》合同编。

1999 年 3 月 15 日,九届人大二次会议通过了《中华人民共和国合同法》[以下简称《合同法》(1999)],至此一部统一的合同法终于"千呼万唤始出来",自 1999 年 10 月 1 日开始施行。这部法律的出台,在我国立法史上留下了可圈可点的一笔。条文多达 428 条,借鉴了各国先进的立法经验,在我国现有法律当中是罕见的。

2020 年 5 月 28 日,十三届全国人大三次会议表决通过了《中华人民共和国民法典》(以下简称《民法典》),自 2021 年 1 月 1 日起施行,包括《中华人民共和国婚姻法》《中华人民共和国民法通则》《中华人民共和国合同法》在内的 9 部法律同时废止。

《民法典》共 7 编 1260 条,各编依次为总则、物权、合同、人格权、婚姻家庭、继承、侵权责任,以及附则。《民法典》合同编共 3 个分编——通则、典型合同、准合同,共 29 章 526 条,几乎占《民法典》1260 条条文的一半,足见其重要性。

第一分编"通则"共 8 章 132 条,规定了合同的订立、效力、履行、保全、转让、终止、违约责任等一般性规则,并在以往合同法的基础上,完善了合同总则制度;第二分编"典型合同"共 19 章 384 条,对市场经济活动和社会活动中应用普遍的 19 种合同作了规定;第三分编"准合同"共 2 章 10 条,对无因管理和不当得利的一般性规则作了规定。

合同制度是市场经济的基本法律制度,贯彻全面深化改革的精神,使市场在资源配置中起决定性作用,必须坚持维护契约、平等交换、公平竞争原则,完善市场经济法律制度。与《合同法》(1999)相比,《民法典》合同编充分考虑到了社会经济生产生活的新变化,在原《合同法》基础上作了一些修改和调整,使市场经济的法律规制更加明确。

4. 招标投标法实施条例

《中华人民共和国招标投标法实施条例》(以下简称《招标投标法实施条例》)是为了规范招标投标活动,根据《中华人民共和国招标投标法》制定的法规。

《招标投标法实施条例》于 2011 年 11 月 30 日国务院第 183 次常务会议通过,自 2012 年 2 月 1 日起施行,2019 年 3 月 2 日第三次修订。

该条例分总则,招标,投标,开标、评标和中标,投诉与处理,法律责任,附则,共 7 章 84 条。

5. 建设工程质量管理条例

《建设工程质量管理条例》是为了加强对建设工程质量的管理,保证建设工程质量,保护人民生命和财产安全,根据《中华人民共和国建筑法》制定的法规。凡在中华人民共和国境内从事建设工程的新建、扩建、改建等有关活动及实施对建设工程质量监督管理的,必须遵守本条例。

《建设工程质量管理条例》经 2000 年 1 月 10 日国务院第 25 次常务会议通过,中华人民共和国国务院令第 279 号公布,自 2000 年 1 月 30 日起施行,根据 2017 年 10 月 7 日国务院令第 687 号《国务院关于修改部分行政法规的决定》第一次修订,根据 2019 年 4 月 23 日国务院令第 714 号《国务院关于修改部分行政法规的决定》第二次修订。

《建设工程质量管理条例》包括总则,建设单位的质量责任和义务,勘察、设计单位的质量责任和义务,施工单位的质量责任和义务,工程监理单位的质量责任和义务,建设工程质量保修,监督管理,罚则,附则,全文共 9 章 82 条。

6. 建设工程安全生产管理条例

《建设工程安全生产管理条例》是为了加强建设工程安全生产监督管理,保障人民群众生命和财产安全,根据《中华人民共和国建筑法》《中华人民共和国安全生产法》制定的法规。在中华人民共和国境内从事建设工程的新建、扩建、改建和拆除等有关活动及实施对建设工程安全生产的监督管理,必须遵守本条例。

《建设工程安全生产管理条例》经 2003 年 11 月 12 日国务院第 28 次常务会议通过,2003 年 11 月 24 日中华人民共和国国务院令第 393 号公布,自 2004 年 2 月 1 日起施行。

《建设工程安全生产管理条例》包括总则,建设单位的安全责任,勘察、设计、工程监理及其他有关单位的安全责任,施工单位的安全责任,监督管理,生产安全事故的应急救援和调查处理,法律责任,附则,全文共 8 章 71 条。

复习思考题

1. 什么是建设工程市场?什么是公路建设市场?建设工程市场的特点有哪些?

2. 建设工程市场有哪些类型?

3. 现阶段我国建设工程的交易及运行机制是什么？

4. 现阶段我国建设工程的承发包模式有哪些？

5. 我国公路建设市场的发展分为哪几个阶段？

6. 我国公路建设市场招投标现阶段存在的问题有哪些？

7. 公路建设市场的主体和客体各有哪些？

8. 什么是业主？项目业主产生的方式有哪些？业主的职能有哪些？

9. 什么是承包商？承包商从事建设生产的条件有哪些？承包商的实力主要包括哪几个方面？

10. 什么是工程咨询服务机构？工程咨询服务机构包括哪几种单位？

11. 公路建设产品的特点有哪些？

12. 建设市场从业企业应具备哪些条件？

13. 建筑施工企业资质可分为哪些系列和等级？

14. 工程监理企业资质可分为哪几种？各有哪些等级？

15. 建设工程的专业技术人员种类常见的有哪些？

16. 什么是建设工程交易中心？其性质和基本职能分别是什么？

17. 建设工程交易中心必须具备哪些条件？

18. 建设工程交易中心的工作原则有哪些？

19. 简述建设工程交易中心的运行程序。

20. 什么是电子招标投标？

21. 什么是电子招标投标系统？电子招标投标系统按功能分为哪几类？

22. 电子招标投标有哪些特点？

23. 现行公路建设法律法规制度体系的表现形式包括哪些？

24. 与公路建设相关的国家法律法规有哪些？

25. 与公路建设相关的部门规章及规范性文件有哪些？

综合实训

【任务 1-1】登录当地的公共资源交易电子公共服务平台或公路(建设)工程电子招投标交易平台，了解平台的栏目及功能，查询两个项目的招投标信息。

【任务 1-2】登录住房和城乡建设部、全国建筑市场监管公共服务平台、全国公路建设市场监督管理系统等网站，每人(或分组)查询并列出自己较熟悉的当地各个资质等级的勘察设计企业、建筑业施工企业、监理咨询企业各两家，并介绍它们的资质等级及资质范围等，制作成 PPT。

模块 2　公路工程施工招标

学习目标

知识目标	①理解建设工程招投标的基本概念； ②会概述工程项目招标范围、方式及程序； ③会概述公路工程施工招标文件的组成及编制依据； ④会设计公路工程施工招标文件的内容； ⑤会归纳公路工程招标实施阶段的工作内容及工作要点。
能力目标	①具有根据项目不同情况选择合适的招标方式的能力； ②具有编制施工招标文件的能力。
素质目标	①培养学生遵守国家法律、法规，严格执行行业标准及相关规定的意识； 　②培养学生具有良好的沟通能力和互帮互助、勇于奉献的团队协作精神。

工作任务

2-1　编制某项目招标公告。

2-2　编制某项目投标人须知前附表。

2-3　编制某项目评标办法(合理低价法＋信用分)。

2.1 建设工程招投标的基本概念

2.1.1 建设工程招投标的概念

招投标是指采购人依法提出货物、工程或服务采购的条件和要求,通过发布招标公告或发出投标邀请书,吸引潜在投标人参加投标并按照规章程序从中选择交易对象的一种市场交易行为。招投标包含招标与投标两个过程。招标与投标是一对相互对应的范畴,相互对应存在。

建设工程招投标是建设单位对拟建设的工程项目通过法定的程序和方式吸引承包单位进行公平竞争,并从中选择条件优越者来完成建设工程任务的行为,这是在市场经济条件下常用的一种建设工程的交易方式。

建设工程招标是指业主(建设单位)为发包方,根据拟建工程的内容、工期、质量和投资额等技术经济要求,通过发布招标公告或发出投标邀请书,吸引潜在投标人参加投标,并按照法定程序从中择优选取承担可行性研究方案论证、科学试验或勘察、设计、施工和监理等任务的承包单位。

建设工程投标是指投标人以响应招标文件的要求为前提,经过广泛的市场调查掌握一定的信息并结合自身情况(能力、经营目标等),经过初步研究和估算,在指定期限内填写标书,提出报价,并等候开标,决定能否中标的经济活动。

2.1.2 建设工程招投标的基本性质和法律特征

1. 招标投标的基本性质

(1)招标投标是建设市场的一种交易方式,是双方在自愿基础上进行的一种买卖行为,其特点是由唯一的业主设立标的,若干投标人公平竞争,通过秘密报价,从中择优选取并达成交易的过程。

(2)招标投标是市场竞争的表现形式。

(3)招标投标方式是建筑产品的价格形成方式,是价格机制和供求机制在建筑市场产生作用的体现。

(4)招标投标方式是合同的订立方式,招标投标过程是合同的形成过程。

2. 招标投标的法律特征

招标投标是一种法律行为。招标投标过程是要约与承诺的实现过程(在招标投标过程中发布招标公告是一种要约邀请,投送标书是一种要约行为,签发中标通知书是一种承诺行为),是当事人合同法律关系产生的过程。

3. 招标投标的其他特征

(1)明确性

招标人(业主)明确,招标的要求及程序明确,招投标当事人必须按照规定的条件和程序进行招投标活动,不能随意改变。

（2）公开性

招投标活动接受公开的监督，招标活动信息公开，程序公开，评标方法、标准公开，中标结果公开，具有透明度高的特点。

（3）公平性

任何有能力、有条件的投标人均可在招标公告或投标邀请书发出后参加投标，在招标规则面前各投标人具有平等的竞争机会，招标人不能有任何歧视行为。

（4）招标过程一次性

在某个招标项目的招投标活动中，投标人只能进行一次递价，以合理的价格定标。标书在投递后一般不能随意撤回或者修改。投标价一旦通过开标大会唱标，核验无误签字后，则不能更改。

4. 公路工程施工招投标基本原则

《中华人民共和国招标投标法》（2017 年版）（以下简称《招标投标法》）第 5 条规定："招标投标活动应当遵循合法、公开、公平、公正和诚实信用的原则。"

（1）公开原则

公开原则首先要求招标信息公开。例如，《招标投标法》第 16 条规定："依法必须进行招标的项目的招标公告，应当通过国家指定的报刊、信息网络或者其他媒介发布。招标公告应当载明招标人的名称和地址、招标项目的性质、数量、实施地点和时间以及获取招标文件的办法等事项。"《公路工程建设项目招标投标管理办法》（交通运输部令 2015 年第 24 号）第 5 条规定："各级交通运输主管部门应当按照国家有关规定，推进公路工程建设项目电子招标投标工作。招标投标活动信息应当公开，接受社会公众监督。"

其次，公开原则还要求招标投标过程公开。例如，《招标投标法》第 35 条规定："开标由招标人主持，邀请所有投标人参加。"第 36 条规定："招标人在招标文件要求提交投标文件的截止时间前收到的所有投标文件，开标时都应当当众予以拆封、宣读。"第 45 条规定："中标人确定后，招标人应当向中标人发出中标通知书，并同时将中标结果通知所有未中标的投标人。"

（2）公平原则

公平原则是要求给予所有投标人平等的机会，使其享有同等的权利，履行同等的义务。招标人不得以任何理由排斥或者歧视任何投标人。《招标投标法》第 6 条明确规定："依法必须进行招标的项目，其招标投标活动不受地区或者部门的限制，任何单位和个人不得违法限制或者排斥本地区、本系统以外的法人或者其他组织参加投标、不得以任何方式非法干涉招标投标活动。"

（3）公正原则

公正原则是要求招标人在招标投标活动中应当按照统一的标准衡量每一个投标人的优劣。进行资格审查时，招标人应当按照资格预审文件或招标文件中载明的资格审查的条件、标准和方法对潜在投标人或者投标人进行资格审查，不得改变载明的条件或者以没有载明的资格条件进行资格审查。例如，《招标投标法》第 44 条规定："评标委员会成员应当客观、公正地履行职务，遵守职业道德。"《公路工程建设项目招标投标管理办法》第 13 条规定："符合资格预审文件规定审查标准的申请人均应当通过资格预审。"

（4）诚实信用原则

诚实信用原则，是我国民事活动所应当遵循的一项重要基本原则。我国《民法通则》第4条规定："民事活动应当遵循自愿、平等、等价有偿、诚实信用的原则。"《民法典》合同编第509条也明确规定："当事人应当遵循诚信原则，根据合同的性质、目的和交易习惯履行通知、协助、保密等义务。"招标投标活动作为订立合同的一种特殊方式，同样应当遵循诚实信用的原则。例如，《招标投标法》第33条规定："投标人不得以低于成本的报价竞标，也不得以他人名义投标或者以其他方式弄虚作假，骗取中标。"同时规定："中标通知书发出后，招标人改变中标结果的，或者中标人放弃中标项目的，应当依法承担法律责任。"

2.1.3 建设工程招标分类

（1）按建设阶段（标的）不同，可分为可行性研究招标，勘察、设计招标，建设监理招标，工程施工招标，材料、设备招标等。

（2）按承包范围，可分为项目总承包招标、施工总承包招标、专项工程承包招标。

（3）按工程专业不同，可分为房建工程施工招标、公路工程施工招标、水利工程施工招标等。

（4）按是否涉外，可分为国内工程招标、国际工程招标。

2.2 工程项目招标范围、方式及程序

2.2.1 建设工程招标的范围和规模标准

1. 工程项目必须招标的范围

《招标投标法》第3条规定，在中华人民共和国境内进行下列工程建设项目包括项目的勘察、设计、施工、监理以及与工程建设有关的重要设备、材料等的采购，必须进行招标：

（1）大型基础设施、公用事业等关系社会公共利益、公众安全的项目；

（2）全部或者部分使用国有资金投资或者国家融资的项目；

（3）使用国际组织或者外国政府贷款、援助资金的项目。

2. 必须招标的工程规模标准

《必须招标的工程项目规定》（中华人民共和国国家发展和改革委员会令2018年第16号）规定，在我国进行下列工程建设项目包括项目的勘察、设计、施工、监理以及与工程建设有关的重要材料、设备等的采购，必须进行招标。

（1）全部或部分使用国有资金投资或国家融资的项目。包括：①使用预算资金200万元人民币以上，并且该资金占投资额10%以上的项目；②使用国有企业事业单位资金，并且该资金占控股或者主导地位的项目。

（2）使用国际组织或者外国政府贷款、援助资金的项目。包括：①使用世界银行、亚洲开发银行等国际组织贷款、援助资金的项目；②使用外国政府及其机构贷款、援助资金的项目。

（3）大型基础设施、公用事业等关系社会公共利益、公众安全的项目。必须招标的具体

范围由国务院发展改革部门会同国务院有关部门按照确有必要、严格限定的原则制定,报国务院批准。

(4)前(1)(2)范围内的项目,其勘察、设计、施工、监理以及与工程建设有关的重要设备、材料等的采购达到下列标准之一的,必须招标:

①施工单项合同估算价在 400 万元人民币以上;

②重要设备、材料等货物的采购,单项合同估算价在 200 万元人民币以上;

③勘察、设计、监理等服务的采购,单项合同估算价在 100 万元人民币以上。

同一项目中可以合并进行的勘察、设计、施工、监理以及与工程建设有关的重要设备、材料等的采购,合同估算价合计达到 3000 万元的,必须招标。

《招标投标法》第 4 条规定:任何单位和个人不得将依法必须进行招标的项目化整为零或者以其他任何方式规避招标。

【思考题】某公路工程建设项目估算总投资 2200 万元人民币,其中施工估算价 1000 万元人民币,设备采购估算价 1000 万元人民币,勘察估算价 43 万元人民币,设计估算价 100 万元人民币,监理估算价 57 万元人民币。在施工招标过程中,业主委托某招标代理单位进行招标,按照法律程序确定以公开招标方式分阶段招标。请思考以下问题:

按照《公路工程勘察设计施工招标投标管理办法》,该公路工程哪些项目必须进行招标?

3. 可以不进行(或不适宜)招标的工程项目

《公路工程建设项目招标投标管理办法》(2015 第 24 号令)第 9 条规定,有下列情形之一的公路工程建设项目,可以不进行招标:

(1)涉及国家安全、国家秘密、抢险救灾或者属于利用扶贫资金实行以工代赈、需要使用农民工等特殊情况;

(2)需要采用不可替代的专利或者专有技术;

(3)采购人自身具有工程施工或者提供服务的资格和能力,且符合法定要求;

(4)已通过招标方式选定的特许经营项目投资人依法能够自行施工或者提供服务;

(5)需要向原中标人采购工程或者服务,否则将影响施工或者功能配套要求;

(6)国家规定的其他特殊情形。

招标人不得为适用前款规定弄虚作假,规避招标。

2.2.2 建设工程招标方式

《招标投标法》第 10 条规定:"招标分为公开招标和邀请招标。"

1. 公开招标

公开招标,也称无限竞争性招标,是指招标人以招标公告的方式邀请不特定的法人或者其他组织投标。所有符合条件的供应商或承包人都可以平等参加投标竞争。

公开招标有利于招标人获得最合理的投标报价,取得最佳投资效益;也有利于为潜在的投标人提供均等的机会,一般能防止招标投标过程中作弊情况的发生。

但公开招标也有一定的缺陷,如:公开招标需准备的文件较多,工作量较大;资格预审和评标工作量大,招标时间长,费用高;公开招标投标人众多,耗时较长,所需费用较大;每个参与者中标机会小,风险大;有些投标人故意压低报价的"抢标"现象会"挤"掉较优投标者。

2. 邀请招标

邀请招标也称有限竞争招标或选择性招标,是指招标人以投标邀请书的方式邀请特定的法人或者其他组织投标。受邀请的投标人家数一般为 5～10 家,不能少于 3 家。

与公开招标比较,邀请招标所需的时间较短,且招标费用较省,投标人不易串通抬价。但邀请招标不利于招标人获得最优报价,取得最佳投资效益。

《招标投标法》第 11 条规定,国务院发展计划部门确定的国家重点项目和省、自治区、直辖市人民政府确定的地方重点项目不适宜公开招标的,经国务院发展计划部门或者省、自治区、直辖市人民政府批准,可以进行邀请招标。

《招标投标法实施条例》(国务院令 613 号,2012 年)第 8 条规定,国有资金占控股或者主导地位的依法必须进行招标的项目,应当公开招标;但有下列情形之一的,可以邀请招标:

(1)技术复杂、有特殊要求或者受自然环境限制,只有少量潜在投标人可供选择;

(2)采用公开招标方式的费用占项目合同金额的比例过大。

有前款第(2)项所列情形,属于本条例第 7 条规定的项目,由项目审批、核准部门在审批、核准项目时作出认定;其他项目由招标人申请有关行政监督部门作出认定。

2.2.3 招标的组织形式

招标的组织形式包括招标人自行招标和委托招标机构代理招标两种。

1. 招标人自行招标

《招标投标法》第 12 条规定:"招标人具有编制招标文件和组织评标能力的,可以自行办理招标事宜。任何单位和个人不得强制其委托招标代理机构办理招标事宜。"

招标单位自行组织招标应具备以下条件:

(1)招标人是法人或依法成立的其他组织;

(2)有与招标工程相适应的经济技术管理人员;

(3)有组织编制工程施工招标文件和招标控制价的能力;

(4)有对投标单位进行资格审查和组织评标的能力。

2. 委托招标机构代理招标

招标代理机构是依法设立、从事招标代理业务并提供相关服务的社会中介组织,招标人可以委托招标机构代理招标。《招标投标法》第 12 条规定:"招标人有权自行选择招标代理机构,委托其办理招标事宜。任何单位和个人不得以任何方式为招标人指定招标代理机构。"

《招标投标法》第 13 条规定招标代理机构应当具备下列条件:

(1)有从事招标代理业务的营业场所和相应资金;

(2)有能够编制招标文件和组织评标的相应专业力量。

招标代理机构代理事宜范围:

(1)拟定招标方案,编制和出售招标文件,资格预审文件;

(2)审查投标人资格;

(3)编制投标限价(招标控制价);

（4）组织投标人踏勘现场；

（5）组织开标、评标，协助招标人定标；

（6）草拟合同；

（7）招标人委托的其他事宜。

同时招标代理机构与行政机关和其他国家机关不得存在隶属关系或者其他利益关系；不得无权代理、越权代理；不得明知委托事项违法而进行代理；招标代理机构不得接受同一招标项目的投标代理和投标咨询业务；未经招标人同意，不得转让招标代理业务。

2.2.4 公路工程施工招标程序

公路工程施工招标可分为招标准备阶段，招标实施阶段，开标、评标、定标阶段，其工作流程如图 2-1 所示。其中招标文件的编制在"2.3 公路工程施工招标文件的编制"中介绍，

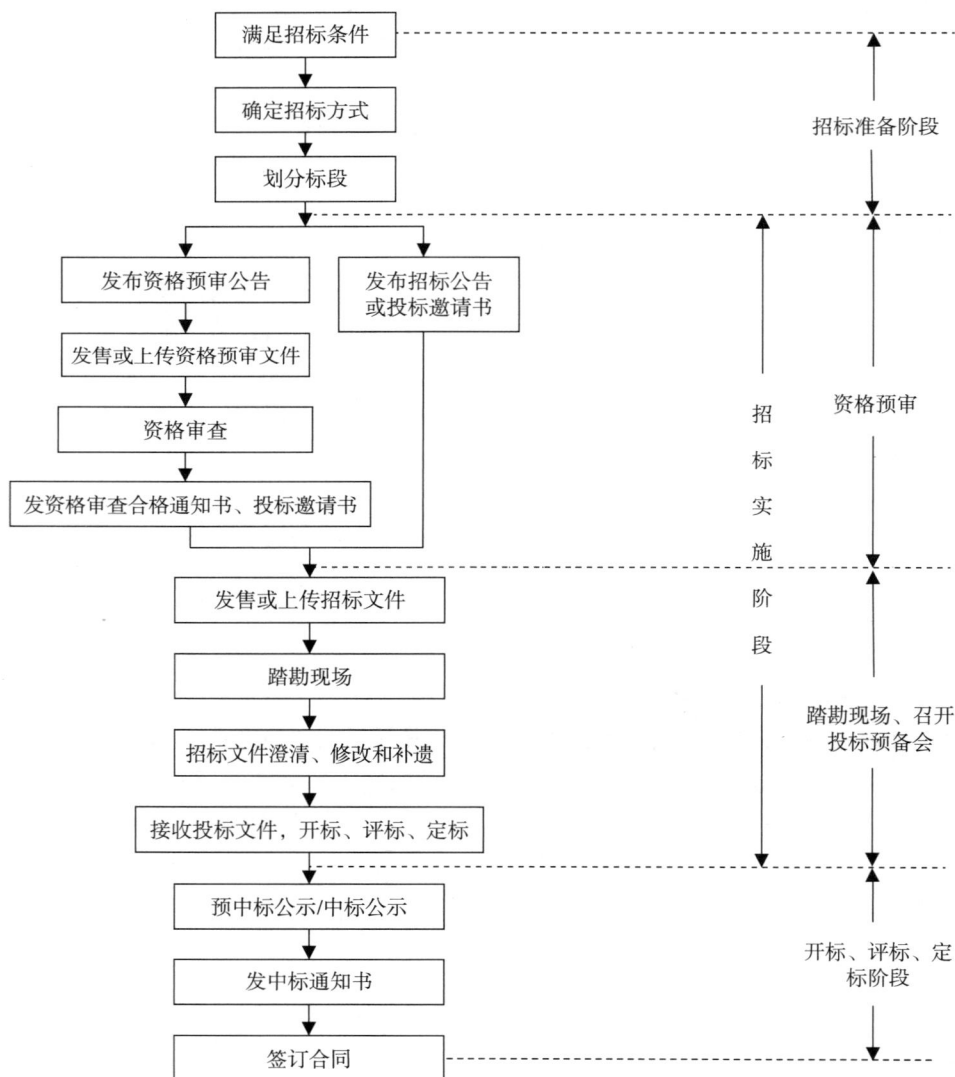

图 2-1 公路工程施工招标流程

招标实施阶段各项工作内容在"2.4公路工程施工招标实施"中介绍,开标、评标、定标阶段各项工作内容详见"模块4公路工程项目施工开标、评标与定标",这里主要介绍招标准备阶段的各项工作内容。

1. 项目报建

施工招标应具备的条件:

(1)初步设计及概算应当履行审批手续的已批准;

(2)项目已正式列入国家或地方公路建设计划,业主已办理建设项目报建手续;

(3)建设资金已经落实;

(4)项目法人已依法成立,并符合项目法人的资格要求;

(5)施工图设计已完成或满足招标及施工需要;

(6)施工招标文件已经编制并通过审查(招标范围、招标方式、招标组织形式等已经批准);

(7)征地拆迁工作已经基本完成或落实。

工程项目的立项审批情况可登录各地网上办事大厅(政务服务网)进行查询。

2. 确定招标方式

公路工程施工项目发包方式包括公开招标和邀请招标。一般项目采用公开招标,有特殊情形的项目,可以邀请招标。

3. 标段划分

《公路工程建设项目招标投标管理办法》第20条规定:"招标人应当合理划分标段、确定工期,提出质量、安全目标要求,并在招标文件中载明。标段的划分应当有利于项目组织和施工管理、各专业的衔接与配合,不得利用划分标段规避招标、限制或者排斥潜在投标人。"

标段划分要考虑工程特点、承包队伍能力能否发挥承包商的专长、对工程造价的影响、工地管理等因素,若标段划分太小,会使施工成本增加,施工干扰增多,增加业主和监理的管理和协调工作,不利于投资控制。招标人不得弄虚作假,规避招标。

4. 编制标底或设置最高投标限价

《公路工程建设项目招标投标管理办法》第23条规定:"招标人可以自行决定是否编制标底或者设置最高投标限价。招标人不得规定最低投标限价。"

5. 确定资格审查办法、进行资格审查

资格审查方法分为资格预审和资格后审两种形式。

(1)资格预审

①资格预审的概念及作用

资格预审,是指在投标前对潜在投标人进行的资格审查。资格预审审查办法原则上采用合格制。符合资格预审文件规定审查标准的申请人均应当通过资格预审。未通过资格预审的申请人不具有投标资格。

资格预审可以确保参加投标的单位均有承包能力而且有一定信誉,同时谢绝一批不合格的投标人;可以加快评标进程,减小评标工作量;还可以避免一些不合格的投标人在投标上的人力、物力和财力上的浪费。

②资格预审程序

a.编制资格预审文件。资格预审文件应参照《公路工程标准施工招标资格预审文件》(2018年版)进行编制,内容包括第一章资格预审公告、第二章申请人须知、第三章资格审查办法(合格制)/资格审查办法(有限数量制)、第四章资格预审申请文件格式、第五章项目建设概况。

b. 发布资格预审公告,发售资格预审文件,公开资格预审文件关键内容。

c. 接收资格预审申请文件。资格预审申请文件格式有目录、资格预审申请函、授权委托书或法定代表人身份证明、联合体协议书(若有)、申请人基本情况、近年财务状况、近年完成的类似项目情况表、申请人的信誉情况表、拟委任的项目经理和项目总工资历表、拟委任的其他管理和技术人员情况表、拟投入本段的主要设备表、其他资料等。

d. 组建资格审查委员会对资格预审申请人进行资格审查(资格审查委员会的专家抽取以及资格审查工作要求,同评标委员会的规定),资格审查委员会编写资格审查报告。

国家审批或者核准的高速公路、一级公路、独立桥梁和独立隧道项目,资格审查委员专家应当由招标人从国家重点公路工程建设项目评标专家库相关专业中随机抽取;

其他公路工程建设项目的资格审查委员会专家可以从省级公路工程建设项目评标专家库相关专业中随机抽取,也可以从国家重点公路工程建设项目评标专家库相关专业中随机抽取;

对于技术复杂、专业性强或者国家有特殊要求,采取随机抽取方式确定的资格审查委员专家难以保证胜任评标工作的特殊招标项目,可以由招标人直接确定。

资格审查报告应当载明的内容有:招标项目基本情况、资格审查委员会成员名单、监督人员名单、资格预审申请文件递交情况、通过资格审查的申请人名单、未通过资格审查的申请人名单以及未通过审查的理由、评分情况、澄清、说明事项纪要、需要说明的其他事项、资格审查附表。除前4项款规定内容外,资格审查委员会所有成员应当在资格审查报告上逐页签字。

e. 根据资格审查结果,向通过资格预审的申请人发出投标邀请书;向未通过资格预审的申请人发出资格预审结果通知书,告知未通过的依据和原因。

(2)资格后审

资格后审是指在开标后对投标人进行的资格审查,审查内容与资格预审相同。投标单位只要认为符合招标公告规定的资格要求,在递交了投标申请后即可取得投标资格,参加下一阶段的投标工作。采取资格后审的,招标人应当在招标文件中载明对投标人资格要求的条件、标准和方法。资格审查资料与投标文件同时报送。

《公路工程建设项目招标投标管理办法》(2015第24号令)第10条规定:"公路工程建设项目采用公开招标方式的,原则上采用资格后审办法对投标人进行资格审查。"

(3)资格审查的要求

资格审查应主要审查潜在投标人或者投标人是否符合下列条件:

①具有独立订立合同的权利;

②具有履行合同的能力,包括专业、技术资格和能力,资金、设备和其他物质设施状况,管理能力,经验、信誉和相应的从业人员;

③没有处于被责令停业,投标资格被取消,财产被接管、冻结,破产状态;

④在最近3年内没有骗取中标和严重违约及重大工程质量问题;

⑤国家规定的其他资格条件。

资格审查时,招标人不得以不合理的条件限制、排斥潜在投标人或者投标人,不得对潜在投标人或者投标人实行歧视。任何单位和个人不得以行政手段或者其他不合理方式限制投标人的数量。

6. 确定合同计价方式

施工承包合同按计价方式不同有总价合同、单价合同、成本加酬金合同等形式。

总价合同适用于技术简单、规模偏小、工期较短的项目，且施工图设计已审查批准的。成本加酬金合同适用于紧急抢险、救灾以及施工技术特别复杂的工程。

实行工程量清单计价的工程，应采用单价合同。单价合同是承包人在投标时，按招标文件就分部分项工程所列出的工程量表确定各分部分项工程费用的合同类型，是总价招标、单价结算的计量型合同，分固定单价和可调单价两种情况。固定单价的合同，是由承包人承担合同实施期间物资设备的价格风险；可调单价合同，则是由发包人承担合同实施期间物资设备的价格风险。工期两年以上的公路工程，多采用"估算工程量可调单价合同"。

工程量必须以承包人完成合同工程应予计量的工程量确定。施工中进行工程计量，当发现招标工程量清单中出现缺项、工程量偏差，或因工程变更引起工程量增减时，应按承包人在履行合同义务中完成的工程量计算。

2.3 公路工程施工招标文件的编制

2.3.1 建设工程招标文件的概念及作用

建设工程招标文件是建设工程招标人单方面阐述自己的招标条件和具体要求的意思表示，是招标人确定、修改和解释有关招标事项的各种书面表达形式的统称。由招标人或其委托的咨询机构编制发布。

建设工程招标文件的作用如下：

(1)是招投标过程中最重要的文件之一；

(2)是投标单位编制投标文件的主要依据；

(3)是招标单位确定中标单位的依据；

(4)是招标单位与将来中标单位签订工程承包合同的基础；

(5)是招投标管理部门实施监督的依据。

2.3.2 编制工程项目施工招标文件的依据

工程项目施工招标文件的编制依据如下：

(1)《中华人民共和国招标投标法》(2017年版)；

(2)《中华人民共和国建筑法》；

(3)《中华人民共和国民法典》合同编；

(4)《工程建设项目施工招标投标办法》(2013年版)；

(5)《建设工程施工合同(示范文本)》(2012年版)；

(6)《简明标准施工招标文件》(2012年版)；

(7)《标准设计施工总承包招标文件》(2012 年版);

(8)《公路工程标准施工招标文件》(2018 年版);

(9)《中华人民共和国招标投标法实施条例》(2019 年修订);

(10)《公路工程建设项目招标投标管理办法》(2015 年版);

(11)工程建设标准、规范(包括建设、设计、施工、造价、验收等标准规范)及工程实际情况等。

福建省高速公路项目还应依据福建省高速公路建设总指挥部 2020 年 7 月印发的《福建省高速公路工程电子招标示范文本》(2020 年修编版)进行编制。福建省普通公路项目还应依据福建省普通公路事业发展中心 2023 年 3 月印发的《福建省普通公路工程电子招标投标示范文本》(2023 年版)中的《福建省普通公路工程施工电子招标文件》进行编制。

2.3.3 公路工程施工招标文件的组成

中华人民共和国交通运输部规定:自招标文件施行之日起,依法必须进行招标的公路工程应当使用《公路工程标准施工招标资格预审文件》(2018 年版)和《公路工程标准施工招标文件》(2018 年版),其他公路项目可参照执行。在具体项目招标过程中,招标人可根据项目实际情况,编制项目专用文件,与《公路工程标准文件》(2018 年版)共同使用,但不得违反国家有关规定。

《公路工程标准施工招标文件》(2018 年版)(以下简称《公路工程标准施工招标文件》)分为四卷九章,具体内容如下:

第一卷

    第一章　招标公告(未进行资格预审)

    第一章　投标邀请书(适用于邀请招标)

    第二章　投标人须知

    第三章　评标办法(合理低价法)

    第四章　合同条款及格式

    第五章　工程量清单

第二卷

    第六章　图纸

第三卷

    第七章　技术规范

    第八章　工程量清单计量规则

第四卷

    第九章　投标文件格式

同时,招标人在招标期间发出的有编号的补遗书和其他正式有效函件等,均是招标文件的组成部分。

2.3.4 公路工程施工招标文件的编制

1. 招标公告、资格预审公告及投标邀请书

（1）招标公告

招标公告是指采用公开招标方式的投标人（包括投标代理机构）向所有潜在的投标人发出的一种广泛通告。当招标方式采用资格后审方式招标时以招标公告格式发布。

根据《公路工程标准施工招标文件》的规定，招标公告内容包括招标条件、项目概况与招标范围、投标人资格要求、招标文件的获取、投标文件的递交及相关事宜、发布公告的媒介、联系方式等7个方面的内容。其具体内容及格式可参见《公路工程标准施工招标文件》第5～7页第一章招标公告及第291页电子招标投标，或扫描二维码"2-1 招标公告（未进行资格预审）"，也可参见本书【工程项目二】××县××镇××高速公路出口至115县道公路工程招标公告（电子招投标）。

2-1 招标公告（未进行资格预审）

（2）资格预审公告

资格预审是业主在发出投标邀请之前，对投标申请人的资格进行的评审。

若工程项目在公开招标过程中采用资格预审程序，可用资格预审公告代替招标公告，资格预审后不再单独发布招标公告。

根据《公路工程标准施工招标资格预审文件》（2018年版）的规定，资格预审公告内容包括招标条件、项目概况与招标范围、资格预审方法、资格预审文件的获取、资格预审文件的递交、发布公告的媒介、联系方式等8个方面的内容。

其内容及具体格式可参见《公路工程标准施工招标资格预审文件》（2018年版）第3～5页第一章资格预审公告及第66页（电子招标投标）或扫描二维码"2-2 资格预审公告"。

2-2 资格预审公告

资格预审公告与招标公告内容的区别如表2-1所示。

表 2-1 资格预审公告与招标公告内容的区别

资格预审公告的内容	招标公告的内容
（1）招标条件	（1）招标文件
（2）项目概况与招标范围	（2）项目概况与招标范围
（3）申请人的资格要求	（3）投标人资格要求
（4）资格预审的方法（合格、有限）	（4）招标文件的获取（电子招投标应注明）
（5）资格预审文件的获取	（5）投标文件的递交及相关事宜
（6）资格预审申请文件的递交	（6）评标办法（综合评分法、合理低价法等）
（7）发布公告的媒介	（7）投标保证金的递交
（8）联系方式	（8）发布公告的媒介
	（9）联系方式

（3）《公路工程标准施工招标文件》对招标公告的若干规定

①招标文件（未进行资格预审）的发售时间不得少于5个工作日。

②招标文件中所有复印件均指彩色扫描件或彩色复印件。

③每套招标文件售价只计工本费，最高不超过1000元（不含图纸部分）；图纸每套售价最高不超过3000元，参考资料也应只计工本费，最高不超过1000元。

④投标预备会与发售招标文件的时间应有一定的间隔，一般不得少于3天，以便投标人阅读招标文件和准备提出问题。

⑤自招标文件发售之日起至投标人递交投标文件截止时间止，高速公路、一级公路、技术复杂的特大桥梁、特长隧道不得少于28天，其他公路工程不得少于20天。

（4）投标邀请书

当招标方式采用资格预审或邀请招标方式招标的以投标邀请书格式发布。

投标邀请书是招标人向经过资格预审合格的投标人正式发出参加本项目投标的邀请。因此，投标邀请书也是投标人具有参加投标资格的证明，没有得到投标邀请书的投标人，无权参加本项目的投标。

投标邀请书（适用于邀请招标）的主要内容有招标条件、项目概况与招标范围、投标人资格要求、招标文件的获取、投标文件的递交及相关事宜、确认、联系方式、确认通知。投标邀请书（适用于邀请招标）的格式可参见《公路工程标准施工招标文件》第8~10页第一章投标邀请书（适用于邀请招标）及第292页（电子招标投标），或扫描二维码"2-3　投标邀请书（适用于邀请招标）"。

2-3　投标邀请书（适用于邀请招标）

投标人收到投标邀请书后，应向招标人发出确认通知，通知的格式见图2-2。

确认通知

_____（招标人名称）：

我方已于_____年_____月_____日收到你方_____年_____月_____日发出的_____（项目名称）_____标段施工招标的投标邀请书，并确认_____（参加/不参加）投标。

特此确认。

被邀请单位名称：_____（盖单位章）
_____年_____月_____日

图2-2　确认通知

投标邀请书（代资格预审通过通知书）的格式见《公路工程标准施工招标文件》第12~13页第一章投标邀请书（代资格预审通过通知书）及第292页（电子招标投标），或扫描二维码"2-4　投标邀请书（代资格预审通过通知书）"。

2-4　投标邀请书（代资格预审通过通知书）

招标人按照《公路工程标准施工招标文件》第一章的格式发布招标公告或发出投标邀请书后，将实际发布的招标公告或实际发出的投标邀请书编入出售的招标文件中，作为招标文件的组成部分。

2. 投标人须知的编制

投标人须知属于招标文件的第二章，是招标文件的核心组成部分。

投标人须知是招标单位为了说明招标性质、范围，向投标单位提供的必要的信息资料以及对投标人的合格条件、编制投标书的规定、投标书的送交、开标与评标直至签订合同的有关要求。

（1）投标人须知的组成

投标人须知包括投标人须知前附表、附录和正文三部分。

①投标人须知前附表

将投标活动中的重要内容以列表的方式概括性表示出来，放在招标文件最前面，此表称为前附表。

前附表是用于进一步明确正文中的未尽事宜，由招标人根据招标项目具体特点和实际需要编制和填写，且应与招标文件其他章节相衔接，并不得与正文内容相抵触。投标人须知前附表内容可扫描二维码"2-5　投标人须知前附表"。采用电子招标投标的投标人须知前附表可参见【项目示例2-1】。

2-5　投标人
须知前附表

投标人须知前附表的作用有两个方面：

a. 将投标人须知中的关键内容和数据摘要列表，起到强调和提醒作用，为投标人迅速掌握投标人须知内容提供方便，但必须与招标文件相关章节内容衔接一致；

b. 对投标人须知正文中交由前附表明确的内容给予具体约定。

②附录

附录是投标人资格审查条件表，规定了本项目投标人资质、财务、业绩、信誉、项目经理与项目总工、其他管理人员和技术人员、主要机械设备和实验检测设备的最低要求。

③正文

正文的主要内容有：

a. 总则。说明项目概况、资金来源和落实情况、招标范围、计划工期、质量要求和安全目标、投标人资格要求、费用承担、保密、语言文字、计量单位、踏勘现场、投标预备会、分包、响应和偏差。

b. 招标文件。说明招标文件的组成、澄清、修改和异议。

c. 投标文件。说明投标文件的组成、报价、投标有效期、保证金、资格审查资料、备选投标方案和投标文件的编制。

d. 投标。说明投标文件的密封和标识、投标文件的递交，以及投标文件的修改与撤回。

e. 开标。说明开标时间和地点、开标程序、开标异议。

f. 评标。说明评标委员会、评标原则、评标。

g. 合同授予。说明中标候选人公示、评标结果异议、中标候选人履约能力审查、定标、中标通知、中标结果公告、履约保证金、签订合同。

h. 纪律和监督。说明对招标人、投标人、评标委员会成员、与评标活动有关的工作人员的纪律要求，以及投诉。

i. 是否采用电子招标评标。

j. 需要补充的其他内容。

【项目示例 2-1】国道×××线 K192＋427～K200＋838 段路面重铺工程 1 标段投标人须知前附表

投标人须知前附表

条款号	条款名称	编列内容
1.1.2	招标人	名称:福建省××市公路局××分局
1.1.3	招标代理机构	名称:福建省×××有限公司
1.1.4	招标项目名称	国道×××线 K192＋427～K200＋838 段路面重铺工程
1.1.5	标段建设地点	福建省××市××县
1.2.1	资金来源及比例	100%
1.2.2	资金落实情况	已落实
1.3.1	招标范围	包括路基路面、路基防护排水、通道涵洞、安全设施及预埋管线,详见工程量清单和施工图纸
1.3.2	计划工期	计划工期: 90 日历天 其他工期要求:＿＿＿＿＿／＿＿＿＿＿ 计划开工日期:／ 年 ／ 月 ／ 日 计划交工日期:／ 年 ／ 月 ／ 日
1.3.3	质量要求	标段工程交工验收的质量评定:达到《公路工程质量检验评定标准》(JTGF 80/1—2017)、《公路工程交(竣)工验收办法》和《公路工程交(竣)工验收办法实施细则》的规定,竣(交)工验收质量评定要求达到合格标准; 竣工验收的质量评定:达到《公路工程质量检验评定标准》(JTGF 80/1—2017)、《公路工程交(竣)工验收办法》和《公路工程交(竣)工验收办法实施细则》的规定,竣(交)工验收质量评定要求达到合格标准; 其他: 无 。
1.3.4	安全目标	应符合交通部颁发的《公路工程施工安全技术规程》(JTJ 076—95),以预防为主,"无重伤以上责任事故,轻伤率控制在 2‰以下;无机械设备、行车事故;无火灾事故,无火工产品丢失和爆炸事故"。作业环境达到卫生标准,不出现有害职工职业健康的作业。
1.4.1	投标人资质条件、能力和信誉	资质要求:见附录 1 财务要求:见附录 2 业绩要求:见附录 3 信誉要求:见附录 4 项目经理和项目总工资格:见附录 5 其他要求:
1.4.2	是否接受联合体投标	不接受联合体投标

条款号	条款名称	编列内容
1.4.3	投标人不得存在的其他关联情形	(1)为招标人不具有独立法人资格的附属机构(单位);(2)与招标人存在利害关系且可能影响招标公正性;(3)与本标段的其他投标人同为一个单位负责人;(4)与本标段的其他投标人存在控股、管理关系;(5)为本标段前期准备提供设计或咨询服务的法人或其任何附属机构(单位);(6)为本标段的监理人;(7)为本标段的代建人;(8)为本标段的招标代理机构;(9)与本标段的监理人或代建人或招标代理机构或发布本公告的交易系统开发单位同为一个法定代表人;(10)与本标段的监理人或代建人或招标代理机构或发布本公告的交易系统开发单位存在控股或参股关系;(11)法律法规或投标人须知前附表规定的其他情形。
1.4.4	投标人不得存在的其他不良状况或不良信用记录	(1)被省级及以上交通运输主管部门取消招标项目所在地的投标资格且处于有效期内;(2)被责令停业,暂扣或吊销执照,或吊销资质证书;(3)进入清算程序,或被宣告破产,或其他丧失履约能力的情形;(4)在国家企业信用信息公示系统(http://www.gsxt.gov.cn/)中被列入严重违法失信企业名单;(5)在"信用中国"网站(http://www.creditchina.gov.cn/)中被列入失信被执行人名单;(6)通过全国法院失信被执行人名单公布与查询平台(网址:www.court.gov.cn)查询本招标项目投标截止时间当日的投标单位是否被人民法院列为"失信被执行人",若被列为"失信被执行人"的应当否决其投标;(7)通过全国企业信用信息公示系统(网址:www.gsxt.gov.cn)查询本招标项目投标截止时间当日的投标单位是否被工商行政管理机关列为"严重违法失信企业名单",若被列为"严重违法失信企业名单"的应当否决其投标。
1.10.4	投标人在投标预备会前提出问题	截止时间:20××年02月03日12时00分
		形式:登录"电子交易平台",在"投标答疑"菜单中将提出的问题送达招标人。
1.11.1	分包	☑不允许 □允许,允许分包的专项工程(或不允许分包的专项工程):_____ 对分包人的资格要求:_____
2.1	构成招标文件的其他资料	工程量清单、图纸
2.2.1	投标人要求澄清招标文件	截止时间:20××年02月03日12时00分
		形式:登录"电子交易平台",在"投标答疑"菜单中要求招标人对招标文件予以澄清。
2.2.2	招标文件澄清发出的形式	截止时间:20××年02月03日17时00分 形式:通过"电子交易平台"发出招标文件澄清。
2.2.3	投标人确认收到招标文件澄清	无须确认
2.3.1	招标文件修改发出的形式	截止时间:20××年02月03日17时00分 形式:通过"电子交易平台"发出招标文件修改。

续表

条款号	条款名称	编列内容
2.3.2	投标人确认收到招标文件修改	无须确认
3.1.1	投标文件密封形式	☑ 双信封 ☐ 单信封
3.1.2	构成投标文件的其他资料	/
3.2.1	增值税税金的计算方法	按一般计税方法计算
3.2.2	工程量清单的下载及填写方式	发布时间:20××年1月20日 下载地址:××市公共资源交易信息网(http://ggzyjy.×××××××.gov.cn) 填写方式:投标人按交易系统提供的工程量固化清单电子文件填写工程量清单,工程量清单中各项金额均以人民币(元)投标报价,单价和总额价精确到分,合价精确到元。投标人未在工程量固化清单中填入单价或总额价的工程子目,将被认为其已包含在工程量清单其他子目的单价和总额价中,招标人将予不支付。投标人不得对工程量固化清单电子文件中的数据、格式和运算定义进行修改,否则其投标文件将被否决。
3.2.3	报价方式	☐ 单价 ☑ 总价
3.2.6	是否接受调价函	☐ 是 ☑ 否
3.2.8	最高投标限价	☐ 无 ☑ 有,最高投标限价 35735102 元(其中含暂列金额 ____ / ____ 元)
3.2.9	进入评标基准价计算的下限	进入评标基准价计算的下限为: ____30374837____ 元
3.2.11	投标报价的其他要求	无
3.3.1	投标有效期	自投标人提交投标文件截止之日起计算 ____120____ 日
3.3.3	延长投标有效期	出现特殊情况需要延长投标有效期的,招标人以网上发布[在福建省公共资源交易电子公共服务平台(https://ggzyfw.fj.gov.cn)、××市公共资源交易信息网(http://ggzyjy.×××××××.gov.cn)]的形式通知所有投标人。

条款号	条款名称	编列内容
3.4.1	投标保证金	是否要求投标人递交投标保证金：**要求** 投标保证金的金额及形式：投标保证金为每个标段组人民币柒拾万元标数相应提供保证金，投标人可选择下列其中一种投标保证金形式：采用转账或电汇投标保证金必须在20××年2月17日17时前从投标人注册地的投标人基本账户一次性汇达并解入招标人指定银行账号（写明"投标保证金"，以到户银行出具的证明为准），否则其投标担保视为无效。 投标保证金可采用的其他形式：银行保函 招标人指定的开户银行及账号如下： 账户名称：××县公共资源交易中心 开户银行：中国农业银行股份有限公司××县支行，中国建设银行股份有限公司××支行 账号：1357010104×××××，35050165650709××××× 采用银行保函时，出具保函的银行级别：保函由投标人开立基本账户的银行开具（若投标人开立基本账户为银行的分支机构，不具备开具投标银行保函资格时，可由该分支机构的上级且具有开具投标保函资格的银行开具，并附相关证明材料），并保证其有效。办理投标保函所需的一切费用由投标人自理。投标银行保函彩色扫描件附在投标文件中指定位置，原件应在开标当天投标截止时间前前往项目开标指定地点提交给招标人。
3.4.3	投标保证金的利息计算原则	利息约定如下：投标保证金利息按中国人民银行公布的同期活期存款利率计算，投标人应提供利息发票，否则视为放弃利息。投标保证金利息计息期起始时间统一按投标截止时间当天开始计息。投标保证金利息计息期终止时间：(1)中标候选人以外的投标保证金利息计息期统一到中标通知书发出当天终止；(2)中标人在收到中标通知书后30天内签订合同的，中标人的投标保证金利息计息期统一按施工合同签订当天终止；(3)因中标人原因而未能在收到中标通知书后30天内签订合同的，中标人的投标保证金利息计息期统一按中标人收到中标通知书后第30天终止；(4)因存在投诉情况而延长退还投标保证金的，中标候选人以外的投标人的投标保证金利息计息期统一到投诉处理完毕当天终止，中标候选人的投标保证金利息计息期终止时间同(2)、(3)点。
3.4.4	其他可以不予退还投标保证金的情形	发生下列情形之一的，投标保证金将不予退还：(1)投标人在规定的投标有效期内撤销其投标文件；(2)招标人在发出中标通知书后，投标人非因不可抗力原因而放弃中标、拒签合同或未按招标文件规定提交履约担保；(3)投标人不接受依据评标办法的规定对其投标文件中细微偏差进行澄清和补正；(4)投标人提交了虚假资料；(5)反映投标文件个性特征的内容（含编制文件机器码、上传投标文件的 Mac 地址）出现明显雷同；(6)有证据显示投标人以他人名义投标、与他人串通投标、以非法手段谋取中标；(7)因中标人的违法行为导致中标被依法确认无效的；(8)法律、法规规定的其他情形。同时报请省交通运输行政主管部门在其门户网站公告，并按法律、法规、规章有关规定处理；对由于投标违约行为造成招标人损失的（含工期延误损失、中标差价损失），投标人应予赔偿。

续表

条款号	条款名称	编列内容
3.5	资格审查资料的特殊要求	☑无 □有,具体要求:_____。
3.5.2	近年财务状况的年份要求	____/____年至____/____年
3.5.3	近年完成的类似项目情况的时间要求	____/____年____/____月____/____日至____/____年____/____月____/____日
3.6.1	是否允许递交备选投标方案	☑不允许 □允许
3.7.4	投标文件要求	投标文件编制工具软件名称及版本:电子标书制作软件最新版(××市公共资源交易信息网网站下方下载海迈电子标书软件最新版安装包)。 投标文件编制工具软件供应商:厦门海迈科技股份有限公司。 投标文件编制工具软件供应商联系电话:0595-2213××××,0592-505××××。 投标、评标阶段仅提交电子投标文件,如中标,再提供纸质投标文件正本一份,副本五份;中标人提供的纸质投标文件需与投标时提供的电子投标文件保持一致,如有不一致,以电子投标文件为准。中标人应在合同协议书签订前,将"人工、材料、机械台班单价汇总表"和与已标价工程量清单单价一致的"单价分析表"逐页加盖投标人单位公章后递交至招标人,同时递交电子版。投标文件应编制目录且标注页码。中标人递交的纸质投标文件应是电子投标文件的打印件,正本应逐页加盖投标人单位公章,纸质投标文件不得采用活页夹装订。
3.7.5	制作的其他要求	投标文件编制和加密要求:投标人必须严格按照"××市公共资源交易信息网"的操作规程编制电子投标文件并对做好的电子投标书进行固化加密和上传,投标文件以投标截止时间前上传的最后一份文件为准。投标人应按第九章"投标文件格式"的规定,在投标文件指定位置加盖投标人单位电子公章。
4.1.2	封套上应载明的信息	投标文件第一个信封(商务及技术文件)封套:____/____ 投标文件第二个信封(报价文件)封套:____/____ 银行保函封套:应注明本项目名称及招标编号、招标人名称、投标人名称且应密封并加盖公章,于开标当天截止时间前将原件送达××县公共资源交易中心开标室。 投标文件封套:____/____
4.2.3	是否退还投标文件	☑否 □是,退还时间:_____
5.1	开标时间和地点	投标文件第一个信封(商务及技术文件)开标时间: 20××年02月18日09时30分 投标文件第一个信封(商务及技术文件)开标地点: ××市公共资源交易信息网(http://ggzyjy.××××××××.gov.cn);同时招标人在××县公共资源交易中心设置开标会场,投标人可自行决定是否到场参加开标会。

条款号	条款名称	编列内容
		投标文件第二个信封(报价文件)开标时间: 第一个信封评审结束 投标文件第二个信封(报价文件)开标地点: ××市公共资源交易信息网(http://ggzyjy.××××××××.gov.cn);同时招标人在××县公共资源交易中心设置开标会场,投标人可自行决定是否到场参加开标会。
5.2.1	第一个信封 (商务及技术文件) 开标程序	投标文件检查:检查上传成功投标文件情况 开标顺序:主持人按下列程序对投标文件第一个信封(商务及技术文件)进行开标:(1)宣布开标纪律;(2)公布在投标截止时间前递交投标文件的投标人数量;(3)宣布开标人、唱标人、记录人等有关人员姓名;(4)由招标人现场随机抽取的投标人代表抽取评标基准价系数(如有);(5)投标人代表解密加密的投标文件;(6)招标人对未成功解密的投标文件进行退回并按投标须知第5.3款进行补救处理,对已解密成功的投标文件进行二次解密;(7)导入并读取所有解密成功的投标文件第一个信封(商务及技术文件)的内容;(8)公布标段名称、投标人名称、投标保证金的递交情况、工期及其他内容,并记录在案;(9)招标人代表、记录人等有关人员在开标记录上签字确认;(10)开标结束。
5.2.3	第二个信封 (报价文件) 开标程序	投标文件检查:检查上传成功投标文件情况 开标顺序:(1)宣布开标纪律;(2)宣布通过投标文件第一个信封(商务及技术文件)评审的投标人名单;(3)宣布开标人、唱标人、记录人等有关人员姓名;(4)开标人将所有投标文件第二个信封(报价文件)的内容导入"电子交易平台"的开标评标系统,未通过投标文件第一个信封(商务及技术文件)评审的投标人的第二个信封(报价文件)不予读取;(5)公布标段名称、投标人名称、投标报价及其他内容,并记录在案;(6)投标人代表(如有)、招标人代表、记录人等有关人员在开标记录上签字确认;(7)开标结束。
6.1.1	评标委员会的组建	评标委员会构成: 5 人,其中招标人代表 0 人,专家 5 人 评标专家确定方式:依法从福建省综合评标专家库中随机抽取
6.3.2	评标委员会推荐 中标候选人的人数	3 个
7.1	中标候选人公示 媒介及期限	公示媒介:福建省公共资源交易电子公共服务平台(https://ggzyfw.fj.gov.cn/)、××市公共资源交易信息网(http://ggzyjy.××××××××.gov.cn) 公示期限:不少于3日 公示的其他内容: /
7.4	是否授权评标委 员会确定中标人	□是 ☑否
7.5	中标通知书和中 标结果通知发出 的形式	线下书面通知

续表

条款号	条款名称	编列内容
7.6	中标结果公告媒介及期限	公示媒介：福建省公共资源交易电子公共服务平台（https://ggzyfw.fj.gov.cn/）、××市公共资源交易信息网（http://ggzyjy.××××××××.gov.cn） 公示期限：__10__日
7.7.1	履约保证金	是否要求中标人提交履约保证金：__要求__ 履约保证金的形式：银行保函、现金（电汇或银行汇票形式） 履约担保金额：__10__％签约合同价，被招标项目所在地省级交通运输主管部门评为__/__信用等级的中标人，履约保证金金额为__/__％签约合同价。 采用银行保函时，出具保函的银行级别：采用的银行保函须由国有商业银行或股份制银行开具，并保证其有效，所需费用由中标人承担。在签订合同前，中标人应按招标文件第4章"合同条款及格式"规定的履约担保格式向招标人提交履约保函。
8.5.1	监督部门	监督部门：××县交通运输局 地址：××县××镇××路桃溪458号 电话：05××-2386××× 传真：05××-2386××× 邮政编码：36××××
9	是否采用电子招标投标	采用电子招标投标

需要补充的其他内容：

1	投标须知5.1	一、本项目支持远程签到解标。（具体操作详见附件）电子交易平台在线公开开标，投标人应在线参加开标，开标登录地址：××市公共资源交易信息网（http://ggzyjy.××××××××.gov.cn）；同时招标人在××县公共资源交易中心设置开标会场，投标人可自行决定是否到场参加开标会。开标时，电子交易平台自动提取所有投标文件，提示投标人在线开始解密。投标人应在开始解密时间（开标时间）起一个小时内在线进行电子投标文件的解密操作，只允许使用生成投标文件的单位CA数字证书进行解密，超过1小时后不再进行解标操作。 二、投标保证金凭证上应注明"投标保证金"字样。若采用银行保函的保证金形式的，应将银行保函密封在信封袋中，封面处应加盖单位公章并写明用途，在交标截止时间前递交给招标人代表处，若未密封并加盖公章者，均按未提交保证金处理。
2	投标须知3.5.4	增加：拟委任的项目经理和项目总工的社保缴费证明或其他能够证明拟委任的项目经理和项目总工参加社保的有效证明材料复印件。社保证明须提供社保机构开具在投标截止期之前的三个月内出具的缴费时间连续三个月以上的社保证明文件彩色扫描件并加盖投标单位电子章。

条款号	条款名称	编列内容
3	投标须知 3.5.6	"拟委任的其他管理和技术人员资历表"(如有)中相关人员应附身份证、职称资格证书以及资格审查条件所要求的其他相关证书的复印件,相关业绩证明材料复印件,以及投标人所属社保机构出具的社保缴费证明或其他能够证明其参加社保的有效证明材料复印件。社保证明须提供社保机构开具在投标截止期之前的三个月内出具的缴费时间连续三个月以上的社保证明文件彩色扫描件并加盖投标单位电子章。
4	增加	加强路面及基层厚度、压实度、强度等关键性指标的检查控制力度,确保符合验收要求。对合同段路面及基层厚度、压实度、强度某一指标验收时未能达到设计要求的,按照省公路管理局下发的《福建省公路管理局关于进一步加强省补路面改造工程管理的通知》(闽路养〔2012〕41号)及福建省××市公路局关于印发《××市专养公路养护工程质量管理办法的通知》(泉路监理〔2017〕13号)等文件要求进行管理,同时对施工单位课以相应违约金。其中沥青混凝土上面层(规定单独评定的情况)、面层总厚度或面层和上基层总厚度单个芯样不合格时,单个芯样厚度小于设计厚度85%时每个扣减2万元,单个芯样厚度小于设计厚度75%时每个扣减3万。沥青混凝土上面层、下面层、上基层单点芯样压实度不合格率达20%以上时,压实度小于规范要求的压实度合格值时每个扣减1万元,压实度比规范要求的压实度合格值小2个百分点以上时每个扣减2万元;水泥面层单个芯样厚度小于设计厚度1厘米以上时每个扣减2万元,单个芯样厚度小于设计厚度2厘米以上时每个扣减5万元,水泥面层强度小于设计强度时每个扣减2万元,强度小于设计强度90%时,每个扣减5万元。
5	增加	投标人或者其他利害关系人认为招标投标活动不符合法律、行政法规规定的,应按《中华人民共和国招标投标法实施条例》《福建省招标投标条例》《工程建设项目招标投标活动投诉办法》(国家发改委等七部委2004年第11号令根据2013年3月11日国家发展和改革委员会、工业和信息化部、财政部等令第23号修订)的规定,在中标结果公示期内向有关行政监督部门投诉,投诉应当有明确的请求和必要的证明材料,否则不予受理。对恶意虚假投诉的,将报请省交通运输厅按有关规定进行处理。
6	增加	本项目安全生产专项费用:520483元。为贯彻落实交通部2007年1号令要求,投标人必须充分考虑用于施工企业安全防护用具及设施的采购和更新、安全施工措施的落实、安全生产条件改善的费用。投标人在投标报价时,安全生产专项费用不得低于招标人公布的金额。安全生产专项费用未按上述要求填入的按废标处理。承包人必须做好安全生产专项费用的使用管理,做到专款专用。安全生产专项费用的管理按上级有关文件的规定执行。

续表

条款号	条款名称	编列内容
7	增加	(1)评标委员会通过全国法院失信被执行人名单公布与查询平台(网址:shixin.court.gov.cn)查询本招标项目投标截止时间当日的投标单位是否被人民法院列为"失信被执行人",若被列为"失信被执行人"的应当否决其投标。(2)评标委员会通过全国企业信用信息公示系统(网址:www.gsxt.gov.cn)查询本招标项目投标截止时间当日的投标单位是否被工商行政管理机关列为"严重违法失信企业名单",若被列为"严重违法失信企业名单"的应当否决其投标。(3)评标委员会通过"中国裁判文书网(网址:http://wenshu.court.gov.cn/)"查询投标人或其法定代表人、拟委任的项目经理近三年有无行贿犯罪行为,若存在这一行为的,应当否决其投标。
8	增加	(1)工资保证金:严格执行《××市人民政府关于进一步促进建筑业发展壮大的若干意见》(泉政文〔2014〕98号)、《××市人力资源和社会保障局××市住房和城乡建设局关于进一步完善工程建设领域工资保证金制度的意见》(泉人社〔2017〕342号)、永人社〔2017〕91号《关于转发进一步完善工程建设领域工资保证金制度的意见》及泉建筑〔2018〕11号文的有关规定。 (2)建设单位和中标单位必须严格按照《××县人力资源和社会保障局等五部门关于转发××市工程建设领域建筑工人实名制管理和工资专用账户管理实施细则的通知》(永人社〔20××〕24号)要求执行。 (3)投标人须严格执行《福建省住房和城乡建设厅关于推进工程建设项目劳务实名制管理工作的通知》(闽建筑〔2016〕34号)文件要求,实行项目劳务实名制管理制度。 (4)严格执行(闽建建〔2016〕22号)《关于进一步加强建筑施工扬尘防治和施工现场污水排放管理工作的意见》关于施工现场扬尘防治和污水排放的相关规定。 (5)建设工程所产生的建筑废土,必须按泉政文〔2011〕312号和泉政文〔2012〕270号文件、永政文〔2012〕229号文件的规定要求进行处置,且必须在施工合同中体现建筑废土的处置措施和办理相关手续等内容情况。 (6)建筑废土处置措施:①建筑废土沙石运输业务应发包给取得道路运输经营许可证的运输企业,不得违规转包或分包;②建筑废土处置、建筑场地围墙、洗车台、洗手台和冲洗设施费用已包括在工程预算内;③建筑废土堆放应按有关文件规定场地堆放,不得随意卸倒。 (7)承包人因承包本合同工程需缴纳的一切税费均由承包人承担,并包含在所报的单价或总额价内,因决(结)算审计金额调整造成承包人应缴纳的增值税等一切税费变化,承包人已缴纳而无法退回的损失由承包人承担。 (8)工程一切险和第三方责任险由承包人以发包人与承包人联名向财产保险公司进行投保。工程一切险以最高限价为基数计算,费率为0.3%;第三方责任办理险按累计赔偿限额计算,费率为0.25%,最低投保金额为500万元。上述两项保险费均由投标人报价时列入工程量清单第100章相应支付细目中,在报价金额内按实结算。 (9)工伤保险费:严格执行《福建省人力资源和社会保障厅等七部门(单位)关于全面推进全省铁路、公路、水运、水利、能源、机场工程建设项目参加工伤保险工作的通知》(闽人社发〔2018〕6号)的有关规定。

续表

条款号	条款名称	编列内容
9	投标须知 3.5.4	"投标人或其法定代表人、拟委任的项目经理在××××年××月××日至××××年××月××日有行贿犯罪行为的(行贿犯罪行为的认定以检察机关职务犯罪预防部门出具的查询结果为准)"修改为:"投标人或其法定代表人、拟委任的项目经理在近三年有无行贿犯罪行为的[投标单位应自行到中国裁判文书网(网址:http://wenshu.court.gov.cn/)查询]"。投标单位应将在网站中所查询的结果截图并加盖电子公章附进投标文件中,若未按要求上传者,按不合格论处。
10	增加	(1)本项目不要求施工组织设计。(2)履约保证金:履约保证金在完工后28天内退还。(3)开工:中标单位应在合同签订后20天内进场(具体时间以业主通知为准)。若在接到业主通知后未能及时进场开工的,每延误一天按5000元进行处罚,直至接到监理单位发出的开工令为止。

①"投标人须知前附表"用于进一步明确正文中的未尽事宜,由招标人根据招标项目具体特点和实际需要编制和填写,且应与招标文件中其他章节相衔接,并不得与本章正文内容相抵触。"投标人须知前附表"中的附录表格同属"投标人须知前附表"内容,具有同等效力。

②招标人如有阶段工期要求,请在此补充。

③招标人应根据招标项目具体特点和实际需要,对工程施工过程中的人员安全提出目标要求。

④本项适用于未进行资格预审的情况。

⑤对于特别复杂的特大桥梁和特长隧道项目主体工程以及其他有特殊要求的工程,招标人还可增加附录6、附录7对投标人的其他管理和技术人员(例如项目副经理、专业工程师等)以及主要机械设备和试验检测设备提出要求。

⑥评标委员会应由招标人代表和有关方面的专家组成,人数为5人以上单数,其中技术、经济专家人数应不少于成员总数的三分之二。

⑦招标人不得强制限定履约保证金必须采用现金或支票方式缴纳,不得拒绝银行保函形式的履约保证金。

⑧招标人可根据招标项目所在地省级交通运输主管部门的有关规定,对信用等级高的投标人给予减少履约保证金金额的优惠。

(2)投标人须知的内容及格式

投标人须知应根据拟招标工程的项目概况、招标人的招标要求等,参照《公路工程标准施工招标文件》第二章投标人须知的内容及格式,认真进行编写。其具体内容及格式参见《公路工程标准施工招标文件》第17～58页。

(3)投标人须知编制要求

①招标范围

招标范围中应说明项目起止桩号、主要建设内容,具体范围以招标人提供的工程量清单为准,以招标图纸为依据。招标范围需明确具体,避免因范围不清导致投标人报价不一致。

如××县××镇××高速公路出口至115县道公路工程招标范围及标段划分:本项目工程施工共分为__1__个标段;本次共招标__1__个标段,具体情况详见本书【工程项目二】××县××镇××高速公路出口至115县道公路工程招标公告。

②资格要求

编制资格要求不得有歧视待遇;条件应当适当,不宜过高或过低。

《公路工程建设项目招标投标管理办法》第 26 条规定:招标人应当按照国家有关法律法规规定,在招标文件中明确允许分包的或者不得分包的工程和服务,分包人应当满足的资格条件以及对分包实施的管理要求。招标人不得在招标文件中设置对分包的歧视性条款。

招标人有下列行为之一的,属于前款所称的歧视性条款:

a. 以分包的工作量规模作为否决投标的条件;

b. 对投标人符合法律法规以及招标文件规定的分包计划设定扣分条款;

c. 按照分包的工作量规模对投标人进行区别评分;

d. 以其他不合理条件限制投标人进行分包的行为。

《招标投标法实施条例》第 37 条规定:招标人接受联合体投标并进行资格预审的,联合体应当在提交资格预审申请文件前组成。资格预审后联合体增减、更换成员的,其投标无效。联合体各方在同一招标项目中以自己名义单独投标或者参加其他联合体投标的,相关投标均无效。

联合体资质的确定,同一专业组成的联合体按较低资质等级,不同专业不按较低资质等级。例如,甲、乙两公司组成联合体投标,其中甲公司资质为公路施工一级资质、隧道工程专业承包二级、乙公司资质为公路施工二级资质、隧道工程专业承包一级,则联合体资质为公路施工二级资质、隧道工程专业承包二级;若甲公司资质为公路施工一级资质,乙公司资质为隧道工程专业承包二级,则联合体资质为公路施工一级资质、隧道工程专业承包二级。

③关于分包的相关规定

严禁转包和违规分包,而且不得再次分包。投标人拟在中标后将中标项目的部分非主体非关键工作进行分包的,应符合以下规定:

a. 允许分包的工程范围仅限于非关键性工程或者适合专业化队伍施工的专业工程;

b. 严禁转包和违规分包,且不得再次分包;

c. 专业工程分包的工程量累计不得超过总工程量的 30%;

d. 分包人的资格能力应与其分包工程的标准和规模相适应,具备相应的专业承包资质或劳务分包资质。

e. 其他要求:投标人如有分包计划,应按"投标文件格式"的要求填写"拟分包项目情况表",而且投标人中标后的分包应满足合同条款第 4.3 款的相关要求。

④关于偏离的规定

投标人须知前附表允许投标文件偏离招标文件某些要求的,偏离应当符合招标文件规定的偏离范围和幅度。

偏离即偏差,偏差分重大偏差和细微偏差。

投标文件中的下列偏差为重大偏差:

a. 没有按照招标文件要求提供投标担保或者所提供的投标担保有瑕疵;

b. 投标文件没有投标人授权代表签字和加盖公章;

c. 投标文件载明的招标项目完成期限(工期)超过招标文件规定的期限;

d. 投标文件的包装方式、检验标准和方法等不符合招标文件的要求;

e. 对投标价进行算术性错误修正及其他错误修正后,最终投标报价超过投标控制价上限的;

f. 评标办法中规定的重大偏差的其他情形。

投标文件有上述情形之一的,视为未能对招标文件作出实质性响应,作废标处理。

细微偏差是指投标文件在实质上响应招标文件要求,但在个别地方存在漏项或者提供了不完整的技术信息和数据等情况,并且补正这些遗漏或者不完整不会对其他投标人造成不公平的结果。细微偏差不影响投标文件的有效性(可予以修正、澄清)。投标文件中的下列偏差为细微偏差:

a. 在按照评标办法中的规定对投标价进行算术性错误修正及其他错误修正后,最终投标报价未超过投标控制价上限(如有)的情况下,出现评标办法中所列的投标报价的算术错误和其他错误。

b. 施工组织设计(含关键工程技术方案)和项目管理机构不够完善;

c. 投标文件页码不连续、采用活页夹装订,个别文字有遗漏、错误等不影响投标文件实质性内容的偏差。

⑤澄清

投标单位收到招标文件后,若有疑问或不清楚的问题需澄清解释,应以书面形式向招标单位提出,招标单位应在投标截止时间至少15天之前,以书面形式发给所有获得招标文件的单位,该澄清或者修改的内容为招标文件的组成部分;如果少于15日,招标人应当顺延提交资格预审申请文件或者投标文件的截止时间。投标人收到澄清后,应在投标须知前附表规定的时间内以书面形式通知招标人,确认已收到该澄清。

⑥修改

招标人对已发出的招标文件进行必要修改的,应在投标截止时间至少15天之前,以书面形式通知所有获取招标文件的潜在投标人,投标人应以书面形式予以确认。修改或补充文件作为招标文件的组成部分。招标单位对招标文件所做的任何修改或补充,须报相关主管部门备案。

⑦关于投标保证金的相关规定

为避免招标人设置过高的投标保证金额度,不同类型的招标项目对投标保证金的最高额度均有相关规定。

《招标投标法实施条例》第26条规定,招标人在招标文件中要求投标人提交投标保证金的,投标保证金不得超过招标项目估算价的2%。投标保证金有效期应当与投标有效期一致。

《政府采购货物和服务招标投标管理办法》第36条规定,招标采购单位规定的投标保证金数额,不得超过采购项目概算的1%。

《工程建设项目施工招标投标办法》第三十七条规定,投标保证金不得超过项目估算价的百分之二,但最高不得超过八十万元人民币。投标保证金有效期应当与投标有效期一致。

《公路工程建设项目招标投标管理办法》第25条规定,招标人在招标文件中要求投标人提交投标保证金的,投标保证金不得超过招标标段估算价的2%。投标保证金有效期应当与投标有效期一致。

投标保证金的形式有现金、银行汇票、保兑支票、现金支票、投标保函等。依法必须进行招标的公路工程建设项目的投标人,以现金或者支票形式提交投标保证金的,应当从其基本账户转出。投标人提交的投标保证金不符合招标文件要求的,应当否决其投标。

投标保证金退还时间规定：

a. 未中标供应商的投标保证金应当在中标通知书发出后 5 个工作日内退还。

b. 中标供应商的投标保证金在采购合同签订后 5 个工作日退还。

c. 投标人撤回已提交的投标文件,应当在投标截止时间前书面通知招标人。招标人已收取投标保证金的,应当自收到投标人书面撤回通知之日起 5 日内退还。

下列几种情况不予退还投标保证金：

a. 投标人在招标文件中规定的投标有效期内撤回其投标。

b. 中标人在规定期限内未能:根据投标人按规定签订合同或按规定接受对错误的修正;根据招标文件规定未提交履约保证金。

c. 投标人采用不正当的手段骗取中标。

投标保证金不予退还的情形规定可参见【项目示例 2-2】。

【项目示例 2-2】××县××镇××高速公路出口至 115 县道公路工程投标

保证金不予退还的情形发生下列情形之一的,投标保证金将不予退还：

(1)投标人在规定的投标有效期内撤销其投标文件;

(2)招标人在发出中标通知书后,投标人非因不可抗力原因而放弃中标、拒签合同或未按招标文件规定提交履约担保;

(3)投标人不接受依据评标办法的规定对其投标文件中细微偏差进行澄清和补正;

(4)投标人提交了虚假资料;

(5)反映投标文件个性特征的内容(含编制文件机器码、上传投标文件的 Mac 地址)出现明显雷同;

(6)有证据显示投标人以他人名义投标、与他人串通投标、以非法手段谋取中标;

(7)因中标人的违法行为导致中标被依法确认无效的;

(8)法律、法规规定的其他情形。

同时报请省交通运输行政主管部门在其门户网站公告,并按法律、法规、规章有关规定处理;对由于投标违约行为造成招标人损失的(含工期延误损失、中标差价损失),投标人应予赔偿。

⑧关于投标文件的相关规定

a. 投标文件的编制。投标文件应用不褪色的材料书写或打印,投标文件格式中明确要求投标人法定代表人或其委托代理人签字之处,必须由相关人员亲笔签名,不得使用印章、签名章或其他电子制版签名代替;明确要求投标人加盖单位公章之处,必须加盖单位章。投标文件应尽量避免涂改、行间插字等。若有改动之处,应加盖单位章或签字确认。

b. 投标文件的密封和登记。投标文件的第一个信封(商务及技术文件)以及第二个信封(报价文件)应按照招标文件要求单独密封包装。一般情况下,商务及技术文件的正本与副本应统一密封在一个封套中。报价文件的正本与副本、投标文件的电子版文件(如需要)以及填写完毕的工程量固化清单电子文件应统一密封在另一个封套中。封套应加贴封条,并在封套的封口处加盖投标人单位章或由投标人的法定代表人或其委托代理人签字。未按招标文件要求密封和加写标记的投标文件,招标人不予受理,视为废标。

c. 投标文件的递交。应在招标文件规定的投标截止时间前递交。

⑨关于电子招投标的相关规定

a. 投标文件的编制。投标、评标阶段仅提交文件,如中标,再提供纸质投标文件正本 1 份,副本 3 份;中标人提供的纸质投标文件须与投标时提供的电子投标文件保持一致,如有不一致,以电子投标文件为准。中标人应在合同协议书签订前,将"人工、材料、机械台班单价汇总表"和与已标价工程量清单单价一致的"单价分析表"逐页加盖投标人单位公章后递交至招标人,并同时递交电子版。

b. 签字或盖章要求。投标人应按"投标文件格式"规定,在投标文件指定位置加盖投标人单位电子公章。以联合体形式参与投标的,投标文件由联合体牵头人按上述规定加盖电子章。

c. 装订要求。投标文件应编制目录且标注页码。中标人递交的纸质投标文件应是电子投标文件的打印件,正本应逐页加盖投标人单位公章,纸质投标文件不得采用活页夹装订。

d. 投标文件的递交。投标人应在招标文件规定的投标截止时间前递交电子投标文件,上传到指定网址。

3. 评标办法的确定

(1)评标办法的种类

《公路工程标准施工招标文件》给出了四种评标办法:合理低价法、技术评分最低标价法、综合评分法和经评审的最低投标价法。

①合理低价法

评标委员会对满足招标文件实质性要求的投标文件,按照第三章评标办法(合理低价法)第 2.2 款规定的评分标准进行打分,并按得分由高到低顺序推荐中标候选人,或根据招标人授权直接确定中标人,但投标报价低于其成本的除外。综合评分相等时,评标委员会应按照评标办法前附表规定的优先次序推荐中标候选人或确定中标人。

合理低价法是综合评分法的评分因素中评标价得分为 100 分、其他评分因素分值为 0 分的特例。合理低价法中,第一个信封(商务及技术文件)的评审应采用合格制。

②技术评分最低标价法

评标委员会对满足招标文件实质性要求的投标文件的施工组织设计、主要人员、技术能力等因素进行评分,按照得分由高到低排序,对排名在招标文件规定数量以内的投标人的报价文件进行评审,按照评标价由低到高的顺序推荐中标候选人,或根据招标人授权直接确定中标人,但投标报价低于其成本的除外。评标价相等时,评标委员会应按照评标办法前附表规定的优先次序推荐中标候选人或确定中标人。

通过第一个信封(商务及技术文件)评审的投标人数量应不少于 3 名,最高不宜超过 10 名。此外,招标人可规定技术文件采用暗标形式编制。

③综合评分法

评标委员会对满足招标文件实质性要求的投标文件,按照第三章评标办法(综合评分法)第 2.2 款规定的评分标准进行打分,并按得分由高到低顺序推荐中标候选人,或根据招标人授权直接确定中标人,但投标报价低于其成本的除外。综合评分相等时,评标委员会应按照评标办法前附表规定的优先次序推荐中标候选人或确定中标人。

综合评分法仅适用于技术特别复杂的特大桥梁和特长隧道项目主体工程。采用综合评分法时,评标委员会对投标人的评标价、施工组织设计、主要人员、技术能力、财务能力、业绩、履约信誉等综合进行评估打分。其中评标价所占权重不应低于50%。

④经评审的最低投标价法

评标委员会对满足招标文件实质性要求的投标文件,根据第三章评标办法(经评审的最低投标价法)第2.2款规定的量化因素及量化标准进行价格折算,按照经评审的投标价由低到高的顺序推荐中标候选人,或根据招标人授权直接确定中标人,但投标报价低于其成本的除外。经评审的投标价相等时,评标委员会应按照评标办法前附表规定的优先次序推荐中标候选人或确定中标人。

(2)评审标准及程序

《公路工程标准施工招标文件》"第三章评标办法"的内容由评标前附表和正文组成。评标前附表用于明确评标的方法、因素、标准、评标价计算,正文主要明确评审程序。

①初步评审标准

初步评审标准分形式评审标准、资格评审标准、响应性评审标准。合理低价法的形式评审标准、资格评审标准、响应性评审标准可扫描二维码"2-6评标办法前附表(合理低价法)"进行查阅。

②分值构成与评分标准

合理低价法的分值构成、评标基准价计算、评分标准可扫描二维码"2-6评标办法前附表(合理低价法)"进行查阅。

2-6 评标
办法前附表
(合理低价法)

③评标程序

评标程序为:初步评审—详细评审—投标文件的澄清与补正—评标结果。

a. 初步评审

第一个信封初步评审。评标委员会依据"评审办法"第2.1款规定的标准对投标文件第一个信封(商务及技术文件)进行初步评审。有一项不符合评审标准的,评标委员会应否决其投标(适用于未进行资格预审的)。评标委员会可以要求投标人提交第二章"投标人须知"第3.5.1项至第3.5.6项规定的有关证明和证件的原件,以便核验。

第一个信封(商务及技术文件)评审结束后,招标人将按照"投标人须知"第5.1款规定的时间和地点对通过投标文件第一个信封(商务及技术文件)评审的投标文件第二个信封(报价文件)进行开标。评标委员会依据"评审办法"第2.1.1项、第2.1.3项规定的评审标准对投标文件第二个信封(报价文件)进行初步评审。有一项不符合评审标准的,评标委员会应否决其投标。

b. 详细评审

详细评审也就是对第二个信封进行详细评审。评标委员会按"评审办法"第2.2款规定的量化因素和分值进行打分,并计算出综合评估得分(即评标价得分)。投标人得分分值计算保留小数点后两位,小数点后第三位"四舍五入"。评标委员会发现投标人的报价明显低于其他投标报价,使得其投标报价可能低于其个别成本的,应要求该投标人作出书面说明并提供相应的证明材料。投标人不能合理说明或不能提供相应证明材料的,评标委员会应认定该投标人以低于成本报价竞标,并否决其投标。

评标过程中,评标委员会应查询交通运输主管部门的"公路建设市场信用信息管理系统",对投标人的资质、业绩、主要人员资历和目前在岗情况、信用等级等信息进行核实。若投标文件载明的信息与交通运输主管部门"公路建设市场信用信息管理系统"发布的信息不符,使得投标人的资格条件不符合招标文件规定的,评标委员会应否决其投标。

评标委员会应对在评标过程中发现的投标人与投标人之间、投标人与招标人之间存在的串通投标的情形进行评审和认定。投标人存在串通投标、弄虚作假、行贿等违法行为的,评标委员会应否决其投标。

有下列情形之一的,属于投标人相互串通投标:

(a)投标人之间协商投标报价等投标文件的实质性内容;

(b)投标人之间约定中标人;

(c)投标人之间约定部分投标人放弃投标或中标;

(d)属于同一集团、协会、商会等组织成员的投标人按照该组织要求协同投标;

(e)投标人之间为谋取中标或排斥特定投标人而采取的其他联合行动。

有下列情形之一的,视为投标人相互串通投标:

(a)不同投标人的投标文件由同一单位或个人编制;

(b)不同投标人委托同一单位或个人办理投标事宜;

(c)不同投标人的投标文件载明的项目管理成员为同一人;

(d)不同投标人的投标文件异常一致或投标报价呈规律性差异;

(e)不同投标人的投标文件相互混装;

(f)不同投标人的投标保证金从同一单位或个人的账户转出。

有下列情形之一的,属于招标人与投标人串通投标:

(a)招标人在开标前开启投标文件并将有关信息泄露给其他投标人;

(b)招标人直接或间接向投标人泄露标底、评标委员会成员等信息;

(c)招标人明示或暗示投标人压低或抬高投标报价;

(d)招标人授意投标人撤换、修改投标文件;

(e)招标人明示或暗示投标人为特定投标人中标提供方便;

(f)招标人与投标人为谋求特定投标人中标而采取的其他串通行为。

投标人有下列情形之一的,属于弄虚作假的行为:

(a)使用通过受让或租借等方式获取的资格、资质证书投标;

(b)使用伪造、变造的许可证件;

(c)提供虚假的财务状况或业绩;

(d)提供虚假的项目负责人或主要技术人员简历、劳动关系证明;

(e)提供虚假的信用状况;

(f)其他弄虚作假的行为。

c. 投标文件的澄清与补正

在评标过程中,评标委员会可以书面形式要求投标人对投标文件中含义不明确的内容、明显文字或计算错误进行书面澄清或说明。评标委员会不接受投标人主动提出的澄清、说明。投标人不按评标委员会要求澄清或说明的,评标委员会应否决其投标。

澄清和说明不得超出投标文件的范围或改变投标文件的实质性内容(算术性错误的修正除外)。投标人的书面澄清、说明属于投标文件的组成部分。

评标委员会不得暗示或诱导投标人作出澄清、说明,对投标人提交的澄清、说明有疑问的,可以要求投标人进一步澄清或说明,直至满足评标委员会的要求。

凡超出招标文件规定的或给发包人带来未曾要求的利益的变化、偏差或其他因素在评标时不予考虑。

当投标文件存在"投标人须知"第1.12.3项所列情形的,均视为细微偏差,评标委员会不得否决投标人的投标,应按照"投标人须知"第1.12.4项规定的原则处理。

d. 评标结果

除"投标人须知"前附表授权直接确定中标人外,评标委员会按照得分由高到低的顺序推荐中标候选人,并标明排序。评标委员会完成评标后,应向招标人提交书面评标报告。

④《公路工程建设项目招标投标管理办法》关于评标办法的规定

第28条规定,招标人应当根据招标项目的具体特点以及本办法的相关规定,在招标文件中合理设定评标标准和方法。评标标准和方法中不得含有倾向或者排斥潜在投标人的内容,不得妨碍或者限制投标人之间的竞争。禁止采用抽签、摇号等博彩性方式直接确定中标候选人。

第43条规定,公路工程勘察设计和施工监理招标,应当采用综合评分法进行评标,对投标人的商务文件、技术文件和报价文件进行评分,按照综合得分由高到低排序,推荐中标候选人。评标价的评分权重不宜超过10%,评标价得分应当根据评标价与评标基准价的偏离程度进行计算。

第45条规定实行设计施工总承包招标的,招标人应当根据工程地质条件、技术特点和施工难度确定评标办法。设计施工总承包招标的评标采用综合评分法的,评分因素包括评标价、项目管理机构、技术能力、设计文件的优化建议、设计施工总承包管理方案、施工组织设计等因素,评标价的评分权重不得低于50%。

⑤关于废标

在招标文件中,招标人应从以下几个方面,在招标文件中提出实质性要求和条件,并用醒目的方式标明,防止其投标被定为废标;

下列情况作为废标处理:

a. 逾期送达或未送达指定地点的;

b. 未按照招标文件要求进行密封的;

c. 无盖章、无法人代表或者法定代表人签字或者盖章的;

d. 未按规定的格式填写的,内容模糊不清的;

e. 两份或多份不同的招标文件的,或一个招标文件有多个报价的;

f. 未按照招标文件要求提交保证金的;

g. 未响应招标文件中做出的其他强制性的要求。

(3)评标办法的选择

公路工程施工招标评标,一般采用合理低价法或技术评分最低标价法。技术特别复杂的特大桥梁和特长隧道项目主体工程,可以采用综合评分法。工程规模较小、技术含量较低的工程,可以采用经评审的最低投标价法。

四种评标方法的评审因素、标准和程序在《公路工程标准施工招标文件》中作出了明确规定,招标项目具体采用哪一种评标方法应在招标文件中明确说明。如国道×××线K192+427～K200+838段路面重铺工程1标段评标办法为:合理低价(90分)+信用分(10分)。

【项目示例 2-3】国道×××线 K192＋427～K200＋838 段路面重铺工程 1 标段招标文件中评标办法

第三章 评标办法(合理低价法)

评标办法前附表

条款号		评审因素与评审标准
1	评标方法	综合评分相等时,评标委员会依次按照以下优先顺序推荐中标候选人或确定中标人: (1)评标价低的投标人优先; (2)被招标项目所在地省级交通运输主管部门评为较高信用等级的投标人优先; (3)评标价及信用等级相等的情况下,按照企业资质、项目负责人等级进行排序。若上述情形同等的情况下,采用随机抽取方式确定。
2.1.1 2.1.3	形式评审 与响应性 评审标准	第一个信封(商务及技术文件)评审标准: (1)投标文件按照招标文件规定的格式、内容填写,字迹清晰可辨: a. 投标函按招标文件规定填报了项目名称、标段号、补遗书编号(如有)、工期、工程质量要求及安全目标; b. 投标函附录的所有数据均符合招标文件规定; c. 投标文件组成齐全完整,内容均按规定填写。 (2)投标文件上法定代表人或其委托代理人的签字、投标人的单位章盖章齐全,符合招标文件规定。 (3)与申请资格预审时比较,投标人发生合并、分立、破产等重大变化的,仍具备资格预审文件规定的相应资格条件且其投标未影响招标公正性: a. 投标人应提供相关部门的合法批件及企业法人营业执照和资质证书等证件的副本变更记录复印件; b. 投标人仍然满足资格预审文件中规定的资格预审条件最低要求(资质、业绩、人员、信誉、财务等); c. 与所投标段的其他投标人不存在控股、管理关系或单位负责人为同一人的情况;与招标人也不存在利害关系并可能影响招标公正性的情形。 (4)投标人按照招标文件的规定提供了投标保证金: a. 投标保证金金额符合招标文件规定的金额,且投标保证金有效期不少于投标有效期; b. 若投标保证金采用现金或支票形式提交,投标人应在递交投标文件截止时间之前,将投标保证金由投标人的基本账户转入招标人指定账户; c. 若投标保证金采用银行保函形式提交,银行保函的格式、开具保函的银行均满足招标文件要求,且在递交投标文件截止时间之前向招标人提交了银行保函原件。 (5)投标人法定代表人授权委托代理人签署投标文件的,须提交授权委托书,且授权人和被授权人均在授权委托书上签名,未使用印章、签名章或其他电子制版签名代替。 (6)投标人法定代表人亲自签署投标文件的,提供了法定代表人身份证明,且法定代表人在法定代表人身份证明上签名,未使用印章、签名章或其他电子制版签名代替。

续表

条款号		评审因素与评审标准
2.1.1 2.1.3	形式评审 与响应性 评审标准	(7)投标人以联合体形式投标时,联合体满足招标文件的要求: 　　a. 未进行资格预审的,投标人按照招标文件提供的格式签订了联合体协议书,明确各方承担连带责任,并明确了联合体牵头人; 　　b. 已进行资格预审的,投标人提供了资格预审申请文件中所附的联合体协议书复印件,且通过资格预审后的联合体无成员增减或更换的情况。 (8)投标人如有分包计划,符合招标文件第二章"投标人须知"第1.11款规定,且按招标文件第九章"投标文件格式"的要求填写了"拟分包项目情况表"。 (9)同一投标人未提交两个以上不同的投标文件,但招标文件要求提交备选投标的除外。 (10)投标文件中未出现有关投标报价的内容。 (11)投标文件载明的招标项目完成期限未超过招标文件规定的时限。 (12)投标文件对招标文件的实质性要求和条件作出响应。 (13)权利义务符合招标文件规定: 　　a. 投标人应接受招标文件规定的风险划分原则,未提出新的风险划分办法; 　　b. 投标人未增加发包人的责任范围,或减少投标人义务; 　　c. 投标人未提出不同的工程验收、计量、支付办法; 　　d. 投标人对合同纠纷、事故处理办法未提出异议; 　　e. 投标人在投标活动中无欺诈行为; 　　f. 投标人未对合同条款有重要保留。 (14)投标文件制作、上传符合相关规定。 (15)其他:无。 第二个信封(报价文件)评审标准: (1)投标文件按照招标文件规定的格式、内容填写,字迹清晰可辨: 　　a. 投标函按招标文件规定填报了项目名称、标段号、补遗书编号(如有)、投标价(包括大写金额和小写金额); 　　b. 已标价工程量清单说明文字与招标文件规定一致,未进行实质性修改和删减; 　　c. 投标文件组成齐全完整,内容均按规定填写。 (2)投标文件上法定代表人或其委托代理人的签字、投标人的单位章盖章齐全,符合招标文件规定。 (3)投标报价或调价函中的报价未超过招标文件设定的最高投标限价(如有)。 (4)投标报价或调价函中报价的大写金额能够确定具体数值。 (5)同一投标人未提交两个以上不同的投标报价,但招标文件要求提交备选投标的除外。 (6)投标人若提交调价函,调价函应符合招标文件第二章"投标人须知"第3.2.6项要求。 (7)投标人若填写工程量固化清单,填写完毕的工程量固化清单未对工程量固化清单电子文件中的数据、格式和运算定义进行修改;工程量固化清单中的投标报价和投标函大写金额报价一致。 (8)投标文件制作、上传符合相关规定。 (9)其他:无。

条款号		评审因素与评审标准
2.1.2	资格评审标准	(1)投标人具备有效的营业执照、组织机构代码证、资质证书、安全生产许可证和基本账户开户许可证。 (2)投标人的资质等级符合招标文件规定。 (3)投标人的财务状况符合招标文件规定。 (4)投标人的类似项目业绩符合招标文件规定。 (5)投标人的信誉符合招标文件规定。 (6)投标人的项目经理和项目总工资格、在岗情况符合招标文件规定。 (7)投标人的其他要求符合招标文件规定。 (8)投标人不存在第二章"投标人须知"第1.4.3项或第1.4.4项规定的任何一种情形。 (9)投标人符合第二章"投标人须知"第1.4.5项规定。 (10)以联合体形式参与投标的,联合体各方均未再以自己的名义单独或参加其他联合体在同一标段中投标;独立参与投标的,投标人未同时参加联合体在同一标段中投标。
2.2.1	分值构成 (总分100分)	"合理低价(90分)+信用分(10分)": 评价价:90分,信用:10分。
2.2.2	评标基准价计算方法	评标基准价的计算:在开标现场,招标人将当场计算并宣布评标基准价。 (1)评标价的确定: 方法一:评标价=投标函文字报价 (2)评标基准价在以下方法中随机抽取确定: 方法一:将所有大于等于最高限价的95%且不超过最高限价的评标价进行算术平均,再将该平均值下浮2%~5%后作为评标基准价(若评标价均不在该区间,则将最高限价的95%下浮2%~5%后作为评标基准价)。下浮系数以0.5%为一档,现场随机抽取确定办法为:<u>电子交易平台抽取</u>。 方法二:将所有小于最高限价的95%且大于最高限价的90%的评标价进行算术平均,将该平均值下浮-1%~2%后作为评标基准价(若评标价均不在最高限价90%~95%区间,则将最高限价的95%下浮-1%~2%后作为评标基准价)。下浮系数以0.5%为一档,现场随机抽取确定办法为:电子交易平台抽取。 在评标过程中,评标委员会应对招标人计算的评标基准价进行复核,存在计算错误的应予以修正并在评标报告中作出说明。除此之外,评标基准价在整个评标期间保持不变,不随任何因素发生变化。 评标基准价计算原则: (1)开标现场被宣布为被否决投标的报价不予宣读,不参与评标基准价计算,报价文件不参与评审;报价文件在评审过程中被否决,但其开标报价为有效投标总报价的仍然参与评标基准价的计算。 (2)超出限价的投标总报价,不参与评标基准价计算。 (3)宣读完投标人的投标总报价后,招标人应在开标现场通过随机摇号确定评标基准价计算方法,当场计算评标基准价。评标基准价在整个评标期间保持不变,不随通过报价文件评审的投标人数量、算术性修正发生变化。如果投标人认为某一标段的评标基准价计算有误,有权在开标现场提出,经监标人当场核实确认之后,可重新宣布评标基准价。确认后的评标基准价在整个评标期间保持不变,不随通过报价文件评审的投标人的数量发生变化。

续表

条款号		评审因素与评审标准
2.2.3	评标价的偏差率计算公式	偏差率＝100％×(投标人评标价－评标基准价)/评标基准价(偏差率保留小数点后四位)
2.2.4	评标价	＿＿90＿＿分。 评标价得分计算公式示例: (1)如果投标人的评标价＞评标基准价,则评标价得分＝90－偏差率×100×$E1$; (2)如果投标人的评标价≤评标基准价,则评标价得分＝90＋偏差率×100×$E2$。 　　其中:$E1$是评标价每高于评标基准价一个百分点的扣分值,$E2$是评标价每低于评标基准价一个百分点的扣分值;招标人可依据招标项目具体特点和实际需要设置$E1$、$E2$,但$E1$应大于$E2$且信用分对中标结果的影响应控制在1％～5％。 　　本项目$E1$=2;$E2$=1。
2.2.4 (1)	其他评分因素:信用分	＿＿10＿＿分。 信用分值确定:信用分满分为10分,其中施工企业信用分分值为7分,项目经理信用分分值为2分,技术负责人信用分分值为1分。 信用分评分标准及使用要求:施工企业:在由福建省交通运输厅、省重点办最新发布的养护施工中信用等级为AA级施工企业信用得分为7分;A级施工企业信用分得分为6.7分;B级施工企业信用分得分为4.9分;其余的均不得分。项目经理:在由福建省交通运输厅、省重点办最新发布的养护施工中人员信用考核结果中被评为AA级的得分2分,A级的得分1.9分,B级的得分1.4分,C、D级的得分0分。技术负责人:在由福建省交通运输厅、省重点办最新发布的养护施工中人员信用考核结果中被评为AA级的得分1分,A级的得分0.95分,B级的得分0.7分,C、D级的得分0分。(注:信用分使用已达到相关规定次数的,则企业和人员信用得分按B级计算。) (招标人根据省交通运输厅最新发布的信用考核管理办法填写)

需要补充的其他内容:＿＿＿＿＿＿＿＿＿＿＿＿＿＿＿＿＿＿＿＿。

4. 合同条款及格式

(1)合同条款及格式

合同条款主要规定了合同履行中当事人的基本权利和义务以及合同履行中的工作程序、监理工程师的职责与权利等。《公路工程标准施工招标文件》的合同条款由通用合同条款、专用合同条款两部分构成,且附有合同协议书、廉政合同、履约保证金和工程资金监管协议等合同附件格式文件。

《公路工程标准施工招标文件》"通用合同条款"不加修改地引用了国家九部委《标准施工招标文件》(2007年版)的相关内容。通用合同条款参考FIDIC的有关内容,对发包人、承包人的责任进行恰当的划分,在材料和设备、工程质量、计量、变更、违约责任等方面,对双方当事人权利、义务、责任作了相对具体、集中和具有操作性的规定,为明确责任、减少合同纠纷提供了条件。具体条款共分为24个方面的问题:一般约定,发包人义务,监理人,承包人,材料和工程设备,施工设备和临时设施,交通运输,测量放线,施工安全、治安保卫和环境保护,进度计划,开工和竣工,暂停施工,工程质量,试验和检验,变更,价格调整,计量与支付,竣工验收,缺陷责任与保修责任,保险,不可抗力,违约,索赔,争议的解决。《公路工程标准施工招标文件》将"专用合同条款"分为A、B两部分,A为公路工程专用合同条款,B为项目专用合同条款。项目专用合同条款包括项目专用合同条款数据表和项目专用合同条款两部分。项目专用合同条款优先于公路工程专用合同条款,公路工程专用合同条款优先于通用合同条款。

合同附件格式包括合同协议书、廉政合同、安全生产合同、其他管理和技术人员最低要求、主要机械设备和试验检测设备最低要求、项目经理委托书、履约保证金格式、工程资金监管协议格式。

合同协议书是投标人中标而成为本合同的承包人后,和业主共同填写并签署合同的格式。

(2)合同条款及附件的编制

招标人在编制招标文件时,"通用合同条款"通常直接引用《标准施工招标文件》(2007年版)的内容。

公路工程专用合同条款是在考虑了公路工程的特点后,对通用合同条款所做的约定、补充和细化,适用于公路工程施工项目,一般按照《标准施工招标文件》中的内容编制。

项目专用合同条款是根据招标项目的具体特点和实际需要,对"通用合同条款""公路工程专用合同条款"所做的补充、细化,是专用于拟招标工程项目的,可根据拟招标工程项目的具体情况进行编制。如【项目示例2-4】"国道×××线K192＋427～K200＋838段路面重铺工程1标段"招标文件中项目专用合同条款数据表和项目专用合同条款。

招标人在编制项目招标文件中的"项目专用合同条款"时,除"通用合同条款"明确"专用合同条款"可作出不同约定以及"公路工程专用合同条款"明确"项目专用合同条款"可作出不同约定外,补充和细化的内容不得与"通用合同条款"及"公路行业标准工程专用合同条款"强制性规定相抵触。同时,补充、细化或约定的不同内容,不得违反法律、行政法规的强制性规定及平等、自愿、公平和诚实信用原则。

【项目示例2-4】"国道×××线K192＋427～K200＋838段路面重铺工程1标段"招标文件中项目专用合同条款数据表和项目专用合同条款

B. 项目专用合同条款

说明:

1. 招标人在根据《公路工程标准施工招标文件》编制项目招标文件中的"项目专用合同条款"时,可根据招标项目的具体特点和实际需要,对"通用合同条款"及"公路工程专用合同条款"进行补充和细化,除"通用合同条款"明确"专用合同条款"可作出不同约定以及"公路工程专用合同条款"明确"项目专用合同条款"可作出不同约定外,补充和细化的内容不得与"通用合同条款"及"公路工程专用合同条款"强制性规定相抵触。同时,补充、细化或约定的内容,不得违反法律、行政法规的强制性规定及平等、自愿、公平和诚实信用原则。

2. 项目专用合同条款的编号应与通用合同条款和公路工程专用合同条款一致。

3. 项目专用合同条款可对下列内容进行补充和细化:

(1)"通用合同条款"中明确指出"专用合同条款"可对"通用合同条款"进行修改的内容（在"通用合同条款"中用"应按合同约定""应按专用合同条款约定""除合同另有约定外""除专用合同条款另有约定外""在专用合同条款中约定"等多种文字形式表达）；

(2)"公路工程专用合同条款"中明确指出"项目专用合同条款"可对"公路工程专用合同条款"进行修改的内容（在"公路工程专用合同条款"中用"除项目专用合同条款另有约定外""项目专用合同条款可能约定的""项目专用合同条款约定的其他情形"等多种文字形式表达）。

(3)其他需要补充、细化的内容。

项目专用合同条款数据表

说明：本数据表是项目专用合同条款中适用于本项目的信息和数据的归纳与提示，是项目专用合同条款的组成部分。第九章"投标文件格式"的投标函附录中的数据（供投标人确认）与本表所列有重复。编写招标文件的单位应仔细校核，不使数据出现差错或不一致。

序号	条目号	信息或数据
1	1.1.2.2	发包人:福建省××市公路局××分局 地址:××县×××　　　　邮政编码:36××××
2	1.1.2.6	监理人:_____ 地址:_____　　　　邮政编码:_____
3	1.1.4.5	缺陷责任期:自实际交工日期起计算　2　年
4	1.6.3	图纸需要修改和补充的,应由监理人取得发包人同意后,在该工程或工程相应部位施工前_____天签发图纸修改图给承包人
5	3.3.1	监理人在行使下列权力前需要经发包人事先批准: 根据第15.3款发出的变更指示,其单项工程变更涉及的金额超过了该单项工程签约时合同价的_____%或累计变更超过了签约合同价的_____%
6	5.2.1	发包人是否提供材料或工程设备:是或否 如发包人负责提供部分材料或工程设备,相关规定如下:_____否
7	6.2	发包人是否提供施工设备和临时设施:是或否 如发包人负责提供施工设备和临时设施,相关规定如下:_____否
8	8.1.1	发包人提供测量基准点、基准线和水准点及其书面资料的期限:签订合同后5天 承包人将施工控制网资料报送监理人审批的期限:签订合同后5天
9	11.5(3)	逾期交工违约金:__5000__元/天
10	11.5(3)	逾期交工违约金限额:__10__%签约合同价
11	11.6	提前交工的奖金:__/__元/天
12	11.6	提前交工的奖金限额:__/__%签约合同价
13	15.5.2	承包人提出的合理化建议降低了合同价格或者提高了工程经济效益的,发包人按所节约成本的__/__%或增加收益的__/__%给予奖励

续表

序号	条目号	信息或数据
14	16.1	本项目的基质沥青及水泥给予调差,调差按实际施工时间泉州建设工程造价信息网发布的当月信息价与20××年11月的信息价对比超过±3%给予调差并计算税收,调差按施工配合比计算实际总使用量,其余原材料均不予调差
15	17.2.1(1)	开工预付款金额: __/__ %签约合同价
16	17.2.1(2)	材料、设备预付款比例: __/__ 等主要材料、设备单据所列费用的 __/__ %
17	17.3.2	承包人在每个付款周期末向监理人提交进度付款申请单的份数: __6__ 份
18	17.3.3(1)	进度付款证书最低限额: __/__ %签约合同价或万元
19	17.3.3(2)	进度付款证书最低限额: __/__ ‰签约合同价或万元
20	17.4.1	质量保证金金额: __3__ %合同价格,若交工验收时承包人具备被招标项目所在地省级交通运输主管部门评定的最高信用等级,发包人给予 __/__ %合同价格质量保证金的优惠。质量保证金是否计付利息: □是,利息的计算方式:_____ ☑否
21	17.5.1(1)	承包人向监理人提交交工付款申请单(包括相关证明材料)的份数: __4__ 份
22	17.6.1(1)	承包人向监理人提交最终结清申请单(包括相关证明材料)的份数: __6__ 份
23	18.2(2)	竣工资料的份数: __6__ 份
24	18.5.1	单位工程或工程设备是否需投入施工期运行: __是__ 如单位工程或工程设备需要进行施工期运行,需要施工期运行的单位工程或工程设备规定如下:另行协商
25	18.6.1	本工程及工程设备是否进行试运行: __是__ 如本工程及工程设备需要进行试运行,试运行的具体规定如下: __另行协商__
26	19.7(1)	保修期:自实际交工日期起计算 __5__ 年
27	20.1	建筑工程一切险的保险费率: __3__ ‰
28	20.4.2	第三者责任险的最低投保金额: __500__ 万元,事故次数不限(不计免赔额)保险费率: __1.5__ ‰
29	24.1	争议的最终解决方式: __诉讼__

项目专用合同条款

　　说明:本部分所列的项目专用合同条款是对"公路工程专用合同条款"中规定必须在项目专用合同条款中明确的内容的集中,招标人编制的"项目专用合同条款"不限于本部分所列内容。

4.1 承包人的一般义务

　　4.1.10 其他义务

　　(4)承包人应履行的其他义务:另行约定。

4.6 承包人员的管理

　　另行约定。

4.11 不利物质条件

　　4.11.1 不利物质条件的范围:另行约定。

10.1 合同进度计划

　　承包人编制施工方案的内容:另行约定。

11.4 异常恶劣的气候条件

　　异常恶劣的气候条件的范围:另行约定。

12.1 承包人暂停施工的责任

　　12.1(6)由承包人承担的其他暂停施工:另行约定。

13.1 工程质量要求

　　第13.1.1项补充如下:

　　(1)工程管理及质量应满足《福建省公路管理局转发关于进一步加强国省干线旧水泥砼路面改造沥青路面管理的通知》《福建省普通国省干线公路旧水泥混凝土路面改造为沥青路面建设指导意见》要求。

　　(2)_____。

13.2 承包人的质量管理

　　第13.2.6项补充如下:

　　(1)应执行《福建省普通公路施工标准化指南》《福建省普通公路建设项目施工单位管理标准化指南》的规定。

　　(2)_____。

15.4 变更的估价原则

　　详见通用合同条款。

15.6 暂列金额

16.1 物价波动引起的价格调整

　　本项目的基质沥青及水泥给予调差,调差按实际施工时间泉州建设工程造价信息网发布的当月信息价与20××年11月的信息价对比超过±3‰给予调差并计算税收,调差按施工配合比计算实际总使用量,其余原材料均不予调差。

17.1 计量

　　17.1.5 本项目工程量清单中总额价子目的支付原则和支付进度:另行约定。

　　17.1.6 施工标准化各专项的验收标准和计量支付原则:另行约定。

17.3 工程进度付款

17.3.5 农民工工资保证金的缴存时间：在确定中标人之日起 10 个工作日内缴纳工资保证金。

农民工工资保证金的缴存金额：参照执行《××市人民政府关于进一步促进建筑业发展壮大的若干意见》(×政文〔2014〕98 号)、《××市人力资源和社会保障局××市住房和城乡建设局关于进一步完善工程建设领域工资保证金制度的意见》(×人社〔2017〕342 号)、×人社〔2017〕91"关于转发进一步完善工程建设领域工资保证金制度的意见"及×建筑〔2018〕11 号文的有关规定。

农民工工资保证金的扣留条件：另行约定。

农民工工资保证金的返还时间：出具验收单后。

20.6 对各项保险的一般要求

另行约定。

21.1 不可抗力的确认

21.1.1(6)不可抗力的其他情形：另行约定。

22.1 承包人违约

22.1.1 承包人违约的情形：另行约定。

22.1.1 承包人违约的情形：除了《公路工程标准施工招标文件》(2018 年版)上册通用合同条款外，还增加人员履约违约及关键机械设备违约情形等。

22.1.2 当承包人发生第 22.1.1 项约定的违约情况时，发包人有权向承包人收取违约金，具体约定如下：

一、人员履约违约的处理：

(1)变更为备选人员：发包人可要求承包人对更换项目经理每人次支付人民币　2　万元的违约金、更换项目技术负责人每人次支付人民币　2　万元的违约金，直至终止合同(若更换在评标时享受信用 AA 级、A 级奖励分的项目经理、项目技术负责人，则更换项目经理支付违约金　2　万元、更换项目技术负责人支付违约金　2　万元)；

(2)变更为其他同等资历人员：发包人可要求承包人对更换项目经理每人次支付人民币　2　万元的违约金、更换项目技术负责人每人次支付人民币　2　万元的违约金，直至终止合同(若更换在评标时享受信用 AA 级、A 级奖励分的项目经理、项目技术负责人，则更换项目经理支付违约金　2　万元、更换项目技术负责人支付违约金　10　万元)。若未经允许擅自更换人员，将按对应数额双倍进行违约处罚。

(3)项目经理和项目技术负责人擅自离岗或拒不到位的，发包人可要求承包人支付　2000　元/(天·人)的违约金。

(4)违反第 4.6.3 项，即使取得监理人的同意，发包人仍可要求承包人支付每人次　2000　元的违约金，直至终止合同。

二、关键机械设备履约违约的处理：违反第 6.3 款，发包人可要求承包人支付关键施工设备(如冲击式压路机、平地机、架桥机、衬砌台车等)每台(套)人民币　3　万元的违约金，其他主要设备每台(套)人民币　3　万元的违约金，直至终止合同。

三、无正当理由未能根据第 11.1 款规定开工，或在接到通知后 14 天内未能采取有效措施加快进行本工程或其关键部位的施工，发包人可在监理人或发包人每次发出通知后，要求承包人支付每天<u>　5000　</u>元的违约金,直至监理人认为承包人已符合加快进度的要求,或者直接终止合同。同时发包人可将本工程或其中的一部分割让给指定的其他承包人,所需费用和一切后果由原承包人承担。被割让工程的单价或总额价参照市场行情由监理人与发包人确定,费用由发包人从向承包人支付的任何款项或履约担保中扣除,如还不足,发包人将向承包人追索。

四、违反 22.1.1(11)目,发包人可视其情形严重程度要求承包人每处支付人民币 <u>5000～100000</u> 元的违约金。

五、违反第 4.8.1 款,发包人可视其情形严重程度要求承包人每次支付人民币 <u>5000～100000</u> 元的违约金。

六、违反其他重要合同条款的,发包人可要求承包人每次、每处或每项支付人民币 <u>1000元以上 10 万元以下</u>的违约金,直至终止合同。

上述违约金由发包人在通知承包人后,从支付给承包人的任何一期款项中扣除。违约金处理不代表免除承包人按照合同所应承担的相应责任和义务,承包人仍应按时完成违约事项的整改工作,以避免受到再一次或进一步的违约处罚。

22.2 发包人违约

22.2.2 发包人无正当理由不按时返还履约保证金、质量保证金或农民工工资保证金的,发包人应向承包人支付的违约金如下:<u>详见通用合同条款</u>。

……

(3)合同条款编制注意事项

招标文件中合同条款拟定不完善可能带来施工场地条件和交付时间的风险、合同价格风险、工程款(进度款)支付风险、工程师的不当行为风险及不可抗力事件的风险,因此合同条款拟定非常重要。在合同条款拟定过程中要注意的事项如下:

①在合同条款中有明确的当事人之间的权利、义务、责任和风险。

《公路工程建设项目招标投标管理办法》第 27 条规定:招标人应当在招标文件中合理划分双方风险,不得设置将应由招标人承担的风险转嫁给勘察设计、施工、监理等投标人的不合理条款。

②在合同条款中有明确的项目管理程序、工程价款结算程序、进度控制程序、索赔程序、完工验收程序。

例如,材料或设备采购、运输、保管的责任应在招标文件中明确,如果招标人提供材料或设备,应列明材料或设备名称、型号、数量,以及提期和交货地点等,还应在招标文件中明确招标单位提供的材料或设备计价和结算退款的方式、方法。

《公路工程建设项目招标投标管理办法》第 29 条规定,以暂估价形式包括在招标项目范围内的工程、货物、服务,属于依法必须进行招标的项目范围且达到国家规定规模标准的,应当依法进行招标。招标项目的合同条款中应当约定负责实施暂估价项目招标的主体以及相应的招标程序。

例如,履约保证金的主要作用是保证项目中标人完全履行合同,保证按合同约定的质量、标准和工期完成工程。其比例为工程造价的 5%～10%,具体执行比例由招标方根据工程造价情况确定。不少采购机构在标书中注明投标人中标后投标保证金将自动转为履约保证金。招标人必须在招标文件中明确规定出中标单位提交履约保证金时,此项条款方为有效;如果在招标文件中没有明确规定,在中标后不得追加。

5. 工程量清单编制

(1)工程量清单

工程量清单是指招标人按照招标文件中有关要求及技术规范的有关规定,将工程进行合理分解,据此明确工程的内容和范围,并将有关工程内容数量化的一套工程数量表。工程量清单是一份与技术规范相对应的文件。技术规范规定了各工程子目的范围、质量要求及计量支付办法,而工程量清单则详细说明了每一工程子目可能要发生的工程数量。

(2)工程量清单的作用

①提供合同中关于工程量的足够信息,为所有投标人提供投标报价的共同基础,以使投标单位能统一、有效而准确地编写投标文件。

②评标的基础。工程量清单由招标人提供,无论是标底的编制还是企业投标报价,都必须在清单的基础上进行,同样也为评标奠定了基础。

③在投标单位报价及签订合同后,标有单价的工程量清单是办理中期支付和结算以及处理工程变更计价的依据。

(3)工程量清单的组成

工程量清单由说明、工程量清单表、计日工明细表、暂估价表、工程量清单汇总表和工程量清单单价分析表几部分组成。

①说明。说明包括工程量清单说明、投标报价说明、计日工说明、其他说明。

②清单表。

a. 工程量清单表。工程量清单表是在招标工程中按章的顺序排列的各个项目表,根据工程的不同部位和施工内容进行分类。表中有子目号、子目名称、单位、数量、单价及合价栏目。其中单价或合价栏的数字一般由承包商投标时填写,而其他部分一般由业主或者招标单位在编制工程量清单时确定。

《公路工程标准施工招标文件》中工程量清单共分为 7 章:100 章　总则;200 章　路基;300 章　路面;400 章　桥梁、涵洞;500 章　隧道;600 章　安全设施及预埋管线;700 章　绿化及环境保护设施。

工程量清单分为两类:一类是开办项目的工程量清单,即工程施工开工前就要发生或一开工就要发生或大部分发生的项目,如工程保险、承包商的临时设施费等,在工程量清单及技术规范中,这些项目单独列项,通常放在清单第 100 章总则中,特点是有关款项包干支付按总额结算;另一类是永久性工程项目的工程量清单,包括路基、路面、桥梁涵洞、隧道、安全设施及预埋管线、绿化及环境保护设施共 6 个项目,其工程量应根据图纸中的工程量并按技术规范的"计量与支付"条款规定处理后确定。该工程量是暂估数量,实际工程量要通过计量的方式来确定。

表 2-2、表 2-3 分别为第 100 章和第 200 章的工程量清单。

表 2-2　第 100 章　总则

子目号	子目名称	单位	数量	单价	合价
101	通则				
101-1	保险费				
-a	按合同条款规定,提供建筑工程一切险	总额			
-b	按合同条款规定,提供第三方责任险	总额			
102	工程管理				
102-1	竣工文件	总额			
102-2	施工环保费	总额			
102-3	安全生产费	总额			
102-4	信息化系统(暂估价)	总额			
103	临时工程与设施				
103-1	临时道路修建、养护与拆除(包括原道路的养护费)	总额			
103-2	临时占地	总额			
103-3	临时供电设施架设、维护与拆除	总额			
103-4	电信设施的提供、维修与拆除	总额			
103-5	临时供水与排污设施	总额			
104	承包人驻地建设				
104-1	承包人驻地建设	总额			
105	施工标准化				
105-1	施工驻地	总额			
105-2	工地试验室	总额			
105-3	拌和站	总额			
105-4	钢筋加工场	总额			
105-5	预制场	总额			
……					

清单　第 100 章合计　人民币_____元

表 2-3   第 200 章   路基(节选)

子目号	子目名称	单 位	数 量	单 价	合 价
202	场地清理				
202-1	清除与掘除				
-a	清理现场	m²			
-b	砍伐树木	棵			
-c	挖除树根	棵			
202-2	挖除旧路面				
-a	水泥混凝土路面	m²			
-b	沥青混凝土路面	m²			
-c	碎石路面	m²			
202-3	拆除结构物				
-a	钢筋混凝土结构	m³			
-b	混凝土结构	m³			
-c	砖、石及其他砌体结构	m³			
-d	金属结构	kg			
203-1	路基挖方				
-a	挖土方	m³			
-b	挖石方	m³			
-c	挖除非适用材料(不含淤泥)	m³			
-d	挖淤泥	m³			
……	……				

清单   第 200 章合计   人民币 _____ 元

b. 计日工表。计日工也称散工或点工,指在工程施工过程中,发包人可能有一些临时性的或新增加的项目,而且这种临时新增项目的工程量在招投标阶段很难估计,希望通过招投标阶段事先定价,避免开工后有临时新增项目时出现争端,故需要以计日工明细表的方法在工程量清单中予以明确。

计日工表由计日工劳务、计日工材料、计日工施工机械等方面的内容组成。在招标文件中一般列有计日工劳务、计日工材料、计日工施工机械和计日工汇总表。其格式如表2-4、表2-5、表2-6、表2-7所示。

表 2-4　计日工劳务表

编号	子 目 名 称	单位	暂定数量	单价	合价
101	班长	h			
102	普通工	h			
103	焊工	h			
104	电工	h			
105	混凝土工	h			
106	木工	h			
107	钢筋工	h			
	……				

劳务小计金额：＿＿＿＿＿＿

（计入"计日工汇总表"）

表 2-5　计日工材料表

编号	子 目 名 称	单位	暂定数量	单价	合价
201	水泥	t			
202	钢筋	t			
203	钢胶线	t			
204	沥青	t			
205	木材	m³			
206	砂	m³			
207	碎石	m³			
	……				

材料小计金额：＿＿＿＿＿＿

（计入"计日工汇总表"）

表 2-6　计日工施工机械表

编号	子 目 名 称	单位	暂定数量	单价	合价
301	装载机				
301-1	1.5 m³ 以下	h			
301-2	1.5～2.5 m³	h			
301-3	2.5 m³ 以上	h			
302	推土机				

续表

编号	子 目 名 称	单位	暂定数量	单价	合价
302-1	90 kW 以下	h			
302-2	90～180 kW	h			
302-3	180 kW 以上	h			
	……				

施工机械小计金额：_____

（计入"计日工汇总表"）

表 2-7　计日工汇总表

名　称	金额	备注
劳务		
材料		
施工机械		

计日工总计：

（计入"投标报价汇总表"）

c. 暂估价表

暂估价是指发包人在工程量清单中给定的用于支付必然发生但暂时不能确定价格的材料、工程设备或专业工程金额。在工程实施阶段,根据不同类型的材料与专业工程再重新定价。暂估价表由材料暂估价表、工程设备暂估价表、专业工程暂估价表组成,其格式如表2-8、表 2-9、表 2-10 所示。

表 2-8　材料暂估价表

序号	名称	单位	数量	单价	合价	备注

小计：

表 2-9　工程设备暂估价表

序号	名称	单位	数量	单价	合价	备注

小计：

表 2-10　专业工程暂估价表

序号	专业工程名称	工程内容	金额
		小计:	

d. 投标报价汇总表

投标报价汇总表是将各章的工程量表及计日工表进行汇总,再加上一定比例或数量(按项目招标文件规定,一般不宜超过第 100 章～700 章合计金额的 10%)的暂列金额而得出该项目的总报价,该报价与投标书中填写的投标总价是一致的,其格式如表 2-11 所示。

表 2-11　投标报价汇总表

_____(项目名称)_____标段

序号	章次	科目名称	金额(元)
1	100	总则	
2	200	路基	
3	300	路面	
4	400	桥梁、涵洞	
5	500	隧道	
6	600	安全设施及预埋管线	
7	700	绿化及环境保护设施	
8		第 100 章～700 章清单合计	
9		已包含在清单合计中的材料、工程设备、专业工程暂估价合计	
10		清单合计减去材料、工程设备、专业工程暂估价合计(即 8－9＝10)	
11		计日工合计	
12		暂定金额(不含计日工总额)	总额
13		投标报价(8＋11＋12)＝13	

注:材料、工程设备、专业工程暂估价合计已包括在清单合计中,不应重复计入投标报价。

e. 工程量清单单价分析表

工程量清单单价分析表用来分析和体现清单各子目综合单价所包含的人工费、材料费、机械使用费、其他直接费、管理费、税费、利润等各项费用构成,其格式如表 2-12 所示。

表 2-12 工程量清单单价分析表

| 序号 | 编码 | 子目名称 | 人工费 | | | 材料费 | | | | | | 机械使用费 | 其他 | 管理费 | 税费 | 利润 | 综合单价 |
| | | | 工日 | 单价 | 金额 | 主材 | | | | 辅材费 | 金额 | | | | | | |
						主材耗量	单位	单价	主材费								

(4)工程量清单的编制

工程量清单编制包括清单说明、清单子目划分、工程数量整理三项工作。

①清单说明

工程量清单说明,在某些合同文件中又被称为清单前言,它对工程量清单的性质、承包人填报工程量清单的单价和合同价格的要求等作了明确规定。因此,该说明在招投标期间对如何进行工程报价有实质影响,在工程实施期间对工程是否进行计量与支付以及如何进行计量与支付有实质影响。在进行工程变更及费用索赔时,它的参考作用更明显,直接影响到监理工程师对单价的确定。

工程量清单说明主要强调工程量清单与招标文件的关系、工程量清单中工程量的性质与作用、工程量计算规则、承包人填报工程量清单价格时的要求等方面的内容。

②清单子目划分

清单子目分列于分项清单表或工程量清单中,通常根据招标工程的不同性质分章按顺序排列。

清单子目分章排列有利于将不同性质、不同位置、不同的施工阶段或其他特性不同的工程区别开来,同时,也有利于将那些需要采用不同施工方法或不同施工阶段或成本不一样的工程区别开来。工程子目反映了施工项目中各分部分项工程及其数量,它是工程量清单的主体部分,其格式见表 2-3。

工程子目是由招标人根据招标文件、招标项目具体特点和实际需要编制,并与"投标人须知""通用合同条款""专用合同条款""技术规范""图纸"相衔接。

工程子目按内容不同可分为以下两部分:

a. 工程量清单的"总则"部分。该部分说明合同需要发生的各种开办项目,其计价特点主要是采用总额包干,因此,其计量单位大部分为"总额"。其格式见表 2-2。

b. 根据图纸需要发生的工程子目部分。该部分说明了施工项目中各工程子目将要发生的工程量,计价特点是单价不变,实际工程量由计量确定。

工程子目的划分原则:

a. 技术规范保持一致性。工程量清单各工程子目在名称、单位等方面都应和技术规范相一致,以便承包人清楚各工程子目的内涵和准确地填写各子目的单价。因此,在编制招标文件时,其工程子目划分应尽量与技术规范相一致,如果根据实际需要对某些工程子目重新予以划分,则应注意修改技术规范的相应内容(包括相应的计量与支付方法)。

b. 便于计量支付、合同管理以及处理工程变更。工程子目的大小要科学。工程子目可大可小,工程子目小有利于处理工程变更的计价,但计量工作量和计量难度会因此增加;工程子目大可减少计量工作量,但难以发挥单价合同的优势,不便于变更工程的处理(计价);另外,工程子目大也会使得支付周期延长,承包人的资金周转发生困难,最终影响合同的正常履行和合同的严肃性。

c. 保持合同的公平性。为保持合同的公平性,应将开办项目作为独立的工程子目单列出来。开办项目往往是一些一开工就要全部或大部分发生甚至开工前就要发生的项目,如工程保险、承包人的驻地建设、临时工程等。如将这些项目包含在其他项目的单价中,则承包人开工时上述各种款项不能得到及时支付,这不仅影响合同的公平性和承包人的资金周转,而且会影响招标中预付款的数量(预付款的数量要增加),并且会加剧承包人的不平衡报价(承包人会将开工早的工程子目报价提高,以尽早收回成本),也会影响变更工程的计价。

d. 保持清单的灵活性。为了使清单在实施中具有一定的灵活性,工程量清单中应备有计日工清单。设立计日工清单的目的是处理一些小型变更工程(小到可以用计日工的形式来计价)的计价,使工程量清单在造价管理上的可操作性更强。为提高承包人的计日工报价的合理性,在编制工程量清单时应事先假定各计日工的数量。

③工程数量整理

工程量清单的工程量是反映承包人的义务量大小及影响造价管理的重要数据。整理工程量的依据是设计图纸和技术规范,整理工程量的工作是一项技术工作,绝不是简单地罗列设计文件中的工程量。整理工程量时应根据设计图纸及调查所得的数据,在技术规范的计量与支付方法的基础上进行综合计算。同一工程子目,其计量方法不同,所整理出来的工程量会不一样。设计文件中工程量所对应的计量方法与技术规范中的计量方法不一定一致,这就需要在整理工程量的过程中进行技术处理。在工程量的整理计算中,应认真、细致,保证其准确性,做到不重不漏,不发生计算错误;否则,会带来下列问题:

a. 工程量的错误一旦被承包人发现,承包人会利用不平衡报价给业主带来损失。

b. 工程量的错误会引起合同总价的调整和索赔(或反索赔)。

c. 工程量的错误还会增加变更工程和费用索赔的处理难度。

d. 工程量的错误会造成投资控制和预算控制的困难。

(5)招标控制价

招标控制价也叫拦标价、预算控制价、最高投标限价,是招标人根据国家或省级、行业建设主管部门颁发的有关计价依据和办法,以及拟定的招标文件和招标工程量清单,编制的招标工程的最高限价。

《公路工程建设项目招标投标管理办法》第 23 条规定:招标人可以自行决定是否编制标底或者设置最高投标限价。招标人不得规定最低投标限价。接受委托编制标底或者最高投标限价的中介机构不得参加该项目的投标,也不得为该项目的投标人编制投标文件或者提供咨询。

招标控制价的计价规定:

①国有资金投资的工程建设项目应实行工程量清单招标,并应编制招标控制价。

②招标控制价超过批准的概算时,招标人应将其报原概算审批部门审核。

③投标人的投标报价高于招标控制价的,其投标应予以拒绝。

④招标控制价应由具有编制能力的招标人或受其委托,具有相应资质的工程造价咨询

人编制和审核。

⑤招标控制价应在招标时予以公布。

如国道×××线 K192+427～K200+838 段路面重铺工程 1 标段招标文件中规定最高投标限价 35735102 元（其中含暂列金额 ___/___ 元），进入评标基准价计算的下限为 30374837 元。

6. 招标图纸

图纸是招标文件和合同的重要组成部分，是投标人拟定施工方案、确定施工方法及提出替代方案、计算投标报价必不可少的资料。

招标图纸由招标人提供，一般采用施工图设计，也有少数项目为了赶时间等原因，采用初步设计图（尚未进行施工图设计）。

招标图纸作为招标文件的一个组成部分，一般单独装订成册。

7. 技术规范

技术规范是招标文件和合同文件中的一个非常重要的组成部分，适用于各级公路项目的新建、扩建或改建的施工与管理。技术规范是对工程在施工中使用的原材料、半成品或成品，隐蔽工程以及施工原始资料和记录，均进行一系列的控制与检查，使工程质量符合规定的质量标准。在每一章节的施工要求中，均对质量标准、质量等级、检验内容和方法等提出了要求。如有未写明之处，应按照国家和交通运输部现行有关规范规定且经监理人批准后执行。

《公路工程标准施工招标文件》的技术规范位于第二卷第七章，单独装订在第二册。技术规范内容分为总则，路基，路面，桥梁、涵洞，隧道，安全设施及预埋管线，绿化及环境保护等七章。

合同文件的技术规范是根据现行的通用技术规范结合项目工程具体情况择要选编的，其内容主要是技术要求，有些条文只是指示性的，即要求按照特定的标准和规范办理，所以必须与各种现行标准和规范配合使用。此外，合同文件中的技术规范还包括质量检验、计量与支付办法等工程管理内容。

《公路工程标准施工招标文件》中的技术规范，内容涵盖了公路工程各个方面。在编制招标文件时，可以原文采用，同时，对于某些未被涵盖的工程内容，或者对某些工作有特殊要求，以及颁布了新的规范时，可以在原有规范条文的基础上提出修改和补充条文，作为项目专用技术条款，项目专用技术条款的编号仍应与技术规范一致，以便使用。

8. 工程量清单计量规则

（1）工程量清单计量规则的作用

工程量清单计量规则是招投标阶段编制工程量清单、计算清单子目工程数量的依据，也是招标控制价（标底）或报价编制中分析清单计价子目综合单价和施工阶段对已完工程数量计量支付的依据。

（2）工程量清单计量规则的组成

公路工程项目的工程量清单计量规则一般包括两个部分：一是现行《公路工程标准施工招标文件》中第八章"工程量清单计量规则"；二是根据具体公路建设项目的实际情况，以现行《公路工程标准施工招标文件》中的技术规范和计量规则为基础补充修改的"项目专用技术规范"和"项目专用工程量清单计量规则"。在实际工作中应将两者结合起来理解与使用。

工程量清单计量规则包括说明和计量规则两部分。计量规则由子目号、子目名称、单位、工程量计量、工程内容组成。每个子目号与工程量清单的子目号一一对应,是承包人报价、发包人支付的依据。

计量规则各章节是按第七章"技术规范"的相应章节编号的,因此,各章节工程子目的工程量计量规则应与"技术规范"相应章节的施工规范结合起来理解、解释和应用。

计量规则的计量与支付,应与合同条款、工程量清单以及图纸同时阅读,工程量清单中的支付项目号和本规则的章节编号是一致的。

(3)工程量清单计量规则的编制

在编制招标文件时,可以原文采用《公路工程标准施工招标文件》(第三卷)中的工程量清单计量规则,必要时在原文的基础上适当修改和补充。

9. 投标文件格式

投标文件格式是招标人提出要求,由投标人表示参与该招标工程投标的意思表示的文件,要求投标人按照招标人提出的格式,无条件地填写。编制时可参照《公路工程标准施工招标文件》(第四卷)第九章内容,也可补充、细化。

投标文件分为商务及技术文件、报价文件。商务及技术文件格式有投标函及投标函附录、授权委托书或法定代表人身份证明、联合体协议书、投标保证金、施工组织设计、项目管理机构、拟分包项目情况表、资格审查资料、其他资料等格式。报价文件格式有调价函格式(如有)、投标函、已标价工程量清单、合同用款估算表等格式。

投标函是为投标人填写投标总报价而由招标人准备的一份空白文件。投标函中主要应反映下列内容:投标人、投标项目(名称)、投标总报价(签字盖章)、工程质量、投标有效期、投标保证金承诺、资料真实性承诺等。招标文件中提供投标函格式的目的,一是使各投标单位递送的投标书具有统一的格式,二是提醒各投标单位投标以后需要注意和遵守有关规定。

投标函附录是用于说明合同条款中的重要参数,如缺陷责任期、逾期交工违约金、提前交工奖金、开工预付款金额、材料和设备预付款、进度付款证书最低限额、逾期付款违约金的利率、质量保证金百分比、质量保证金限额等。该文件在投标单位投标时签字确认后即成为投标文件及合同的重要组成部分。在编制招标文件时,投标函附录的编制是一项重要的工作内容,其参数的具体标准对造价及质量等方面有重要的影响。

2.4 公路工程施工招标实施

2.4.1 招标实施阶段的主要工作内容

招标实施阶段的主要工作内容包括以下几个方面:

(1)发布招标公告(资格后审);

(2)资格预审(若有);

(3)出售招标文件;

(4)现场考察、召开标签会议(通常不组织);

(5)解答投标人的质疑——招标文件补充、修改、疑惑、撤回等问题;

(6)投标书的递交与接受。

2.4.2 招标实施流程

招标实施流程为:发布招标公告或发出投标邀请书(发布资格预审公告—发售或上传资格预审文件—资格审查—发资格审查合格通知书、投标邀请书)—发售或上传招标文件—踏勘现场—招标文件澄清、修改和补遗—接收投标文件—开标、评标、定标—发出中标通知书。

2.4.3 招标实施过程中各方完成的主要工作

招标实施过程中各方完成的主要工作见表 2-13。

表 2-13 招标实施过程中各方完成的主要工作

阶段	主要工作步骤	各方完成的主要工作	
		业主/监理方	承包方
招标阶段	邀请投标人参与资格预审	刊登资格预审公告 编制资格预审文件 发出资格预审文件	索购资格预审文件 填报和申请资格预审 回函收到通知
	资格预审	分析资格预审材料 提出合格投标人多名 邀请合格投标人参加投标	回函收到邀请
	发售或上传招标文件	发售或上传招标文件	购买或下载招标文件、编标
	投标者考察现场	不组织现场踏勘	自行参加现场踏勘 询价、准备投标书
	对招标文件澄清、修改和补遗	向投标人颁发招标补遗	回函收到澄清和补遗
	投标人提问	接受提问,网上答复	提出问题、注意网上答疑
	投标书的递交和接收	接收投标书,记下时间 退还过期投标书 保护有效投标书安全,直至开标	递交投标文件 回函收到过期投标书

2.4.4 招标实施过程的主要工作

1. 发布招标公告或发出投标邀请书

公开招标的工程项目,应在国家或地方行政主管部门指定的报刊、信息网络、电子交易平台或其他媒介上发布招标公告,并同时在中国工程建设和建筑业信息网上发布;邀请招标的工程项目应向 3 个以上符合资质条件的承包商发出投标邀请书。

发布招标公告时要注意以下事项:

(1)保证招标公告内容的真实、准确和完整。

(2)拟发布的招标公告文本应当由招标人或其委托的招标代理机构的主要负责人签名并加盖公章。

（3）在两个以上媒介发布的同一招标项目的招标公告的内容应当相同。

招标人在发布招标公告、发出投标邀请书后或者售出招标文件或资格预审文件后不得擅自终止招标。否则有关行政监督部门给予警告，根据情节可处 3 万元以下的罚款；给潜在投标人或者投标人造成损失的，应当赔偿损失。

2. 出售或下载招标文件

（1）招标人按照资格预审确定的合格投标人名单或者投标邀请书发放招标文件。

（2）有资格预审的项目，直接以"投标邀请书"的形式，通知对方前来购买招标文件。

（3）招标文件或者资格预审文件不登记售出，且不予退还。

（4）招标文件或者资格预审文件的收费应当合理，不得以营利为目的。

（5）招标人应当按招标公告或者投标邀请书规定的时间、地点出售招标文件或资格预审文件，发售期不少于 5 个工作日。

（6）招标人在发布招标公告、发出投标邀请书后或者售出招标文件或资格预审文件后不得擅自终止招标。

（7）电子招投标项目，投标人通过互联网使用 CA 数字证书登录电子交易平台，明确所投标段，通过网上银行支付文件费用后下载招标文件、图纸和参考资料。联合体投标的，由联合体牵头人完成网上支付、招标文件等资料下载。招标文件、图纸和参考资料未收取费用的项目，可直接登录平台进行下载。

3. 现场考察、召开标前会议（通常不组织）

招标人根据招标项目的情况，可以组织各投标人现场踏勘，向其介绍工程场地和相关环境的有关情况。招标人不得单独或分别组织一个投标人进行现场踏勘。

（1）招标人组织投标人进行踏勘现场的目的在于使其了解工程场地和周围环境情况，以获取投标人认为有必要的信息。为便于投标人提出问题并得到解答，踏勘现场一般安排在投标预备会前的 1～2 天。

（2）投标人在踏勘现场时如有疑问，应在投标预备会前以书面形式向招标人提出，但应给招标人留有解答时间。

（3）招标人应向投标人介绍有关现场的以下情况：施工现场是否达到招标文件规定的条件；施工现场的地理位置和地形、地貌；施工现场的地质、土质、地下水位、水文等情况；施工现场的气候条件，如气温、湿度、风力、年雨雪量等；现场环境，如交通、饮水、污水排放、生活用电、通信等；工程施工现场的位置或布置；临时用地、临时设施搭建等。

（4）《公路工程标准施工招标文件》规定，招标人按照招标文件中规定的时间、地点组织投标人踏勘项目现场；投标人踏勘现场发生的费用自理；除招标人原因外，投标人自行负责在踏勘现场所发生的人员伤亡和财产损失；招标人在踏勘现场介绍工程场地和相关的周边环境情况，供投标人在编制投标文件时参考，招标人不对投标人据此作出的判断和决策负责；招标人提供的本合同工程的水文、地质、气象和料场分布、取土场、弃土场位置等参考资料，并不构成合同文件的组成部分，投标人应对自己对上述资料的解释、推论和应用负责，招标人不对投标人据此作出的判断和决策承担任何责任。

4. 投标保证金的提交

招标人应在招标公告中说明投标保证金的提交时间、提交金额、提交的方式。投标人按照招标公告的相应规定提交投标保证金。

【项目示例 2-5】××县××镇××高速公路出口至 115 县道公路工程招标公告 关于投标保证金的规定

××县××镇××高速公路出口至 115 县道公路工程 1 标段 招标公告

20××年 11 月 18 日

7. 投标保证金的提交

7.1 投标保证金提交的时间:20××年 12 月 12 日 09 时 30 分前到账。

7.2 投标保证金提交的金额:80 万元。

7.3 投标保证金提交的方式:转账或电汇、银行保函、年度保证金、电子保函。

5. 投标书的提交

投标人按照招标公告的相应规定时间提交投标书。

《招标投标法》第 28 条规定,投标人应当在招标文件要求提交投标文件的截止时间前,将投标文件送达投标地点。招标人收到投标文件后,应当签收保存,不得开启。投标人少于 3 个的,招标人应当依照本法重新招标。在招标文件要求提交投标文件的截止时间后送达的投标文件,招标人应当拒收。

《招标投标法》第 29 条规定,投标人在招标文件要求提交投标文件的截止时间前,可以补充、修改或者撤回已提交的投标文件,并书面通知招标人。补充、修改的内容为投标文件的组成部分。

《招投标实施条例》第 21 条规定,招标人可以对已发出的资格预审文件或者招标文件进行必要的澄清或者修改。澄清或者修改的内容可能影响资格预审申请文件或者投标文件编制的,招标人应当在提交资格预审申请文件截止时间至少 3 日前,或者投标截止时间至少 15 日前,以书面形式通知所有获取资格预审文件或者招标文件的潜在投标人;不足 3 日或者 15 日的,招标人应当顺延提交资格预审申请文件或者投标文件的截止时间。

电子招投标项目,投标人应在投标截止时间前,通过互联网使用 CA 数字证书登录"电子交易平台",将加密的投标文件上传,并保存上传成功后系统自动生成的电子签收凭证,递交时间即为电子签收凭证时间。逾期未完成上传或未按规定加密的投标文件,招标人予以拒收。

2.4.5 招标实施过程的时间要求

(1)投标文件准备时间:招标文件发出到投标截止不得少于 20 日(机电产品国际招标中大型设备或成套设备不得少于 50 日)。

(2)招标文件及资格预审文件发售时间:从文件发出之日起不少于 5 个工作日(机电产品国际招标为 20 日)。

(3)招标文件修改时间:投标截止日 15 天前进行。

(4)投标有效期:法律无明确规定,通常为 60 天、90 天、120 天。

(5)确定中标人时间:投标有效期满前 30 个工作日。

（6）签署合同时间：中标通知书发出之日起 30 日内。

（7）退还投标保证金时间：签约后 5 个工作日内。

民营企业招标可以不必严格按照上述时间要求，但是留足时间可以给潜在投标人更充足的时间去准备投标，使竞争更充分，成本最优。

复习思考题

1. 什么是建设工程招投标？其法律特征是什么？

2. 根据《招标投标法》，哪些工程建设项目必须进行招标？哪些项目可以不进行或不适宜招标？

3. 公开招标和邀请招标各有哪些优点和缺点？

4. 公路工程招标的组织形式有哪些？招标代理机构应当具备哪些条件？

5. 公路工程施工招标应具备哪些条件？

6. 根据《公路工程标准施工招标文件》，公路工程施工招标文件的组成内容有哪些？

7. 资格审查可分为哪几种？资格预审应包括哪些内容？

8. 投标人须知前附表的作用有哪几个方面？

9. 在招投标实施过程中，投标人的投标文件中出现哪些情形可视为重大偏差，按废标处理？

10. 工程项目施工招标的投标保证金金额是如何规定的？投标保证金的形式有哪几种？

11. 投标人在投标时出现哪些情况，可直接按废标处理？

12.《公路工程标准施工招标文件》的合同条款由哪几部分组成？其优先顺序如何确定？

综合实训

小贴士

建设工程项目具有结构复杂、造价高、工期长等特点，需要工程建设各方进行良好沟通、紧密合作才能顺利完成。同样，在分组进行招标文件的编制过程中，也需要小组成员之间进行良好的沟通、合作、紧密配合，发挥团队协作精神，才能顺利完成小组实训任务。学习、动手能力较强的同学要发挥互帮互助的奉献精神，帮助、带领其他成员共同完成任务。

【任务 2-1】根据《公路工程标准施工招标文件》范本第一章招标公告及××县 2022 年美丽农村路工程的项目基本信息，按个人或分小组完成该项目招标公告的编制。

1. 项目基本信息

项目名称：××县 2022 年美丽农村路工程

项目报建编号:35012522090203××

招标编号:E35012501021996410××

招标代理机构:福建船政工程咨询管理公司

项目概况:本招标项目××县 2022 年美丽农村路工程(×181、×126)已由该县交通运输局以××县交通运输局文件樟交(2022)257 号批准建设,施工图设计已由县交通运输局以文件樟交(2022)257 号审查通过。项目业主为××县农村公路养护所,建设资金来自县财政拨款,出资比例为 100%,招标人为××县农村公路养护所。

投标文件递交截止时间:2022 年 10 月 31 日 09 时 30 分。

招标内容及范围:实施里程 13.7 公里。主要实施内容包括路面破损修补、边沟改造、标线和交通设施完善修复等。

项目工期:90 日历天。

该项目未尽信息,由实训指导老师根据需要进行适当补充。

2. 编制要求

文件格式应规范、内容完整、符合《公路工程标准施工招标文件》范本要求;小组成员具有较强的团队意识,分工明确,相互协作。

【任务 2-2】根据××县××镇××高速公路出口至 115 县道公路工程 1 标段的施工招标公告,参照《公路工程标准施工招标文件》,按个人或分小组编制其投标人须知前附表。

【任务 2-3】根据××县××镇××高速公路出口至 115 县道公路工程 1 标段的施工招标公告、投标人须知前附表等,参照《公路工程标准施工招标文件》,按个人或分小组编制其评标办法(合理低价法＋信用分)。

模块 3　公路工程施工投标

学习目标

知识目标	①理解有关工程投标的基本概念,会概述建设工程投标程序; ②会归纳投标工作的内容及要点,列举投标机会决策与报价技巧; ③会概述投标文件的组成及编制方法,说明投标文件的提交要求等; ④会概述公路工程项目投标报价确定的过程及规定。
能力目标	①具有阅读施工招标文件的能力; ②能根据施工招标项目的招标文件及评标办法,编制其施工投标文件的能力。
素质目标	①培养学生遵守国家法律、法规,严格执行行业标准及相关规定的意识; ②培养学生诚实守信、尽职尽责的职业道德和良好的公平竞争意识; ③培养学生具有良好的沟通能力和互帮互助、勇于奉献的团队协作精神。

工作任务

3-1　学生分小组编制一份商务文件(不含技术文件)并提交。

3-2　学生分小组编制一份投标报价文件(不含工程量清单)并提交。

3.1 建设工程施工投标概述

3.1.1 建设工程项目投标的相关概念

1. 投标人的概念

按照《招标投标法》的规定,投标人是指响应招标、参加投标竞争的法人或者其他组织。所谓响应招标,是指投标人对招标人在招标文件中提出的实质性要求和条件作出响应。

2. 投标的概念

投标是与招标相对应的概念,它是指投标人应招标人的邀请或投标人满足招标人最低资质要求而主动申请,按照招标的要求和条件,在规定的时间内向招标人递交标书,争取中标的行为。

3. 投标人参加投标应当具备的条件

(1)与招标文件要求相适应的人力、物力和财力;

(2)招标文件要求的资质证书和相应的工作经验与业绩证明;

(3)法律、法规规定的其他条件。

4. 联合体投标

两个以上法人或者其他组织可以组成一个联合体,以一个投标人的身份共同投标。联合体在投标时应遵循以下几条规定:

(1)联合体各方均应具备承担招标项目的相应能力;

(2)由同一专业的单位组成的联合体,按照资质等级较低的单位确定资质等级;

(3)联合体各方应当签订共同投标协议,明确约定各方拟承担的工作和责任,并将共同投标协议连同投标文件一并提交招标人;

(4)联合体中标的,联合体各方应当共同与招标人签订合同就中标项目向招标人承担连带责任。

5. 投标人应遵守的若干规定

根据《招标投标法》规定,投标人在投标过程中应遵守以下规定:

(1)投标人不得相互串通投标报价,不得排挤其他投标人的公平竞争,损害招标人或者其他投标人的合法权益;

(2)投标人不得与招标人串通投标,损害国家利益、社会公共利益或者他人的合法权益;

(3)禁止投标人以向招标人或者评标委员会成员行贿的手段谋取中标;

(4)投标人不得以低于成本的报价竞标,也不得以他人名义投标或者以其他方式弄虚作假,骗取中标。

3.1.2 施工投标的程序

公路工程项目施工投标的程序如图 3-1 所示。

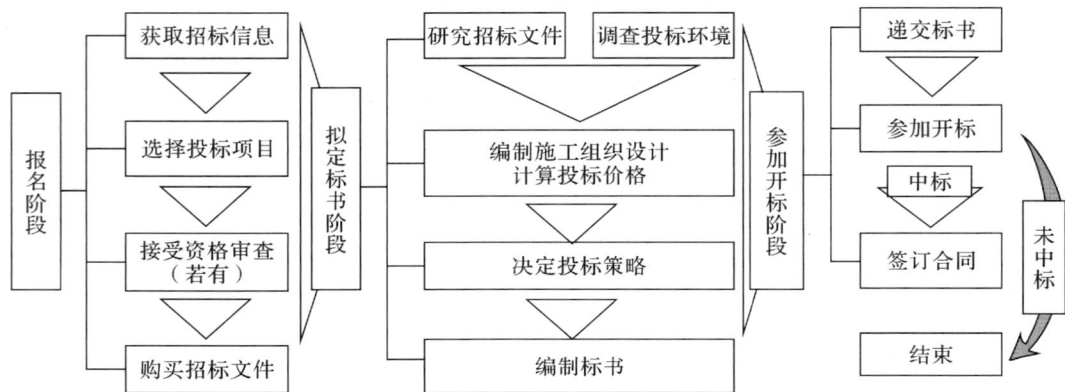

图 3-1　施工投标程序框图

3.2　公路工程施工投标具体工作

3.2.1　报名阶段工作

公路工程施工投标报名阶段工作的主要内容包括：获取招投标信息（主要来源）、招标信息的分析、进行是否参加投标的决策及选择、资格预审、购买或下载招标文件。

1. 获取招投标信息

投标单位在生产经营过程中，可以从以下几个主要来源获取招投标信息。

（1）免费政府招投标网站

①地方公共资源交易电子公共服务平台；

②地方建设工程（公路工程）电子招标投标交易平台；

③政府采购网。

（2）付费的招标信息网站

①中国招标与采购网；

②千里马招标网。

（3）政府或企业业务部门

①县级人民政府发展计划部门；

②建设、水利、交通、铁道、民航、信息产业等部门；

③县级以上人民政府规划部门；

④省、自治区、直辖市人民政府国土部门；

⑤县级人民政府财政部门；

⑥勘察设计部门和工程咨询单位。

【项目示例 3-1】国道×××线 K192＋427～K200＋838 段路面重铺工程及×× 县××镇××高速公路出口至 115 县道公路工程施工招标信息

国道×××线 K192＋427～K200＋838 段路面重铺工程可以登录××市公共资源交易信息网(http://ggzyjy.×××××××.gov.cn)网站获取招投标信息,下载电子招标文件(含工程量清单)。××县××镇××高速公路出口至 115 县道公路工程可以登录××县公路水运工程电子招投标交易平台电子交易平台(网址:http://mhjt.×××.com)获取招标信息,下载电子招标文件(含工程量清单)。

2. 招标信息的分析

(1)从自身的角度分析。首先,要根据招标文件分析投标单位的资质与人员是否满足招标需要;其次,在技术专长、价格、类似项目经验、人际关系、各方资源等方面进行投标优势分析。

(2)企业在获得工程项目招标信息后,要对招标信息的准确性进行判断。判断途径如下:

①通过核查政府行政审批文件或许可证。

②通过投标信息所属行业,核查工程项目招标信息的准确情况。

③登录各地的公共资源交易中心网站获取相关有价值的信息。

3. 进行是否参加投标的决策及选择

投标单位在进行是否参加投标的决策及选择时,应考虑以下几个方面的问题:

(1)承包招标项目的可行性与可能性。如本单位是否有能力(包括技术力量、设备机械等)承包该项目,能否抽调出管理力量、技术力量实施项目承包,竞争对手是否有明显的优势等。

(2)招标项目的可靠性。如项目的审批程序是否已经完成,资金是否已经落实等。

(3)招标项目的承包条件。如果承包条件苛刻,自己无力完成施工,则应放弃投标。

(4)根据企业自身情况及工程项目的内容、特点等,选择合适的标段(如有若干个标段)。

4. 资格预审

有少数工程项目,在招标前需要先进行资格预审,拟参加投标的单位,需先递交资格预审文件,进行资格审查。资格预审文件主要包括以下材料:

(1)企业营业执照和资质证书;

(2)企业简历;

(3)自有资金情况;

(4)职工人数,包括技术人员等,主要施工机械一览表;

(5)近三年的主要业绩。

5. 购买或下载招标文件

有提前资格预审的工程项目,资格预审合格者可按规定的时间和方式领取或购买招标文件;资格后审项目可直接购买招标文件。采用电子招投标的项目,投标人应于招标公告发布之时起至投标截止时间前,登录招标人指定的电子交易平台,下载电子招标文件。

3.2.2 拟定标书阶段工作

1. 研究招标文件

(1)精读、分析招标文件的目的

①全面了解承包人所面临的在合同中的权利和义务；

②深入分析施工承包中所面临的和需要承担的风险；

③缜密研究招标文件中的漏洞和疏忽，为制定投标策略寻找依据，创造条件。

(2)投标人如何检查招标文件

正式编制标书前，投标单位要对招标文件的齐全性、正确性进行检查。

齐全性检查的主要内容：投标邀请书、投标人须知、开标、评标、定标办法、合同条款、投标书及各种附件文件格式、技术规范、图样及勘察资料、工程量清单，其他要求和说明等。投标人要检查其内容是否齐全，有无缺页码和遗漏，并做好检查记录。

正确性检查的内容：投标人须知中应对工程名称、建设地点、建设规模、承包方式、质量标准、招标范围、工期要求、资金来源、投标人资质等级、项目负责人要求、资格审查方式、总(单)价合同、投标有效期、投标担保、踏勘现场、投标答疑(时间、方式)、投标文件的组成份数、投标文件的提交地点及截止时间、开标(时间、地点、评标办法)、履约担保、投标最高限价和最低限价、保修期、评标委员会人数、废标条款等，作出全面的说明和要求。投标人应审查其内容是否齐全，表达是否清楚、准确，是否有违反法律法规的不合理要求。

(3)研究招标文件(投标人须知、合同条款、技术规范、招标图纸和参考资料)

①投标人须知

投标人在编制标书前，应认真阅读投标人须知前附表、附录、正文，熟悉拟投标工程项目的性质、范围、投标人的合格条件、编制投标书的规定、投标书送交、开标与评标直至签订合同的有关要求。

②合同条款

a. 工期。包括开工日期和施工期限的规定，以及是否有分段、分部竣工的要求。

b. 担保的要求。包括投标保证金、投标保函、履约保函等。

c. 维修期和维修期间的担保金额。这对何时可收回工程"尾款"，承包商的资金利息和保函费用计算有影响。

d. 付款条件。是否有预付款及如何扣回；中期付款方法，包括付款比例、保留金比例、保留金最高限额、退回保留金的时间和方法；付款的时间规定等。

e. 拖延工期的处罚规定、有无提前竣工的奖励、违约及争议的解决方式等。

(4)标前答疑、澄清

投标人应仔细阅读和检查招标文件的全部内容。如发现缺页或附件不全，应及时向招标人提出，以便补齐。如有疑问，应按投标人须知前附表规定的时间和形式将提出的问题送达招标人，要求招标人对招标文件予以澄清。

招标文件的澄清以投标人须知前附表规定的形式发给所有购买招标文件的投标人，但不指明澄清问题的来源。澄清发出的时间距规定的投标截止时间不足15日，且澄清内容可能影响投标文件编制的，将相应地延长投标截止时间。投标人在收到澄清后，应按投标人须知前附表规定的时间和形式通知招标人，确认已收到该澄清。

除非招标人认为确有必要答复,否则,招标人有权拒绝回复投标人在投标人须知规定的时间后提出的任何澄清要求。

采用电子招投标时,投标人提出问题或要求澄清招标文件、招标人对招标文件澄清或修改均须在招标文件规定的时间前,登录"电子交易平台"进行。

【项目示例 3-2】招标项目:国道×××线 K192+427~K200+838 段路面重铺工程

招标文件投标人须知前附表中规定:投标文件递交截止时间为 20××年 02 月 18 日 09 时 30 分,投标人提出问题或要求澄清招标文件的截止时间为 20××年 02 月 03 日 12 时 00 分,形式为登录电子交易平台,在"投标答疑"菜单中将提出的问题送达招标人或要求招标人对招标文件予以澄清。招标人对招标文件澄清或修改发出的截止时间为 20××年 02 月 03 日 17 时 00 分,形式为通过"电子交易平台"发出招标文件澄清或招标文件修改。

2. 现场踏勘

"招标公告"或"投标邀请书"规定组织踏勘现场的,招标人按规定的时间、地点组织投标人踏勘项目现场。部分投标人未按时参加踏勘现场的,不影响踏勘现场的正常进行。招标人不得组织单个或部分投标人踏勘项目现场。

现阶段,大部分的工程项目招标未组织踏勘现场,投标人认为有必要的,可自行踏勘项目现场。

施工环境是中标后工程施工的自然、经济和社会环境,着重指施工现场地理位置、现场地质条件、交通情况,现场临时供电、供水设施情况,当地劳动资源和材料供应、材料价格等情况,以确定投标策略。

现场踏勘是承包商投标前全面了解现场施工环境及施工风险的重要途径,是投标单位现场考察的主要内容,是搞好投标报价的先决条件。现场踏勘的主要内容如下:

(1)政治方面(指国外承包工程)

对于国外承包工程,在投标时,投标人须对工程所在地的政治方面进行调查。

(2)地理、地貌、气象方面

①项目所在地及附近地形地貌与设计图纸是否相符;

②项目所在地的河流水深、地下水情况、水质等;

③项目所在地近 20 年的气象;

④当地特大风、雨、雪、灾害情况;

⑤地震灾害情况;

⑥自然地理:修筑便道位置、高度、宽度标准,运输条件及水、陆运输情况。

(3)法律法规方面

与合同有关的经济合同法等。

(4)工程施工条件

①工程所需当地建筑材料的料源及分布地;

②场内外交通运输条件;

③施工供电、供水条件,外电架设的可能性;

④新盖生产生活房屋的场地及可能租赁民房情况、租地单价;

⑤当地劳动力来源、技术水平及工资标准情况;

⑥当地施工机械租赁、修理能力。

3. 投标书的编制

(1)编制程序

公路工程的施工投标书通常按以下程序进行编制:编写初稿—审核标书—修改标书—定稿—装订标书—检查、密封。施工投标文件通常包括商务文件、技术文件、报价文件,其组成、编制步骤及方法详见子模块"3.3 施工投标文件的组成及编制"。

(2)标书编制的注意事项

①获取招标文件后,不要急于制作投标文件,要先仔细阅读、分析招标文件内容;

②符合招标人规定的格式和内容;

③按规定填写投标书后,如未能全面准确地表达自己的意思,可另附补充说明;

④有不明之处,应及时提出质疑,要求澄清;

⑤保证计算数字及书写正确无误,单价、合价、总标价及其大、小写数字均应仔细反复核对;

⑥投标文件必须字迹清楚,签名及印鉴齐全,装帧美观大方;

⑦注意审核,消除瑕疵,力求精美;

⑧编制投标文件正本一份,副本按招标文件要求份数编制,并注明"正本""副本";

⑨投标文件编制完成后应按招标文件的要求整理、装订成册,并密封和标识;

⑩投递标书不宜太早,通常在截止日期前1~2天内递标。

4. 投标文件的密封、标识和递交

(1)书面投标文件

投标文件应用不褪色的材料书写或打印,投标文件格式中明确要求投标人法定代表人或其委托代理人签字之处,必须由相关人员亲笔签名,不得使用印章、签名章或其他电子制版签名代替;明确要求投标人加盖单位公章之处,必须加盖单位章。投标文件应尽量避免涂改、行间插字等。若有改动之处,应加盖单位章或签字确认。

投标文件应严格按照招标文件要求进行包装。投标文件的第一个信封(商务及技术文件)以及第二个信封(报价文件)应按照招标文件要求单独密封包装。一般情况下,商务及技术文件的正本与副本应统一密封在一个封套中。报价文件的正本与副本、投标文件的电子版文件(如需要)以及填写完毕的工程量固化清单电子文件应统一密封在另一个封套中。封套应加贴封条,并在封套的封口处加盖投标人单位章或由投标人法定代表人或其委托代理人签字。未按招标文件要求密封和加写标记的投标文件,招标人不予受理,视为废标。

投标文件应在招标文件规定的投标截止时间前递交至指定地点。

(2)电子招投标

投标人必须严格按照招标文件规定的"×××公共资源交易信息网"或"×××电子交易平台"的操作规程编制电子投标文件并对做好的电子投标书进行固化加密和上传,投标文件以投标截止时间前上传的最后一份文件为准。投标人应按第九章"投标文件格式"规定,在投标文件指定位置加盖投标人单位电子公章。

投标、评标阶段仅提交电子投标文件,若中标,须再提供纸质投标文件正本一份,副本若干份(根据招标文件要求);中标人提供的纸质投标文件需与投标时提供的电子投标文件保持一致,如有不一致,以电子投标文件为准。中标人应在合同协议书签订前,将"人工、材料、机械台班单价汇总表"和与已标价工程量清单单价一致的"单价分析表"逐页加盖投标人单位公章后递交至招标人,并同时递交电子版。投标文件应编制目录且标注页码。中标人递交的纸质投标文件应是电子投标文件的打印件,正本应逐页加盖投标人单位公章,纸质投标文件不得采用活页夹装订。

5. 投标文件的修改与撤回

投标人在招标文件要求提交投标文件的截止时间之前,可以补充、修改或者撤回已提交的投标文件,并书面通知招标人。

3.2.3 参加开标阶段工作

1. 递交投标文件

投标人在递交投标文件的过程中,应做好以下几项工作:

(1)做好时间计划,预留一定时间富余量;

(2)把握好时间节点,确保按时递交;

(3)注意递交时间、地点的变更通知;

(4)严格履行递交标书的登记手续。

2. 参加开标会议

投标人在参加开标会议的过程中,应做好以下几项工作:

(1)履行招标人规定的开标手续;

(2)记录开标过程与结果;

(3)可适当与竞争对手交流,获取信息;

(4)如采用电子化开标(如电子商务平台或其他网络信息系统),一般还需要对开标结果进行网上确认,逾期未在网上完成开标结果确认的视为投标人对开标结果已确认。

3. 评标阶段的澄清、答疑

(1)投标人应认真对待,按时、保质做出书面、确切的答复。

(2)投标人应抓住机会,做好澄清,可适当强调自身优势,增加中标机会。

4. 查看中标结果

不论项目投标人有多少,中标人只有一家。投标人若有幸中标,则可领取中标通知书,随后组织签订合同协议书;若未能中标,只能领取中标结果通知书。

投标人要正确看待落标事实,多从自身找不足,自己疗伤。只要招标采购程序合法,标书无歧视性内容,招标人无倾向性意见,评委评标公正合理,就要服从招标结果。

3.3 施工投标文件的组成及编制

投标文件是投标人编制的实质性响应招标文件要求的资料文本的统称。

3.3.1 投标文件的组成

根据《公路工程标准施工招标文件》,施工投标文件的组成可分为双信封形式和单信封形式两种。

1. 双信封形式

第一个信封(商务及技术文件)的组成内容:

(1)投标函及投标函附录;

(2)法定代表人身份证明及授权委托书;

(3)联合体协议书;

(4)投标保证金;

(5)施工组织设计

(6)项目管理机构;

(7)拟分包项目情况表;

(8)资格审查资料;

(9)承诺函;

(10)投标人信用分等级使用申请函;

(11)其他材料。

第二个信封(投标报价和工程量清单)的组成内容:

(1)调价函及调价后的工程量清单(如有);

(2)投标函;

(3)已标价工程量清单;

(4)合同用款估算表。

2. 单信封形式

(1)投标函及投标函附录;

(2)法定代表人身份证明及授权委托书;

(3)联合体协议书;

(4)投标保证金;

(5)已标价工程量清单;

(6)施工组织设计;

(7)项目管理机构;

(8)拟分包项目情况表;

(9)资格审查资料;

(10)调价函及调价后的工程量清单(如有);

（11）投标人须知前附表规定的其他资料。

3.3.2　编制投标文件的注意问题

投标文件必须使用招标人提供的投标文件格式，不能随意更改，且规定格式的每一空格都必须填写。如有空缺，则被视为放弃意见。

（1）保证计算数字及书写正确无误，单价、合价、总标价及其大、小写数字均应仔细反复核对。

（2）投标文件必须字迹清楚，签名及印鉴齐全，装帧美观大方。

（3）编制投标文件正本一份，副本按招标文件要求份数编制，并注明"正本""副本"。

（4）投标文件编制完成后应按招标文件的要求整理、装订成册，并密封和标识。

（5）投递标书不宜太早，通常在截止日期前1～2天内递标。

3.3.3　投标文件的编制步骤及方法

1. 准备工作

投标准备工作相当重要，在施工招标过程中，投标时间是紧张的，但绝不能因为投标时间紧促，而忽略对招标文件的分析与研究。在电子招投标时，有些项目招标人规定投标文件编制需使用专门的工具软件，投标人需提前下载、安装相应的软件。

《招标投标法》规定：自招标文件开始发出之日起至投标人提交投标文件截止之日止，最短不得少于20日。

2. "商务文件"的编制

（1）投标函及投标函附录

"一、投标函及投标函附录"是对招标文件提出的质量、工期和报价要求做出总承诺，并对投标文件的关键或实质性内容进行细化、说明和确认，因此需按照招标文件中招标公告、投标人须知等要求，以及招标文件规定的格式和内容，认真进行填写。

在填写"一、投标函及投标函附录"时，还应注意以下几个问题：

①投标总价的币种、价格条件、大小写金额应填写规范、准确；

②如招标文件带有投标函格式，需按照格式内容填写；

③需按照要求进行签字或签章；

④投标单位需加盖公章或电子章。

"价格指数和权重表"是投标函附录的组成部分，用来计算拟投标项目价格调整的差额。投标人应根据招标人要求，按照招标文件中提供的价格指数和权重表规定的格式及内容填写。

（2）授权委托书或法定代表人身份证明

①授权委托书

法定代表人委托代理人代理投标事宜的，投标人需按照招标文件格式填写授权委托书，法定代表人和委托代理人必须在授权委托书上亲笔签名，不得使用印章、签名章或其他电子制版签名代替。以联合体形式投标的，本授权委托书应由联合体牵头人的法定代表人按上述规定签署。授权委托书后需附法定代表人身份证复印件及委托代理人身份证复印件。

如果由投标人的法定代表人签署投标文件，则无须提交授权委托书。

②法定代表人身份证明

法定代表人身份证明按招标文件中要求的格式内容填写,法定代表人的签字必须是亲笔签名,不得使用印章、签名章或其他电子制版签名代替,并需附上法定代表人身份证复印件。

(3)联合体协议书

"三、联合体协议书"须按照招标文件中提供的格式及内容,按实际情况填写,由各成员单位的法定代表人签字确认,并加盖单位公章或电子章。没有联合体的,在协议书各个空位填"/"即可。

(4)投标保证金

投标保证金手续一般由投标单位财务人员负责办理,标书编制人应向财务办理人员提供付款申请时需注明的金额、币种、付款方式、付款说明、收款单位名称、账号、开户银行名称、到账时间,以及是否要求从投标人的开户银行基本账户汇出等信息。

投标保证金的付款方式一般包括现金转账、电汇、保函等形式。后两种需要银行办理,需要给财务人员及银行预留足够的时间进行办理。

一般来说,银行会根据当天汇款金额从大到小进行处理,因此如果金额小需要提前汇款。

若采用现金或支票,投标人应在投标文件中提供汇款凭证的复印件。如采用银行保函,银行保函复印件应装订在投标文件中。复印件需加盖单位公章。

(5)施工组织设计

详见后面的"3. 施工组织设计(技术文件)的编制"。

(6)"六、项目管理机构"的编制

项目管理机构是投标人拟为承包本标段工程设立的组织机构,一般以框图的方式表示,反映投标人的机构管理情况,如图 3-2 所示。

项目管理机构一般根据工程规模和特点、工程量以及工期要求,结合投标人的工程项目管理经验和企业实际来编制并组建,有直线式、职能式、矩阵式等。

(7)拟分包项目情况表

投标人有计划分包项目的,需按照招标文件中格式要求填写拟分包项目情况。若无分包计划,则投标人应在本表填"无"。

(8)资格审查资料

已进行资格预审的项目,投标人应按通过资格预审后的新情况及招标文件第二章"投标人须知"第 3.5.1 项的规定对资格预审申请文件进行更新或补充,表格格式同资格预审文件规定。

未进行资格预审的项目,按照招标文件中"八、资格审查资料"的要求填写表格,并附上相关证明材料。

①投标人基本情况表

"(一)投标人基本情况表"是对投标单位的介绍,包括企业基本情况、人员情况、基本账户、经营范围、关联企业情况等。投标人应按照招标文件中提供的投标人基本情况表格式及内容填写,并根据招标文件第二章"投标人须知"第 3.5.1 项的要求在本表后附相关证明材料。

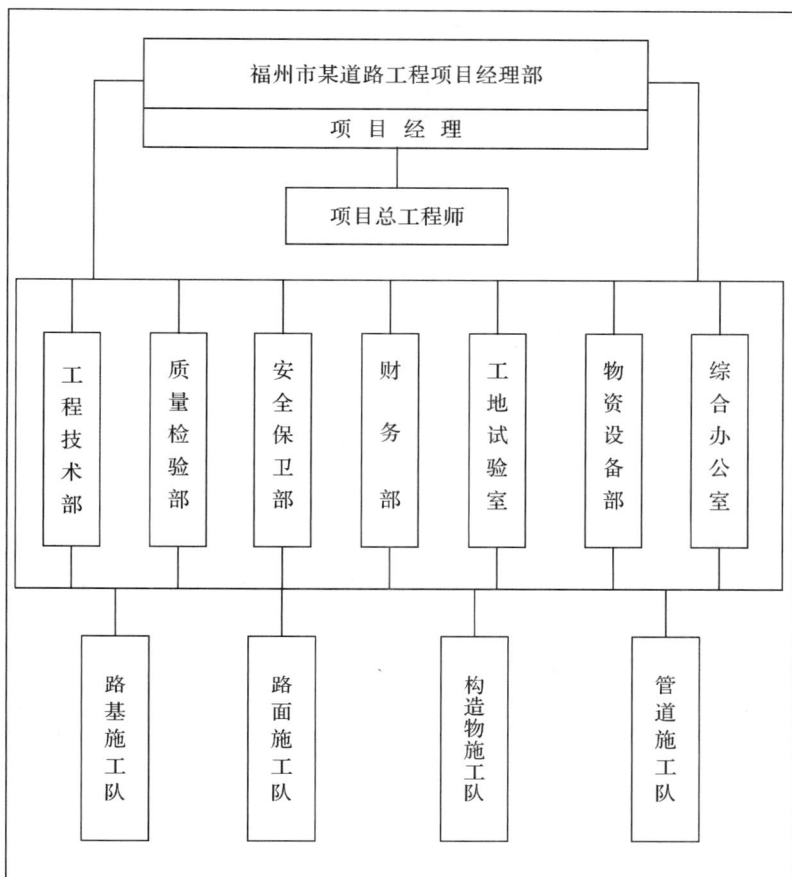

图 3-2　项目管理机构框图

相关证明材料包括:企业法人营业执照副本和组织机构代码证副本(按照"三证合一"或"五证合一"登记制度进行登记的,可仅提供营业执照副本,下同)、施工资质证书副本、安全生产许可证副本、基本账户开户许可证的复印件,投标人在交通运输部"全国公路建设市场信用信息管理系统"公路工程施工资质企业名录中的网页截图复印件,以及投标人在国家企业信用信息公示系统中基础信息(体现股东及出资人的详细信息)的网页截图或由法定的社会验资机构出具的验资报告或注册地工商部门出具的股东出资情况证明复印件。

企业法人营业执照副本和组织机构代码证副本、施工资质证书副本、安全生产许可证副本、基本账户开户许可证的复印件应提供全本(证书封面、封底、空白页除外),应包括投标人名称、投标人其他相关信息、颁发机构名称、投标人信息变更情况等关键页在内,并逐页加盖投标人单位章。

以联合体形式参与投标的,联合体各成员应分别填写投标人基本情况表,并附上相关证明材料。

②投标人企业组织机构框图

投标人企业组织机构以框图的形式进行绘制,附在投标文件中。

③近年财务状况

投标人应按照招标文件中提供的"(三)近年财务状况"表格式及内容填写,并根据招标文件第二章"投标人须知"第3.5.2项的要求在本表后附相关证明材料。相关证明材料是经会计师事务所或审计机构审计的财务会计报表,包括资产负债表、现金流量表、利润表和财务情况说明书的复印件,具体年份要求见投标人须知前附表。投标人的成立时间少于投标人须知前附表规定年份的,应提供成立以来的财务状况表。本表所列数据必须与本表各附件中的数据相一致。

以联合体形式参与投标的,联合体各成员应分别填写"(三)近年财务状况"表。

若有些工程项目招标文件中投标人须知"附录2资格审查条件(财务最低要求)"对财务状况无要求,则近年财务状况表可以不按企业实际情况填写,用"/"表示,也无须附相关证明材料。

④近年完成的类似项目情况表

投标人应按照招标文件中提供的表格格式及内容填写,每张表格只填写一个项目,并标明序号。同时,投标人应根据招标文件第二章"投标人须知"第3.5.3项的要求在本表后附相关证明材料。如近年来,投标人法人机构发生合法变更或重组或法人名称变更时,应提供相关部门的合法批件或其他相关证明材料来证明其所附业绩的继承性。

以联合体形式参与投标的,联合体各成员应分别填写"(四)近年完成的类似项目情况表"。

若有些工程项目招标文件中投标人须知"附录3资格审查条件(业绩最低要求)"对业绩资格无要求,则近年完成的类似项目情况表可以不按企业实际情况填写,用"/"表示,也无须附相关证明材料。

⑤投标人的信誉情况表

投标人应按照招标文件第二章"投标人须知"前附表附录4和"投标人须知"正文第1.4.4项规定,逐条说明其信誉情况。

投标人应根据招标文件第二章"投标人须知"第3.5.4项的要求在本表后附相关证明材料,包括投标人在国家企业信用信息公示系统中未被列入严重违法失信企业名单、在"信用中国"网站中未被列入失信被执行人名单的网页截图复印件,以及由项目所在地或投标人住所地检察机关职务犯罪预防部门出具的近三年内投标人及其法定代表人、拟委任的项目经理均无行贿犯罪行为的查询记录证明原件。

以联合体形式参与投标的,联合体各成员应分别填写"(五)投标人的信誉情况表"。

⑥拟委任的项目经理和项目总工资历表

投标人应按照招标文件中提供的表格格式及内容,填写项目经理和项目总工相关情况,并根据招标文件第二章"投标人须知"第3.5.5项的要求在本表后附相关证明材料。

"(六)拟委任的项目经理和项目总工资历表"应附项目经理和项目总工的身份证、职称资格证书以及资格审查条件所要求的其他相关证书(如建造师注册证书、安全生产考核合格证书等)的复印件,建造师注册证书、安全生产考核合格证书在政府相关部门网站上公开信息的网页截图复印件,以及投标人所属社保机构出具的拟委任的项目经理和项目总工的社保缴费证明或其他能够证明拟委任的项目经理和项目总工参加社保的有效证明材料复印件。

"(六)拟委任的项目经理和项目总工资历表"还应附交通运输部"全国公路建设市场信用信息管理系统"中载明的、能够证明项目经理和项目总工具有相关业绩的网页截图复印件。在交通运输部"全国公路建设市场信用信息管理系统"中无法查询,但可在省级交通运输主管部门"公路建设市场信用信息管理系统"中查询的,应附省级交通运输主管部门"公路建设市场信用信息管理系统"中查询到的网页截图复印件。除网页截图复印件外,投标人无须再提供任何业绩证明材料。如投标人未提供相关业绩网页截图复印件或相关业绩网页截图中的信息无法证实投标人满足招标文件规定的资格审查条件(项目经理和项目总工最低要求),则该业绩不予认定。

如项目经理或项目总工目前仍在其他项目上任职,则投标人应提供由该项目发包人出具的、承诺上述人员能够从该项目撤离的书面证明材料原件。

若有些工程项目招标文件中投标人须知"附录 5 资格审查条件(项目经理和项目总工最低要求)"对项目经理和项目总工的工龄、工作经历等无具体要求,则该表中经历可以不填写,用"/"表示。

⑦拟委任的其他管理和技术人员汇总表

投标人应按照招标文件中提供的表格格式及内容填报"(七)拟委任的其他管理和技术人员汇总表",所填报的人员应满足招标文件第二章"投标人须知"前附表附录 6 的要求。

⑧拟委任的其他管理和技术人员资历表

投标人应按照招标文件中提供的表格格式及内容填写"(八)拟委任的其他管理和技术人员资历表",本表人员应与表(七)中所列人员相一致,并应根据招标文件第二章"投标人须知"第 3.5.6 项的要求在本表后附相关证明材料。

若有些工程项目招标文件中投标人须知"附录 6 资格审查条件(其他管理和技术人员最低要求)"对其他管理和技术人员的工龄、工作经历等无具体要求,则该表中人员经历可以不填写,用"/"表示。

⑨拟投入本标段的主要施工机械表

投标人应按照招标文件中提供的表格格式及内容填报"(九)拟投入本标段的主要施工机械表",所填报的设备应满足招标文件第二章"投标人须知"前附表附录 7 的要求。

若有些工程项目招标文件中投标人须知"附录 7 资格审查条件(主要机械设备和试验检测设备最低要求)"对机械设备名称、规格、功率及容量、数量等无具体要求,则本表可以不用填写。

⑩拟配备本标段的主要材料试验、测量、质检仪器设备表

投标人应按照招标文件中提供的表格格式及内容填报"(十)拟配备本标段的主要材料试验、测量、质检仪器设备表",所填报的设备应满足招标文件第二章"投标人须知"前附表附录 7 的要求。

若有些工程项目招标文件中投标人须知"附录 7 资格审查条件(主要机械设备和试验检测设备最低要求)"对仪器设备名称、规格、功率及容量、数量等无具体要求,则本表可以不用填写。

(9)其他资料

如投标人信用等级情况及信用分使用情况表,质量管理体系认证书、职业健康安全管理体系认证书、环境管理体系认证书、荣誉证书等复印件。

3. 施工组织设计(技术文件)的编制

施工组织设计是评标、定标的重要资料,也是编制商务技术标书和报价文件的依据。

现阶段,随着我国公路工程建设水平的不断提高,施工组织设计不再是一般工程项目评标、中标的重要依据。为了简化招投标工作,一般工程项目通常不要求编制施工组织设计;对于一些结构复杂、技术难度较大的工程项目,需要按照招标文件的要求编制施工组织设计。

(1)施工组织设计的编制依据

施工组织设计的编制依据包括招标文件、图纸、核实的工程量、工程条件、工期要求、施工难易程度以及本单位的施工设备情况、人员、材料供应情况等。

(2)施工组织设计的主要内容

①施工组织设计(适用于合理低价法和经评审的最低投标价法)

采用合理低价法和经评审的最低投标价法评标的项目,大部分不需要编写施工组织设计。若有需要编写施工组织设计的,一般也只需满足符合性审查即可,可以按照要求的内容,粗略进行编写。

a. 总体施工组织布置及规划;

b. 重点、关键和难点工程的施工方案;

c. 工期关键线路图及保证措施;

d. 关键工程质量保证措施;

e. 安全保证措施;

f. 环境保护、水土保持、文明施工、文物保护保证措施;

g. 项目风险预测与防范,事故应急预案;

h. 其他应说明的事项。

②施工组织设计(适用于技术评分最低标价法和综合评分法)

采用技术评分最低标价法和综合评分法评标的工程项目,其施工组织设计应详细对照评标办法中的评分要点,逐点进行编写。对重点、关键和难点工程的施工方案、方法及措施,应在保证质量、安全的前提下,尽可能采取先进的施工方法及施工工艺,以获取高分。

投标人应按以下要点编制施工组织设计(文字宜精练,内容具有针对性,总体控制在3万字以内):

a. 总体施工组织布置及规划;

b. 主要工程项目的施工方案、方法与技术措施(尤其是重点、关键和难点工程的施工方案、方法及措施);

c. 工期保证体系及保证措施;

d. 工程质量管理体系及保证措施;

e. 安全生产管理体系及保证措施;

f. 环境保护、水土保持保证体系及保证措施;

g. 文明施工、文物保护保证体系及保证措施;

h. 项目风险预测与防范,事故应急预案;

i. 其他应说明的事项。

施工组织设计除采用文字表述外可附下列图表,图表及格式要求按照招标文件规定。

附表一　施工总体计划表

附表二　分项工程进度率计划(斜率图)

附表三　工程管理曲线

附表四　分项工程生产率和施工周期表

附表五　施工总平面图

附表六　劳动力计划表

附表七　临时占地计划表

附表八　外供电力需求计划表

(3)编制施工组织设计的注意事项

①编制施工组织设计应做到四个一致:与招标文件一致、与设计文件一致、与现场一致、与评标办法一致。

②选择技术可行、成本最低的施工方法。

③选择合适的施工机械,优化施工组合,均衡施工,尽量避免出现施工高峰和赶工现象。

④尽可能利用当地人力、物力资源,就地取材,降低工程成本。

⑤计划应留有余地,不能满打满算。

⑥由粗到细,由浅到深。

⑦施工组织设计要注重表达方式的选择,做到图文并茂。

⑧施工组织设计按程序审核和校对,消除低级错误。

4. 投标报价文件的编制

(1)报价的概念

报价是由投标单位根据招标文件及有关定额和招标项目所在地区的自然、社会和经济情况及施工组织方案和投标单位自身条件,计算完成招标工程所需各项的费用。

报价是投标文件最重要的组成部分和主要内容,是投标工作的关键和核心,也是决定能否中标的主要依据。而且报价对中标后能否盈利、盈利多少也是主要的决定因素之一。

(2)投标报价的组成

一个项目的投标报价由以下三部分组成:

①施工成本。包括直接成本(即工、料、机等直接费)、间接成本(包括现场管理费、公司管理费、临时设施费、施工队伍调遣费等)等各项费用。

②利润和税金。

③风险费用。即在各种风险发生后需由承包人承担的风险损失。

(3)投标报价的编制依据

①招标单位的招标文件。

②现场考察收集的资料。

③施工组织设计。

④企业的内部资料:

a. 本企业历年来(至少五年)已完工程的成本分析资料;

b. 本企业为本项目提供新添施工设备经费的可能性;

c. 本企业的企业定额。

⑤招标文件所规定的各种国家标准、部颁标准、技术规范、工程量清单计量规则等。

⑥国家颁发的《公路工程预算定额》和《公路基本建设工程概算、预算编制办法》及地方政府颁发的有关收费标准和定额。

⑦人工、材料、机械台班价格。

⑧其他资料。

(4)报价工作程序

报价工作内容繁多,工作量大,时间往往十分紧迫,因而必须周密考虑,统筹安排,遵照一定的工作程序,使报价工作有条不紊、紧张而有序地进行。其主要工作程序如图3-3所示。

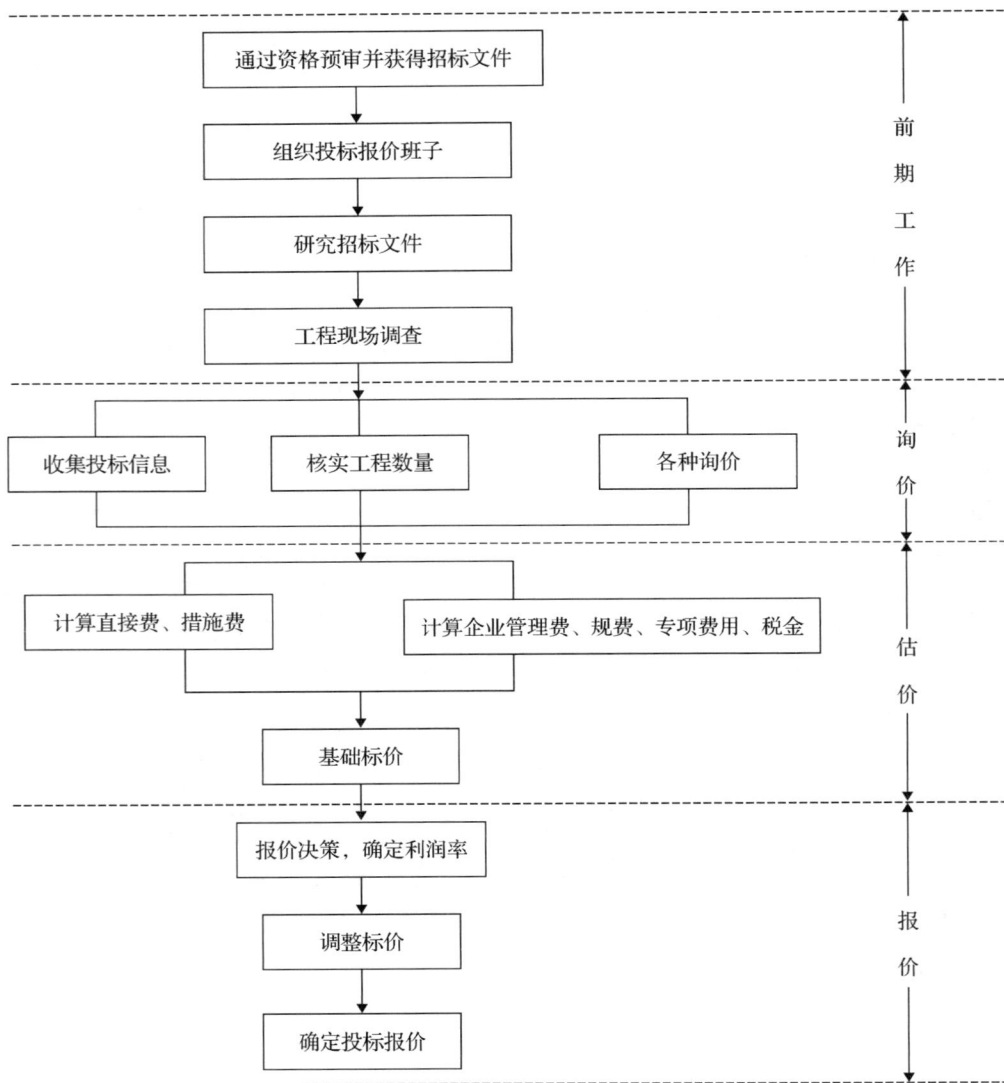

图3-3 工程投标报价工作程序

①计算和复核工程量

招标文件中通常都附有工程量清单,每个清单项目有相应的工程量。投标者应根据图纸仔细核算工程量,如发现漏项或相差较大时,应通知招标单位要求更正。一般规定,未经招标人允许(正式文件通知),投标人不得擅自修改或变动工程量。

核实工程量的主要作用:

a. 全面掌握本项目需发生的各分项工程的数量,便于投标中进行准确的报价;

b. 及时发现工程量清单中关于工程量的错误和漏洞,为制定投标策略提供依据(可以使用不平衡报价法,工程量偏高的项目报低价,工程量偏低的地方报高价);

c. 有利于促使投标单位对技术规范中的计量支付规定做进一步的研究,便于精确地编写各细目单价。

核实工程量时应做好如下几项工作:

a. 全面核实设计图纸中各分项工程的工程量;

b. 计算受施工方案(施工方法)影响而需格外发生(设计图纸中未能计算进去的)和消耗的工程量;

c. 根据技术规范中计量与支付的规定折算出新的工程量。

②估价(基础标价的计算)

估价是指估价人员在施工总进度计划、主要施工方法、分包商和资源安排确定后,根据本公司的工料消耗(企业定额)和水平以及询价结果,对本公司完成招标工程所需要支出的费用的分析计算。其原则是根据本公司的实际情况合理确定施工成本和待摊费用,不考虑其他因素,不涉及投标决策问题、利润的高低及施工风险,即成本价由直接费、措施费、企业管理费、规费、税金、专项费用等组成,估价的主要内容是直接费、措施费、企业管理费的计算,并按规定计取规费、税金、专项费用后形成基础标价。

③报价

报价包括选择报价策略、调整标价、确定投标报价三个方面的内容。

(5)投标报价策略

投标人为了使自己的报价有竞争力,就要使自己的施工成本尽可能低,同时为了合同实施过程中获得一定的效益,还必须确定适当的利润率,充分考虑风险,最后进行报价平衡。投标报价的策略包括降低预算成本策略、确定利润率策略、风险附加策略和报价平衡策略四个方面的内容。

①降低预算成本策略

要确定一个低而适度的报价,首先要编制先进合理的施工方案,在此基础上计算出能确保合同要求工期和质量标准的最低预算成本。降低工程预算成本要从降低直接费和间接费入手,如发挥本企业的优势、运用多方案报价法等其他方法等。应注意当运用多方案报价法等其他方法时,一定要符合招标文件的要求,以免导致废标。

②确定利润率和风险附加策略

a. 根据实际情况确定利润率。利润是投标人预计在所投标工程中获得的利润,用利润率表示,计算基数为直接费、措施费与企业管理费,即:

$$利润＝(直接费＋措施费＋企业管理费)×利润率 \tag{3.1}$$

利润率取多少为宜,其原则是既要使标价有竞争力,又要使投标单位中标后得到理想的经济效益。但在投标时投标人可根据实际情况进行适当浮动,利润率浮动规律可参见表3-1。

表 3-1　确定利润参考因素

影响利润的因素		宜采用的利润率	
		高	低
工程方面	施工条件	场地狭窄,地处闹市	交通方便、工程简便、工程量大
	专业要求	专业要求高,本单位这方面有专长、信誉也高	专业要求不高,一般的施工单位都可施工
	工程总价	工程总价低或中小型工程	工程总价高或大型工程
	工期要求	业主对工期要求很急	工期比较充裕
	技术程度	技术密集型	劳动密集型
业主方面	投资情况	外资或中外合资	国内投资
投标人方面	施工任务	在手工程较多、对工程兴趣不大时	施工任务不足、迫切希望中标时
	将完成工程情况		工程所在地附近有将竣工的工程而施工机械无法转移时
	战略目标		为提高信誉、扩大市场以利今后发展时
竞争对手	投标竞争家数	投标家数少时	投标家数多时
	竞争对手实力	投标人中无实力雄厚的竞争对手	投标人中有实力雄厚的竞争对手

b. 根据客观规律确定利润率。在投标竞争中,利润率和获胜概率是有一定规律的。一般来讲,利润率越低,中标可能性就越大;反之,利润率越高,中标的可能性就越小。因此承包商应尊重这一事实并结合有关因素确定一个恰当的利润率。

c. 根据公路基本建设市场情况确定利润率。目前,工程承包市场竞争激烈,施工企业数量增加,素质又不断提高,承包道路工程施工面临越来越激烈的竞争。因此,道路工程采取保本微利,低价中标,依靠加强管理来不断提高经济效益,这已经受到道路施工企业的普遍重视。

d. 低报价不是得标的唯一因素。招标文件中一般明确申明"本标不一定授给最低报价者或其他任何投标者"。低报价是得标的重要因素,但不是唯一因素。

e. 确定风险费附加策略。关于潜在风险,可能出现的意外风险主要有:施工条件恶劣,有的标书上的工程地质、水文、气象等条件交代不清楚,又不符合索赔条件,可能会给投标人造成一定的损失。为了使投标人中标后避免不必要的损失,投标单位必须对投标项目潜在的风险因素做出估计,通常对风险的考虑是以一定的百分比将这笔款项归入利润附加费中。

根据确定利润率的有关因素分析和对保险外风险的充分考虑即可确定较为合理的利润率。

③报价平衡策略

在基础报价计算的基础上,考虑了适度的利润率和风险后,得出初步的报价。但初步的报价是否低而适度(既具有竞争力,又能在中标后取得一定的经济效益),仍然是投标单位需要研究的重要问题。因此,在初步报价的基础上进行报价平衡,是非常重要的。报价平衡的策略,主要是以下两个基本环节:

a. 报价分析。报价分析主要是分析报价的合理性和竞争性。

分析报价的合理性。首先,由报价编制人员对报价计算过程进行详细的复核。然后,根据招标项目的大小和重要程度,由投标单位领导主持召开一个有关业务部门和少数骨干参加的报价分析会,对计算依据、计算范围、费率等报价计算的合理性进行内部"模拟"评价,挖掘降低报价的潜力。

报价的竞争性。根据主要竞争对手的实力、优势和以往类似工程投标中的报价水平,以及对招标单位标底的推测,分析本企业报价的竞争力,商定一个降价系数,提出必要的措施和对策。

b. 降价系数。降价系数是在基础报价计算和考虑了利润率和风险费用后所确定的初步报价的基础上,通过报价分析后,所确定的一个小于 1 的系数。初步报价乘以降价系数即为投标项目的最终报价。

是否需要降价,以及降价系数取多少(即降价幅度),要在投标时随机应变。随着投标日期的临近,投标人要密切注意招标投标各方的动态,收集研究各种重要信息(如主要竞争对手的投标积极性、可能的报价水平),分析评标办法。如果本身的报价水平具有竞争力,就不必轻易动用降价系数,否则在递交标书之前要适当调整总报价。

降价系数的确定,也是投标报价的决策。投标报价决策是指投标人召集算标人和决策人、高级咨询顾问人员共同研究,根据基础标价计算结果(估价结果)和标价的静态、动态风险分析进行讨论,做出调整计算总报价的最后决定。在确定降价系数(报价决策)时应注意以下两点:

确定降价系数的依据。确定降价系数的主要依据应当是自己算标人员的计算书和分析指标。至于其他途径获得的所谓"标底价格"或竞争对手的"标价情报"等,只能作为参考。参加投标的承包商当然希望自己中标。但是,更为重要的是,中标价格应当基本合理,不应导致亏损。以自己的报价计算为依据进行科学分析,而后做出恰当的报价决策,至少不会盲目地落入竞争的陷阱。

在可接受的最小预期利润和可接受的最大风险内做出决策。由于投标情况纷繁复杂,投标中碰到的情况并不相同,很难界定需要决策的问题和范围。一般说来,降价系数并不仅限于具体计算,而是应当由决策人与算标人员一起,对各种影响报价的因素进行恰当的分析,并做出果断的决策。除了对算标时提出的各种方案、基价、费用摊入系数等予以审定和进行必要的修正外,更重要的是决策人要全面考虑期望的利润和承担风险的能力。承包商应当尽可能避免较大的风险,采取措施转移、防范风险并获得一定利润。决策者应当在风险和利润之间进行权衡并做出选择。

（6）标价的调整

当投标人的总报价基本确定后，还要采用"不平衡报价法"来调整单价，以期在工程结算时取得最好的经济效益。

不平衡报价法是指一个工程项目总报价基本确定后，通过调整内部各个项目的报价，以期既不提高总报价、不影响中标，又能在结算时得到更理想的经济效益。一般可以考虑在以下几方面采用不平衡报价：

①先期开工的项目（如开工费、土方、基础等）的单价报价高，后期开工的项目（如高速公路的路面、交通设施、绿化等附属设施）的单价报价低。

②估计到以后会增加工程量的项目的单价报价高，工程量会减少的项目的单价报价低。

③图纸不明确或有错误的，估计今后会修改的项目的单价报价高，估计今后会取消的项目的单价报价低。

④对于允许价格调整的工程，当利率低于物价上涨时，则后期施工的工程细目的单价报价高，反之，报价低。

采用不平衡报价一定要建立在对工程量表中工程量仔细核对分析的基础上，特别是对报低单价的项目，如工程量执行时增多将造成承包商的重大损失；不平衡报价过多和过于明显，可能会引起业主反对，甚至导致废标。

（7）报价文件的编制

报价文件是招标文件中要求计算完成招标工程所需各项费用的经济文件，是投标文件最重要的组成部分和内容。

①调价函及调价后的工程量清单

目前，公路工程项目投标基本上没有使用调价函，因此，报价文件中就不用附调价函及调价后的工程量清单。若个别项目采用调价函，就需在报价文件中附上调价函及调价后的工程量清单。

②投标函

在报价文件中，投标函主要用来填写投标报价。投标人在填写投标函时，应注意以下几个问题：

a. 投标总价的币种、价格条件、大小写金额；

b. 如招标文件带有投标函格式的，需按照格式填写内容；

c. 投标单位需加盖公章。

投标函的格式及内容如图 3-4 所示。

③已标价工程量清单

投标人的投标报价确定后，应按照第五章"工程量清单"的要求逐项填报工程量清单，包括工程量清单说明、投标报价说明、计日工说明、其他说明及工程量清单各项表格（工程量清单表 5.1～表 5.5）。有些项目招标人提供固化清单，工程量清单中带有规定格式和计算公式，投标人就须按照要求，把计算确定后的综合单价填写入招标人提供的固化清单中相应栏目位置，然后计算合价并汇总。

④其他表格

有些项目投标报价文件中包含单价分析表，人工、主要材料及机械台班价格汇总表，综合费率计算表，合同用款估算表，投标人须知前附表规定的其他材料等，投标人就须按照招标文件要求,编制相应的表格,放入报价文件中。

一、投标函

_____(招标人名称):

    1. 我方已仔细研究_____(项目名称)_____标段施工招标文件的全部内容(含补遗书第___号至第___号),在考察工程现场后,愿意以人民币(大写)_____元(¥_____)的投标总报价(或根据招标文件规定修正核实后确定的另一金额,其中,增值税税率为_____),按合同约定实施和完成承包工程,修补工程中的任何缺陷。

    2. 在合同协议书正式签署生效之前,本投标函连同你方的中标通知书将构成我们双方之间共同遵守的文件,对双方具有约束力。

    3. _____(其他补充说明)。

                 投 标 人:_____(盖单位章)
                 法定代表人或其委托代理人:_____(签字)
                 地   址:_____
                 网   址:_____
                 电   话:_____
                 传   真:_____
                 邮政编码:_____

                 _____年_____月_____日

图 3-4　投标函

3.4　公路工程施工投标文件实例

    国道×××线 K192+427~K200+838 段路面重铺工程 1 标段施工投标文件采用双信封形式,分为商务技术文件和报价文件两部分。

3.4.1　商务技术文件

    国道×××线 K192+427~K200+838 段路面重铺工程 1 标段商务技术文件包括封面、目录、投标函及投标函附录、授权委托书或法定代表人身份证明、联合体协议书、投标保证金、项目管理机构、拟分包项目情况表、资格审查资料、投标人信用等级情况及信用分使用情况申请表、其他资料等。

    因篇幅限制,本书只展示了商务技术文件的主要内容,如附件一所示,其余文件资料(证书、证明、明细表等附件)可扫描二维码"3-1　投标文件(商务

3-1　投标文件(商务及技术文件)

及技术文件)"查看。

3.4.2 报价文件

国道×××线 K192+427～K200+838 段路面重铺工程 1 标段报价文件包括封面、目录、投标函、已标价工程量清单(包括清单说明、投标报价汇总表、工程量清单表、计日工、暂估价表、工程量清单单价分析表)、合同用款估算表等。

因篇幅限制,本书只展示了报价文件的封面、目录、投标函、清单说明、投标报价汇总表、工程量清单表第 1～2 页、工程量清单单价分析表第 1～2 页、合同用款估算表,如附件二所示,其余文件资料可扫描二维码"3-2 投标文件(报价文件)"查阅。

3-2 投标文件
(报价文件)

附件一

福建省_____市(区)_____县(市、区)

国道____线 K192+427～K200+838 段路面重铺工程 (项目名称)___1___标段养护工程施工招标

投 标 文 件

(商务及技术文件)

投标人:_____(大盖单位电子章)

20××___年___03___月___10___日

目　录

（商务技术文件）

4. 质检员资历表

　　附件：居民身份证及职称证书彩色扫描件、基本养老个人历年缴费明细表

5. 试验员资历表

　　附件：居民身份证、职称证书及公路检测员证书彩色扫描件；基本养老个人历年缴费明细表

（九）拟投入本标段的主要施工机械表

（十）拟配备本标段的主要材料试验、测量、质检仪器设备表

九、投标人信用等级情况及信用分使用情况申请表

十、其他资料

一、投标函及投标函附录

（一）投 标 函

福建省▇▇市公路局▇▇分局：

1. 我方已仔细研究 国道 ▇▇ 线 K192+427～K200+838 段路面重铺工程 1 标段施工招标文件的全部内容（含补遗书第 1 号至第 3 号），在考察工程现场后，愿意以第二个信封（报价文件）中的投标总报价（或根据招标文件规定修正核实后确定的另一金额），按合同约定实施和完成承包工程，修补工程中的任何缺陷。

2. 我方承诺在招标文件规定的投标有效期内不撤销投标文件。

3. 工程质量：标段工程交工验收的质量评定：达到《公路工程质量检验评定标准》（JTGF80/1—2017）、《公路工程交（竣）工验收办法》和《公路工程交（竣）工验收办法实施细则》规定，竣（交）工验收质量评定要求达到合格标准；竣工验收的质量评定：达到《公路工程质量检验评定标准》（JTGF80/1—2017）、《公路工程交（竣）工验收办法》和《公路工程交（竣）工验收办法实施细则》规定，竣（交）工验收质量评定要求达到合格标准；安全目标：符合交通部颁发的《公路工程施工安全技术规程》（JTJ076-95），以预防为主，"无重伤以上责任事故，轻伤率控制在 2‰以下；无机械设备、行车事故；无火灾事故，无火工产品丢失和爆炸事故"。作业环境达卫生标准，不出现有害职工职业健康作业。 工期：90 日历天。

4. 如我方中标，我方承诺：

（1）在收到中标通知书后，在中标通知书规定的期限内与你方签订合同。

（2）在签订合同时不向你方提出附加条件。

（3）按照招标文件要求提交履约保证金。

（4）在合同约定的期限内完成合同规定的全部义务。

（5）在你方和我方进行合同谈判之前，我方将按照合同附件提出的最低要求填报派驻本标段的其他管理和技术人员及主要机械设备和试验检测设备，经你方审批后作为派驻本标段的项目管理机构主要人员和主要设备且不进行更换。如我方拟派驻的人员和设备不满足合同附件要求，你方有权取消我方中标资格。①

5. 我方在此声明，所递交的投标文件及有关资料内容完整、真实和准确，且不存在招标文件第二章"投标人须知"第 1.4.3 项和第 1.4.4 项规定的任何一种情形。

6. 在合同协议书正式签署生效之前，本投标函连同你方的中标通知书将构成我们双方之间共同遵守的文件，对双方具有约束力。

7. （其他补充说明）/

投标人：_____有限公司 （盖单位电子章）

法定代表人或其委托代理人：_____（签字）

地址：_____路____号

网址：www._____.cn

电话：05__-8_____

传真：05__-8_____8

邮政编号：35_____

日期：20____年03月10日

① 本条款不适用于已按资格预审文件或招标文件要求提供了其他管理和技术人员、主要机械设备和试验检测设备的项目。

（二）投标函附录

序号	条款名称	合同条款号	约定内容	备注
1	缺陷责任期	1.1.4.5	自实际交工日期起计算 2 年	
2	逾期交工违约金	11.5（3）	5000 元/天	
3	逾期交工违约金限额	11.5（3）	10 %签约合同价	
4	提前交工的奖金	11.6	___/___ 元/天	
5	提前交工的奖金限额	11.6	___/___ %签约合同价	
6	价格调整的差额计算	16.1.1	本项目的基质沥青及水泥给予调差，调差按实际施工时间泉州建设工程造价信息网发布的当月信息价与2019年11月的信息价对比超过±3%给予调差并计算税收，调差按施工配合比计算实际总使用量，其余原材料均不予调差。	
7	开工预付款金额	17.2.1（1）	___/___ %签约合同价	
8	材料、设备预付款比例	17.2.1（2）	___/___ 等主要材料、设备单据所列费用的___/___ %	
9	进度付款证书最低限额	17.3.3（1）	___/___ %签约合同价或 ___/___ 万元	
10	逾期付款违约金的利率	17.3.3（2）	___/___ ‰/天	
11	质量保证金金额	17.4.1	3 %合同价格，若交工验收时承包人具备被招标项目所在地省级交通运输主管部门评定的最高信用等级，发包人给予 ___/___ %合同价格质量保证金的优惠。	
12	保修期	19.7（1）	自实际交工日期起计算 5 年	

价格指数和权重表

名称		基本价格指数		权 重		价格指数来源
		代号	指数值	代号	允许范围	投标人建议值	
定值部分				A			
变值部分	人工费	F_{01}		B_1	___至___		
	钢材	F_{02}		B_2	___至___		
	水泥	F_{03}		B_3	___至___		
	……	……		……	……		
合 计						1.00	

二、授权委托书或法定代表人身份证明

（一）授权委托书①

本人____／____（姓名）系____／____（投标人名称）的法定代表人，现委托__／__（姓名）为我方代理人。代理人根据授权，以我方名义签署、澄清确认、递交、撤回、修改____／____（项目名称）____／____标段施工投标文件、签订合同和处理有关事宜，其法律后果由我方承担。

委托期限：自本委托书签署之日起至投标有效期期满。

代理人无转委托权。

附：法定代表人身份证复印件及委托代理人身份证复印件。

投标人：_____／_____（盖单位电子章）

法定代表人：_____／_____（签字）

身份证号码：_____／_____

委托代理人：_____／_____（签字）

身份证号码：_____／_____

____／____年____／____月____／____日

注：

1. 法定代表人和委托代理人必须在授权委托书上亲笔签名，不得使用印章、签名章或其他电子制版签名代替；

2. 以联合体形式投标的，本授权委托书应由联合体牵头人的法定代表人按上述规定签署。

① 如果由投标人的法定代表人签署投标文件，则无须提交授权委托书。

（二）法定代表人身份证明

投标人名称：_____有限公司

姓名：_____（法定代表人亲笔签字）　性别：__男__　年龄：__57__

职务：__总经理__

系：_____有限公司_____（投标人名称）的法定代表人。

特此证明。

附：法定代表人身份证复印件。

投标人：_____有限公司（盖单位电子章）

_____年__03__月__10__日

三、联合体协议书①

_____/_____（所有成员单位名称）自愿组成_____/_____（联合体名称）联合体，共同参加_____/_____（项目名称）__/__标段施工投标。现就联合体投标事宜订立如下协议。

1. _____/_____（某成员单位名称）为_____/_____（联合体名称）牵头人。

2. 联合体各成员授权牵头人代表联合体参加投标活动，签署文件，提交和接收相关的资料、信息及指示，进行合同谈判活动，负责合同实施阶段的组织和协调工作，以及处理与本招标项目有关的一切事宜。

3. 联合体牵头人在本项目中签署的一切文件和处理的一切事宜，联合体各成员均予以承认。联合体各成员将严格按照招标文件、投标文件和合同的要求全面履行义务，并向招标人承担连带责任。

4. 联合体各成员单位内部的职责分工如下：（牵头人名称）承担___/___专业工程，占总工程量的___/___%；（成员一名称）承担___/___专业工程，占总工程量的___/___%；……

5. 投标工作和联合体在中标后工程实施过程中的有关费用按各自承担的工作量分摊。

6. 本协议书自所有成员单位法定代表人签字并加盖单位章之日起生效，合同履行完毕后自动失效。

7. 本协议书一式__/__份，联合体成员和招标人各执一份。

联合体牵头人名称：_____/_____ （盖单位电子章）

法定代表人：_____/_____ （签字）

联合体成员名称：_____/_____ （盖单位电子章）

法定代表人：_____/_____ （签字）

联合体成员名称：_____/_____ （盖单位电子章）

法定代表人：_____/_____ （签字）

……

__/__年__/__月__/__日

---

① 本联合体协议书格式适用于未进行资格预审的情况。如果采用资格预审，投标人应在此提供资格预审申请文件中所附的联合体协议书复印件。

四、投标保证金

中国工商银行 网上银行电子回单

电子回单号码：00____1-____

	户 名	____有限公司	收款人	户 名	县公共资源交易中心
付款人	账 号	____020____		账 号	13570____
	开户银行	____行		开户银行	中国____银行股份有限公司____支行
金 额		人民币（大写）____万元整 ￥____.00元			
摘 要		投标保证金	业务（产品）种类		跨行发报
用 途					
交易流水号		____	时间戳		20____-03-09-15.18.18.518684

备注：
附言：支付交易序号：6____4013 报文种类：大额客户发起汇兑业务
委托日期：20____-03-09 业务类型（种类）：普通汇兑 指令
编号：HQP2465____
93763 提交人：____168.c.1402 最终授权
人：X88186888.e.1402
验证码：/dhueR2KVyDPizLgz____ T6s=

中国工商银行 电子回单 专用章

记账网点	210	记账柜员	12	记账日期	2020年03月09日

如需校验回单，请点击：回单校验 打印日期：2020年3月9日

重要提示：本回单不作为收款方发货依据，并请勿重复记账。

五、施工组织设计:无

六、项目管理机构

拟为承包本标段工程设立的 框图方式表示

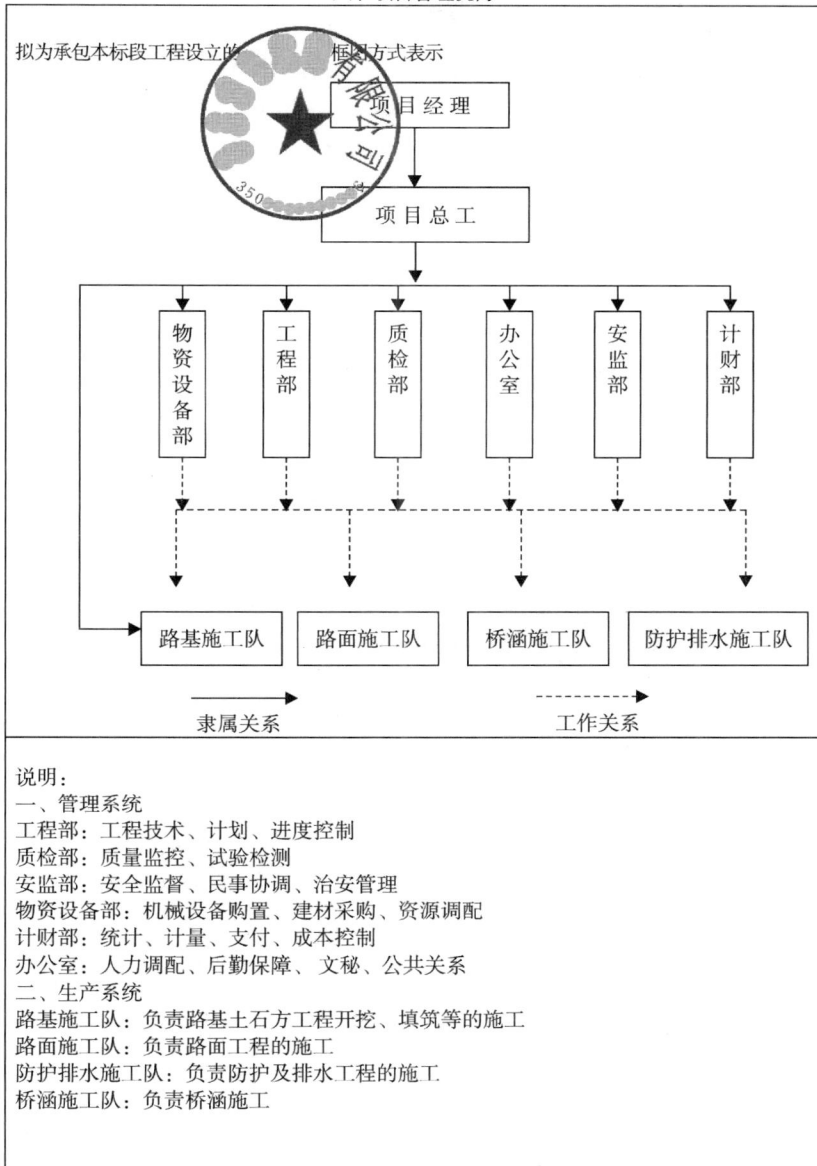

```
                              项目经理
                                 |
                                 ↓
                              项目总工
                                 |
        ┌────────┬────────┬────────┬────────┬────────┐
        ↓        ↓        ↓        ↓        ↓        ↓
      物资      工程      质检      办公      安监      计财
      设备部     部       部       室       部       部
```

隶属关系 ——→   工作关系 - - →

说明:
一、管理系统
工程部:工程技术、计划、进度控制
质检部:质量监控、试验检测
安监部:安全监督、民事协调、治安管理
物资设备部:机械设备购置、建材采购、资源调配
计财部:统计、计量、支付、成本控制
办公室:人力调配、后勤保障、文秘、公共关系
二、生产系统
路基施工队:负责路基土石方工程开挖、填筑等的施工
路面施工队:负责路面工程的施工
防护排水施工队:负责防护及排水工程的施工
桥涵施工队:负责桥涵施工

七、_____人员情况表

拟分包的工程项目	工程内容	预计造价（万元）	备注
无	无	无	
			注：若无分包计划，则投标人应在本表填"无"
拟分包工程造价合计（万元）		无	

八、资格审查资料（适用于未进行资格预审的）

（一）投标人基本情况表

投标人名称			_____有限公司		
注册地址	福___ ___楼___号		邮政编码	350____	
联系方式	联系人	_____	电话	05___8___2	
	传真	00___C___58	电子邮件	53____0163.com	
法定代表人	姓名	_____	技术职称	教授级高工	电话	0___08___8
技术负责人	姓名	_____锋	技术职称	高级工程师	电话	05___21___
营业执照号	913501247_____		员工总人数：2180		
企业资质等级	公路工程施工总承包贰级	其中	项目经理	76
注册资本	_____0万元		高级职称人员	28
成立日期	___2年11月06日		中级职称人员	81
基本账户开户银行	中国_____银行股份有限公司___大支行		初级职称人员	194
基本账号银行账号	1402023_____01		技工	2101
经营范围	施工总承包邮政公用工程一级、施工总承包房屋建筑工程一级、施工总承包公路工程二级、专业承包建筑装修装饰工程装修一级、专业承包园林古建筑工程一级、专业承包钢结构工程二级、专业承包城市及道路照明工程一级、水利水电工程施工总承包三级				
投标人关联企业情况	投标人应提供关联企业情况，包括： （1）投标人的所有股东名称及相应股权（出资额）比例：如投标人为上市公司，投标人应提供股权占公司股份总数____%以上的所有股东名称及相应的股权比例：_____股权比例：69%；_____股权比例：15.5%；_____股权比例：15.5%； （2）投标人投资（控股）或管理的下属企业名称、持有股权（出资额）比例：无 （3）与投标人单位负责人（即法定代表人）为同一人的其他单位名称：无				
备注					

注：1. 投标人应根据招标文件第二章"投标人须知"第3.5.1项的要求在本表后附相关证明材料。
2. 以联合体形式参与投标的，联合体各成员应分别填写。

[附件略，可扫描二维码"3-1　投标文件（商务及技术文件）"查看。]

（二）投标人企业组织机构框图

以框图方式表示

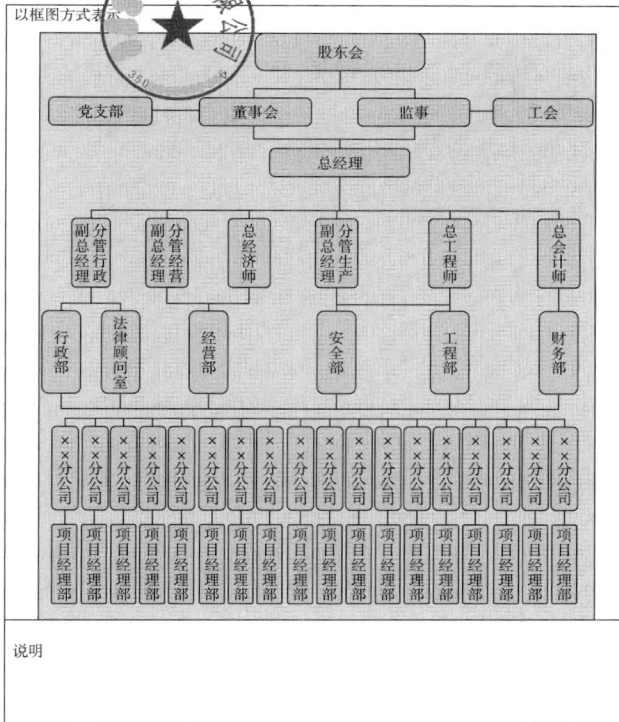

说明

（三）近年财务状况

财务状况表

项目报表	单位	___/___年	___/___年	___/___年
一、注册资本	万元	/	/	/
二、净资产	万元	/	/	/
三、总资产	万元	/	/	/
四、固定资产	万元	/	/	/
五、流动资产	万元	/	/	/
六、流动负债	万元	/	/	/
七、负债合计	万元	/	/	/
八、营业收入	万元	/	/	/
九、净利润	万元	/	/	/
十、现金流量净额	万元	/	/	/
十一、主要财务指标	万元	/	/	/
1. 净资产收益率	%	/	/	/
2. 总资产报酬率	%	/	/	/
3. 主要业务利润率	%	/	/	/
4. 资产负债率	%	/	/	/
5. 流动比率	%	/	/	/
6. 速动比率	%	/	/	/

注：1.投标人应根据招标文件第二章"投标人须知"第 3.5.2 项的要求在本表后附相关证明材料。

    2.本表所列数据必须与本表各附件中的数据相一致。

    3.以联合体形式参与投标的，联合体各成员应分别填写。

（四）近年完成的类似项目情况表

序　　号	/	
项目名称		
项目所在地		
发包人名称	/	
发包人地址	/	
发包人电话	/	
合同价格	/	
开工日期	/	
交工日期	/	
承担的工作	/	
工程质量	/	
项目经理	/	
项目总工	/	
总监理工程师及电话	/	
项目描述	/	
备注	/	

注：1.每张表格只填写一个项目，并标明序号。

2.投标人应根据招标文件第二章"投标人须知"第3.5.3项的要求在本表后附相关证明材料。

3.如近年来，投标人法人机构发生合法变更或重组或法人名称变更时，应提供相关部门的合法批件或其他相关证明材料来证明其所附业绩的继承性。

4.以联合体形式参与投标的，联合体各成员应分别填写。

（五）投标人的信誉情况表

	投标人情况说明
投标人在截止投标文件递交之日前未被交通运输部、福建省交通运输厅依法取消一定期限内投标资格，且未在取消投标资格期限内的（以交通运输部、福建省交通运输厅文件或行政处罚文书为准），否则其资格审查不予通过。	是
▨▨年1月1日至投标文件递交截止日期间，投标人所承建的工程项目（基础设施建设类）未曾发生过重大及以上等级安全事故，否则资格审查不予通过。安全事故以国家安全生产监督管理总局、福建省安监局、福建省交通运输厅的公告、公文为准。	是
投标人自▨▨年1月1日以来未在福建省普通公路建设或养护项目投标中出现骗取中标、串通投标的（以福建省交通运输厅网站公布的为准），否则资格审查不予通过。	是
投标人没有涉及正在诉讼、仲裁的案件，或涉及正在诉讼、仲裁的案件但经评标委员会认定不会对承担本工程造成重大影响。	是
投标人没有正受到责令停业的行政处罚或正处于财务被接管、冻结、破产的状态。	是
在"信用中国"网站中被列入"失信被执行人"的，资格审查不予通过。通过全国法院失信被执行人名单公布与查询平台查询本招标项目投标截止时间当日的投标单位是否被人民法院列为"失信被执行人"，若被列为"失信被执行人"的应当否决其投标。通过全国企业信用信息公示系统查询本招标项目投标截止时间当日的投标单位是否被工商行政管理机关列为"严重违法失信企业名单"，若被列为"严重违法失信企业名单"的应当否决其投标。	否
被省级及以上交通运输主管部门取消招标项目所在地的投标资格且处于有效期内	否
被责令停业，暂扣或吊销执照，或吊销资质证书	否
进入清算程序，或被宣告破产，或其他丧失履约能力的情形	否
在国家企业信用信息公示系统中被列入严重违法失信企业名单	否
在"信用中国"网站中被列入失信被执行人名单	否
通过全国法院失信被执行人名单公布与查询平台查询本招标项目投标截止时间当日的投标单位是否被人民法院列为"失信被执行人"，若被列为"失信被执行人"的应当否决其投标。	否
通过全国企业信用信息公示系统查询本招标项目投标截止时间当日的投标单位是否被工商行政管理机关列为"严重违法失信企业名单"，若被列为"严重违法失信企业名单"的应当否决其投标。	否

注：1.投标人应按照招标文件第二章"投标人须知"前附表附录4和"投标人须知"正文第1.4.4项规定，逐条说明其信誉情况。

2.投标人应根据招标文件第二章"投标人须知"第3.5.4项的要求在本表后附相关证明材料。

3.以联合体形式参与投标的，联合体各成员应分别填写。

［附件略，可扫描二维码"3-1 投标文件（商务及技术文件）"查看。］

（二）拟委任的项目经理和项目总工资历表

姓　名			44	专　业	公路工程
技术职称	路桥高级工程师	学　历	本科	拟在本标段工程任职	项目经理
工作年限		16		类似施工经验年限	10
毕业学校	2007年1月毕业于福州大学学校土木工程（交通土建）专业，学制3年				
经　　历					
时　间	参加过的类似工程项目名称		担任职务	发包人及联系电话	
/	/		/	/	
获奖情况	/				
说明在岗情况	☑目前未在其他项目上任职，现从事工作为：████团有限公司工程部科员。 □目前虽在其他项目上任职，但本项目中标后能够从该项目撤离。目前任职项目：＿＿＿＿＿；担任职位：＿＿＿＿＿。				
备　　注					

注：1.本表应填写项目经理和项目总工相关情况。
　　2.投标人应根据招标文件第二章"投标人须知"第3.5.5项的要求在本表后附相关证明材料。

［附件略，可扫描二维码"3-1　投标文件（商务及技术文件）"查看。］

姓　名			年龄	45	专　业	路桥
技术职称	路桥工程师	学历		本科	拟在本标段工程任职	项目技术负责人
工作年限		16			类似施工经验年限	10
毕业学校	2015年2月毕业于长沙理工大学学校土木工程专业，学制2.5年					
经　　历						
时　间	参加过的类似工程项目名称			担任职务	发包人及联系电话	
/	/			/	/	
获奖情况	/					
说明在岗情况	☑目前未在其他项目上任职，现从事工作为：████团有限公司工程部科员。 □目前虽在其他项目上任职，但本项目中标后能够从该项目撤离。目前任职项目：＿＿＿＿＿；担任职位：＿＿＿＿＿。					
备　　注						

［附件略，可扫描二维码"3-1　投标文件（商务及技术文件）"查看。］

（七） 拟委任的其他管理和技术人员汇总表

姓名	年龄	拟在本标段工程任职	技术职称	工作年限	类似施工检验年限
林	43	施工员	路桥工程师	15	8
沈	32	专职安全员	路桥技术员	6	4
黄	49	材料员	路桥工程师	22	13
张	34	质检员	道路与桥梁工程工程师	10	6
谢	30	试验员	工程造价技术员	6	3

注：本表填报的人员应满足招标文件第二章"投标人须知"前附表附录6的要求。

（八）拟委任的其他管理和技术人员资历表

姓 名	东	年龄	43	专 业	路桥
技术职称	路桥工程师	学历	大专	拟在本标段工程任职	施工员
工作年限	15			类似施工经验年限	8
毕业学校	_2005_ 年 _6_ 月 毕业于 _长沙理工大学_ 学校 _交通土建工程_ 专业，学制 _自学_ 年				

经 历					
时 间	参加过的类似工程项目名称		担任职务		发包人及联系电话
/					

获奖情况	/
说明在岗情况	☑目前未在其他项目上任职，现从事工作为：□□□□□团有限公司工程部科员。 □目前虽在其他项目上任职，但本项目中标后能够从该项目撤离。目前任职项目：_____；担任职位：_____。
备 注	

注：1.本表人员应与表（七）中所列人员相一致。
　　2.投标人应根据招标文件第二章"投标人须知"第3.5.6项的要求在本表后附相关证明材料。

[附件略，可扫描二维码"3-1 投标文件（商务及技术文件）"查看。]

姓　名		年龄	32	专　业	路桥
技术职称	路桥工程师	学历	大专	拟在本标段工程任职	专职安全员
工作年限			6	类似施工经验年限	4
毕业学校		2012 年 6 月毕业于　长沙理工大学　学校　建筑工程技术　专业。学制　2.5　年			
经　历					
时　间	参加过的类似工程项目名称		担任职务	发包人及联系电话	
/					
获奖情况	/				
说明在岗情况	☑目前未在其他项目上任职，现从事工作为：▉▉▉团有限公司安监部科员。 □目前虽在其他项目上任职，但本项目中标后能够从该项目撤离。目前任职项目：＿＿＿；担任职位：＿＿＿。				
备　注					

[附件略，可扫描二维码"3-1　投标文件（商务及技术文件）"查看。]

姓　名		年龄	49	专　业	路桥
技术职称	路桥工程师	学历	本科	拟在本标段工程任职	材料员
工作年限			16	类似施工经验年限	13
毕业学校		2013 年 6 月毕业于　长沙理工大学　学校　土木工程　专业，学制　2.5　年			
经　历					
时　间	参加过的类似工程项目名称		担任职务	发包人及联系电话	
/					
获奖情况	/				
说明在岗情况	☑目前未在其他项目上任职，现从事工作为：▉▉▉有限公司物资设备部科员。 □目前虽在其他项目上任职，但本项目中标后能够从该项目撤离。目前任职项目：＿＿＿；担任职位：＿＿＿。				
备　注					

注：1.本表人员应与表（七）中所列人员相一致。
　　2.投标人应根据招标文件第二章"投标人须知"第 3.5.6 项的要求在本表后附相关证明材料。

[附件略，可扫描二维码"3-1　投标文件（商务及技术文件）"查看。]

姓　名	张██████	年龄	34	专　业	道路与桥梁工程
技术职称	道路桥梁工程工程师		本科	拟在本标段工程任职	质检员
工作年限	10			类似施工经验年限	6
毕业学校	2008 年 6 月 毕业于 福建农林大学 学校 工程管理 专业, 学制 4 年				

经　历				
时　间	参加过的类似工程项目名称	担任职务	发包人及联系电话	
/	/	/	/	

获奖情况	/
说明在岗情况	☑目前未在其他项目上任职,现从事工作为:██████有限公司工程部科员。 □目前虽在其他项目上任职,但本项目中标后能够从该项目撤离,目前任职项目:_____,担任职位:_____。
备　注	

注:1.本表人员应与表（七）中所列人员相一致。
　　2.投标人应根据招标文件第二章"投标人须知"第3.5.6项的要求在本表后附相关证明材料。

[附件略,可扫描二维码"3-1　投标文件(商务及技术文件)"查看。]

姓　名	██████	年龄	30	专　业	工程造价
技术职称	桥工程师	历	大专	拟在本标段工程任职	试验员
工作年限	6			类似施工经验年限	3
毕业学校	2015 年 7 月 毕业于 福州黎明职业技术学院 学校 工程造价 专业,学制 ___ 年				

经　历				
时　间	参加过的类似工程项目名称	担任职务	发包人及联系电话	
/	/	/	/	

获奖情况	/
说明在岗情况	☑目前未在其他项目上任职,现从事工作为:██████集团有限公司质检部科员。 □目前虽在其他项目上任职,但本项目中标后能够从该项目撤离。目前任职项目:_____;担任职位:_____。
备　注	

注:1.本表人员应与表（七）中所列人员相一致。
　　2.投标人应根据招标文件第二章"投标人须知"第3.5.6项的要求在本表后附相关证明材料。

[附件略,可扫描二维码"3-1　投标文件(商务及技术文件)"查看。]

（九）拟投入本标段的主要施工机械表

序号	设备名称	型号规格	国别产地	制造年份	额定功率(kV)	生产能力	数量（台）					预计进场时间
							小计	其中				
								自有	新购	组装		

注：本表填报的设备应满足招标文件第二章"投标人须知"前附表附录7的要求。

（十）拟投入本标段的主要材料试验、测量、质检仪器设备表

序号	仪器设备名称	型号规格	数量	国别产地	制造年份	用途	备注

注：本表填报的设备应满足招标文件第二章"投标人须知"的附表附录7的要求。

九、投标人信用等级情况及信用分使用情况申请表

基本情况表	备注
投标人：＿＿＿＿＿有限公司（单位全称） 　　在＿＿＿＿年度福建省交通建设公路养护工程项目信用等级考核级别：＿＿级（如未参与考核，则填写"未考核"） 　　在＿＿＿＿年度福建省交通建设普通公路独立大桥、特大桥整桥拆除重建养护工程项目信用等级考核级别：＿＿级（如未参与考核，则填写"未考核"） 　　在＿＿＿＿年度福建省交通建设公路建设工程项目信用等级考核级别：＿＿级（如未参与考核，则填写"未考核"） 　　在＿＿＿＿年度福建省交通建设高速公路路基土建工程项目信用等级考核级别：＿＿级（如未参与考核，则填写"未考核"） 　　在＿＿＿＿年度福建省交通建设高速公路路面工程项目信用等级考核级别：＿＿级（如未参与考核，则填写"未考核"） 　　本企业在本年度已经使用信用分情况：＿＿＿＿。（填写格式：在＿＿＿＿中标项目中使用＿＿＿＿信用等级。如未如实填报，按废标处理。） 　　本企业本次申请使用＿＿＿＿年度福建省交通建设＿＿＿＿（□普通公路养护、□普通公路独立大桥、特大桥整桥拆除重建、□普通公路建设、□高速公路路基土建工程、□高速公路路面公司）项目信用等级考核级别：＿＿级。	未参加考核
项目经理 　　姓名：＿＿＿＿＿性别：＿＿＿年龄：＿＿现在职务：＿＿＿＿职称：＿＿＿＿； 　　在＿＿＿年度福建省交通建设＿＿＿＿（□普通公路养护、□普通公路独立大桥、特大桥整桥拆除重建、□普通公路建设、□高速公路路基土建工程、□高速公路路面公司）＿＿＿＿项目信用等级。考核级别：＿＿级。 　　本人在本年度已经使用信用分情况：＿＿＿＿。（填写格式：在＿＿＿＿中标项目中使用＿＿＿＿信用等级。如未如实填报，按废标处理。） 　　本人本次申请使用＿＿＿＿年度福建省交通建设＿＿＿＿（□普通公路养护、□普通公路独立大桥、特大桥整桥拆除重建、□普通公路建设、□高速公路路基土建工程、□高速公路路面公司）项目信用等级考核级别：＿＿＿＿级。	未参加考核
技术负责人 　　姓名：＿＿＿＿＿性别：＿＿＿年龄：＿＿现在职务：＿＿＿＿职称：＿＿＿＿； 　　在＿＿＿年度福建省交通建设＿＿＿＿（□普通公路养护、□普通公路独立大桥、特大桥整桥拆除重建、□普通公路建设、□高速公路路基土建工程、□高速公路路面公司）＿＿＿＿项目信用等级。考核级别：＿＿级。 　　本人在本年度已经使用信用分情况：＿＿＿＿。（填写格式：在＿＿＿＿中标项目中使用＿＿＿＿信用等级。如未如实填报，按废标处理。） 　　本人本次申请使用＿＿＿＿＿年度福建省交通建设＿＿＿＿（□普通公路养护、□普通公路独立大桥、特大桥整桥拆除重建、□普通公路建设、□高速公路路基土建工程、□高速公路路面公司）项目信用等级考核级别：＿＿＿＿级。	未参加考核
备注： 1、投标人依据福建省交通运输厅《关于年度交通建设项目从业单位和主要从业人员年度信用考核结果的通报》填写。 2、从业单位和主要从业人员在普通公路建设中被福建省交通运输厅、省重点办信用考核定级为C级、D级且在有效期限内的，应在备注栏如实填写。 3、考核级别按"AA"、"A"、"B"、"C"、"D"填写。若未填写申请使用信用分，按B级处理。未参加福建省交通建设项目考核的从业单位和从业人员在备注栏直接填写"未参加考核"，信用分使用及申请栏＿＿填写。 　　投标人：＿＿＿＿＿集团有限公司　（盖单位电子章） 　　法定代表人 　　或被授权代理人：＿＿＿＿＿＿（签章） 　　20＿＿年＿03＿月＿10＿日	

十、其他资料

附件二

福建省 ×× 市（区） ×× 县（市、区）

国道×××线 K192+427～K200+838 段路面重铺工程 （项目名称） 1 标段
养护工程施工招标

投 标 文 件

（报价文件）

投标人： _____有限公司____ （盖单位电子章）

20▇ 年 03 月 10 日

目　录

（报价文件）

一、投标函

_____公路局___分局：

  1. 我方已仔细研究了<u>国道___线K192+427～K200+838段路面重铺工程1标段</u>施工招标文件的全部内容（含补遗书第 <u>1</u> 号至第 <u>3</u> 号），在考察工程现场后，愿意以人民币（大写）<u>叁仟叁佰壹拾伍万贰仟玖佰壹拾元</u>（￥<u>33152910</u>）的投标总报价（或根据招标文件规定修正核实后确定的另一金额，其中，增值税税率为 <u>9%</u>），按合同约定实施和完成承包工程，修补工程中的任何缺陷。

  2. 在合同协议书正式签署生效之前，本投标函连同你方的中标通知书构成将我们双方之间共同遵守的文件，对双方具有约束力。

  3. <u>（其他补充说明）</u> / 。

投　标　人：_____有限公司（盖单位电子章）①

法定代表人或其委托代理人：_____（签字）

地址：___市___路___号

网址：www. _____ .cn

电话：05__ - _____8

传真：05__ - _____

邮政编码：35_____

日期：20__年03月10日

①投标人仅需在投标函上加盖单位章，或由法定代表人或其委托代理人签字。

工程量清单

1. 工程量清单说明

1.1 本工程量清单是根据招标文件中包括的有合同约束力的工程量清单计量规则、图纸以及有关工程量清单的国家标准、行业标准、合同条款中约定的其他规则编制。约定计量规则中没有的子目，其工程量按照有合同约束力的图纸所标示尺寸的理论净量计算。计量采用中华人民共和国法定计量单位。

1.2 本工程量清单应与招标文件中的投标人须知、通用合同条款、专用合同条款、工程量清单计量规则、技术规范及图纸等一起阅读和理解。

1.3 本工程量清单中所列工程数量是估算的或设计的预计数量，仅作为投标报价的共同基础，不能作为最终结算与支付的依据。实际支付应按实际完成的工程量，由承包人按工程量清单计量规则规定的计量方法，以监理人认可的尺寸、断面计量，按本工程量清单的单价和总额价计算支付金额；或根据具体情况，按合同条款第 15.4 款的规定，按监理人确定的单价或总额价计算支付额。

1.4 工程量清单各章是按第八章"工程量清单计量规则"、第七章"技术规范"的相应章次编号的，因此，工程量清单中各章的工程子目的范围与计量等应与"工程量清单计量规则""技术规范"相应章节的范围、计量与支付条款结合起来理解或解释。

1.5 对作业和材料的一般说明或规定，未重复写入工程量清单内，在给工程量清单各子目标价前，应参阅第七章"技术规范"的有关内容。

1.6 工程量清单中所列工程量的变动，丝毫不会降低或影响合同条款的效力，也不免除承包人按规定的标准进行施工和修复缺陷的责任。

1.7 图纸中所列的工程数量表及数量汇总表仅提供资料，不是工程量清单的外延。当图纸与工程量清单所列数量不一致时，以工程量清单所列数量作为报价的依据。

2. 投标报价说明

2.1 工程量清单中的每一子目须填入单价或价格，且只允许有一个报价。

2.2 除非合同另有规定，工程量清单中有标价的单价和总额价均已包括了为实施和完成合同工程所需的劳务、材料、机械、质检（自检）、安装、缺陷修复、管理、保险、税费、利润等费用，以及合同明示或暗示的所有责任、义务和一般风险。

2.3 工程量清单中投标人没有填入单价或价格的子目，其费用视为已分摊在工程量清单中其他相关子目的单价或价格之中。承包人必须按监理人指令完成工程量清单中未填入单价或价格的子目，但不能得到结算与支付。

2.4 符合合同条款规定的全部费用应认为已被计入有标价的工程量清单所列各子目之中，未列子目不予计量的工作，其费用应视为已分摊在本合同工程的有关子目的单价或总额价之中。

2.5 承包人用于本合同工程的各类装备的提供、运输、维护、拆卸、拼装等支付的费用，已包括在工程量清单单价与总额价之中。

2.6 工程量清单中各项金额均以人民币（元）结算。

2.7 暂列金额（不含计日工总额）的数量及拟用子目的说明：_____。

2.8 暂估价的数量及拟用子目的说明：_____。

3. 计日工说明

3.1 总则

（1）本说明应参照通用合同条款第 15.7 款一并理解。

（2）未经监理人书面指令，任何工程不得按计日工施工；接到监理人按计日工施工的书面指令，承包人也不得拒绝。

（3）投标人应在计日工单价表中填列计日工子目的基本单价或租价，该基本单价或租价适用于监理人指令的任何数量的计日工的结算与支付。计日工的劳务、材料和施工机械由招标人（或发包人）列出正常的估计数量，投标人报出单价，计算出计日工总额后列入工程量清单汇总表中并进入评标价。

（4）计日工不调价。

3.2 计日工劳务

（1）在计算应付给承包人的计日工工资时，工时应从工人到达施工现场，并开始从事指定的工作算起，到返回原出发地点为止，扣去用餐和休息的时间。只有直接从事指定的工作，且能胜任该工作的工人才能计工，随同工人一起做工的班长应计算在内，但不包括领工（工长）和其他质检管理人员。

（2）承包人可以得到用于计日工劳务的全部工时的支付，此支付按承包人填报的"计日工劳务单价表"所列单价计算，该单价应包括基本单价及承包人的管理费、税费、利润等所有附加费，说明如下：

a. 劳务基本单价包括：承包人劳务的全部直接费用，如工资、加班费、津贴、福利费及劳动保护费等。

b. 承包人的利润、管理、质检、保险、税费；易耗品的使用，水电及照明费，工作台、脚手架、临时设施费，手动机具与工具的使用及维修，以及上述各项伴随而来的费用。

3.3 计日工材料

承包人可以得到计日工使用的材料费用（上述 3.2 款已计入劳务费内的材料费用除外）的支付，此费用按承包人"计日工材料单价表"中所填报的单价计算，该单价应包括基本单价及承包人的管理费、税费、利润等所有附加费，说明如下：

（1）材料基本单价按供货价加运杂费（到达承包人现场仓库）、保险费、仓库管理费以及运输损耗等计算；

（2）承包人的利润、管理、质检、保险、税费及其他附加费；

（3）从现场运至使用地点的人工费和施工机械使用费不包括在上述基本单价内。

3.4 计日工施工机械

（1）承包人可以得到用于计日工作业的施工机械费用的支付，该费用按承包人填报的"计日工施工机械单价表"中的租价计算。该租价应包括施工机械的折旧、利息、维修、保养、零配件、燃料、保险和其他消耗品的费用以及全部有关使用这些机械的管理费、税费、利润和司机与助手的劳务费等费用。

（2）在计日工作业中，承包人计算所用的施工机械费用时，应按实际工作小时支付。除非经监理人的同意，计算的工作小时才能将施工机械从现场某处运到监理人指定的计日工作业的另一现场往返运送时间包括在内。

4. 其他说明

_____。

投标报价汇总表

合同段：国道███线K192+427～K200+838段路面重铺工程　　　　　　　　标表1

序号	章次	科目名称	金额（元）
1	100	总　　则	1288612
2	200	路　　基	5187220
3	300	路　　面	24199897
4	400	桥梁、涵洞	130750
5	600	安全设施及预埋管线	2346431
6		第100章至第700章合计	33152910
7		已包含在清单合计中的材料、工程设备、专业工程暂估价合计	
8		清单合计减去材料、工程设备、专业工程暂估价合计	33152910
9		计日工合计	
10		暂列金额（不含计日工总额）	
11		投标报价	33152910

清单　第 1 页　共 1 页

工程量清单表

合同段：国道███线K192+427～K20███38段路面重铺工程   标表2

<table>
<tr><th colspan="6">第100章　总　则</th></tr>
<tr><th>子目号</th><th>子目名称</th><th>单位</th><th>数量</th><th>单价</th><th>合价</th></tr>
<tr><td>101</td><td>通则</td><td></td><td></td><td></td><td></td></tr>
<tr><td>101-1</td><td>保险费</td><td></td><td></td><td></td><td></td></tr>
<tr><td>-a</td><td>按合同条款规定，提供建筑工程一切险</td><td>总额</td><td>1.000</td><td>107205.31</td><td>107205</td></tr>
<tr><td>-b</td><td>按合同条款规定，提供第三者责任险</td><td>总额</td><td>1.000</td><td>12500.00</td><td>12500</td></tr>
<tr><td>-c</td><td>工伤保险费</td><td>总额</td><td>1.000</td><td>53602.65</td><td>53603</td></tr>
<tr><td>102</td><td>工程管理</td><td></td><td></td><td></td><td></td></tr>
<tr><td>102-1</td><td>竣工文件</td><td>总额</td><td>1.000</td><td>10000.00</td><td>10000</td></tr>
<tr><td>102-2</td><td>施工环保费</td><td>总额</td><td>1.000</td><td>5000.00</td><td>5000</td></tr>
<tr><td>102-3</td><td>安全生产费</td><td>总额</td><td>1.000</td><td>520483.00</td><td>520483</td></tr>
<tr><td>102-4</td><td>信息化建设（暂估价）</td><td>总额</td><td>1.000</td><td>50000.00</td><td>50000</td></tr>
<tr><td>103</td><td>临时工程与设施</td><td></td><td></td><td></td><td></td></tr>
<tr><td>103-2</td><td>临时占地</td><td>总额</td><td>1.000</td><td>31500.00</td><td>31500</td></tr>
<tr><td>103-3</td><td>临时供电设施架设、维护与拆除</td><td>总额</td><td>1.000</td><td>67738.46</td><td>67738</td></tr>
<tr><td>103-5</td><td>临时供水与排污设施</td><td>总额</td><td>1.000</td><td>10000.00</td><td>10000</td></tr>
<tr><td>104</td><td>承包人驻地建设</td><td></td><td></td><td></td><td></td></tr>
<tr><td>104-1</td><td>混凝土搅拌站(楼)安拆</td><td>座</td><td>1.000</td><td>63343.91</td><td>63344</td></tr>
<tr><td>105</td><td>施工标准化</td><td>总额</td><td>1.000</td><td>328246.61</td><td>328247</td></tr>
<tr><td>106</td><td>施工期交通维护</td><td>总额</td><td>1.000</td><td>28992.29</td><td>28992</td></tr>
<tr><td colspan="4">第100章　合计　　人民币</td><td colspan="2">1288612 元</td></tr>
</table>

清单　第 1 页共 9 页

工程量清单表

第200章　路　基

子目号	子目名称	单位	数量	单价	合价
202	场地清理				
202-2	挖除旧路面				
-a	水泥混凝土路面				
-a-1	挖除水泥混凝土面层	m³	3056.320	99.52	304165
-a-2	挖除水泥稳定碎石基层	m³	2558.560	22.33	57133
-a-3	水泥混凝土面层铣刨1cm	m²	23815.700	3.69	87880
-a-4	水泥混凝土面层铣刨2cm	m²	4418.800	7.38	32611
-a-5	水泥混凝土面层打裂压稳	m²	62559.600	6.50	406637
202-3	拆除结构物				
-a	钢筋混凝土结构（护栏）	m³	291.950	330.93	96615
-b	混凝土结构	m³	1704.140	100.32	170959
-c	砖、石及其他砌体结构				
-c-1	路缘石	m	58.100	6.72	390
-d	金属结构				
-d-1	单柱式标志	个	22.000	18.77	413
-d-2	双柱式标志	个	1.000	19.48	19
-d-3	单悬臂式标志	个	5.000	332.72	1664
-d-4	附着式标志	个	3.000	17.97	54
203	挖方路基				
203-1	路基挖方				
-a	挖土方	m³	100.000	11.84	1184
-d	挖淤泥（边沟及涵洞）	m³	297.000	54.44	16169
205	特殊地区路基处理				
205-1	软土路基处理				
-c	垫层				
-c-1	碎石砂垫层（70：30）	m³	394.000	120.80	47595
207	坡面排水				

清单　第2页共9页

［注：

1．工程量清单表第3～9页略；

2．计日工汇总表、计日工劳务单价表、计日工材料单价表、计日工施工机械单价表略；

3．材料暂估价表、工程设备暂估价表、专业工程暂估价表略；

4．以上省略内容可扫描二维码"3-2　投标文件（报价文件）"查看。］

工程量清单单价分析表

合同段：国道××线K192+427～K200+838段路面重铺工程　　　　　　　　　　　　　　　　货币单位：人民币（元）

序号	编码	子目名称	人工费			材料费						机械使用费	其他	管理费	税费	利润	综合单价
			工日	单价	金额	主材				辅材费	金额						
						主材耗量	单位	单价	主材费								
1	101-1-a	按合同条款规定，提供建筑工程一切险						总额									107205.31
2	101-1-b	按合同条款规定，提供第三者责任险						总额									12500.00
3	101-1-c	工伤保险费						总额									53602.65
4	102-1	竣工文件						总额									10000.00
5	102-2	施工环保费						总额									5000.00
6	102-3	安全生产费						总额									520483.00
7	102-4	信息化建设（暂估价）						总额									50000.00
8	103-2	临时占地						总额									31500.00
9	103-3	临时供电设施架设、维护与拆除	54.000	112.00	6048.00			总额		52776.32		52776.32			2026.08	5593.08	1294.97	67738.46
【1】	2001021	8～12号铁丝				50.400	kg	4.36	219.74		219.74						
【2】	2003004	型钢				0.180	t	3876.00	697.68		697.68						
【3】	2003005	钢板				0.600	t	3735.00	2241.00		2241.00						
【4】	2009028	铁件				138.000	kg	4.53	625.14		625.14						
【5】	5511002	钢筋混凝土电杆(7m)				36.000	根	264.10	9507.60		9507.60						
【6】	7001009	120/20 聚乙烯绝缘电力电缆				1890.000	m	14.02	26497.80		26497.80						
【7】	7801001	其他材料费				1893.600	元	1.00	1893.60		1893.60						
【8】	7901001	设备摊销费				11093.760	元	1.00	11093.76		11093.76						
10	103-5	临时供水与排污设施						总额									10000.00
11	104-1	混凝土搅拌站(楼)安拆	204.300	112.00	22881.60		座		21211.10		21211.10	4922.94		8130.96	5230.23	967.08	63343.91
【1】	2001001	HPB300钢筋				0.222	t	3850.00	854.70		854.70						

工程量清单单价分析表

合同段：国道××线K192+427～K200+838段路面重铺工程　　　　　　　　　　　　　　　　货币单位：人民币（元）

序号	编码	子目名称	人工费			材料费						机械使用费	其他	管理费	税费	利润	综合单价
			工日	单价	金额	主材				辅材费	金额						
						主材耗量	单位	单价	主材费								
【2】	2001021	8～12号铁丝				1.100	kg	4.36	4.80		4.80						
【3】	2003004	型钢				0.071	t	3876.00	275.20		275.20						
【4】	2003026	组合钢模板				0.154	t	4700.85	723.93		723.93						
【5】	3005004	水				78.000	m³	2.57	200.46		200.46						
【6】	4003001	原木				0.220	m³	1083.00	238.26		238.26						
【7】	4003002	锯材				0.140	m³	1220.00	170.80		170.80						
【8】	5503005	中(粗)砂				26.630	m³	168.00	4473.84		4473.84						
【9】	5505013	碎石（4cm）				38.420	m³	70.00	2689.40		2689.40						
【10】	5507003	青（红）砖				8.950	千块	400.00	3580.00		3580.00						
【11】	5509001	32.5级水泥				16.580	t	469.00	7776.02		7776.02						
【12】	7801001	其他材料费				223.700	元	1.00	223.70		223.70						
12	105	施工标准化						总额									328246.61
13	106	施工期交通维护	36.384	112.00	4074.86			总额		9152.96		9152.96	10105.96		2459.13	2393.86	805.53	28992.29
【1】	2003015	钢管立柱				0.077	t	5442.00	420.16		420.16						
【2】	2009011	电焊条				0.011	kg	5.73	0.06		0.06						
【3】	2009029	镀锌铁件				80.663	kg	5.73	462.20		462.20						
【4】	6007002	铝合金标志				0.080	t	19142.00	1537.78		1537.78						
【5】	6007004	反光膜				11.012	m²	122.00	1343.47		1343.47						
【6】	6007023	锥形交通标志				360.000	个	15.00	5400.00		5400.00						
14	202-2-a-a-1	挖除水泥混凝土面层	0.265	112.00	29.66			m³					44.08		15.94	8.22	1.62	99.52

　　[注：工程量清单单价分析表第3～35页略，详细内容可扫描二维码"3-2　投标文件（报价文件）"查看。]

三、合同用款估算表

从开工月算起的时间(月)	投标人的估算			
	分期		累计	
	金额(元)	(%)	金额(元)	(%)
第一次开工预付款	0	0	0	0
1	10608931	32	10608931	32
2	10608931	32	21217862	64
3(90日历天)	10940460	33	32158323	97
缺陷责任期	994587	3	33152910	100
小计	33152910	100		
投标价:	33152910元			
说明	用款额按所报单价和总额价估算，不包括价格调整和暂列金额、暂估价，但应考虑开工预付款的扣回、质量保证金的扣留以及签发付款证书后到实际支付的时间间隔。			

复习思考题

1. 投标人参加投标需具备哪些条件？
2. 建设工程施工投标的程序有哪几个阶段？各个阶段应完成哪些工作？
3. 投标人在研究招标文件时应重点关注哪些方面的内容？
4. 简述施工组织设计的编制程序。
5. 投标报价一般由哪几部分内容组成？
6. 建设工程投标报价策略和技巧各有哪些？
7. 什么是不平衡报价法？不平衡报价法一般用在哪些方面？
8. 公路工程施工投标文件(双信封形式)的内容有哪些？
9. 施工组织设计通常包含哪些内容？
10. 公路工程施工组织设计文件编制应注意哪些问题？
11. 什么是投标有效期？它有何作用？
12. 投标文件应如何密封和标识？

综合实训

【任务 3-1】根据【工程项目二】××县××镇××高速公路出口至 115 县道公路工程施工招标公告及"模块二 公路工程施工招标"综合实训任务 2-2、2-3 中所完成的投标人须知、评标办法等招标文件,建设工程电子招投标实训平台提供的商务文件模板及商务文件要求投标单位提交的资料或授课教师提供的投标单位相关素材,学生按投标单位家数分组,每组代表一家投标单位,分别编制一份商务文件(不含技术文件)并提交。

【任务 3-2】根据【工程项目二】××县××镇××高速公路出口至 115 县道公路工程施工招标公告及"模块二 公路工程施工招标"综合实训任务 2-2、2-3 中所完成的投标人须知、评标办法等招标文件,投标单位的自身情况及工程投标最高限价,每组学生代表一家投标单位,每个小组成员协商确定一个施工投标报价,按规定格式及要求填写入投标函,形成投标报价文件(不含工程量清单)并提交。[××县××镇××高速公路出口至 115 县道公路工程投标最高限价为 152562821 元(不含暂列金额)。]

实训要求:投标报价文件格式应规范、内容完整,符合《标准施工招标文件》范本及××县××镇××高速公路出口至 115 县道公路工程招标文件要求;小组成员具有较强的团队意识,分工明确、团结协作;建议一个班级分组组数应不少于 3 组,每组成员人数由教师根据班级人数自行确定。

模块 4 公路工程项目 施工开标、评标与定标

知识目标	①理解开标的概念,会描述开标时间和地点的规定,会概述开标前的准备工作; ②会设计公路工程项目施工现场开标和电子招投标的开标程序,能判断开标现场属于废标的情形,能描述开标的注意事项; ③会归纳评标的基础知识、评标委员会组建的规定; ④会辨析常用的评标方法、评标程序及评标标准; ⑤会归纳合理低价法评审评标价的步骤及方法; ⑥会叙述公路工程项目定标的过程及规定。
能力目标	①具有制定公路工程施工开标程序的能力; ②具有组建评标委员会的能力; ③具有解决评标过程中出现的一些常见问题的能力; ④具有按照常用评标方法,模拟进行施工投标文件的初步评审与详细评审的能力; ⑤具有编写中标通知书和中标结果通知书的能力。
素质目标	①培养学生遵守国家法律、法规,严格执行行业标准及相关规定的意识; ②培养学生诚实守信、尽职尽责的职业道德和良好的公平竞争意识; ③培养学生自觉维护国家和社会公共利益,将公众的安全、健康和福祉放在首位的品质。

工作任务

4-1 根据施工招标项目的招标文件及评标办法,对投标报价文件进行模拟开标,并根据评标价的计算方法和评分标准计算出各个投标单位的评标价得分,排出名次。

4-2 编制中标通知书和中标结果通知书。

4.1 公路工程开标

4.1.1 开标的概念

开标是指在招标投标活动中,由招标人或招标代理人主持,邀请所有投标人和行政监督机构或公证机构人员参加,在招标文件预先约定的时间、地点,当众对投标文件进行开启,公开宣布各投标人的名称、投标报价、工期及其他主要内容的一种法定流程(公开仪式)。

4.1.2 开标时间和地点

若投标文件采用单信封形式,招标人应在招标文件规定的投标截止时间(开标时间)和投标人须知前附表中规定的地点公开开标,并邀请所有投标人的法定代表人或其委托代理人准时参加。投标人若未派法定代表人或委托代理人出席开标活动,视为该投标人默认开标结果。

若投标文件采用双信封形式,招标人应在招标文件规定的投标截止时间(开标时间)和投标人须知前附表中规定的地点,分别对收到的投标文件第一个信封(商务及技术文件)和第二个信封(报价文件)公开开标,并邀请所有投标人的法定代表人或其委托代理人准时参加。

公路工程施工招投标现场开标的地点一般在当地建设工程交易中心,电子招投标的开标地点一般设置在公路工程电子招投标交易平台或地方公共资源交易信息网等。

4.1.3 开标前准备工作

在公路工程项目现场开标前,应做好的准备工作有投标文件接收、投标保证金检查、开标资料登记、开标现场准备、开标人员签到等。

1. 投标文件接收

在招标文件确定的时间(招标文件中确定的提交投标文件截止时间前)、地点(招标文件中预先确定的地点),招标人安排专人接收投标人递交的投标文件及投标保证金,如实记载投标文件的送达时间和密封情况等,并存档备查。

未按招标文件规定时间逾期送达、未按规定地点递交或未按招标文件要求密封的投标文件,招标人不予受理(接收)。

2. 投标保证金检查

投标人在递交投标文件的同时,应将规定数额的投标保证金接收凭证原件出具给招标人检查。

未按招标文件规定时间交纳投标保证金或未能出具投标保证金接收凭证的投标人,招标人可拒收其投标文件。

已提交投标保证金但不参加投标的投标人,应在开标前将不参加投标的意见以书面通知招标人。招标人应将收取的投标保证金,在收到投标人书面通知之日起5日内退还。

《工程建设项目施工招标投标办法》规定了可没收投标保证金的三种情形:

（1）中标人放弃中标项目；

（2）无正当理由不与招标人签订合同的，在签订合同时向招标人提出附加条件或更改合同实质性内容的；

（3）拒不提交履约保证金的。

3. 开标资料登记

开标所需资料包括开标记录表、招标控制价文件（如有）、投标人签到及投标文件递交记录、签收凭证等。投标人签到及投标文件递交记录格式如表4-1所示。

表 4-1　投标人签到及投标文件递交记录表

项目名称：＿＿＿＿＿＿＿＿＿＿＿＿＿＿＿＿＿＿＿＿＿＿＿＿＿＿＿＿＿＿年＿＿＿月＿＿＿日

序号	投标人名称	招标文件编制费	身份证明	投标标段	递交时间	投标人或委托人签字	联系电话	备注
1								
2								
3								
4								
5								
⋮								

4. 开标现场准备

招标人或受其委托的招标代理人应提前准备好开标现场及评标场所，包括开标需要的设备、设施和服务等。

《招标投标法》第三十八条规定："招标人应当采取必要的措施，保证评标在严格保密的情况下进行。任何单位和个人不得非法干预、影响评标的过程和结果。"因此，落实一个适合秘密评标的场所，十分必要。

5. 开标人员签到

招标人及其招标代理人（若有）的工作人员、公证人员、监督人员、见证人员等应按时到达开标现场，填写签到表。

4.1.4　开标程序

1. 现场开标程序

（1）单信封形式的开标程序

若投标文件采用单信封形式的，主持人按下列程序进行开标：

①宣布开标纪律。

a. 场内严禁吸烟；

b. 凡与开标无关人员不得进入开标会场；

c. 参加会议的所有人员应将手机等通信工具关闭或调到静音状态，开标期间不得高声喧哗；

d. 投标人代表有疑问应举手发言，参加会议人员未经主持人同意不得在场内随意走动。

②公布在投标截止时间前递交投标文件的投标人数量。

③宣布开标人、唱标人、记录人、监标人等有关人员姓名。

a. 开标人:一般为招标人或招标代理机构的工作人员;

b. 唱标人:可以是投标人的代表,或是招标人或招标代理机构的工作人员;

c. 记录人:由招标人指派,监督部门、中心工作人员实行现场监督;

d. 监标人:一般为监督人员。

④按照投标人须知前附表规定由投标人推选的代表检查投标文件的密封情况。

投标文件有下列情形之一的,当场宣布为废标:

a. 逾期送达的或未送达指定地点的;

b. 未按招标文件要求密封的;

c. 未按招标文件要求递交投标保证金的。

⑤按照投标人须知前附表规定的开标顺序当众开标,公布标段名称、投标人名称、投标保证金的递交情况、投标报价、工期及其他内容,并记录在案。

在投标文件开标过程中,若招标人宣读的内容与投标文件不符,投标人有权在开标现场提出疑问,经招标人当场核查确认之后,可重新宣读其投标文件。若投标人现场未提出疑问,则认为投标人已确认招标人宣读的内容。

⑥计算并宣布评标基准价。

若采用合理低价法或综合评分法,招标人发现投标文件出现以下任一情况,其投标报价将不再参加评标基准价的计算:

a. 未在投标函上填写投标总价;

b. 投标报价或调价函中的报价超出招标人公布的最高投标限价(如有);

c. 投标报价或调价函中报价的大写金额无法确定具体数值;

d. 投标函上填写的标段号与投标文件封套上标记的标段号不一致。如果投标人认为某一标段的评标基准价计算有误,有权在开标现场提出,经招标人当场核实确认之后,可重新宣布评标基准价。开标现场宣布的评标基准价除计算有误经评标委员会修正外,在整个评标期间保持不变,不随任何因素发生变化。

⑦投标人代表、招标人代表、记录人等有关人员在开标记录上签字确认。

开标记录表格式如表 4-2 所示。

表 4-2 _____(项目名称)_____ 标段施工开标记录表

开标时间:____年____月____日____时____分

序号	投标人	送达情况	密封情况	投标报价(元)	是否超过最高投标限价	备注	投标人代表签名
1							
2							
3							
⋮							
招标人公布的最高投标限价(如有)							

招标人代表:_____　　　　　　　　记录人:_____

____年____月____日

⑧开标结束。

（2）双信封形式的开标程序

若投标文件采用双信封形式的,应分别对收到的投标文件第一个信封（商务及技术文件）和第二个信封（报价文件）进行公开开标。

①第一个信封（商务及技术文件）的开标程序

主持人按下列程序对投标文件第一个信封（商务及技术文件）进行开标:

a. 宣布开标纪律;

b. 公布在投标截止时间前递交投标文件的投标人数量;

c. 宣布开标人、唱标人、记录人等有关人员姓名;

d. 按照投标人须知前附表规定由投标人推选的代表检查投标文件的密封情况;

e. 按照投标人须知前附表规定的开标顺序当众开标,公布标段名称、投标人名称、投标保证金的递交情况、工期及其他内容,并记录在案;

f. 投标人代表、招标人代表、记录人等有关人员在开标记录上签字确认;

g. 开标结束。

②第二个信封（报价文件）的开标程序

主持人按下列程序对投标文件第二个信封（报价文件）进行开标:

a. 宣布开标纪律;

b. 当众拆开投标文件第一个信封（商务及技术文件）评审结果的密封袋,宣布通过投标文件第一个信封（商务及技术文件）评审的投标人名单;

c. 宣布开标人、唱标人、记录人等有关人员姓名;

d. 按照投标人须知前附表规定由投标人推选的代表检查投标文件的密封情况;

e. 按照投标人须知前附表规定的开标顺序当众开标,开标人只拆封通过投标文件第一个信封（商务及技术文件）评审的投标文件第二个信封（报价文件）,公布标段名称、投标人名称、投标报价及其他内容,并记录在案;

f. 计算并宣布评标基准价;

g. 将未通过投标文件第一个信封（商务及技术文件）评审的投标文件第二个信封（报价文件）退还给投标人;

h. 投标人代表、招标人代表、记录人等有关人员在开标记录上签字确认;

i. 开标结束。

2. 电子招投标开标程序

电子招投标项目的开标地点通常设置在招标项目属地电子招投标平台,同时在招标项目所在地交易中心设置开标会场,进行视频直播,投标人可以自行选择通过网络进行观看或者到开标会场参加开标会。

【项目示例 4-1】国道×××线 K192＋427～K200＋838 段路面重铺工程

投标文件第一个信封（商务及技术文件）及第二个信封（报价文件）开标地点为××市公共资源交易信息网(http://ggzyjy.××××××××.gov.cn),如图 4-1 所示;同时招标人在××县公共资源交易中心设置开标会场,投标人可自行决定是否到场参加开标会。

图 4-1　××市公共资源交易信息网

（1）投标文件第一个信封（商务及技术文件）的开标程序

①宣布开标纪律；

②公布在投标截止时间前递交投标文件的投标人数量；

③宣布开标人、唱标人、记录人等有关人员姓名；

④由招标人现场随机抽取的投标人代表抽取评标基准价系数（如有）；

⑤投标人代表解密加密的投标文件；

⑥招标人对未成功解密的投标文件进行退回并按投标须知第 5.3 款进行补救处理，对已解密成功的投标文件进行二次解密；

⑦导入并读取所有解密成功的投标文件第一个信封（商务及技术文件）的内容；

⑧公布标段名称、投标人名称、投标保证金的递交情况、工期及其他内容，并记录在案；

⑨投标人代表（如有）、招标人代表、记录人等有关人员在开标记录上签字确认；

⑩开标结束。

（2）投标文件第二个信封（报价文件）的开标程序

①宣布开标纪律；

②当众拆开投标文件第一个信封（商务及技术文件）评审结果的密封袋，宣布通过投标文件第一个信封（商务及技术文件）评审的投标人名单；

③宣布开标人、唱标人、记录人等有关人员姓名；

④开标人将所有投标文件第二个信封（报价文件）的内容导入"电子交易平台"的开标评标系统，未通过投标文件第一个信封（商务及技术文件）评审的投标人的第二个信封（报价文件）不予读取；

⑤公布标段名称、投标人名称、投标报价及其他内容，并记录在案；

⑥投标人代表（如有）、招标人代表、记录人等有关人员在开标记录上签字确认；

⑦开标结束。

投标文件第一个信封（商务及技术文件）和第二个信封（报价文件）的开标记录表格格式如表 4-3、表 4-4 所示。

_____（项目名称）_____标段施工第一个信封（商务及技术文件）

表 4-3　开标记录表

开标时间：_____年_____月_____日_____时_____分

序号	投标人名称	投标保证金递交情况	解密情况	递交投标文件电脑的硬件信息	投标人信用分申请使用情况			备注
					单位	项目经理	技术负责人	

招标人代表：_____　　　　　　　　　　　记录人：_____

_____年_____月_____日

_____（项目名称）_____标段施工第二个信封（报价文件）

表 4-4　开标记录表

开标时间：_____年_____月_____日_____时_____分

序号	投标人名称	投标报价（元）	是否超过最高投标限价	备注
K 值抽取结果				
最高投标限价（元）（如有）				

招标人代表：_____　　　　　　记录人：_____

_____年_____月_____日

4.1.5　开标当场宣布为废标的情况

在开标过程中,有发现下列情形之一的,应当场宣布废标。

(1)无单位盖章并无法定代表人或其委托人签字或盖章的;

(2)未在投标函上填写投标总价;

(3)投标报价或调价函中的报价超出招标人公布的最高投标限价(如有);

(4)未按规定的格式填写,内容不全或关键字迹模糊、无法辨认的;

(5)投标人名称或组织机构与资格预审时不一致的;

(6)联合体投标未附联合体各方共同投标协议的。

有上述情形,如果涉及投标文件实质性内容的,应当留待评标时由评标组织评审确认是否有效。对在开标时就被确认无效的投标文件,也有不启封或不宣读的做法。如投标文件在启封前被确认无效的,不予启封;在启封后唱标前被确认无效的,不予宣读。

4.1.6 开标注意事项

在公路工程开标过程中,应注意以下事项:

(1)投标人少于3个的,不得开标。《中华人民共和国招标投标法实施条例》第四十四条规定:投标人少于3个的,不得开标;招标人应当重新招标。

(2)截止时间前收到的所有投标文件,都应当拆封。投标文件截止时间前收到的所有投标文件,开标时都应当当众予以拆封,不能遗漏,否则就构成对投标人的不公正对待。如果是投标文件的截止时间以后收到的投标文件,则应不予开启,原封不动地退回。

(3)对开标有异议的应及时处理。投标人对现场开标有异议的,应当在开标现场提出,招标人应当当场作出答复,并制作记录。采用电子招投标的,投标人在开标后规定的时间内通过电子交易平台提出异议,招标人通过电子交易平台作出答复。

(4)无效标由评标委员会裁决。对于投标人的资格性检查和符合性检查属于评标委员会的工作,主持人不得在开标现场对已拆封的投标文件宣布无效投标(废标)。

开标过程中,代理机构只需对所有投标人的投标情况和开标情况做好记录,不能越权审查。

(5)开标过程应当记录,并存档备查。要求对开标过程进行记录,可以使权益受到侵害的投标人行使要求复查的权利,有利于确保招标人尽可能自我完善,加强管理,少出漏洞。此外,还有助于有关行政主管部门进行检查。

4.2 公路工程评标

4.2.1 评标的基本知识

1. 评标的概念

评标就是招标单位根据招标文件的要求,组织评标委员会依据招标文件载明的评标标准和方法对投标单位的投标文件进行评价、比较和分析,从中选出最佳投标人的过程。

评标的目的是根据招标文件中确定的标准和方法,对每个投标单位的标书进行评价和比较,选出最佳投标人。

评标阶段是最关键阶段,是对中标人的决定性筛选。这个筛选过程从打开投标文件开始,中间有评标、决定中标人、双方签署合同的程序。

《中华人民共和国招标投标法实施条例》第四十九条规定,评标委员会成员应当依照招标投标法和本条例的规定,按照招标文件规定的评标标准和方法,客观、公正地对投标文件提出评审意见。

2. 评标的有关工作内容

评标的有关工作内容包括评标委员会的组建、评标的准备工作、按规定程序对投标文件进行评审、编写评标报告。

3. 评标原则与依据

《评标委员会和评标方法暂行规定》第 3 条规定,评标活动遵循公平、公正、科学、择优的原则。

《中华人民共和国招标投标法实施条例》第四十九条规定,评标委员会成员应当依照招标投标法和本条例的规定,按照招标文件规定的评标标准和方法,客观、公正地对投标文件提出评审意见。招标文件没有规定的评标标准和方法不得作为评标的依据。

评标委员会应以招标文件中的评标标准(包括评审的因素——理想中标人的各项指标及技术标准、商务标准)为准绳,以评标方法为工具,以投标文件为评审对象。

4. 评标纪律

《中华人民共和国招标投标法实施条例》第四十九条规定:

(1)评标委员会成员不得私下接触投标人;

(2)不得收受投标人给予的财物或者其他好处;

(3)不得向招标人征询确定中标人的意向;

(4)不得接受任何单位或者个人明示或者暗示提出的倾向或者排斥特定投标人的要求;

(5)不得有其他不客观、不公正履行职务的行为。

4.2.2 评标委员会的组建

评标委员会由招标人负责组建,负责评标活动,向招标人推荐中标候选人或者根据招标人的授权直接确定中标人。

1. 评标委员会的组成

评标委员会由招标人代表和有关技术、经济等方面的专家组成,成员人数为 5 人以上的单数,其中技术、经济等方面专家所占人数应不少于三分之二,招标人代表所占人数应不大于三分之一。

2. 评标专家应具备的条件、权利及义务

(1)评标专家资格要求

①从事相关领域工作 8 年以上,具有高级职称或者具有同等专业水平,熟悉评标工作;

②诚信守纪,公道正派;

③熟悉与招标投标有关的法律、法规和规章;

④未曾因在招标、评标以及其他与招标投标有关活动中从事违法行为而受过行政处罚或者刑事处罚的;

⑤身体条件能够胜任评标工作。

(2)评标专家在评标活动中享有下列权利

①依法按照招标文件确定的评标标准和方法,对投标文件独立进行评审,提出评审意见,不受任何单位或者个人的干预;

②接受参加评标活动的合法劳务报酬;

③向招标人或向有关行政监督部门反映评标活动中发现的违法违规行为;

④法律、法规规定的其他权利。

（3）评标专家应当依法履行下列义务

①准时出席评标活动并客观、公正地履行职责；

②具有法定回避情形的,应当主动提出回避申请；

③对评标过程及相关内容保密；

④不得私下接触投标人及其利害关系人,不得收受投标人财物或者其他好处；

⑤对提出的评审意见承担个人责任；

⑥对有关行政监督部门的监督、检查活动予以协助和配合；

⑦参加省招标投标协会组织的继续教育,接受考核；

⑧法律、法规规定的其他义务。

（4）有下列情形之一的,不得担任评标委员会成员,应主动提出回避

①为负责招标项目监督管理的交通运输主管部门的工作人员；

②与投标人法定代表人或其委托代理人有近亲属关系；

③为投标人的工作人员或退休人员；

④与投标人有其他利害关系,可能影响评标活动公正性；

⑤在与招标投标有关的活动中有过违法违规行为、曾受过行政处罚或刑事处罚。

3. 评标专家的确定方法

评标委员会的专家成员应当从省级以上人民政府有关部门提供的专家名册或者招标代理机构专家库内的相关专家名单中确定,可以采取随机抽取或者直接确定的方式。一般项目,可以采取随机抽取的方式；技术特别复杂、专业性要求特别高或者国家有特殊要求的招标项目,采取随机抽取方式确定的专家难以胜任的,可以由招标人直接确定。评标专家的抽取程序及确定方法如图 4-2 所示。

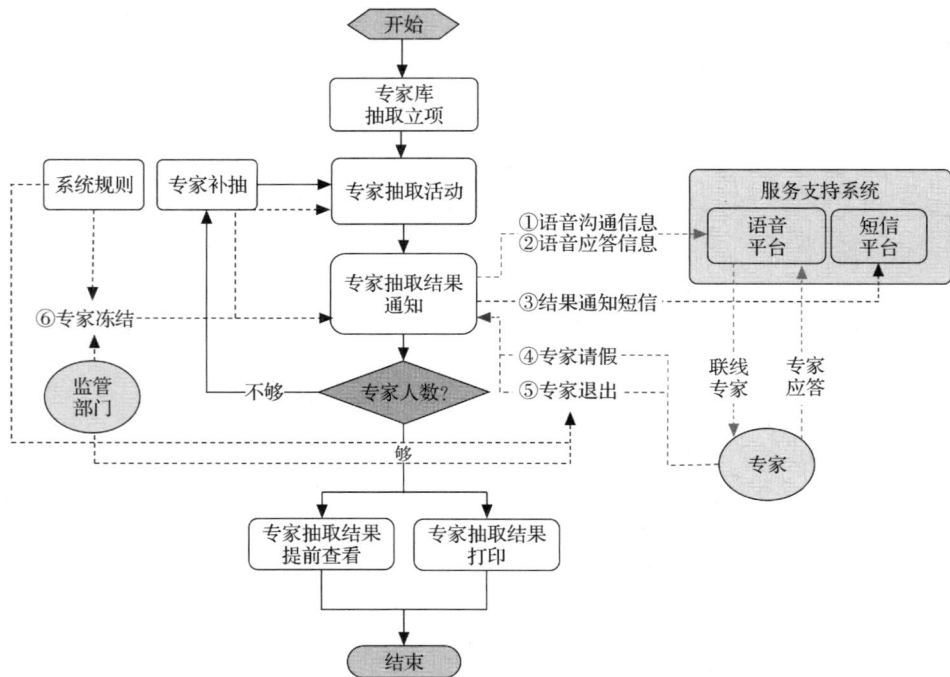

图 4-2 评标专家抽取程序

评标委员会成员的名单,在中标结果确定前属于保密的内容,不得泄露。

各地方的省级评标专家库一般由省发展改革委负责管理。省招标投标协会受省发展和改革委委托负责评标专家库的日常管理,具体负责评标专家的材料接收审核、入库培训、继续教育、日常考评、信用信息管理等基础工作。评标专家的任职资格、评聘、权利和义务、抽取等,均应符合各地方评标专家库管理办法及实施细则等,如《福建省综合性评标专家库管理办法(试行)》《福建省综合性评标专家库管理办法实施细则》。

4.2.3 评标方法

公路工程施工评标办法包括合理低价法、技术评分最低标价法、综合评分法、经评审的最低投标价法,其中较常用的方法是合理低价法和综合评分法两种,详见模块 2 中"2.3.4 公路工程施工招标文件的编制"中"3. 评标办法的确定"。

4.2.4 评标程序

1. 评标准备工作

(1)评标委员会成员签到并分工

评标委员会成员应在规定的时间之前到达评标现场并按照要求进行签到。

评标前,评标委员会首先推选一名评标委员会主任。招标人也可以直接指定评标委员会主任。

评标委员会主任负责评标活动的组织领导工作。评标委员会主任在与其他评标委员会成员协商的基础上,可以将评标委员会划分为技术组和商务组。

(2)研读招标文件,获取评标所需信息和数据

①招标的目的;

②招标项目的范围和性质;

③招标文件规定的主要技术要求、标准和商务条款;

④招标文件规定的评标标准、评标方法和在评标过程中应考虑的相关因素;

⑤招标人或招标代理机构应向评标委员会提供评标所需的信息和数据,包括招标文件、未在开标会上当场拒绝的各投标文件、开标会记录。

(3)熟悉评标依据

招标人应当向评标委员会提供评标所必需的信息,但不得明示或者暗示其倾向或者排斥特定投标人。

评标委员会成员应当依照相关法律法规和招标文件规定的评标标准和方法,客观、公正地对投标文件提出评审意见。招标文件没有规定的评标标准和方法不得作为评标的依据。

(4)清标

清标是指在评标委员会评标之前审查投标文件是否完整、总体编排是否有序、文件签署是否合格、投标人是否提交了投标保证金、有无计算上的错误等。

电子清标是利用计算机查询各家标书的清单部分是否有数量和单位跟招标文件不一致的地方,清标的结果是把各家错误的地方按照招标文件的规定废标或者修正,只针对报价部分,而且不对各家投标单位进行排名。

评委对清标后(如果有清标这个过程的话)的剩余标书进行评审,并排出名次。

2. 初步评审

(1)初步评审的概念

初步评审也称对投标书的响应性审查,是评标委员会按照招标文件确定的评审因素和标准,对投标文件是否存在重大偏离、是否实质上响应了招标文件的要求进行的审查。

经初步评审认定投标文件没有重大偏离,实质上响应招标文件要求的,才能通过初步评审进入详细评审。

(2)初步评审的目的

初步评审的目的是从所有投标书中筛选出符合要求的合格投标书,剔除所有无效投标和严重违法的投标书,同时也减少详细评审的工作量,保证评审工作的顺利进行。

评标委员会应当根据招标文件规定的评标标准和方法,对投标文件进行系统的评审和比较。招标文件中没有规定的标准和方法不得作为评标的依据。

电子评标是指把招标文件的评标细则事先输入计算机,按照具体的评分规则对各家的商务和技术标书进行打分。结果是对各家投标单位进行排名并确定中标候选人。评标只能由评标委员会的评委来完成。

(3)初步评审的内容及标准

初步评审的内容包括形式评审、资格评审、响应性评审、投标报价错误的修正、施工组织设计和项目管理机构评审五个方面。

评标委员会依据招标文件规定的评审标准对投标文件第一个信封(商务及技术文件)进行初步评审。有一项不符合评审标准的,评标委员会应否决其投标。(适用于未进行资格预审的)

当投标人资格预审申请文件的内容发生重大变化时,评标委员会依据招标文件规定的标准对其更新资料进行评审。(适用于已进行资格预审的)

①形式评审与响应性评审标准

根据《公路工程标准施工招标文件》第三章评标办法,形式评审与响应性评审的评审因素及标准如下:

第一个信封(商务及技术文件)评审标准:

A. 投标文件按照招标文件规定的格式、内容填写,字迹清晰可辨:

a. 投标函按招标文件规定填报了项目名称、标段号、补遗书编号(如有)、工期、工程质量要求及安全目标;

b. 投标函附录的所有数据均符合招标文件规定;

c. 投标文件组成齐全完整,内容均按规定填写。

B. 投标文件上法定代表人或其委托代理人的签字、投标人的单位章盖章齐全,符合招标文件规定。

C. 与申请资格预审时比较,投标人发生合并、分立、破产等重大变化的,仍具备资格预审文件规定的相应资格条件且其投标未影响招标公正性:

a. 投标人应提供相关部门的合法批件及企业法人营业执照和资质证书等证件的副本变更记录复印件;

b. 投标人仍然满足资格预审文件中规定的资格预审条件最低要求(资质、业绩、人员、信誉、财务等);

c. 与所投标段的其他投标人不存在控股、管理关系或单位负责人为同一人的情况，与招标人也不存在利害关系并可能影响招标公正性。

D. 投标人按照招标文件的规定提供了投标保证金：

a. 投标保证金金额符合招标文件规定的金额，且投标保证金有效期不少于投标有效期；

b. 若投标保证金采用现金或支票形式提交，投标人应在递交投标文件截止时间之前，将投标保证金由投标人的基本账户转入招标人指定账户；

c. 若投标保证金采用银行保函形式提交，银行保函的格式、开具保函的银行均满足招标文件要求，且在递交投标文件截止时间之前向招标人提交了银行保函原件。

E. 投标人法定代表人授权委托代理人签署投标文件的，须提交授权委托书，且授权人和被授权人均在授权委托书上签名，未使用印章、签名章或其他电子制版签名代替。

F. 投标人法定代表人亲自签署投标文件的，提供了法定代表人身份证明，且法定代表人在法定代表人身份证明上签名，未使用印章、签名章或其他电子制版签名代替。

G. 投标人以联合体形式投标时，联合体满足招标文件的要求：

a. 未进行资格预审的，投标人按照招标文件提供的格式签订了联合体协议书，明确各方承担连带责任，并明确了联合体牵头人；

b. 已进行资格预审的，投标人提供了资格预审申请文件中所附的联合体协议书复印件，且通过资格预审后的联合体无成员增减或更换的情况。

H. 投标人如有分包计划，符合招标文件第二章"投标人须知"第1.11款规定，且按招标文件第九章"投标文件格式"的要求填写了"拟分包项目情况表"。

I. 同一投标人未提交两个以上不同的投标文件，但招标文件要求提交备选投标的除外。

J. 投标文件中未出现有关投标报价的内容。

K. 投标文件载明的招标项目完成期限未超过招标文件规定的时限。

L. 投标文件对招标文件的实质性要求和条件作出响应。

M. 权利义务符合招标文件规定：

a. 投标人应接受招标文件规定的风险划分原则，未提出新的风险划分办法；

b. 投标人未增加发包人的责任范围，或减少投标人义务；

c. 投标人未提出不同的工程验收、计量、支付办法；

d. 投标人对合同纠纷、事故处理办法未提出异议；

e. 投标人在投标活动中无欺诈行为；

f. 投标人未对合同条款有重要保留。

N. 投标文件正、副本份数符合招标文件第二章"投标人须知"第3.7.4项规定。

……

第二个信封（报价文件）评审标准：

A. 投标文件按照招标文件规定的格式、内容填写，字迹清晰可辨：

a. 投标函按招标文件规定填报了项目名称、标段号、补遗书编号（如有）、投标价（包括大写金额和小写金额）；

b. 已标价工程量清单说明文字与招标文件规定一致，未进行实质性修改和删减；

c. 投标文件组成齐全完整,内容均按规定填写。

B. 投标文件上法定代表人或其委托代理人的签字、投标人的单位章盖章齐全,符合招标文件规定。

C. 投标报价或调价函中的报价未超过招标文件设定的最高投标限价(如有)。

D. 投标报价或调价函中报价的大写金额能够确定具体数值。

E. 同一投标人未提交两个以上不同的投标报价,但招标文件要求提交备选投标的除外。

F. 投标人若提交调价函,调价函应符合招标文件第二章"投标人须知"第 3.2.6 项要求。

G. 投标人若填写工程量固化清单,填写完毕的工程量固化清单未对工程量固化清单电子文件中的数据、格式和运算定义进行修改,工程量固化清单中的投标报价和投标函大写金额报价一致。

H. 投标文件正、副本份数符合招标文件第二章"投标人须知"第 3.7.4 项规定。

......

②资格评审(适用于未进行资格预审的情况)

采用资格后审的投标文件,应根据公路工程标准施工招标文件(2018 年版)第三章评标办法进行资格评审,资格评审的评审因素及标准如下:

a. 投标人具备有效的营业执照、组织机构代码证、资质证书、安全生产许可证和基本账户开户许可证;

b. 投标人的资质等级符合招标文件规定;

c. 投标人的财务状况符合招标文件规定;

d. 投标人的类似项目业绩符合招标文件规定;

e. 投标人的信誉符合招标文件规定;

f. 投标人的项目经理和项目总工资格、在岗情况符合招标文件规定;

g. 投标人的其他要求符合招标文件规定;

h. 投标人不存在第二章"投标人须知"第 1.4.3 项或第 1.4.4 项规定的任何一种情形;

i. 投标人符合第二章"投标人须知"第 1.4.5 项规定;

j. 以联合体形式参与投标的,联合体各方均未再以自己名义单独或参加其他联合体在同一标段中的投标;独立参与投标的,投标人未同时参加联合体在同一标段中的投标。

......

③施工组织设计和主要人员的初步评审

若采用经评审的最低投标价法,还应对施工组织设计和主要人员进行初步评审。

A. 施工组织设计的评审因素主要有:

a. 内容完整性和标准水平;

b. 总体施工组织布置及规划;

c. 施工方案、方法及技术措施;

d. 工期保证体系和保证措施;

e. 工程质量管理体系和保证措施;

f. 安全生产管理体系和保证措施;

g. 环境保护体系和保证措施；

h. 文明施工、文物保护保证体系和保证措施；

i. 项目风险预测与防范，事故应急预案。

B. 主要人员的评审因素主要有：

a. 项目管理机构设置的合理性；

b. 项目经理和总工的任职资格与工程业绩；

c. 其他主要人员的任职资格与工程业绩。

（4）初步评审程序

①第一个信封初步评审

评标委员会可以要求投标人提交招标文件第二章"投标人须知"第 3.5.1 项至第 3.5.6 项规定的有关证明和证件的原件，以便核验。

评标委员会依据招标文件规定的初步评审标准对投标文件第一个信封（商务及技术文件）进行初步评审。有一项不符合评审标准的，评标委员会应否决其投标。（适用于未进行资格预审的）

评标委员会依据招标文件规定的形式评审与响应性评审标准对投标文件第一个信封（商务及技术文件）进行初步评审。有一项不符合评审标准的，评标委员会应否决其投标。

当投标人资格预审申请文件的内容发生重大变化时，评标委员会依据招标文件规定的资格评审标准对其更新资料进行评审。（适用于已进行资格预审的）

②第二个信封开标

第一个信封（商务及技术文件）评审结束后，招标人将按照招标文件第二章"投标人须知"第 5.1 款规定的时间和地点对通过投标文件第一个信封（商务及技术文件）评审的投标文件第二个信封（报价文件）进行开标。

③第二个信封初步评审

A. 评标委员会依据招标文件规定的形式评审与响应性评审标准对投标文件第二个信封（报价文件）进行初步评审。有一项不符合评审标准的，评标委员会应否决其投标。

B. 投标报价算术错误的修正原则：

投标报价有算术错误的，评标委员会按以下原则对投标报价进行修正，修正的价格经投标人书面确认后具有约束力。投标人不接受修正价格的，评标委员会应否决其投标。

a. 投标文件中的大写金额与小写金额不一致的，以大写金额为准；

b. 总价金额与依据单价计算出的结果不一致的，以单价金额为准修正总价，但单价金额小数点有明显错误的除外；

c. 当单价与数量相乘不等于合价时，以单价计算为准，如果单价有明显的小数点位置差错，应以标出的合价为准，同时对单价予以修正；

d. 当各子目的合价累计不等于总价时，应以各子目合价累计数为准，修正总价。

C. 投标报价其他错误的修正原则：

工程量清单中的投标报价有其他错误的，评标委员会按以下原则对投标报价进行修正，修正的价格经投标人书面确认后具有约束力。投标人不接受修正价格的，评标委员会应否决其投标。

a. 在招标人给定的工程量清单中漏报了某个工程子目的单价、合价或总额价，或所报单价、合价或总额价减少了报价范围,则漏报的工程子目单价、合价和总额价或单价、合价和总额价中减少的报价内容视为已含入其他工程子目的单价、合价和总额价之中;

b. 在招标人给定的工程量清单中多报了某个工程子目的单价、合价或总额价,或所报单价、合价或总额价增加了报价范围,则从投标报价中扣除多报的工程子目报价或工程子目报价中增加了报价范围的部分报价;

c. 当单价与数量的乘积与合价(金额)虽然一致,但投标人修改了该子目的工程数量,则其合价按招标人给定的工程数量乘以投标人所报单价予以修正。

D. 修正结果的处理:

a. 修正后的最终投标报价若超过投标控制价上限(如有),投标人的投标文件按废标处理;

b. 对于修正结果,评标委员会应通过招标人向投标人进行书面澄清,要求投标人予以确认。

E. 在修正结果正确无误的前提下,投标人不接受修正价格的,其投标作废标处理,并没收其投标担保。

(5)经初步评审后需重新招标的情形

①投标截止时间止,投标人少于3个的;

②经评标委员会评审后否决所有投标的;

③否决部分投标后,有效投标文件不足3家,则需对不足3家的有效的投标文件的竞争力进行判定,若有效的投标文件明显缺乏竞争性,评标委员会可以否决所有投标,并宣布流标;

④法律规定的其他情形。

(6)初步评审结果处理

投标文件偏离招标文件某些要求,视为投标文件存在偏差。偏差包括重大偏差和细微偏差。

①重大偏差

投标文件未对招标文件的实质性要求和条件作出满足性或更有利于招标人的响应,视为投标文件存在重大偏差,投标人的投标将被否决。投标文件存在招标文件第三章"评标办法"中所列任一否决投标情形的,均属于存在重大偏差。

投标文件不响应招标文件的实质性要求和条件的,应视为重大偏差,招标人应当拒绝,并不允许投标人通过修正或撤销其不符合要求的差异或保留,使之成为具有响应性的投标。

这里所谓的"实质性"要求和响应,是指投标文件所提供的有关资格证明文件、提交的投标保证金、技术规范、合同条款等要与招标文件要求的条款、条件和规格相符,并且没有重大偏差。

②细微偏差

细微偏差是指投标文件在实质上响应招标文件要求,但在个别地方存在漏项或者提供了不完整的技术信息和数据等情况,并且补正这些遗漏或者不完整不会对其他投标人造成不公平的结果。细微偏差不影响投标文件的有效性。

投标文件中的下列偏差为细微偏差:

a. 在按照第三章"评标办法"的规定对投标价进行算术性错误修正及其他错误修正后,

最终投标报价未超过最高投标限价（如有）的情况下，出现第三章"评标办法"规定的算术性错误和投标报价的其他错误；

b. 施工组织设计（含关键工程技术方案）和项目管理机构不够完善；

c. 投标文件页码不连续、采用活页夹装订、个别文字有遗漏或错误等不影响投标文件实质性内容的偏差。

评标委员会对投标文件中的细微偏差按如下规定处理：

a. 对于上述第 a 条所述的细微偏差，按照招标文件第三章"评标办法"的规定予以修正并要求投标人进行澄清。

b. 对于上述第 b 条所述的细微偏差，如果采用合理低价法或经评审的最低投标价法评标，应要求投标人对细微偏差进行澄清，只有投标人的澄清文件被评标委员会接受，投标人才能参加评标价的最终评比。如果采用技术评分最低标价法或综合评分法评标，可在相关评分因素的评分中酌情扣分。

c. 对于上述第 c 条所述的细微偏差，可要求投标人对细微偏差进行澄清。

3. 详细评审

详细评审是评标委员会根据招标文件规定的评标标准和方法，对通过初步评审的投标文件做进一步的评审、量化比较，从而评定出优劣顺序。

经初步评审合格的投标文件，评标委员会应当根据招标文件确定的评标标准和方法，对其商务及技术文件、报价文件做进一步评审、比较。

公路工程施工评标办法包括合理低价法、技术评分最低标价法、综合评分法、经评审的最低投标价法，其中较常用的方法是合理低价法（含信用分）和综合评分法两种。

（1）合理低价法的详细评审

采用合理低价法评标时，评标委员会只需对第二个信封进行详细评审。评标委员会按招标文件第三章第 2.2 款规定的量化因素和分值进行打分，并计算出综合评估得分（即评标价得分）。

投标人得分分值计算保留小数点后两位，小数点后第三位"四舍五入"。

评标委员会发现投标人的报价明显低于其他投标报价，使得其投标报价可能低于其个别成本的，应要求该投标人作出书面说明并提供相应的证明材料。投标人不能合理说明或不能提供相应证明材料的，评标委员会应认定该投标人以低于成本报价竞标，并否决其投标。

①评标分值构成

总分 100 分，其中评标价 90～100 分，信用 0～10 分。

②评标价得分评审

a. 评标基准价计算方法

在开标现场，招标人将当场计算并宣布评标基准价。

评标价的确定：

方法一：评标价＝投标函文字报价

方法二：评标价＝投标函文字报价－暂估价－暂列金额（不含计日工总额）

方法三：……

评标价平均值的计算：

　　除按第二章"投标人须知"第 5.2.4 项规定开标现场被宣布为不进入评标基准价计算的投标报价之外,所有投标人的评标价去掉一个最高值和一个最低值后的算术平均值即为评标价平均值(如果参与评标价平均值计算的有效投标人少于 5 家时,则计算评标价平均值时不去掉最高值和最低值)。

　　评标基准价的确定:

　　方法一:将评标价平均值直接作为评标基准价。

　　方法二:将评标价平均值下浮＿＿%,作为评标基准价。

　　方法三:招标人设置评标基准价系数,由投标人代表现场抽取,评标价平均值乘以现场抽取的评标基准价系数作为评标基准价。

　　方法四:……

　　在评标过程中,评标委员会应对招标人计算的评标基准价进行复核,存在计算错误的应予以修正并在评标报告中作出说明。除此之外,评标基准价在整个评标期间保持不变,不随任何因素发生变化。

　　b. 评标价的偏差率计算

　　评标价的偏差率按下列公式计算:

　　偏差率＝100%×(投标人评标价－评标基准价)/评标基准价(偏差率保留 2 位小数)

　　c. 评标价得分计算

　　评标价得分计算公式如下:

　　如果投标人的评标价＞评标基准价,则评标价得分＝100－偏差率×100×E_1;

　　如果投标人的评标价≤评标基准价,则评标价得分＝100＋偏差率×100×E_2。

其中:E_1是评标价每高于评标基准价一个百分点的扣分值,E_2是评标价每低于评标基准价一个百分点的扣分值;招标人可依据招标项目的具体特点和实际需要设置 E_1、E_2,但 E_1 应大于 E_2。

　　③信用分评审(如有)

　　信用分值确定:信用分满分为 10 分,其中施工企业信用分分值为 7 分,项目经理信用分分值为 2 分,技术负责人信用分分值为 1 分。

　　④评标得分

　　各投标单位的评标得分＝评标价得分＋信用得分。

　　⑤评标结果

　　除招标文件第二章"投标人须知"前附表授权直接确定中标人外,评标委员会应按照各投标单位的评标得分由高到低的顺序推荐中标候选人,并标明排序。

　　(2)综合评分法的详细评审

　　采用综合评分法评标时,评标委员会需先对第一个信封(商务及技术文件)进行详细评审,按招标文件规定的各评分因素和权重分值,对施工组织设计、主要人员、技术能力、财务能力、业绩、履约信誉等进行打分,分别计算出施工组织设计得分 A、主要人员得分 B、其他因素(包含技术能力、财务能力、业绩、履约信誉)得分 D,并汇总得出商务和技术得分＝A＋B＋D。

　　第一个信封(商务及技术文件)评审结束后,招标人将按照招标文件第二章"投标人须知"第 5.1 款规定的时间和地点对通过投标文件第一个信封(商务及技术文件)评审的投标文件第二个信封(报价文件)进行开标、初步评审,然后对通过初步评审的第二个信封进行详细评审,评标委员会按招标文件规定的评审因素和分值对评标价计算出得分 C。评标价得分分值计算保留小数点后两位,小数点后第三位"四舍五入"。

①评标分值构成

总分 100 分,其中评标价≥50 分,施工组织设计 5~20 分,主要人员 10~20 分,技术能力 0~5 分,财务能力 5~10 分,业绩 5~12 分,履约信誉 3~5 分。

招标人应根据项目具体情况确定各评分因素及评分因素权重分值,并事先在招标文件中对各评分因素进行细分(如有),确定各评分因素细分项的分值,各评分因素权重分值合计应为 100 分。各评分因素(评标价和履约信誉评分项除外)得分一般不得低于其权重分值的60%,且各评分因素得分应以评标委员会各成员的打分平均值确定,评标委员会成员总数为7 人以上时,该平均值以去掉一个最高分和一个最低分后计算。评标委员会成员对某一项评分因素的评分低于权重分值 60%的,应在评标报告中作出说明。

招标人应列明各评分因素或各评分因素细分项(如有)的评分标准并作为评标委员会进行评分的依据。

②施工组织设计得分 A 的评审

招标人应在招标文件中列明施工组织设计各评分因素细分项、分值及评分标准。细分项通常有以下几项:

a. 总体施工组织布置及规划;

b. 主要工程项目的施工方案、方法与技术措施;

c. 工期保证体系及保证措施;

d. 工程质量管理体系及保证措施;

e. 安全生产管理体系及保证措施;

f. 环境保护、水土保持保证体系及保证措施;

g. 文明施工、文物保护保证体系及保证措施;

h. 项目风险预测与防范,事故应急预案;

……

③主要人员得分 B 的评审

评标委员会根据招标文件中列明的主要人员各评分因素细分项、分值及评分标准进行评分。细分项通常包括项目经理任职资格与业绩、项目总工任职资格与业绩、项目经理部其他主要人员的任职资格与工程业绩等。

④评标价得分 C 的评审

评标价的评分方法同合理低价法。

⑤其他因素得分 D 的评审

其他因素包括技术能力、财务能力、业绩、履约信誉,评标委员会根据招标文件中列明的其他因素各评分因素细分项、分值及评分标准进行评分。

"技术能力"是指投标人的科研开发和技术创新能力,招标人可结合招标项目的具体情况提出相关要求,包括投标人获得的与项目施工有关的国家级工法、专利(发明专利或实用新型专利)、国家或省级科学技术进步奖,主编或参编过的国家、行业或地方标准等。

招标人可结合招标项目所在地省级交通运输主管部门对投标人的信用评级对其履约信

用进行评分,但不得任意设置歧视性条款并不得任意设立行政许可。

⑥评标综合得分

投标人综合得分=投标人的商务和技术得分+评标价得分 C

= 施工组织设计得分 A +主要人员得分 B +其他因素得分 D +评标价得分 C

⑦评标结果

除招标文件第二章"投标人须知"前附表授权直接确定中标人外,评标委员会应按照各投标人的评标综合得分,拟定"综合得分排序表",由高到低的顺序推荐中标候选人。

【应用案例 4-1】合理低价法评标案例

某公路改建工程 A 标段,施工招标最高控制价(含暂定金)为 66030000 元。招标文件中规定评标办法采用合理低价法,其中评标价:100 分;信用分:0 分。具体评标办法如下。

1. 评标基准价的计算

在开标现场,招标人将当场计算并宣布评标基准价。

(1)投标人评标价的确定:

投标人评标价=投标函文字报价-暂估价-暂列金额(不含计日工总额)

(2)投标人评标价平均值的计算:

除开标现场被宣布为废标的投标报价之外,所有投标人在招标人给定的最高控制价的 $100\%\sim85\%$ (含 100% 、 85%)范围内去掉一个最高值和一个最低值后的算术平均值即为评标价平均值(如果参与评标价平均值计算的有效投标人少于 5 家时,则计算评标价平均值时不去掉最高值和最低值)。

(3)评标基准价的确定:

$$A=(B+C)/2\times(1-K)$$

式中:A——评标基准价(取整到元,小数点后第一位"四舍五入")。

B——投标人评标价平均值(取整到元,小数点后第一位"四舍五入")。

C——最高评标价(最高控制价-暂列金额-暂估价=最高评标价,取整到元)。

K——下浮系数。K 的范围为 $\underline{4\%\sim6\%}$,按 0.25% 为一档,共分 4.0% 、4.25% 、4.5% 、4.75% 、5.0% 、5.25% 、5.5% 、5.75% 、6% 计 9 档。下浮系数 K 值由招标人在开标前现场随机抽取确定。

2. 评标价的偏差率计算公式

偏差率=100%×(投标人评标价-评标基准价)/评标基准价

3. 标价得分(满分 100 分)计算公式

$$F_1=100-\frac{|D_n-A|}{A}\times100\times E$$

式中:F_1——投标人评标价得分(评标价分值计算保留小数点后两位,小数点后第三位"四舍五入")。

D_n——投标人的评标价,投标人的评标价应不超过最高评标价。

A——评标基准价(精确到元)。

E——折价分值,若 $D_n > A$ 时,$E=1.5$;若 $D_n \leqslant A$ 时,$E=1$。

在某公路改建工程 A 标段施工招投标中,共有 A~J 10 家投标单位参与投标。经现场开标,单位 F 废标,其余 9 家单位通过初步评审,进入报价评审阶段。

在报价文件开标前,由招标人现场随机抽取确定下浮系数 K 值为 4.5%。经开标得知,9 家投标单位的投标报价及评标价如开标、评标记录表(表 4-5)所示。经招标工作人员按照评标办法,现场计算得出投标人评标价平均值 B、评标基准价 A、各投标单位评标价得分 F_1,填入开标、评标记录表,并按照得分高低确定各家投标单位的排名,如表 4-5 所示。

表 4-5　开标、评标记录表

金额单位:元

投标单位名称	投标报价(含暂定金)	投标人评标价(不含暂定金)	投标人评标价平均值B	最高控制价(含暂定金)	最高评价(不含暂定金)C	下浮系数K(4%~6%)	评标基准价A	偏离百分比/%	标价得分F₁	得分排名
			55052128	66030000	60027273	4.5%	54950414			
单位 A	60087291	54624810						−0.59	99.41	1
单位 B	62017354	56379413						−3.90	96.10	6
单位 C	62065758	56423416						−4.02	95.98	7
单位 D	62067574	56425067						−4.03	95.97	8
单位 E	58776183	53432893						−2.76	97.24	3
单位 F	废标									
单位 G	58120281	52836619						−3.85	96.15	4
单位 H	64577939	58707217						−10.26	89.74	9
单位 I	60766946	55242678						−0.80	99.20	2
单位 J	58106410	52824009						−3.87	96.13	5

由表 4-5 可知,投标单位 A 标价得分 99.41 为最高,所以单位 A 为第一中标候选人。

【应用案例 4-2】综合评分法评标案例

背景:某大型桥梁工程,由于施工技术难度大,对施工单位的施工设备和同类工程施工经验要求高,而且对工期的要求也比较紧迫。建设单位在对有关单位和在建工程考察的基础上,仅邀请了 3 家国有特级施工企业参加投标,并预先与咨询单位和该 3 家施工单位共同研究确定了施工方案。业主要求投标单位将技术、商务标和报价标分别装订报送。该工程采用综合评分法,经招标领导小组研究确定的评标规定如下:

1. 技术、商务标共 30 分,其中施工方案 10 分(因已确定施工方案,各投标单位均得 10 分)、总工期 10 分、工程质量 10 分。满足业主总工期要求(36 个月)者得 4 分,每提前 1 个月加 1 分,不满足者不得分;自报工程质量合格者得 4 分,自报工程质量优良者得 6 分(若实际工程质量未达到优良将扣罚合同价的 2%),近三年内获鲁班工程奖每项加 2 分,获省优工程奖每项加 1 分。

2. 报价标共 70 分。以各投标人投标报价平均值的 98% 为评标基准价,报价等于评标基准价,得满分(70分),在此基础上,报价比评标基准价每下降 1%,扣 1 分,每上升 1%,扣 2 分(扣分、得分分值计算保留小数点后 2 位,小数点后第 3 位"四舍五入")。

3. 经对投标单位 A、B、C 的技术、商务标和报价标分别进行开标,将 3 家投标单位的投标情况汇总记录如表 4-6 所示。

表 4-6 开标记录表

投标单位	报价/万元	总工期/月	自报工程质量	鲁班奖	省优
A	35,642	33	优良	1	1
B	34,364	31	优良	0	2
C	33,867	32	合格	0	1

问题:(1)该工程采用邀请招标方式且仅邀请 3 家施工单位投标,是否违反有关规定?为什么?

(2)请按综合评分后得分最高者中标的原则确定中标单位。

(3)若改变该工程评标的有关规定,将技术、商务标增加到 40 分,其中施工方案 20 分(各投标单位均得 20 分),报价标减少为 60 分,是否会影响评标结果?为什么?若影响,应由哪家施工单位中标?

答:(1)该工程采用邀请招标方式且仅邀请 3 家施工单位投标,不违反有关规定。根据《招标投标法》规定,邀请招标投标人家数不得少于 3 家,该工程要求 3 家投标单位参加投标,满足规定要求。

(2)3 家投标单位的综合得分计算如表 4-7 所示。

表 4-7 投标单位综合得分计算表

投标单位	报价/万元	与评标基准价比值	扣分	报价得分(70分)	施工方案(10分)	总工期(10分)	工程质量(10分)	综合得分	得分排名
A	35642	105.04%	−10.08	59.92	10	7	9	85.92	第三
B	34364	101.27%	−2.54	67.46	10	9	8	94.46	第一
C	33867	99.81%	−0.19	69.81	10	8	5	92.81	第二
平均值	34624								
评标基准价	33932								

由表 4-7 可知,投标单位 B 综合得分 94.46 为最高,所以中标单位为 B。

(3)若改变该工程评标的有关规定,将技术标、商务标增加到 40 分,其中施工方案 20 分(各投标单位均得 20 分),报价标减少为 60 分,不会影响评标结果。因为各家投标单位的综合得分及排名不变,所以仍应由 B 施工单位中标。

【应用案例 4-3】经评审的最低投标价法评标案例

某公路工程施工项目采用资格预审方式招标,并采用经评审的最低投标价法进行评标。招标文件规定:工期为 24 个月,工期每提前一个月给招标单位带来的预期效益为 1200000 元;招标单位提供临时用地 100 亩,临时用地每亩用地费为 1000 元/(亩·月),使用时间按工期长度计算,临时用地费为 2400000 元。

评标价的折算考虑以下两个因素:投标单位所报的租用临时用地费;提前竣工产生的效益。

现共有 5 家符合资格的投标单位参与投标,情况如下:

投标单位 A:算术性修正后的投标报价为 161000000 元,提出需要临时用地 100 亩,承诺的工期为 21 个月。

投标单位 B:算术性修正后的投标报价为 160000000 元,提出需要临时用地 90 亩,承诺的工期为 22 个月。

投标单位 C:算术性修正后的投标报价为 159000000 元,提出需要临时用地 95 亩,承诺的工期为 23 个月。

投标单位 D:算术性修正后的投标报价为 158000000 元,提出需要临时用地 90 亩,承诺的工期为 23 个月。

投标单位 E:算术性修正后的投标报价为 157000000 元,提出需要临时用地 100 亩,承诺的工期为 24 个月。

问题:这 5 家投标单位均通过了初步评审,假设您是评标委员会的一员,请你对 5 家投标单位经算术性修正后的投标报价进行详细评审,计算提前竣工和临时用地因素产生的调整费用,并汇总计算 5 家投标单位的评标价,按照经评审的最低投标价法确定第一中标候选人。

答:评标委员会对经算术性修正后的投标报价进行详细评审,情况如下。

提前竣工因素产生的调整费用:

投标单位 A:$(21-24) \times 1200000 = -3600000$(元)

投标单位 B:$(22-24) \times 1200000 = -2400000$(元)

投标单位 C:$(23-24) \times 1200000 = -1200000$(元)

投标单位 D:$(23-24) \times 1200000 = -1200000$(元)

投标单位 E:$(24-24) \times 1200000 = 0$(元)

临时用地因素产生的调整费用:

投标单位 A:$100 \times 1000 \times 21 - 2400000 = -300000$(元)

投标单位 B:$90 \times 1000 \times 22 - 2400000 = -420000$(元)

投标单位 C:$95 \times 1000 \times 23 - 2400000 = -215000$(元)

投标单位 D:$90 \times 1000 \times 23 - 2400000 = -330000$(元)

投标单位 E:$100 \times 1000 \times 24 - 2400000 = 0$(元)

经汇总计算,5 家投标单位的评标价比较如表 4-8 所示。

表 4-8 　评标价比较表

项　　目	投标单位 A	投标单位 B	投标单位 C	投标单位 D	投标单位 E
算术性修正后的投标报价/元	161000000	160000000	159000000	158000000	157000000
提前竣工因素产生的调整费用/元	−3600000	−2400000	−1200000	−1200000	0
临时用地因素产生的调整费用/元	−300000	−420000	−215000	−330000	0
评标价/元	157100000	157180000	157585000	156470000	15700000
排　　序	第三	第四	第五	第一	第二

经评审,投标单位 D 的投标价最低。因此,评标委员会推荐投标单位 D 为第一中标候选人。

4. 投标文件相关信息的核查

在评标过程中,评标委员会应查询交通运输主管部门"公路建设市场信用信息管理系统",对投标人的资质、业绩、主要人员资历和目前在岗情况、信用等级等信息进行核实。若投标文件载明的信息与交通运输主管部门"公路建设市场信用信息管理系统"发布的信息不符,使得投标人的资格条件不符合招标文件规定的,评标委员会应否决其投标。

评标委员会应对在评标过程中发现的投标人与投标人之间、投标人与招标人之间存在的串通投标的情形进行评审和认定。投标人存在串通投标、弄虚作假、行贿等违法行为的,评标委员会应否决其投标。

(1)有下列情形之一的,属于投标人相互串通投标:

①投标人之间协商投标报价等投标文件的实质性内容;

②投标人之间约定中标人;

③投标人之间约定部分投标人放弃投标或中标;

④属于同一集团、协会、商会等组织成员的投标人按照该组织要求协同投标;

⑤投标人之间为谋取中标或排斥特定投标人而采取的其他联合行动。

(2)有下列情形之一的,视为投标人相互串通投标:

①不同投标人的投标文件由同一单位或个人编制;

②不同投标人委托同一单位或个人办理投标事宜;

③不同投标人的投标文件载明的项目管理成员为同一人;

④不同投标人的投标文件异常一致或投标报价呈规律性差异;

⑤不同投标人的投标文件相互混装;

⑥不同投标人的投标保证金从同一单位或个人的账户转出。

(3)有下列情形之一的,属于招标人与投标人串通投标:

①招标人在开标前开启投标文件并将有关信息泄露给其他投标人;

②招标人直接或间接向投标人泄露标底、评标委员会成员等信息;

③招标人明示或暗示投标人压低或抬高投标报价;

④招标人授意投标人撤换、修改投标文件;

⑤招标人明示或暗示投标人为特定投标人中标提供方便;

⑥招标人与投标人为谋求特定投标人中标而采取的其他串通行为。

（4）投标人有下列情形之一的，属于弄虚作假的行为：

①使用通过受让或租借等方式获取的资格、资质证书投标；

②使用伪造、变造的许可证件；

③提供虚假的财务状况或业绩；

④提供虚假的项目负责人或主要技术人员简历、劳动关系证明；

⑤提供虚假的信用状况；

⑥其他弄虚作假的行为。

5. 投标文件的澄清和说明

在评标过程中，评标委员会可以书面形式要求投标人对投标文件中含义不明确的内容、明显文字或计算错误进行书面澄清或说明。评标委员会不接受投标人主动提出的澄清、说明。投标人不按评标委员会要求澄清或说明的，评标委员会应否决其投标。

澄清和说明不得超出投标文件的范围或改变投标文件的实质性内容（算术性错误的修正除外）。投标人的书面澄清、说明属于投标文件的组成部分。

评标委员会不得暗示或诱导投标人作出澄清、说明，对投标人提交的澄清、说明有疑问的，可以要求投标人进一步澄清或说明，直至满足评标委员会的要求。

凡超出招标文件规定的或给发包人带来未曾要求的利益的变化、偏差或其他因素在评标时不予考虑。

问题澄清通知和问题的澄清格式如图 4-3、图 4-4 所示。

<table>
<tr><td>

问题澄清通知

（编号：_____）

_____（投标人名称）：

_____（项目名称）_____标段施工招标的评标委员会，对你方的投标文件进行了仔细的审查，现需你方对下列问题以书面形式予以澄清或说明：

1.

2.

……

请将上述问题的澄清或说明于_____年____月____日____时____分前递交至_____（详细地址）或传真至_____（传真号码）或通过下载招标文件的电子招标交易平台上传至_____。采用传真方式的，应在_____年____月____日____时____分前将原件递交至_____（详细地址）。

评标委员会授权的招标人或招标代理机构：_____（签字或盖单位章）

_____年____月____日

</td></tr>
</table>

图 4-3　问题澄清通知

问题的澄清

（编号：_____）

_____（项目名称）_____标段施工招标评标委员会：

问题澄清通知（编号：_____）已收悉，现澄清、说明如下：

1.

2.

……

上述问题澄清或说明，不改变我方投标文件的实质性内容，构成我方投标文件的组成部分。

投标人：_____（盖单位章）

法定代表人或其委托代理人：_____（签字）

_____年____月____日

图 4-4　问题的澄清

6. 编写评标报告

（1）评标报告的编写

评标报告是评标委员会经过对各投标书评审后提出的结论性报告，评标报告由评标委员会负责人主持编写，经评标委员会全体成员签字后向招标人提交。

对评标结论持有异议的评委可用书面形式阐述不同意见和理由。拒绝签字且不陈述其不同意见和理由的，视为同意评标结论，且应共同承担责任。

（2）评标报告内容

①招标项目基本情况和数据；

②招标过程；

③开标记录：开标的时间、地点，参见单位及开标情况；

④评标委员会成员名单；

⑤评标工作情况，包括评标办法与标准、初步评审、详细评审以及废标说明；

⑥评标结果，包括对投标人的评价、符合要求的投标人情况及排序、推荐的中标候选人名单；

⑦评标附表及有关澄清记录，包括投标人资格审查情况表、投标文件符合性鉴定表、投标书评比表、评分汇总表等。

4.3 公路工程定标

4.3.1 中标人的确定

1. 中标候选人的投标应当符合下列条件之一

(1)能够最大限度满足招标文件中规定的各项综合评价标准。

(2)能够满足招标文件的实质性要求,并且经评审的投标价格(但是投标价格低于成本的除外)最低(经评审的最低投标价法);或者经评审后评标得分排名第一或前三位(合理低价法、综合评分法)。

综合评分相等时,评标委员会依次按照以下优先顺序推荐中标候选人或确定中标人:

①评标价低的投标人优先。

②被招标项目所在地省级交通运输主管部门评为较高信用等级的投标人优先。

③若评标价及信用等级相等,按照企业资质、项目负责人等级进行排序。若上述情形同等的情况下,采用随机抽取方式确定。

2. 中标候选人公示

评标完成后,评标委员会应向招标人提交书面评标报告和中标候选人名单,中标候选人应当不超过 3 个,并标明排序。

《招标投标法实施条例》第五十四条规定了依法必须进行招标的项目,招标人应当自收到评标报告之日起 3 日内公示中标候选人,公示期不得少于 3 日。

投标人或者其他利害关系人对依法必须进行招标的项目的评标结果有异议的,应当在中标候选人公示期间提出。招标人应当自收到异议之日起 3 日内作出答复;作出答复前,应当暂停招标投标活动。

【项目示例 4-3】国道×××线 K192＋427～K200＋838 段路面重铺工程中标候选人公示

国道×××线 K192＋427～K200＋838 段路面重铺工程中标候选人在××市公共资源交易信息(http://ggzyjy.×××××××.gov.cn)网站上进行公示,如图 4-5 所示。

中标候选人公示

工程名称	国道　　线 K192+427～K200+838 段路面重铺工程		
开标时间	20　　年 3 月 11 日　　09:30		
招标人	福建省　　市公路局　　分局		
地址	县	联系电话	05　-2386
第一中标候选人	有限公司	投标报价	3315.29 万元
		综合得分	96.5284
项目经理	金	证号	闽 135
信用分使用情况	无		
身份证号	342　　19　　252		
第二中标候选人	福建　　建设发展有限公司	投标报价	3315.32 万元
		综合得分	96.5264
项目经理	吴	证号	闽 135
信用分使用情况	无		
身份证号	350　　19　　228		
第三中标候选人	湖　　路桥建设有限公司	投标报价	3278.34 万元
		综合得分	96.1186
项目经理	张	证号	湘 1430
信用分使用情况	无		
身份证号	432		

废标情况说明：
　　　省　　集团有限公司拟派往本项目的试验员未按招标文件要求提供社保证明，否决其投标。福建　　有限公司拟派往本项目的项目经理提供的社保证明非本单位，不符合招标文件要求，否决其投标。福建省　　发展有限公司拟派往本项目的项目经理未按招标文件要求上传身份证，否决其投标。福建　　有限公司、福建省　　路桥工程有限公司、福建　　电力工程有限公司拟派往本项目的项目经理未按招标文件要求提供一级建造师资格证书，否决其投标。

评标委员会成员名单：林　　，李　　，杨　　，张　　，吴　　

　　以上结果现予以公示，公示期限自 20　　年 3 月 12 日至 20　　年 3 月 16 日。投标人或者其他利害关系人对评标结果有异议的，应当在中标候选人公示期间以书面形式向招标人提出。
　　　　招标人：福建省　　市公路局　　分局　　　　　　（盖章）
　　　　招标代理机构：福建省　　　　　　有限公司　　（盖章）
　　　　　　　　　　　　　　　　　　　　20　　年 3 月 11 日

图 4-5　中标候选人公示

3. 确定中标人

中标候选人经公示期满无异议后，招标人应当根据评标委员会推荐的中标候选人，确定排名第一的中标候选人为中标人。排名第一的中标候选人放弃中标、因不可抗力不能履行合同、不按照招标文件要求提交履约保证金，或者被查实存在影响中标结果的违法行为等情形，不符合招标条件的，招标人可以按照评标委员会提出的中标候选人名单排序依次确定其他中标候选人为中标人。

中标人确定后，依法应进行公示。

【项目示例 4-4】国道×××线 K192＋427～K200＋838 段路面重铺工程中标结果公示

国道×××线 K192＋427～K200＋838 段路面重铺工程中标结果在××市公共资源交易信息(http://ggzyjy.××××××××.gov.cn)网站上进行公示,如图 4-6 所示。

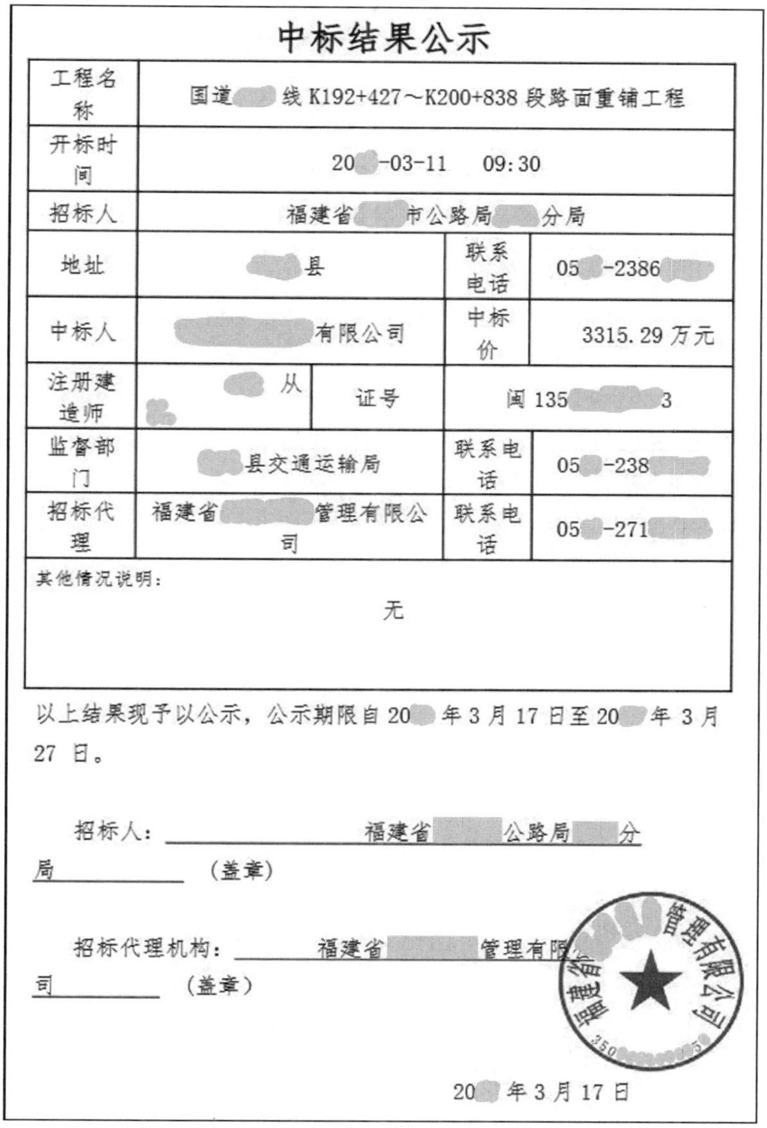

中标结果公示

工程名称	国道██线 K192+427～K200+838 段路面重铺工程		
开标时间	20██-03-11 09:30		
招标人	福建省██市公路局██分局		
地址	██县	联系电话	05██-2386██
中标人	██████有限公司	中标价	3315.29 万元
注册建造师	████从	证号	闽 135████3
监督部门	██县交通运输局	联系电话	05██-238██
招标代理	福建省██████管理有限公司	联系电话	05██-271██
其他情况说明:	无		

以上结果现予以公示,公示期限自 20██ 年 3 月 17 日至 20██ 年 3 月 27 日。

招标人: ＿＿＿＿＿福建省██公路局██分局＿＿＿＿＿(盖章)

招标代理机构: ＿＿＿＿＿福建省██████管理有限公司＿＿＿＿＿(盖章)

20██ 年 3 月 17 日

图 4-6 中标结果公示

4.3.2 发出中标通知书

1. 中标通知书

中标人确定后,招标人应当在投标有效期内向中标人发出中标通知书。中标通知书的内容和格式应按照招标文件规定的格式编制。

　　中标通知书对招标人和中标人具有法律效力。中标通知书发出后,招标人改变中标结果,或者中标人放弃中标项目的,应当依法承担法律责任。依据《招标投标法》的规定,依法必须进行招标的项目,招标人应当自确定中标人之日起 15 日内,向有关行政监督部门提交招标投标情况的书面报告。

【项目示例 4-5】国道×××线 K192+427～K200+838 段路面重铺工程中标通知书

中标通知书

XX招字〔XXXX〕003号

　　　　　　　　有限公司：

　　福建省　　　公路局　　　分局的国道　　线K192+427～K200+838段路面重铺工程,该项目采用公开招标,于20　　年3月11日在　　县公共资源交易中心进行开标会议。招标人根据评标委员会提交的评标书面报告情况,确认你单位为该项目中标人。中标价(小写):3315.29万元,(大写):叁仟叁佰壹拾伍万贰仟玖佰元整,建设规模:路线总长8.402公里,工程控制价3573.5102万元,工期:90日历天,工程质量要求符合:《公路工程质量检验评定标准》(JTG F80/1-2017)合格标准。注册建造师:　从　,资质证书证号:闽13　　　　　。

　　自本中标通知书签发后,在30天内你单位必须与招标人商谈签订合同的具体事项。

招标人：＿＿＿＿＿＿＿＿（盖章）

法定代表人或其委托代理人：＿＿＿＿＿＿＿（签字或盖章）

招标代理机构：＿＿＿＿＿＿＿（盖章）

法定代表人或其委托代理人：＿＿＿＿＿＿＿（签字或盖章）

见证单位：＿＿＿＿公共资源交易中心（盖章）

日期：20　　年 3 月 23 日

图 4-7　中标通知书

2. 中标结果通知书

　　中标人确定后,招标人将中标结果以中标结果通知书的书面形式通知所有未中标的投标人。中标结果通知书的格式如图 4-8 所示。

```
┌─────────────────────────────────────────────────────────────┐
│                    中标结果通知书                              │
│                                                               │
│    _____（未中标人名称）：                          │
│                                                               │
│        我方已接受_____（中标人名称）于_____（投标日期）所 │
│    递交的_____（项目名称）____标段施工投标文件，确定_____（中 │
│    标人名称）为中标人。                                        │
│                                                               │
│                                                               │
│        感谢你单位对招标项目的参与！                            │
│                                                               │
│                                                               │
│                                                               │
│                        招标人：_____（盖单位章）    │
│                                                               │
│                        招标代理机构：_____（盖单位章） │
│                                                               │
│                        _____年____月____日                 │
└─────────────────────────────────────────────────────────────┘
```

图 4-8　中标结果通知书

4.3.3　签订承包合同

1. 签订合同的基本要求

招标人和中标人应当自中标通知书发出之日起 30 日内，按照招标文件和中标人的投标文件提交履约保证金并订立书面合同。

中标人无正当理由拒签合同的，招标人取消其中标资格，其投标保证金不予退还，给投标人造成的损失超过投标保证金数额的，中标人还应当对超过部分进行赔偿，可以处中标项目金额 10% 以下的罚款。

发出中标通知书后，招标人无正当理由拒签合同，或在签订合同时向中标人提出附加条件的，招标人向中标人退还投标保证金；给中标人造成损失的，还应当赔偿损失。招标人不得向中标人提出压低报价、增加工作量、缩短工期或其他违背中标人意愿的要求，以此作为发出中标通知书和签订合同的条件。

2. 履约担保

履约担保是指招标人要求中标人提交的保证履行合同义务的担保。

根据《公路工程标准施工招标文件》的规定，在签订合同协议书之前，中标人应按招标文件规定的金额和担保形式，向招标人提交履约担保。履约担保金不得超过中标合同价的 10%。

履约担保的形式有银行保函、担保公司的担保书、现金（支票、电汇或银行汇票）、承包商的同业担保。最常用的形式是银行保函，也可采用银行保函加现金的形式。

3. 合同文件的组成

(1)合同协议书及各种合同附件；

(2)中标通知书；

(3)投标函和投标函附录；

(4)项目专用合同条款；

(5)公路工程专用合同条款；

(6)通用合同条款；

(7)技术规范；

(8)图纸；

(9)标价的工程量清单；

(10)承包人有关人员、设备投入的承诺及头部文件中的施工组织设计；

(11)其他合同文件。

上述文件互相补充和解释，如有不明确或不一致之处，以合同约定次序在先者为准。

复习思考题

1. 什么是开标？开标前准备工作有哪些？

2. 开标的时间、地点、主持人、参加人员等各有哪些规定？

3. 简述电子招投标的开标程序。

4. 开标过程中应注意哪些事项？

5. 什么是评标？评标的目的是什么？

6. 评标委员会的组成有哪些规定？

7. 评标的原则有哪些？

8. 四种评标方法的特征及使用范围各有哪些？

9. 初步评审的内容有哪些？对投标报价错误的修正原则有哪些？

10. 合理低价法评标价得分是如何计算的？

11. 根据《评标委员会和评标办法暂行规定》，在评标过程中，评标委员会可否决投标的情况有哪些？

12. 定标应以什么为依据？如何确定中标人？

13. 签订合同的基本要求有哪些？

14. 合同文件的组成内容有哪些？

案例分析题

【案例题1】背景资料：某省国道主干线高速公路土建施工项目实行公开招标，根据项目的特点和要求，招标人提出了招标方案和工作计划，采用资格预审方式组织项目土建施工招标，招标过程中出现了下列事件。

事件1：7月1日(星期一)发布资格预审公告。公告载明资格预审文件自7月2日起发售，资格预审申请文件于7月22日16:00之前递交至招标人处。某投标人因从外地赶来，7月8日(星期一)上午上班时间前来购买资审文件，被告知已经停售。

事件2：投标邀请书向所有通过资格预审的申请单位发出，投标人在规定的时间内购买了招标文件。按照招标文件要求，投标人须在投标截止时间5日前递交投标保证金，因为项目较大，要求每个标段递交100万元投标保证金。

事件3：评标委员会人数为5人，其中3人为工程技术专家，其余2人为招标人代表。

事件4：评标委员会在评标过程中，发现B单位投标报价远低于其他单位报价。评标委员会认定B单位报价过低，按照废标处理。

事件5：招标人根据评标委员会书面报告，确定各个标段排名第一的中标候选人为中标人，并按照要求发出中标通知书后，向有关部门提交招标投标情况的书面报告，同中标人签订合同并退还投标保证金。

事件6：招标人在签订合同前，认为中标人C的价格略高于自己期望的合同价格，因而又与投标人C就合同价格进行了多次谈判。考虑到招标人的要求，中标人C觉得小幅度降价可以满足自己利润的要求，同意降低合同价，并最终签订了书面合同。

问题：

(1)招标人自行办理招标事宜需要满足什么条件？

(2)以上所有事件中哪些不妥当？请逐一说明理由。

(3)事件5中，请详细说明招标人在发出中标通知书后应于何时做其后的这些工作？

【案例题2】某工程项目，在施工公开招标中，有A、B、C、D、E、F、G、H 8家施工单位报名投标，经资格预审均符合要求，但建设单位以A施工单位是外地企业为由不同意其参加投标。

评标委员会由5人组成，其中当地建设行政管理部门的招投标管理办公室主任1人、建设单位代表1人、政府提供的专家库中抽取的技术经济专家3人。

评标时发现，B单位投标报价明显低于其他投标单位报价且未能合理说明理由；D单位投标报价大写金额小于小写金额；E单位的投标报价明显高于其他投标单位的投标报价，分析其原因，是施工工艺落后造成的；F单位投标文件提供的检验标准和方法不符合招标文件的要求；H单位投标文件中某分项工程的报价有个别漏项；其他单位的投标文件均符合招标文件要求。

问题：

(1)在施工招标资格预审中，建设单位认为A施工单位没有资格参加投标是否正确？说明理由。

(2)指出施工招标评标委员会组成的不妥之处,说明理由,并写出正确做法。

(3)判别 B、D、E、F、H 4 家施工单位的投标是否为有效标?说明理由。

⬤综⬤合⬤实⬤训⬤

小贴士

　　　建设工程项目的开标、评标、定标是一个严肃、规范的选取中标单位的法律行为。在招投标过程中,建设工程有关单位和人员应遵循合法、公开、公平、公正和诚实信用的原则,认真履行职责,不得相互勾结、徇私舞弊、弄虚作假。投标单位人员应保持良好的竞争意识,坦然接受开标、评标、定标的各种结果。

　　【任务 4-1】根据【工程项目二】××县××镇××高速公路出口至 115 县道公路工程施工招标公告及"模块二 公路工程施工招标"综合实训任务中所完成的投标人须知、评标办法等招标文件以及"模块三 公路工程施工投标"综合实训任务 2 中的投标报价文件编制及递交要求,由任课教师根据课程时间安排,设定投标报价文件递交截止时间及开标时间,并指定部分同学担任业主及招标代理等单位的工作人员,如接收标书人员、开标人、唱标人、记录人、监督人等,其余同学作为投标单位代表,教师担任开标主持人,模拟报价文件的开标程序,对各个小组递交的投标报价文件进行当场开标,公布投标小组名称、投标报价及其他内容,并记录在案;接着根据评标价的确定方法,抽取评标基准价下浮系数,计算并宣布评标基准价;然后根据评分标准计算出各个小组的评标价得分,按照得分从高到低排出名次顺序,进行适当的奖励。

　　实训要求:

　　(1)接收标书、开标、评标过程应遵循合法、公开、公平、公正和诚实信用的原则;

　　(2)对不符合招标文件要求的投标报价文件应予以废标处理;

　　(3)开标、评标过程应做好相应的记录;

　　(4)任课教师应提前指定好工作人员人选,准备好抽取评标基准价下浮系数的道具等。

　　【任务 4-2】根据任务 4-1 的评标结果,编制中标通知书和中标结果通知书。

模块 5 公路工程勘察设计、施工监理、采购招投标

学习目标

知识目标	①会归纳工程勘察设计招标特征及方式、主要工作内容,会叙述工程勘察设计开标和评标过程; ②理解公路工程施工监理招投标的基本概念,会概述公路工程监理招标范围和方式; ③会设计公路工程监理招投标程序、招标文件的组成; ④会概述公路工程施工监理的开标、评标与定标工作; ⑤会概述材料设备采购招标特点及报价方式; ⑥会叙述材料采购招标方式、招投标文件组成内容、评标方法及程序; ⑦会叙述设备采购招标方式、招投标文件组成内容、评标方法及程序。
能力目标	①具有阅读工程项目勘察设计招标文件及投标文件的能力; ②具有编制一般公路工程项目施工监理招标及投标文件的能力; ③具有材料设备采购招投标的基础知识及参与招投标的能力。
素质目标	①培养学生遵守国家法律、法规,严格执行行业标准及相关规定的意识; ②培养学生诚实守信、尽职尽责的职业道德。

工作任务

5-1 上网查阅一个工程项目的勘察设计招标文件及其投标文件。

5-2 编制一个公路工程项目的公路工程施工监理招标公告、投标人须知、评标办法。

5.1 公路工程勘察设计招投标

5.1.1 工程勘察设计招标特征及方式

1. 工程勘察设计招投标

工程勘察设计招标,是指在市场经济条件下进行工程勘察设计服务采购时采用的一种交易方式。通常由工程勘察设计服务的采购方作为招标人,通过发布招标公告或投标邀请书等方式发出招标采购信息,提出所采购工程勘察设计服务的条件和要求,表明将选择最能够满足采购方要求的工程勘察设计服务提供方并与之签订合同的意向;由有意向提供工程勘察设计服务的各方书面提出拟提供的工作方案、报价、人员及其他响应招标要求的条件,参加投标竞争;经招标人对各投标人的方案、报价及其他条件进行审查比较后,从中择优选定中标人,并与其签订工程勘察设计服务合同。

2. 工程勘察设计招标特征

与施工招标、材料设备采购招标比较而言,工程勘察设计招标主要具有如下特征:

(1)在招标标的物特征上,勘察设计是工程建设项目前期最为重要的工作内容,设计阶段是决定建设项目性能,优化和控制工程质量及工程造价最关键、最有利的阶段,设计成果将对工程建设和项目交付使用后的综合效益起重要作用。与施工和材料设备投标报价相比,虽然设计投标报价占项目总投资额的比例不大,但设计方案对工程项目往往更具全局性、长效性和创新性影响。

(2)在招标工作性质上,与材料设备采购招标相比,勘察设计招标是专业服务性质的招标,设计工作对技术要求高,常常只有数量有限的单位满足要求;同时工程设计从前期准备到后续服务跨越的周期长,成果的内容和质量具有较大的不确定性,设计方案的优劣往往需要经过较长时间的检验,不易在短期内准确地量化评判。

(3)在招标条件上,勘察设计招标通常只能向潜在投标人提供项目概况、功能要求等工程前期的初步性基础资料,更多还要依赖投标单位专业设计人员发挥技术专长和创造力,提供智力成果;且无具体量化的工作量,灵活性较大。而施工招标一般都有明确而具体的要求,投标人可以按招标文件中提供的设计图纸和工程量清单编制响应明确的投标方案,灵活性较小。

(4)在招标阶段划分上,与施工和材料设备招标不同,工程建设项目的设计可以按设计工作深度的不同,分期进行招标,例如对建设项目的方案设计、初步设计、施工图设计分阶段招标,逐步细化,落实设计成果,并强调设计进度计划要满足总体投资计划及配合施工安装和采购工作的要求。

(5)在投标书编制要求上,设计投标首先要提出设计构思和初步方案,并论述该方案的优点和实施计划,在此基础上进一步提出报价,而不像施工招标,是按规定的工程量清单填报报价后算出总价。

(6)在开标形式上,设计招标在开标时由各投标人自己说明投标方案的基本构思和意图,以及其他实质性内容,而不是由招标单位的主持人宣读投标书并按报价高低排定标价次序。

(7)在评标原则上,设计招标在评标时,评标专家更加注重所提供设计的技术先进性、所达到的技术指标、方案的合理性,以及对工程项目投资效果的影响等方面的因素,以此做出综合判断,招标人乐于接受的是物有所值的合理报价,而不是过于追求低报价。

(8)在投标经济补偿上,不同于施工和材料设备采购招标,设计招标可以根据具体情况,确定投标经济补偿费标准和奖励办法,对未能中标的有效投标人给予费用补偿,对选为优秀设计方案的投标人给予奖励。

(9)在知识产权保护上,设计投标文件的技术方案是设计人员的智力劳动成果的体现,与施工招标相比,设计招标更多地涉及智力成果的知识产权。设计招标人如果要采用未中标人投标文件中的技术方案,应保护其知识产权,征得未中标人的书面同意并给予合理的使用费。

3. 工程勘察设计招投标方式

(1)公开招标和邀请招标

建设工程勘察、设计发包依法实行招标发包或直接发包,多以公开招标或邀请招标方式择优确定承担单位。

公开招标是招标人通过国家指定的报刊、信息网络或者其他媒体发布招标公告,邀请不特定的法人或者组织投标。邀请招标是招标人以投标邀请书的方式,邀请 3 个以上具有相应资质、具备承担招标项目勘察设计能力的、资信良好的特定法人或组织投标。

招标公告或者投标邀请书应当载明招标人的名称和地址、招标项目的基本概况、投标人的资质要求以及获取资格预审文件、招标文件的办法等事项。

公开招标的优点是:所有符合条件的有兴趣的单位均可以参加投标,能体现出公开、公平、公正的招标原则,有利于实现充分竞争。其缺点是:招标人事先难以预计有哪些投标人、投标人的数量有多少;招标人可能不熟悉某些投标人的情况;招标人所期待的投标人可能并未参加投标等。

邀请招标的优点是:招标人对所有发出投标邀请书的投标单位的信用和能力均予以信任;投标人及投标人的数量事先可以确定;缩短了招投标周期;评标工作量小。其缺点是:由于邀请参加投标的单位数量有限,一些符合条件的潜在竞争者可能未能在邀请之列,而漏掉更具优势的单位;不能充分体现公开竞争、机会均等的原则。

根据《必须招标的工程项目规定》(中华人民共和国国家发展和改革委员命令 2018 年第 16 号)的规定,在我国进行下列工程建设项目的勘察、设计单项合同估算价在 100 万元人民币以上,必须进行招标。

①大型基础设施、公共事业等关系社会公共利益、公众安全的项目;

②全部或部分使用国有资金投资或者国家融资的项目;

③使用国际组织或者外国政府贷款、援助资金的项目。

根据《招标投标法实施条例》,国有资金占控股或者主导地位的依法必须进行招标的项目,应当公开招标;但有下列情形之一的,可以邀请招标:

①技术复杂、有特殊要求或者受自然环境限制,只有少量潜在投标人可供选择;

②采用公开招标方式的费用占项目合同金额的比例过大。

（2）一次性招标和分阶段招标

招标人可以依据工程建设项目的不同特点，实行勘察设计一次性总体招标；也可以在保证项目完整性、连续性的前提下，按照技术要求实行分段或分项招标。

根据《建筑工程设计招标投标管理办法》（2017 年版），国家鼓励建筑工程实行设计总包，实行设计总包的，按照合同约定或经招标人同意，设计单位可以不通过招标的方式将建筑工程非主体部分的设计进行分包。招标人一般应当将建筑工程的方案设计、初步设计和施工图设计一并招标，如确需另行选择设计单位承担初步设计、施工图设计，应当在招标公告或者投标邀请书中明确。

招标人还可以对项目的勘察、设计、施工以及与工程建设有关的重要设备、材料的采购实行 EPC 总承包招标，或设计-施工总承包招标等不同形式。

根据 2019 年国家发展和改革委员会联合住房和城乡建设部印发的《关于推进全过程工程咨询服务发展的指导意见》，为满足建设单位对综合性、跨阶段、一体化工程咨询服务的需要，招标人还可进行建设项目全过程工程咨询招标，即通过招标选择咨询单位提供招标代理、勘察、设计、监理、造价、项目管理等全过程咨询服务，或跨阶段咨询服务组合，或同一阶段内不同类型的咨询服务组合，为项目决策、实施和运营全生命周期提供局部或整体解决方案以及技术和管理服务。

（3）设计方案招标和设计团队招标

根据住房和城乡建设部发布的《建筑工程设计招标投标管理办法》，对建筑工程设计招标，招标人可以根据项目特点和实际需要，选择采用设计方案招标或设计团队招标。

设计方案招标，是指主要通过对投标人提交的设计方案进行评审确定中标人。即评标委员会应当在符合城乡规划、城市设计以及安全、绿色、节能、环保要求的前提下，重点对设计方案的功能、技术、经济和美观等进行评审。

设计团队招标，是指主要通过对投标人拟派设计团队的综合能力进行评审确定中标人。即评标委员会应当对投标人拟从事项目设计的人员构成、人员业绩、人员从业经历、项目解读、设计构思、投标人信用情况和业绩等进行评审。

（4）可以不进行招标的情形

根据招标投标相关法规及九部委 2013 年修订的《工程建设项目勘察设计招标投标办法》，按照国家规定需要履行项目审批、核准手续的依法必须进行招标的项目，有下列情形之一的，经项目审批、核准部门审批、核准，项目的勘察设计可以不进行招标：

①涉及国家安全、国家秘密、抢险救灾或者属于利用扶贫资金实行以工代赈、需要使用农民工等特殊情况，不适宜进行招标；

②主要工艺、技术采用不可替代的专利或者专有技术，或者其建筑艺术造型有特殊要求；

③采购人依法能够自行勘察、设计；

④已通过招标方式选定的特许经营项目投资人依法能够自行勘察、设计；

⑤技术复杂或专业性强，能够满足条件的勘察设计单位少于 3 家，不能形成有效竞争；

⑥已建成项目需要改、扩建或者技术改造，由其他单位进行设计影响项目功能配套性；

⑦国家规定的其他特殊情形。

5.1.2 工程勘察设计招标的主要工作内容

工程勘察设计招标的主要工作内容有发布招标公告或发出投标邀请书、投标单位资格预审、编制和发售招标文件、组织踏勘现场等。

1. 工程勘察设计招标应具备的条件

根据现行规定,依法必须进行勘察设计招标的工程建设项目,在招标时应当具备下列条件:

(1)招标人已经依法成立;

(2)按照国家有关规定需要履行项目审批、核准或备案手续的,已经审批、核准或备案;

(3)勘察设计相应资金或者资金来源已经落实;

(4)所必需的勘察设计基础资料已经收集完成;

(5)法律法规规定的其他条件。

2. 招标公告和投标邀请书

《公路工程标准勘察设计招标文件》(2018年版)规定,勘察和设计招标项目在招标公告或投标邀请书中应列明如下内容:

(1)招标条件:包括项目名称、项目业主名称、招标人名称、项目审批、核准、备案机关名称及批文名称和编号、建设资金来源、出资比例,并声明该项目已经具备招标条件及采用的招标方式。

(2)项目概况与招标范围:包括招标项目的建设地点、规模、勘察设计服务期限、招标范围等。

(3)投标人资格要求:包括投标人须具备的资质要求、业绩要求,在人员及设备方面具有相应的勘察能力或人员方面具有相应的设计能力,是否接受联合体投标及如果接受联合体投标应满足的要求。

(4)技术成果经济补偿:对设计招标,应写明本次招标是否对未中标投标人投标文件中的技术成果给予经济补偿;给予经济补偿的,应写明支付经济补偿费的标准。

(5)招标文件的获取:包括获取招标文件的时间、地点(或电子招投标交易平台名称)和招标文件的售价及技术资料的押金数额。

(6)投标文件的递交及相关事宜:包括提交投标文件的地点、截止日期和递交的方式。

(7)发布公告的媒介。

(8)联系方式:招标人、招标代理人的名称、地址、联系方式、开户银行及账号等。

(9)时间:注明公布招标公告或发出投标邀请书的年、月、日。

对于邀请招标,应要求被邀请单位向招标人及时发出是否收到邀请书及是否参加投标的确认通知。

3. 资格审查

资格审查方法分为资格预审和资格后审两种形式。

(1)资格预审文件的组成

资格预审文件参照《公路工程标准勘察设计招标资格预审文件》(2018年版)进行编制,共有五章:

第一章　资格预审公告

第二章　申请人须知

第三章　资格审查办法(合格制)

第三章　资格审查办法(有限数量制)

第四章　资格预审申请文件格式

第五章　项目建设概况

(2)资格预审申请文件的组成

①资格预审申请函;

②授权委托书或法定代表人身份证明;

③联合体协议书;

④申请人基本情况;

⑤近年完成的类似项目情况表;

⑥申请人的信誉情况表;

⑦拟委任的项目负责人资历表;

⑧其他资料。

(3)资格预审

在勘察设计招标文件中,应提出对投标人资质条件、能力和信誉的要求,包括资质要求、财务要求、业绩要求、信誉要求、项目负责人的资格要求、其他主要人员要求、其他要求。具体提供的资格审查资料包括投标人基本情况表、近年财务状况表、近年完成的类似勘察设计项目情况表、正在勘察设计和新承接的项目情况表、近年发生的诉讼及仲裁情况、拟委任的主要人员汇总表、拟投入本项目的主要勘察设备表。

其中"申请人基本情况表"应附企业法人营业执照副本和组织机构代码证副本(按照"三证合一"或"五证合一"登记制度进行登记的,可仅提供营业执照副本)、勘察资质证书副本、设计资质证书副本、基本账户开户许可证的复印件,投标人在交通运输部"全国公路建设市场信用信息管理系统"公路工程设计资质企业名录中的网页截图复印件,以及投标人在国家企业信用信息公示系统中基础信息(体现股东及出资详细信息)的网页截图或由法定的社会验资机构出具的验资报告或注册地工商部门出具的股东出资情况证明复印件。

企业法人营业执照副本和组织机构代码证副本、勘察资质证书副本、设计资质证书副本、基本账户开户许可证的复印件应提供全本(证书封面、封底、空白页除外),应包括投标人名称、投标人其他相关信息、颁发机构名称、投标人信息变更情况等关键页在内,并逐页加盖投标人单位章。

"近年完成的类似项目"应是已列入交通运输主管部门"公路建设市场信用信息管理系统"并公开的"初步设计已批复或施工图设计已批复"的主包业绩或分包业绩,具体时间要求见投标人须知前附表。

"近年完成的类似项目情况表"应附在交通运输部"全国公路建设市场信用信息管理系统"中查询到的企业"业绩信息"相关项目网页截图复印件,即包括"工程名称""项目类型""合同价""技术等级""主要设计内容""人员履约信息"等栏目在内的项目详细信息网页截图复印件。在"交通运输部全国公路建设市场信用信息管理系统"中无法查询,但可在省级交通运输主管部门"公路建设市场信用信息管理系统"中查询的,应附省级交通运输主管部门"公路建设市场信用信息管理系统"中查询到的网页截图复印件并注明查询路径。除网页截图复印件外,投标人无须再提供任何业绩证明材料。

4. 编制招标文件

勘察、设计招标文件是招标人向潜在投标人发出的要约邀请文件,是告知投标人招标项目内容、范围、数量与招标要求、投标资格要求、招标程序规则、投标文件编制与递交要求、评标标准与方法、合同条款与技术标准等招标投标活动主体必须掌握的信息和遵守的依据。招标人应当根据招标项目的特点和需要编制招标文件。

(1)勘察设计招标文件组成

①招标公告(未进行资格预审)/投标邀请书(适用于邀请招标);

②投标人须知;

③评标办法;

④合同条款及格式;

⑤发包人要求;

⑥投标文件格式;

⑦投标人须知前附表规定的其他资料。

招标人对招标文件所做的澄清、修改,构成招标文件的组成部分。

(2)发包人要求

"发包人要求"是招标文件中十分重要的内容,应尽可能清晰准确。对于可以进行定量评估的工作,发包人要求不仅应明确规定其功能、用途、质量、环境、安全,并且要规定偏差的范围和计算方法,以及检验、试验、试运行的具体要求;对于勘察人或设计人负责提供的有关服务,应在发包人要求中一并明确规定。发包人要求通常包括但不限于以下内容:

①勘察或设计要求:项目概况(项目名称、建设单位、建设规模、项目地理位置、周边环境、树木情况、文物情况、地质地貌、气候及气象条件、道路交通状况、市政情况等);勘察或设计范围及内容;勘察或设计依据;勘察基础资料或设计项目使用功能的要求;勘察人员和设备要求或设计人员要求;其他要求。

②适用规范标准:列出适用于项目的国家、行业、项目所在地的规范、标准、规程名录。

③成果文件要求:成果文件的组成(勘察或设计说明、图纸等);成果文件的深度、格式、份数和载体(纸质版、电子版)要求;设计成果文件的展板、模型沙盘、动画要求;成果文件的其他要求。

④发包人财产清单,主要有:

A. 发包人提供的设备、设施:

a. 发包人提供的办公房屋及冷暖设施,如办公室数量及面积、空调等;

b. 发包人提供的设备清单,如计算机、投影、打印机、复印机等;

c. 发包人提供的设施清单,如办公桌椅、文件柜等。

B. 发包人提供的资料:

a. 施工场地及毗邻区域内的供水、排水、供电、供气、供热、通信、广播电视等地下管线资料,气象和水文观测资料,相邻建筑物和构筑物、地下工程的有关资料,以及其他与公路工程有关的原始资料;

b. 定位放线的基准点、基准线和基准标高;

c. 发包人取得的有关审批、核准和备案材料;

d. 前一阶段研究或设计的成果文件及相应的批件;

e. 发包人提供的技术标准、规范;

f. 其他资料。

C. 发包人财产使用要求及退还要求等。

⑤发包人提供的便利条件,主要包括发包人提供的生活条件、交通条件,发包人提供的网络、通信条件,发包人提供的协助人员等。

⑥设计人需要自备的工作条件。

⑦发包人的其他要求。

在招标时,编制勘察设计要求文件应做到:严谨性,文字和图表表达清晰,避免歧义或误解;完整性,明确成果的专业内容、形式和数量要求,做到工作任务和功能要求全面、不遗漏;灵活性,提供一定的自由度,为投标人发挥设计的创造性留有充分的空间。

5. 投标文件格式要求

根据《公路工程标准勘察设计招标文件》(2018 年版)规定,公路工程勘察设计投标文件包括以下内容:

(1)投标文件(商务文件)

内容有:

①投标函;

②授权委托书或法定代表人身份证明;

③联合体协议书;

④投标保证金;

⑤拟分包项目情况表;

⑥资格审查资料;

⑦投标人须知前附表规定的其他资料。

(2)投标文件(技术文件)

内容为技术建议书,采用标准图框 A3 幅面,单独装订成册。

技术建议书主要内容包括:

①对招标项目的理解和总体设计思路;

②对招标项目勘察设计的特点、关键性技术问题的认识及其对策措施;

③对前一阶段工作技术结论及技术方案的不同看法及建议;

④勘察设计工作量及计划安排;

⑤勘察设计的质量保证措施、进度保证措施、安全保证措施;

⑥后续服务的安排及保证措施;

⑦其他建议。

(附必要的图纸)

(3)投标文件(报价文件)

主要内容有投标函和勘察设计费用清单。

注意:投标人在评标过程中作出的符合法律法规和招标文件规定的澄清确认,构成投标文件的组成部分。

6. 关于投标保证金的相关规定

投标人在递交投标文件的同时,应按投标人须知前附表规定的金额、形式和规定的投标保证金格式递交投标保证金,并作为其投标文件的组成部分。投标人以现金或者支票形式提交的投标保证金,应当从其基本账户转出并在投标文件中附上基本账户开户证明。联合体投标的,其投标保证金可以由牵头人递交,并应符合投标人须知前附表的规定。

为避免招标人设置过高的投标保证金额度,不同类型招标项目对投标保证金的最高额度均有相关规定。

《公路工程建设项目招标投标管理办法》第 25 条规定:招标人在招标文件中要求投标人提交投标保证金的,投标保证金不得超过招标标段估算价的 2%。投标保证金有效期应当与投标有效期一致。

《招标投标法实施条例》及《工程建设项目勘察设计招标投标办法》规定,招标文件要求投标人提交投标保证金的,保证金数额一般不超过勘察设计估算费用的 2%,最多不超过 10 万元人民币。

投标保证金的形式有现金、银行汇票、银行本票、支票、投标保函等。

投标人不按要求提交投标保证金的,评标委员会将否决其投标。招标人最迟在中标通知书发出后 5 日内向中标候选人以外的其他投标人退还投标保证金,与中标人签订合同后 5 日内向中标人和其他中标候选人退还投标保证金。投标保证金以现金或支票形式递交的,招标人应同时退还投标保证金的银行同期活期存款利息,且退还至投标人的基本账户。

下列几种情况不予退还投标保证金:

(1)投标人在招标文件中规定的投标有效期内撤回其投标。

(2)中标人在收到中标通知书后,无正当理由不与招标人订立合同,在签订合同时向招标人提出附加条件,或不按招标文件要求提交履约保证金。

(3)发生投标人须知前附表规定的其他可以不予退还投标保证金的情形。

7. 现场踏勘

《公路工程标准勘察设计招标文件》(2018 年版)规定,招标人按照招标文件中规定的时间、地点组织投标人踏勘项目现场;投标人踏勘现场发生的费用自理;除招标人原因外,投标人自行负责在踏勘现场所发生的人员伤亡和财产损失;招标人在踏勘现场中介绍的工程场地和相关的周边环境情况,仅供投标人在编制投标文件时参考,招标人不对投标人据此作出的判断和决策负责。

5.1.3　工程勘察设计开标和评标

1. 开标

开标是招标人按照规定的时间、地点,在投标人出席的情况下,当众开启各份有效投标书(即在规定的时间内送达且手续符合规定的投标书),宣布各投标人所报的标价、工期及其他主要内容的一种公开仪式。

开标程序:

(1)主持人按下列程序对投标文件第一个信封(商务及技术文件)进行开标:

①宣布开标纪律;

②公布在投标截止时间前递交投标文件的投标人数量;

③宣布开标人、唱标人、记录人等有关人员姓名；

④按照投标人须知前附表规定由投标人推选的代表检查投标文件的密封情况；

⑤按照投标人须知前附表规定的开标顺序当众开标,公布标段名称、投标人名称、投标保证金的递交情况、勘察设计服务期限及其他内容,并记录在案；

⑥投标人代表、招标人代表、记录人等有关人员在开标记录上签字确认；

⑦开标结束。

（2）在投标文件第一个信封（商务及技术文件）开标现场,投标文件第二个信封（报价文件）不予开封,由招标人密封保存。

（3）招标人将按照第5.1款规定的时间和地点对投标文件第二个信封（报价文件）进行开标。主持人按下列程序进行开标：

①宣布开标纪律；

②当众拆开投标文件第一个信封（商务及技术文件）评审结果的密封袋,宣布通过投标文件第一个信封（商务及技术文件）评审的投标人名单；

③宣布开标人、唱标人、记录人等有关人员姓名；

④按照投标人须知前附表规定由投标人推选的代表检查投标文件的密封情况；

⑤按照投标人须知前附表规定的开标顺序当众开标,开标人只拆封通过投标文件第一个信封（商务及技术文件）评审的投标文件第二个信封（报价文件）,公布标段名称、投标人名称、投标报价及其他内容,并记录在案；

⑥计算并宣布评标基准价；

⑦将未通过投标文件第一个信封（商务及技术文件）评审的投标文件第二个信封（报价文件）退还给投标人；

⑧投标人代表、招标人代表、记录人等有关人员在开标记录上签字确认；

⑨开标结束。

（4）在投标文件第二个信封（报价文件）开标现场,招标人将按第三章"评标办法"规定的原则计算并宣布评标基准价。若招标人发现投标文件出现以下任一情况,其投标报价将不再参加评标基准价的计算：

①未在投标函上填写投标总价。

②投标报价超出招标人公布的最高投标限价（如有）。

③投标报价的大写金额无法确定具体数值。

④投标函上填写的标段号与投标文件封套上标记的标段号不一致。如果投标人认为某一标段的评标基准价计算有误,有权在开标现场提出,经招标人当场核实确认之后,可重新宣布评标基准价。开标现场宣布的评标基准价除计算有误经评标委员会修正外,在整个评标期间保持不变,不随任何因素发生变化。

（5）在投标文件第一个信封（商务及技术文件）或第二个信封（报价文件）开标过程中,若招标人宣读的内容与投标文件不符,投标人有权在开标现场提出疑问,经招标人当场核查确认之后,可重新宣读其投标文件。若投标人现场未提出疑问,则认为投标人已确认招标人宣读的内容。

2. 评标

评标活动遵循公平、公正、科学和择优的原则。

（1）评标委员会的组成

工程勘察、设计评标由评标委员会负责，评标委员会由招标人代表和有关专家组成。评标委员会人数为5人以上单数，其中技术和经济方面的专家不得少于成员总数的2/3。建筑工程设计方案评标时，建筑专业专家不得少于技术和经济方面专家总数的2/3。评标委员会应当按照招标文件确定的评标标准和方法，对投标文件进行评审。评标委员会完成评标后，应当向招标人提出书面评标报告，推荐能够最大限度地满足招标文件中规定的各项综合评价标准的投标人为中标候选人。

评标委员会成员有下列情形之一的，应主动提出回避：

①为负责招标项目监督管理的交通运输主管部门的工作人员；

②与投标人法定代表人或其委托代理人有近亲属关系；

③为投标人的工作人员或退休人员；

④与投标人有其他利害关系，可能影响评标活动公正性；

⑤在与招标投标有关的活动中有过违法违规行为，曾受过行政处罚或刑事处罚。

（2）评标程序及方法

工程勘察、设计评标采用综合评标法，评标程序如下。

①初步评审

在初步评审阶段，应进行形式评审、资格评审和响应性评审。

a. 形式评审。形式评审因素和评审标准主要包括：审查投标人名称是否与营业执照、资质证书一致；投标函及投标函附录是否有法人代表或其委托代理人的签字或加盖单位章；投标文件格式是否符合规定；联合体投标人是否提交了符合招标文件要求的联合体协议书，明确了联合体牵头人和各方承担的连带责任；是否遵守了除招标文件明确允许提交备选投标方案外，投标人不得提交备选投标方案的规定。

b. 资格评审。资格评审因素和评审标准主要包括：审查投标人营业执照和组织机构代码证；资质要求；财务要求；业绩要求；信誉要求；项目负责人；其他主要人员；其他要求；联合体投标人；不存在禁止投标的情形等各项内容是否符合投标人须知的规定。

c. 响应性评审。响应性评审因素和评审标准主要包括：审查投标报价、投标内容、勘察或设计服务期限、质量标准、投标有效期、投标保证金、权利义务等是否符合投标人须知的规定；勘察纲要或设计方案是否符合发包人要求中的实质性要求和条件。

②详细评审

在详细评审阶段，评标委员会按招标文件中规定的量化因素和分值进行打分，并计算出综合评估得分。分值构成（总分100分）包括：

a. 资信业绩。主要包括信誉、类似项目业绩、项目负责人资历和业绩、其他主要人员资历和业绩、拟投入的勘察设备等。

b. 勘察纲要或设计方案。主要包括勘察或设计范围及内容、依据及工作目标、机构设置及岗位职责、勘察或设计说明和方案、质量、进度、安全、保密等保证措施，工作重点和难点分析、合理化建议等。

c. 投标报价。主要以偏差率为评分因素并规定相应的评分标准。评标办法中应列明评标基准价的计算方法和投标报价的偏差率计算公式。

d. 其他因素。评标委员会对满足招标文件实质性要求的投标文件，按照招标文件中规定的评分标准进行打分。如果按规定的评审因素和分值对投标文件的资信业绩、勘察纲要或设计方案、投标报价、其他因素 4 个部分所计算出的得分值分别为 A、B、C、D，则投标人得分＝$A+B+C+D$。

应按得分由高到低的顺序推荐中标候选人，或根据招标人授权直接确定中标人。如综合评分相等时，以投标报价低的优先；投标报价也相等的，以勘察纲要或设计方案得分高的优先；如果勘察纲要或设计方案得分也相等，则按照评标办法前附表的规定确定中标候选人顺序。

评标委员会成员对需要共同认定的事项存在争议的，应当按照少数服从多数的原则作出结论。持不同意见的评标委员会成员应当在评标报告上签署不同意见及理由，否则视为同意评标报告。

在评标过程中，评标委员会应查询交通运输主管部门"公路建设市场信用信息管理系统"，对投标人的资质、业绩、主要人员资历和目前在岗情况、信用等级等信息进行核实。若投标文件载明的信息与交通运输主管部门"公路建设市场信用信息管理系统"发布的信息不符，使得投标人的资格条件不符合招标文件规定的，评标委员会应否决其投标。

评标委员会应对在评标过程中发现的投标人与投标人之间、投标人与招标人之间存在的串通投标的情形进行评审和认定。投标人存在串通投标、弄虚作假、行贿等违法行为的，评标委员会应否决其投标。

3. 中标、签订合同

（1）中标人的确定

建设工程勘察、设计的招标人根据评标委员会的书面评标报告和推荐的中标候选人确定中标人，评标委员会推荐的中标候选人应当限定在 1～3 人，并标明排列顺序。国有资金占控股或者主导地位的依法必须招标的项目，招标人应当确定排名第一的中标候选人为中标人。排名第一的中标候选人放弃中标，因不可抗力提出不能履行合同、不按照招标文件要求提交履约保证金，或者被查实存在影响中标结果的违法行为等情形，不符合中标条件的，招标人可以按照评标委员会提出的中标候选人名单排序依次确定其他中标候选人为中标人。依次确定的其他中标候选人与招标人预期差距较大，或者对招标人明显不利的，招标人可以重新招标。招标人也可以授权评标委员会直接确定中标人。

根据《标准勘察招标文件》和《标准设计招标文件》，招标人对符合招标文件规定的未中标人的技术成果进行补偿的，招标人将按投标人须知前附表规定的标准给予经济补偿，未中标人在投标文件中声明放弃技术成果经济补偿费的除外。招标人将于中标通知书发出后 30 日内向未中标人支付技术成果经济补偿费。

（2）中标结果公告

招标人在确定中标人之日起 3 日内，按照投标人须知前附表规定的公告媒介和期限公告中标结果，公告期不得少于 3 日。

（3）评标结果异议

投标人或其他利害关系人对依法必须进行招标的项目的评标结果有异议的，应在中标候选人公示期间提出。招标人将在收到异议之日起 3 日内作出答复，作出答复前将暂停招标投标活动。

（4）中标通知

招标人确定中标人后,应当在投标有效期内以书面形式向中标人发出中标通知书,并同时将中标结果通知所有未中标的投标人。

（5）提交履约保证金

在签订合同前,中标人应按投标人须知前附表规定的形式、金额和招标文件第四章"合同条款及格式"规定的或事先经过招标人书面认可的履约保证金格式向招标人提交履约保证金。除投标人须知前附表另有规定外,履约保证金为签约合同价的10%。联合体中标的,其履约保证金以联合体各方或联合体中牵头人的名义提交。采用银行保函时,应由符合投标人须知前附表规定级别的银行开具,所需的费用由中标人承担,中标人应保证银行保函有效。

中标人不能按要求提交履约保证金的,视为放弃中标,其投标保证金不予退还,给招标人造成的损失超过投标保证金数额的,中标人还应对超过部分予以赔偿。

（6）签订合同

①招标人和中标人应在中标通知书发出之日起30日内,根据招标文件和中标人的投标文件订立书面合同。中标人无正当理由拒签合同,在签订合同时向招标人提出附加条件,或不按照招标文件要求提交履约保证金的,招标人取消其中标资格,其投标保证金不予退还;给招标人造成的损失超过投标保证金数额的,中标人还应对超过部分予以赔偿。

②发出中标通知书后,招标人无正当理由拒签合同,或在签订合同时向中标人提出附加条件的,招标人向中标人退还投标保证金;给中标人造成损失的,还应赔偿损失。

③签约合同价的确定原则如下:

a. 按照评标办法规定对投标报价进行修正后,若修正后的最终投标报价小于开标时的投标函大写金额报价,则签订合同时以修正后的最终投标报价为准;

b. 按照评标办法规定对投标报价进行修正后,若修正后的最终投标报价大于开标时的投标函大写金额报价,则签订合同时以开标时的投标函大写金额报价为准,同时按比例修正相应子目的单价或合价。

④联合体中标的,联合体各方应共同与招标人签订合同,就中标项目向招标人承担连带责任。

⑤招标人和中标人在签订合同协议书的同时,须按照本招标文件规定的格式和要求签订廉政合同,明确双方在廉政建设方面的权利和义务以及应承担的违约责任。

5.2 公路工程施工监理招投标

5.2.1 公路工程施工监理招投标的基本概念

1. 公路工程施工监理招投标

施工监理招标是指招标人(即业主)将拟委托服务工作的内容、范围、要求等有关条件作为标底,公开或非公开地邀请投标人报出完成服务的技术方案和财务方案,从而择优选定监理单位的过程。

施工监理招标的"标的"是"监理服务",监理单位不承担物质生产任务,只是受招标人委托对工程施工过程提供监督、管理、协调、咨询等服务。因此,业主通过招标方式选择监理单位的基本原则是基于能力的选择,择优应以管理水平、技术水平、社会信誉为首要条件。

公路工程施工监理招标人,应当是依法提出公路工程施工监理招标项目、进行招标的公路工程项目法人或者其他组织。招标人可以将整个公路工程项目的施工监理作为一个标一次招标,也可以按不同专业不同阶段分标段进行招标。招标人分标段进行施工监理招标的,标段划分应当充分考虑有利于对招标项目实施有效管理和监理企业合理投入等因素。

2. 施工监理招投标的基本性质

(1)招标投标是建设市场的一种交易方式,是双方在自愿基础上进行的一种买卖行为,其特点是由唯一的业主设立标的,若干投标人公平竞争,通过秘密报价,从中择优选取并达成交易的过程。

(2)招标投标是市场竞争的表现形式。

(3)招标投标方式是建筑产品的价格形成方式,是价格机制和供求机制在建筑市场产生作用的体现。

(4)招标投标方式是合同的订立方式,招标投标过程是合同的形成过程。

3. 招标投标的法律特征

招标投标是一种法律行为。招标投标过程是要约与承诺的实现过程(在招标投标过程中发布招标公告是一种要约邀请,投送标书是一种要约行为,签发中标通知书是一种承诺行为),是当事人合同法律关系产生的过程。

5.2.2 公路工程监理招标范围和方式

1. 工程项目必须招标的范围

《招标投标法》第3条规定:在中华人民共和国境内进行下列工程建设项目包括项目的勘察、设计、施工、监理以及与工程建设有关的重要设备、材料等的采购,必须进行招标:

(1)大型基础设施、公用事业等关系社会公共利益、公众安全的项目;

(2)全部或者部分使用国有资金投资或者国家融资的项目;

(3)使用国际组织或者外国政府贷款、援助资金的项目。

2. 必须招标的工程规模标准

《必须招标的工程项目规定》(中华人民共和国国家发展和改革委员命令2018年第16号)规定,在我国进行下列工程建设项目包括项目的勘察、设计、施工、监理以及与工程建设有关的重要材料、设备等的采购,必须进行招标。

(1)全部或部分使用国有资金投资或国家融资的项目。包括:①使用预算资金200万元人民币以上,并且该资金占投资额10%以上的项目;②使用国有企业事业单位资金,并且该资金占控股或者主导地位的项目。

(2)使用国际组织或者外国政府贷款、援助资金的项目。包括:①使用世界银行、亚洲开发银行等国际组织贷款、援助资金的项目;②使用外国政府及其机构贷款、援助资金的项目。

(3)大型基础设施、公用事业等关系社会公共利益、公众安全的项目。必须招标的具体范围由国务院发展改革部门会同国务院有关部门按照确有必要、严格限定的原则制定,报国务院批准。

（4）前（1）（2）范围内的项目，其勘察、设计、施工、监理以及与工程建设有关的重要设备、材料等的采购达到下列标准之一的，必须招标：

①施工单项合同估算价在400万元人民币以上；

②重要设备、材料等货物的采购，单项合同估算价在200万元人民币以上；

③勘察、设计、监理等服务的采购，单项合同估算价在100万元人民币以上。

同一项目中可以合并进行的勘察、设计、施工、监理以及与工程建设有关的重要设备、材料等的采购，合同估算价合计达到前款规定标准的，必须招标。

3. 监理招标方式

《招标投标法》第10条规定，招标分为公开招标和邀请招标。

（1）公开招标

公开招标，也称无限竞争性招标，是指招标人以招标公告的方式邀请不特定的法人或者其他组织投标。所有符合条件的供应商或承包人都可以平等参加投标竞争。

公开招标有利于招标人获得最合理的投标报价，取得最佳投资效益；也有利于为潜在的投标人提供均等的机会，一般能防止招标投标过程中作弊情况的发生。但公开招标也有一定的缺陷，如：公开招标需准备的文件较多，工作量较大，对资格预审和评标工作量大，招标时间长，费用高；公开招标投标人众多，耗时较长，所需费用较大；每个参与者中标机会小，风险大；有些投标人故意压低报价的"抢标"现象"挤"掉较优投标者。

（2）邀请招标

邀请招标也称有限竞争招标或选择性招标，是指招标人以投标邀请书的方式邀请特定的法人或者其他组织投标。

与公开招标比较，邀请招标所需的时间较短，且招标费用较省，投标人不易串通抬价。但邀请招标不利于招标人获得最优报价，取得最佳投资效益。

《招标投标法》第11条规定，国务院发展计划部门确定的国家重点项目和省、自治区、直辖市人民政府确定的地方重点项目不适宜公开招标的，经国务院发展计划部门或者省、自治区、直辖市人民政府批准，可以进行邀请招标。

《招标投标法实施条例》（国务院令613号，2012年）第8条规定：国有资金占控股或者主导地位的依法必须进行招标的项目，应当公开招标；但有下列情形之一的，可以邀请招标：

①技术复杂、有特殊要求或者受自然环境限制，只有少量潜在投标人可供选择；

②采用公开招标方式的费用占项目合同金额的比例过大。

有前款第②项所列情形，属于本条例第7条规定的项目，由项目审批、核准部门在审批、核准项目时作出认定；其他项目由招标人申请有关行政监督部门作出认定。

《招标投标法》第17条规定，招标人采用邀请招标方式的，应当向3个以上具备承担招标项目的能力、资信良好的特定的法人或者其他组织发出投标邀请书。

招标人可以根据招标项目本身的要求，在招标公告或者投标邀请书中，要求潜在投标人提供有关资质证明文件和业绩情况，并对潜在投标人进行资格审查；国家对投标人的资格条件另有规定的，依照其规定。

招标人不得以不合理的条件限制或者排斥潜在投标人，不得对潜在投标人实行歧视待遇。

4. 招标的组织形式

招标的组织形式包括招标人自行招标和委托招标机构代理招标两种。

（1）招标人自行招标

《招标投标法》第 12 条规定："招标人具有编制招标文件和组织评标能力的,可以自行办理招标事宜。任何单位和个人不得强制其委托招标代理机构办理招标事宜。"

（2）委托招标机构代理招标

招标代理机构是依法设立、从事招标代理业务并提供相关服务的社会中介组织,招标人可以委托招标机构代理招标。《招标投标法》第 12 条规定："招标人有权自行选择招标代理机构,委托其办理招标事宜。任何单位和个人不得以任何方式为招标人指定招标代理机构。"

《招标投标法》第 13 条规定,招标代理机构应当具备下列条件:

①有从事招标代理业务的营业场所和相应资金;

②有能够编制招标文件和组织评标的相应专业力量。

同时,招标代理机构与行政机关和其他国家机关不得存在隶属关系或者其他利益关系。

5.2.3　公路工程监理招投标程序

公路工程监理招标程序见图 5-1。

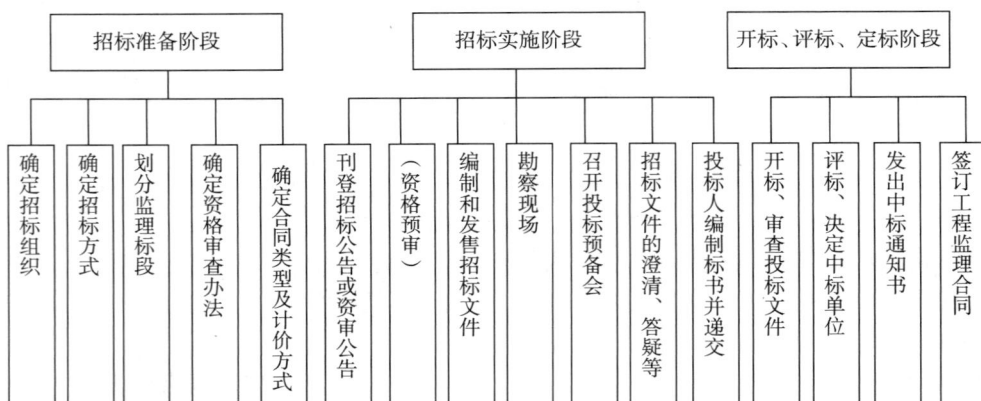

图 5-1　公路工程监理招标程序

5.2.4　公路工程监理招标相关工作

1. 监理招标应具备的条件

《公路工程建设项目招标投标管理办法》第 8 条规定,公路工程建设项目履行项目审批或者核准手续后,方可开展勘察设计招标;初步设计文件批准后,方可开展施工监理、设计施工总承包招标;施工图设计文件批准后,方可开展施工招标。

监理招标应当具备下列条件:

（1）初步设计文件应当履行审批手续的,已经批准;

（2）建设资金已经落实;

（3）项目法人或者承担项目管理的机构已经依法成立。

2. 监理标段划分

招标人可以将整个公路工程项目的施工监理作为一个标一次招标,也可以按不同专业、不同阶段分标段进行招标。招标人分标段进行施工监理招标的,标段划分应当充分考虑有利于对招标项目实施有效管理和监理企业合理投入等因素。

在公路工程建设中,一般当施工标段＞3 时,每 3 个施工标段合设 1 个监理标;当施工标段≤3 时,通常就设置 1 个监理标段。

3. 确定资格审查办法

资格审查方法分为资格预审和资格后审两种形式。

(1)资格预审文件组成

资格预审文件参照《公路工程标准施工监理招标资格预审文件》(2018 年版)进行编制,共有五章:

第一章　资格预审公告

第二章　申请人须知

第三章　资格审查办法(合格制)

第三章　资格审查办法(有限数量制)

第四章　资格预审申请文件格式

第五章　项目建设概况

(2)资格预审申请文件组成

①资格预审申请函;

②授权委托书或法定代表人身份证明;

③联合体协议书;

④申请人基本情况;

⑤近年完成的类似项目情况表;

⑥申请人的信誉情况表;

⑦拟委任的总监理工程师或驻地监理工程师资历表;

⑧其他资料。

(3)资格后审的审查资料

①投标人基本情况表;

②投标人企业组织机构框图;

③近年完成的类似项目情况表;

④投标人的信誉情况表;

⑤拟委任的总监理工程师或驻地监理工程师资历表;

⑥拟委任的其他主要监理人员汇总表;

⑦拟委任的其他主要监理人员资历表。

4. 发布招标公告/投标邀请书

招标公告(图 5-2)内容主要有:

(1)项目概况与招标范围;

(2)投标人资格要求;

(3)招标文件的获取(电子招投标应注明);

(4)投标文件的递交;

(5)评标办法(综合评分法、合理低价法等);

(6)投标保证金的提交;

(7)发布公告的媒介;

(8)联系方式。

第一章　招标公告(未进行资格预审)

_____(项目名称)_____标段施工监理招标公告

1. 招标条件

本招标项目_____(项目名称)已由_____(项目审批、核准或备案机关名称)以_____ _____(批文名称及编号)批准建设,初步设计已由_____(批准机关名称)以_____ __(批文名称及编号)批准,项目业主为_____,建设资金来自_____(资金来源),出资比例为_____,招标人为_____。项目已具备招标条件,现对该项目的施工监理进行公开招标。

2. 项目概况与招标范围

_____(说明本次招标项目的建设地点、规模、监理服务期限、招标范围、标段划分等)。

3. 投标人资格要求

3.1 本次招标要求投标人须具备_____资质、_____业绩,并在人员等方面具有相应的施工监理能力。

投标人应进入交通运输部"全国公路建设市场信用信息管理系统(http://glxy.mot.gov.cn)"中的公路工程施工监理资质企业名录,且投标人名称和资质与该名录中的相应企业名称和资质完全一致。

3.2 本次招标_____(接受或不接受)联合体投标。联合体投标的,应满足下列要求:_____。

3.3 每个投标人最多可对____(具体数量)个标段投标;被____交通运输主管部门评为信用等____级的投标人,最多可对____(具体数量)个标段投标。每个投标人允许中____个标。对投标人信用等级的认定条件为:_____。

3.4 与招标人存在利害关系可能影响招标公正性的单位,不得参加投标。单位负责人为同一人或存在控股、管理关系的不同单位,不得参加同一标段投标,否则,相关投标均无效。

3.5 在"信用中国"网站(http://www.creditchina.gov.cn/)中被列入失信被执行人名单的投标人,不得参加投标。

4. 招标文件的获取

4.1 凡有意参加投标者,请于____年____月____日至____年____月____日,每日上午____时____分至____时____分,下午____时____分至____时____分(北京时间,下同),在_____(详细地址)持单位介绍信和经办人身份证购买招标文件。参加多个标段投标的投标人必须分别购买相应标段的招标文件,并对每个标段单独递交投标文件。

4.2 招标文件每套售价_____元,图纸每套售价_____元,售后不退。

5. 投标文件的递交及相关事宜

5.1 招标人将于下列时间和地点组织进行工程现场踏勘并召开投标预备会。

踏勘现场时间:____年____月____日____时____分,集中地点_____;

投标预备会时间:____年____月____日____时____分,地点_____。

5.2 投标文件递交的截止时间(投标截止时间,下同)____年____月____日____时____分,投标人应当于____时____分至____时____分将投标文件递交至_____(详细地址)。

5.3 逾期送达的、未送达指定地点的或不按照招标文件要求密封的投标文件,招标人将予以拒收。

6. 发布公告的媒介

　　本次招标公告同时在＿＿＿＿＿＿＿＿（发布公告的媒介名称）上发布。

7. 联系方式

招　标　人：＿＿＿＿＿＿＿＿	招标代理机构：＿＿＿＿＿＿＿＿
地　　　址：＿＿＿＿＿＿＿＿	地　　　址：＿＿＿＿＿＿＿＿
邮政编码：＿＿＿＿＿＿＿＿	邮政编码：＿＿＿＿＿＿＿＿
联　系　人：＿＿＿＿＿＿＿＿	联　系　人：＿＿＿＿＿＿＿＿
电　　　话：＿＿＿＿＿＿＿＿	电　　　话：＿＿＿＿＿＿＿＿
传　　　真：＿＿＿＿＿＿＿＿	传　　　真：＿＿＿＿＿＿＿＿
电子邮件：＿＿＿＿＿＿＿＿	电子邮件：＿＿＿＿＿＿＿＿
网　　　址：＿＿＿＿＿＿＿＿	网　　　址：＿＿＿＿＿＿＿＿
开户银行：＿＿＿＿＿＿＿＿	开户银行：＿＿＿＿＿＿＿＿
账　　　号：＿＿＿＿＿＿＿＿	账　　　号：＿＿＿＿＿＿＿＿

　　　　　　　　　　　　　　　　　　　　　　＿＿＿＿＿＿年＿＿＿月＿＿＿日

图 5-2　招标公告格式

【项目示例 5-1】

　　××县××镇××高速公路出口至 115 县道公路工程监理招标公告（图 5-3）。

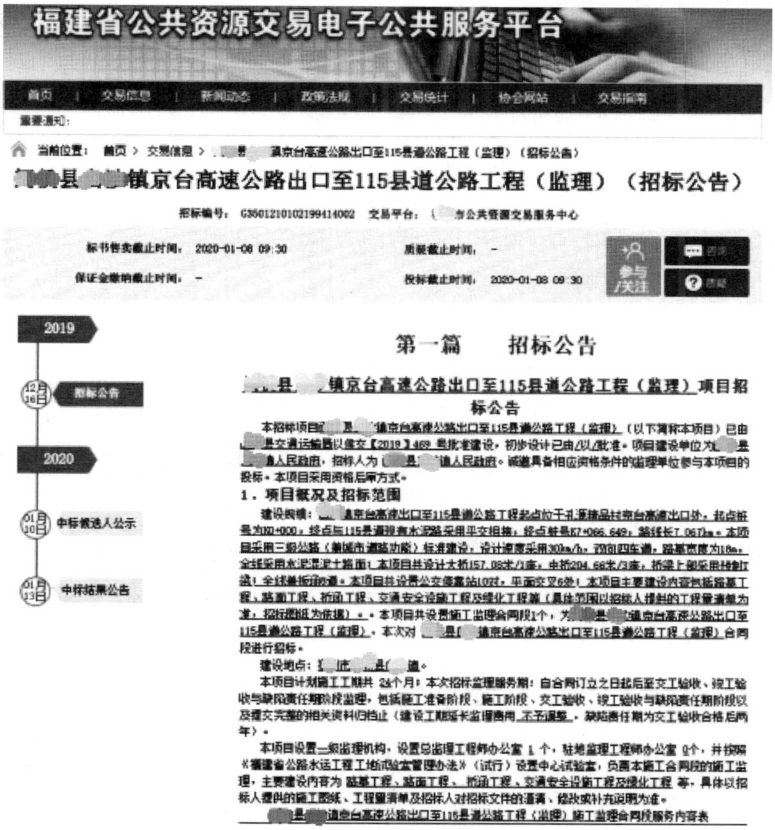

图 5-3　监理招标公告

5. 公路工程施工监理招标文件的编制

（1）招标文件的组成内容

《公路工程标准施工监理招标文件》（2018年版）规定，公路施工监理招标文件共由三卷七章组成：

第一卷

    第一章 招标公告（未进行资格预审）

    第一章 投标邀请书（适用于邀请招标）

    第一章 投标邀请书（代资格预审通过通知书）

    第二章 投标人须知

    第三章 评标办法

    第四章 合同条款及格式

第二卷

    第五章 委托人要求

    第六章 图纸和资料

第三卷

    第七章 投标文件格式

同时，招标人在招标期间发出的有编号的澄清、修改和其他正式有效函件等，均是招标文件的组成部分。

（2）投标人须知

投标人须知是招标单位为了说明招标性质、范围，向投标单位提供的必要信息资料以及对投标人的合格条件、编制投标书的规定、投标书送交、开标与评标直至签订合同的有关要求。

投标人须知由前附表、附录、正文三部分内容组成。

①前附表（投标人须知前附表见表5-1）将投标活动中的重要内容以列表的方式概括性表示出来，放在招标文件最前面。

②附录：同资格预审文件中附录1～附录5。

③正文：包括总则、招标文件、投标文件、投标、开标、评标、合同授予等。

表 5-1　投标人须知前附表

条款号	条款名称	编列内容
1.1.2	招标人	名称： 地址： 联系人： 电话：
1.1.3	招标代理机构	名称： 地址： 联系人： 电话：
1.1.4	招标项目名称	

续表

条款号	条款名称	编列内容
1.1.5	标段建设地点	
1.1.6	标段建设规模	
1.1.7	招标项目施工预计开工日期和建设周期	
1.1.8	建筑安装工程费/工程概算投资额	
1.2.1	资金来源及比例	
1.2.2	资金落实情况	
1.3.1	招标范围	□总监理工程师办公室 □驻地监理工程师办公室 □其他：_____
1.3.2	监理服务期限	监理服务期：_____日历天 其中： 施工期(含施工准备期)：_____日历天 缺陷责任期：_____日历天
1.3.3	质量要求	
1.3.4	安全目标	
1.4.1	投标人资质条件、能力和信誉	资质要求：见附录1 业绩要求：见附录2 信誉要求：见附录3 总监理工程师和驻地监理工程师资格：见附录4 其他要求：
1.4.2	是否接受联合体投标	□不接受 □接受,应满足下列要求： (1)联合体所有成员数量不得超过____家； (2)联合体牵头人应具有_____资质； ……
1.4.3	投标人不得存在的其他关联情形	
1.4.4	投标人不得存在的其他不良状况或不良信用记录	
1.10.4	投标人在投标预备会前提出问题	时间： 形式：
2.1	构成招标文件的其他资料	
2.2.1	投标人要求澄清招标文件	时间：____年___月___日___时___分 形式：
2.2.2	招标文件澄清发出的形式	

续表

条款号	条款名称	编列内容	
2.2.3	投标人确认收到招标文件澄清	时间:收到澄清后____小时内(以发出时间为准)	
		形式:	
2.3.1	招标文件修改发出的形式		
2.3.2	投标人确认收到招标文件修改	时间:收到修改后____小时内(以发出时间为准)	
		形式:	
3.1.1	构成投标文件的其他资料		
3.2.1	增值税税金的计算方法		
3.2.3	报价方式	□总价 □单价	
3.2.4	最高投标限价	□无 □有,最高投标限价____元(其中含暂列金额____元)	
3.2.9	投标报价的其他要求		
3.3.1	投标有效期	自投标人提交投标文件截止之日起计算____日	
3.4.1	投标保证金	是否要求投标人递交投标保证金: □要求,投标保证金的金额:_____ 　　　　　投标保证金可采用的其他形式:_____ 　　　　　招标人指定的开户银行及账号如下: 　　　　　账户名称:_____ 　　　　　开户银行:_____ 　　　　　账　　号:_____ 　　　　　采用银行保函时,出具保函的银行级别:_____ □不要求	
3.4.3	投标保证金的利息计算原则	(1)计算利息的起始日期为投标截止当日,终止日期为招标人退还投标保证金日期的前一日; (2)投标保证金的利息按照第(1)款所述计息时间段内招标人指定汇入银行公告的活期存款利率计付,并扣除招标人汇款手续费; (3)利息金额计算至分位,分以下尾数四舍五入	
3.4.4	其他可以不予退还投标保证金的情形		
3.5	资格审查资料的特殊要求	□无 □有,具体要求:	
3.5.2	近年完成的类似项目情况的时间要求	____年____月____日至____年____月____日	
3.6.1	是否允许递交备选投标方案	□不允许 □允许	

续表

条款号	条款名称	编列内容
3.7.4	是否允许递交备选投标方案	投标文件副本份数: 是否要求提交电子版文件: 其他要求:
3.7.5	装订的其他要求	
4.1.2	封套上应载明的信息	投标文件第一个信封(商务及技术文件)封套: 招标人名称:＿＿＿＿＿＿＿ 招标人地址:＿＿＿＿＿＿＿ ＿＿＿＿＿＿＿(项目名称)＿＿＿＿＿＿＿标段施工 监理招标第一个信封(商务及技术文件)投标文件 招标项目编号:＿＿＿＿＿＿＿ 在＿＿年＿＿月＿＿日＿＿时＿＿分前不得开启 投标人名称:＿＿＿＿＿＿＿ 投标文件第二个信封(报价文件)封套: 招标人名称:＿＿＿＿＿＿＿ 招标人地址:＿＿＿＿＿＿＿ ＿＿＿＿＿＿＿(项目名称)＿＿＿＿＿＿＿标段施工 监理招标第二个信封(报价文件)投标文件 招标项目编号:＿＿＿＿＿＿＿ 在投标文件第二个信封(报价文件)开标前不得开启 投标人名称:＿＿＿＿＿＿＿ 投标人地址:＿＿＿＿＿＿＿ 银行保函封套: 招标人名称:＿＿＿＿＿＿＿ 招标人地址:＿＿＿＿＿＿＿ ＿＿＿＿＿＿＿(项目名称)＿＿＿＿＿＿＿标段施工 监理招标投标保证金(银行保函原件) 招标项目编号:＿＿＿＿＿＿＿ 投标人名称:＿＿＿＿＿＿＿
4.2.3	是否退还投标文件	□否 □是,退还时间:
5.1	开标时间和地点	投标文件第一个信封(商务及技术文件)开标时间:同投标截止时间 投标文件第一个信封(商务及技术文件)开标地点:同递交投标文件地点 投标文件第二个信封(报价文件)开标时间:＿＿＿＿＿＿＿ 投标文件第二个信封(报价文件)开标地点:＿＿＿＿＿＿＿
5.1	开标时间和地点	开标时间:同投标截止时间 开标地点:同递交投标文件地点

续表

条款号	条款名称	编列内容
5.2.1	第一个信封(商务及技术文件)开标程序	(1)密封情况检查:检查商务及技术文件是否存在提前开启情况 (2)开标顺序:_____
5.2.3	第二个信封(报价文件)开标程序	(1)密封情况检查:检查报价文件是否存在提前开启情况 (2)开标顺序:_____
6.1.1	评标委员会的组建	评标委员会构成:____人,其中招标人代表____人,专家____人; 评标专家确定方式:依法从相应评标专家库中随机抽取
6.3.2	评标委员会推荐中标候选人的人数	
7.1	中标候选人公示媒介及期限	公示媒介: 公示期限:_____日 公示的其他内容:_____
7.4	是否授权评标委员会确定中标人	□是 □否
7.5	中标通知书和中标结果通知发出的形式	
7.6	中标结果公告媒介及期限	公示媒介: 公示期限:_____日
7.7.1	履约保证金	是否要求中标人提交履约保证金: □要求,履约保证金的形式:银行保函或现金、支票形式 履约保证金的金额:____%签约合同价,被招标项目所在地省级交通运输主管部门评为____信用等级的中标人,履约保证金金额为____%签约合同价 采用银行保函时,出具保函的银行级别:____ □不要求
8.5.1	监督部门	监督部门:_____ 地 址:_____ 电 话:_____ 传 真:_____ 邮政编码:_____
9	是否采用电子招标投标	□否 □是,具体要求

需要补充的其他内容:

（3）关于投标保证金的相关规定

为避免招标人设置过高的投标保证金额度，不同类型招标项目对投标保证金的最高额度均有相关规定。

《公路工程建设项目招标投标管理办法》第 25 条规定，招标人在招标文件中要求投标人提交投标保证金的，投标保证金不得超过招标标段估算价的 2%。投标保证金有效期应当与投标有效期一致。

《招标投标法实施条例》第 26 条规定，招标人在招标文件中要求投标人提交投标保证金的，投标保证金不得超过招标项目估算价的 2%。投标保证金有效期应当与投标有效期一致。

《政府采购货物和服务招标投标管理办法》第 36 条规定，招标采购单位规定的投标保证金数额，不得超过采购项目概算的 1%。

投标保证金的形式有现金、银行汇票、银行本票、支票、投标保函等。

投标保证金退还规定：

招标人最迟在中标通知书发出后 5 日内向中标候选人以外的其他投标人退还投标保证金，与中标人签订合同后 5 日内向中标人和其他中标候选人退还投标保证金。投标保证金以现金或支票形式递交的，招标人应同时退还投标保证金的银行同期活期存款利息，且退还至投标人的基本账户。

下列几种情况不予退还投标保证金：

①投标人在招标文件中规定的投标有效期内撤回其投标。

②中标人在规定期限内未能：a. 根据投标人按规定签订合同或按规定接受对错误的修正；b. 根据招标文件规定未提交履约保证金。

③投标人采用不正当的手段骗取中标。

（4）评标办法

《公路工程标准施工监理招标文件》（2018 年版）规定的评标办法采用综合评分法。评标委员会对满足招标文件实质性要求的投标文件，按照分值构成与评分标准规定（见表 5-2）的评分标准进行打分，并按得分由高到低的顺序推荐中标候选人，或根据招标人授权直接确定中标人，但投标报价低于其成本的除外。综合评分相等时，评标委员会应按照评标办法前附表规定的优先次序推荐中标候选人或确定中标人。

表 5-2　分值构成与评分标准规定

条款号	条款内容	编列内容
2.2.1	分值构成 （总分 100 分）	第一个信封（商务及技术文件）评分分值构成： 技术建议书：_____ 分 主要人员：_____ 分 技术能力：_____ 分 业绩：_____ 分 履约信誉：_____ 分 …… 第二个信封（报价文件）评分分值构成： 评标价：_____ 分

续表

条款号	条款内容	编列内容
2.2.2	评标基准价计算方法	评标基准价的计算： 在开标现场，招标人将当场计算并宣布评标基准价。 (1)评标价的确定： 评标价＝投标函文字报价 (2)评标价平均值的计算： 方案一：按第一个信封(商务及技术文件)评审得分由高到低的顺序选取前3名(若不足3名，则选取相应数量)，对其第二个信封(报价文件)的评标价做算术平均(根据第二章"投标人须知"第5.2.4项规定在开标现场被宣布为不进入评标基准价计算的投标报价除外)，将该平均值作为评标价平均值； 方案二：除按第二章"投标人须知"第5.2.4项规定开标现场被宣布为不进入评标基准价计算的投标报价之外，所有投标人的评标价去掉一个最高值和一个最低值后的算术平均值即为评标价平均值(如果参与评标价平均值计算的有效投标人少于5家时，则计算评标价平均值时不去掉最高值和最低值)。 (3)评标基准价的确定： 方法一：将评标价平均值直接作为评标基准价。 方法二：将评标价平均值下浮＿＿＿%，作为评标基准价。 方法三：招标人设置评标基准价系数，由投标人代表现场抽取，评标价平均值乘以现场抽取的评标基准价系数作为评标基准价。 方法四：…… 在评标过程中，评标委员会应对招标人计算的评标基准价进行复核，存在计算错误的应予以修正并在评标报告中作出说明。除此之外，评标基准价在整个评标期间保持不变，不随任何因素发生变化
2.2.3	评标价的偏差率计算公式	偏差率＝100％×(投标人评标价－评标基准价)/评标基准价 偏差率保留位＿＿＿＿＿小数

条款号	评分因素与权重分值				评分标准
	评分因素	评分因素权重分值	各评分因素细分项	分值	
2.2.4(1)	技术建议书	＿＿＿分	监理大纲(或监理方案)和措施	＿＿＿分	……
			本工程监理工作的重点与难点分析	＿＿＿分	……
			对本工程的建议	＿＿＿分	……
			……	＿＿＿分	……
2.2.4(2)	主要人员	＿＿＿分	总监理工程师或驻地监理工程师任职资格与业绩	＿＿＿分	……
			……	＿＿＿分	……
			……	＿＿＿分	……

条款号	评分因素与权重分值				评分标准
	评分因素	评分因素权重分值	各评分因素细分项	分值	
2.2.4(3)	评标价	____分	(1)如果投标人的评标价＞评标基准价,则评标价得分＝$F-$偏差率$\times 100 \times E_1$; (2)如果投标人的评标价≤评标基准价,则评标价得分＝$F+$偏差率$\times 100 \times E_2$。 其中:F是评标价所占的权重分值,E_1是评标价每高于评标基准价一个百分点的扣分值,E_2是评标价每低于评标基准价一个百分点的扣分值;招标人可依据招标项目的具体特点和实际需要设置E_1、E_2,但E_1应大于E_2		
2.2.4(4)	其他因素	技术能力 ____分	……	____分	……
			……	____分	……
		业绩 ____分	……	____分	……
			……	____分	……
		履约信誉 ____分		____分	
				____分	
		____分		____分	
				____分	
		____分		____分	
				____分	

需要补充的其他内容:
……

在工程实践中,常用的监理评标方法还有固定标价评分法、技术评分合理标价法、合理标价法＋信用分等。招标项目具体采用哪一种评标方法应在招标文件中明确说明。

如××县××镇××高速公路出口至115县道公路工程(监理)项目施工监理招标评标办法为合理标价法＋信用分。

【项目示例 5-2】××县××镇××高速公路出口至 115 县道公路工程监理评标方法

××县××镇××高速公路出口至 115 县道公路工程(监理)项目
施工监理招标评标办法

1. **总则**

1.1 为规范本工程施工监理评标工作,根据《中华人民共和国招标投标法》、《评标委员会和评标方法暂行规定》(国家发改委等七部委 2001 年第 12 号令)、《公路工程施工监理招标投标管理办法》(交通部 2006 年第 5 号令)等有关规定,并结合本工程招标文件,制定本评标办法。

1.2 评标活动遵循公平、公正、科学、择优的原则。

1.3 评标活动应在严格保密的情况下进行。评标人员必须严格遵守保密规定,不得和投标人串通,不得泄露与评标活动有关的情况,不得索贿受贿,不得参加可能影响公正评标的任何活动。评标期间投标人不得干扰评标工作,不得采用行贿或其他不正当手段影响评标。

1.4 本项目评标采用资格后审、"合理低价(80 分)+信用分(20 分)"。

1.5 评标期间,由交通主管部门派出评标监督人员,负责监督评标的全过程活动,依法纠正、查处评标工作中的违规行为,依法受理投标人及利害关系人的投诉。

6.2 **财务评审(80 分)**

6.2.3 计算评标基准价

(1)评标价的确定:评标价=财务建议书递交函中监理服务费总额文字报价或费率(未超出招标人设定的控制价上限、进入评标基准价计算的下限)。

(2)评标基准价的确定:当有效评标家数大于等于 6 家时,以所有被宣读的评标价去掉一个最低值和最高值后的算术平均值作为评标基准价;当有效评标家数小于 6 家时,以所有被宣读的评标价去掉一个最低值后的算术平均值作为评标基准价。

评标基准价在整个评标期间保持不变,不随通过财务建议书符合性审查和详细评审的投标人的数量发生变化。

6.2.4 计算财务得分

(1)如果投标人的评标价>评标基准价,则投标人财务得分=80-偏差率×100×E_1;(2)如果投标人的评标价≤评标基准价,则投标人财务得分=80+偏差率×100×E_2。其中:

①偏差率=100%×(投标人评标价-评标基准价)/评标基准价(偏差率保留小数点后四位)

②E_1、E_2分别是评标价每高于、低于评标基准价一个百分点的扣分值,招标人可依据招标项目的具体特点和实际需要设置 E_1、E_2,但 E_1 应大于 E_2 且信用分对中标结果的影响应不超过 10%。$E_1=1.5$,$E_2=1$〔E_1、E_2取值对中标价影响范围的公式:$6/(E_1×100)+6/(E_2×100)$,由招标人在编制招标文件时进行验算〕。

6.3 **信用评分(20 分)**

信用分满分为 20 分,其中监理单位信用分分值为 13 分,总监理工程师信用分分值为 5 分,试验室主任信用分分值为 2 分。

(1)在普通公路或高速公路土建工程(未参与普通公路信用考核)建设中被福建省交通运输厅、省重点办评为年度信用等级为 AA 级(以正式发布的最近年度的信用考核结果为准,下同)的监理单位且符合信用加分条件的信用分得分为 13 分,已完工项目的 AA 级的总监理工程师信用分得分为 5 分,已完工项目的 AA 级的试验室主任信用分得分为 2 分。

(2)在普通公路或高速公路土建工程(未参与普通公路信用考核)建设中被福建省交通运输厅、省重点办评为年度信用等级为 A 级的监理单位且符合信用加分条件的信用分得分为 11.7 分,已完工项目的 A 级的总监理工程师信用分得分为 4.5 分,已完工项目的 A 级的试验室主任信用分得分为 1.8 分。

(3)在普通公路建设中被福建省交通运输厅、省重点办评为年度信用等级为 B 级的监理单位以及未参加年度福建省交通建设市场信用考核的监理单位信用分得分为 9.1 分,B 级的以及未参加年度福建省交通建设市场信用考核的总监理工程师信用分得分为 3.5 分,试验室主任信用分得分为 1.4 分。

(4)在普通公路建设中被福建省交通运输厅、省重点办评为年度信用等级为 C、D 级的监理单位及 C、D 级的总监理工程师或试验室主任,其信用分得 0 分。

5.2.5 公路工程施工监理投标文件的编制

1. 投标文件的组成

《公路工程标准施工监理招标文件》(2018 年版,自 2018 年 5 月 1 日起施行)规定,公路施工监理投标文件应采用双信封形式,包括以下内容:

第一个信封(商务及技术文件)内容有:(1)投标函;(2)授权委托书或法定代表人身份证明;(3)联合体协议书;(4)投标保证金;(5)资格审查资料;(6)技术建议书;(7)投标人须知前附表规定的其他资料。

第二个信封(报价文件)内容有:投标函和监理服务费用清单。

注意:投标人在评标过程中作出的符合法律法规和招标文件规定的澄清确认,构成投标文件的组成部分。

2. 技术建议书

《公路工程标准施工监理招标文件》(2018 年版)规定,技术建议书通常包括以下内容:

(1)工程概述:主要对拟投监理标段的工程总体概况进行简单描述。

(2)监理工作范围:依据监理合同中约定的监理服务的要求和范围,对拟投监理标段的监理工作安排、主要监理人员的岗位职责进行必要的阐述。

(3)现场监理机构设置与人员安排:通过框图形式,明确拟投监理标段的组织机构设置。

(4)监理仪器、设备和设施的配备:投标人根据拟投监理标段的现场工作需要,对其拟投入本工程的监理仪器、设备和设施的配备等情况做简要介绍。

(5)监理工作程序:结合监理工作的阶段划分,对工程质量控制、进度控制、施工安全控制、施工环境保护、费用控制、合同及其他事项管理、文件资料管理等方面,进行监理工作方法与流程的简要阐述。

(6)监理大纲(或监理方案)和措施。

(7)本工程监理工作的重点与难点分析:根据招标文件及现场考察,对本工程监理工作需要特别给予重视的问题逐一论述并给出解决方法。

(8)对本工程的建议:为更好地完成本工程的监理工作,监理单位可根据以往的经验,对本工程监理工作提出建议。

3. 监理服务费用清单

《公路工程标准施工监理招标文件》(2018 年版)规定,监理服务费用清单通常包括以下内容:

(1)报价清单说明

(2)监理服务费报价表

表 1　监理服务费用报价汇总表

表 2　监理人员服务费报价表

表 3　监理工程师办公设施费报价表

表 4　监理工程师交通设施费报价表

表 5　监理试验设施费报价表

表 6　监理工程师生活设施费报价表

表 7　监理服务费用支付估算表
附件 1　监理人员工作计划安排表
附件 2　监理设施进出场时间表

4. 编制要求

(1)编制要求(纸质文件)

①投标文件应按第七章"投标文件格式"进行编写,如有必要,可以增加附页,作为投标文件的组成部分。

②投标文件应对招标文件有关监理服务期限、投标有效期、质量要求、安全目标、委托人要求、招标范围等实质性内容作出响应。

③投标文件应用不褪色的材料书写或打印。投标文件格式中明确要求投标人法定代表人或其委托代理人签字之处,必须由相关人员亲笔签名,不得使用印章、签名章或其他电子制版签名代替;明确要求投标人加盖单位章之处,必须加盖单位章。其中,投标函及对投标文件的澄清和说明应加盖投标人单位章,或由投标人的法定代表人或其委托代理人签字。

如果投标文件由委托代理人签署,则投标人须提交授权委托书,授权委托书应按第七章"投标文件格式"的要求出具,并由法定代表人和委托代理人亲笔签名,不得使用印章、签名章或其他电子制版签名代替。

如果由投标人的法定代表人亲自签署投标文件,则投标人须提交法定代表人身份证明,身份证明应符合第七章"投标文件格式"的要求。

以联合体形式参与投标的,投标文件由联合体牵头人的法定代表人或其委托代理人按上述规定签署并加盖联合体牵头人单位章。法定代表人授权委托书或法定代表人身份证明须由联合体牵头人按上述规定出具。

投标文件应尽量避免涂改、行间插字或删除。如果出现上述情况,改动之处应由投标人的法定代表人或其授权的代理人签字或盖单位章。

④投标文件正本一份,副本份数见投标人须知前附表。正本和副本的封面右上角上应清楚地标记"正本"或"副本"字样。投标人应根据投标人须知前附表要求提供电子版文件。当副本和正本不一致或电子版文件和纸质正本文件不一致时,以纸质正本文件为准。

⑤文件的正本与副本应分别装订成册(A4 纸幅),编制目录并逐页标注连续页码。投标文件不得采用活页夹装订,否则,招标人对由于投标文件装订松散而造成的丢失或其他后果不承担任何责任。装订的其他要求见投标人须知前附表。

(2)编制要求(电子招投标)

①投标文件的制作应满足以下规定:

a. 投标文件由投标人使用"电子交易平台"自带的"投标文件制作工具"制作生成。

b. 投标人在编制投标文件时应建立分级目录,并按照标签提示导入相关内容。

c. 投标文件中证明资料的"复印件"均为"原件的扫描件",应从"电子交易平台"会员诚信库中选择并进行超链接,未标示"复印件"的证明资料均应直接制作生成。

d. 投标文件中的已标价报价清单数据文件应与招标人提供的报价清单数据文件格式一致。

e. 第七章"投标文件格式"中要求盖单位章和(或)签字的地方,投标人均应使用 CA 数字证书加盖投标人的单位电子印章和(或)法定代表人的个人电子印章或电子签名章。联合体投标的,投标文件由联合体牵头人按上述规定加盖联合体牵头人单位电子印章和(或)法定代表人的个人电子印章或电子签名章。

f. 投标文件制作完成后,投标人应使用 CA 数字证书对投标文件进行文件加密,形成加密的投标文件。

②因投标人自身原因而导致投标文件无法导入"电子交易平台"电子开标、评标系统,该投标视为无效投标,投标人自行承担由此导致的全部责任。

③投标文件应按照要求制作并加密,未按要求加密的投标文件,招标人("电子交易平台")将拒绝接收并提示。

5. 公路工程施工监理投标文件的递交(纸质文件、电子招投标)

(1)公路工程施工监理投标文件的递交(纸质文件)

①投标人应在第一章"招标公告"或"投标邀请书"规定的投标截止时间前递交投标文件。

②投标人递交投标文件的地点:见第一章"招标公告"或"投标邀请书"。

③除投标人须知前附表另有规定外,投标人所递交的投标文件不予退还。投标人少于3个的,投标文件当场退还给投标人。

④招标人收到投标文件后,向投标人出具签收凭证。

⑤逾期送达的或未送达指定地点的投标文件,招标人将予以拒收。

(2)公路工程施工监理投标文件的递交(电子招投标)

①投标人应在第一章"招标公告"或"投标邀请书"规定的投标截止时间前,通过互联网使用 CA 数字证书登录"电子交易平台",将加密的投标文件上传,并保存上传成功后系统自动生成的电子签收凭证,递交时间即为电子签收凭证时间。投标人应充分考虑上传文件时的不可预见因素,未在投标截止时间前完成上传的,视为逾期送达,招标人("电子交易平台")将拒绝接收。

②投标人递交的投标文件,只要出现应当拒收的情形,其投标文件予以拒收。

③在投标截止时间前,投标人可以修改或撤回已递交的投标文件。投标人对加密的投标文件进行撤回的,应在"电子交易平台"直接进行撤回操作;投标人对加密的投标文件进行修改的,应在投标截止时间前完成上传。

④投标人修改投标文件的,应使用"投标文件制作工具"制作成完整的投标文件,并按照规定进行编制、加密和递交。对采用网上递交的加密的投标文件,以投标截止时间前最后完成上传的文件为准。

⑤投标人撤回投标文件的,招标人自收到投标人书面撤回通知之日起 5 日内退还已收取的投标保证金。

5.2.6 公路工程施工监理的开标、评标与定标

1. 投标文件的递交及接收

投标人应在投标人须知前附表规定的投标截止时间前在指定的地点递交投标文件;招标人收到投标文件后,向投标人出具签收凭证。对于电子招投标,投标人通过下载招标文件的电子招标投标交易平台递交电子投标文件;投标人完成电子投标文件上传后,电子招标投标交易平台即时向投标人发出递交回执通知,递交时间以递交回执通知载明的传输完成时间为准。

2. 开标

开标应当在招标文件确定的投标截止时间的同一个时间进行,在招标人按照规定的时间、地点,在投标人出席的情况下,当众开启各份有效投标书(即在规定的时间内送达且手续符合规定的投标书),宣布各投标人所报的标价、工期及其他主要内容的一种公开仪式。

开标时应首先检查投标文件的密封情况,再按照规定的开标顺序当众开标,公布招标项目名称、投标人名称、投标保证金的递交情况、投标报价、项目负责人、勘察设计服务期限及其他内容;如采用电子招投标,则投标人通过电子招标投标交易平台对已递交的电子投标文件进行解密,公布上述内容,并记录在案。

投标人对开标有异议的,应当在开标现场提出,招标人应当场作出答复,并制作记录。

开标程序:

(1)主持人按下列程序对投标文件第一个信封(商务及技术文件)进行开标:

①宣布开标纪律;

②公布在投标截止时间前递交投标文件的投标人数量;

③宣布开标人、唱标人、记录人等有关人员姓名;

④按照投标人须知前附表规定由投标人推选的代表检查投标文件的密封情况;

⑤按照投标人须知前附表规定的开标顺序当众开标,公布标段名称、投标人名称、投标保证金的递交情况、监理服务期限及其他内容,并记录在案;

⑥投标人代表、招标人代表、记录人等有关人员在开标记录上签字确认;

⑦开标结束。

(2)在投标文件第一个信封(商务及技术文件)开标现场,投标文件第二个信封(报价文件)不予开封,由招标人密封保存。

(3)招标人将按照第 5.1 款规定的时间和地点对投标文件第二个信封(报价文件)进行开标。主持人按下列程序进行开标:

①宣布开标纪律;

②当众拆开投标文件第一个信封(商务及技术文件)评审结果的密封袋,宣布通过投标文件第一个信封(商务及技术文件)评审的投标人名单;

③宣布开标人、唱标人、记录人等有关人员姓名;

④按照投标人须知前附表规定由投标人推选的代表检查投标文件的密封情况;

⑤按照投标人须知前附表规定的开标顺序当众开标,开标人只拆封通过投标文件第一个信封(商务及技术文件)评审的投标文件第二个信封(报价文件),公布标段名称、投标人名称、投标报价及其他内容,并记录在案;

⑥计算并宣布评标基准价;

⑦将未通过投标文件第一个信封(商务及技术文件)评审的投标文件第二个信封(报价文件)退还给投标人;

⑧投标人代表、招标人代表、记录人等有关人员在开标记录上签字确认;

⑨开标结束。

(4)在投标文件第二个信封(报价文件)开标现场,招标人将按第三章"评标办法"规定的原则计算并宣布评标基准价。若招标人发现投标文件出现以下任一情况,其投标报价将不再参加评标基准价的计算:

①未在投标函上填写投标总价。

②投标报价超出招标人公布的最高投标限价（如有）。

③投标报价的大写金额无法确定具体数值。

④投标函上填写的标段号与投标文件封套上标记的标段号不一致。如果投标人认为某一标段的评标基准价计算有误，有权在开标现场提出，经招标人当场核实确认之后，可重新宣布评标基准价。开标现场宣布的评标基准价除计算有误经评标委员会修正外，在整个评标期间保持不变，不随任何因素发生变化。

（5）在投标文件第一个信封（商务及技术文件）或第二个信封（报价文件）开标过程中，若招标人宣读的内容与投标文件不符，投标人有权在开标现场提出疑问，经招标人当场核查确认之后，可重新宣读其投标文件；若投标人现场未提出疑问，则认为投标人已确认招标人宣读的内容。

3. 评标与定标

评标目的是根据招标文件中确定的标准和方法，对每个投标单位的标书进行评价和比较。评标阶段是最关键的阶段，是对中标人的决定性筛选。这个筛选过程从打开投标文件开始，对投标人的报价文件、商务及技术文件进行评审。

定标是指评标委员会按照评标办法，通过对投标人的报价文件、商务及技术文件进行评审，选出 1～3 名得分最高的投标人作为中标人或中标候选人，由招标人进行确定。

4. 中标、签订合同

（1）中标候选人公示

招标人在收到评标报告之日起 3 日内，按照投标人须知前附表规定的公示媒介和期限公示中标候选人，公示期不得少于 3 日，公示内容包括：

①中标候选人排序、名称、投标报价，对监理质量要求、安全目标和监理服务期限的响应情况；

②中标候选人在投标文件中承诺的总监理工程师或驻地监理工程师姓名、个人业绩、相关证书名称和编号；

③中标候选人在投标文件中填报的项目业绩；

④被否决投标的投标人名称、否决依据和原因；

⑤提出异议的渠道和方式；

⑥投标人须知前附表规定公示的其他内容。

招标人和中标人应当自中标通知书发出之日起 30 天内，根据招标文件、中标人的投标文件、中标通知书等订立书面合同。

（2）中标通知

招标人确定中标人后，应当在投标有效期内以书面形式向中标人发出中标通知书，同时将中标结果通知所有未中标的投标人。

（3）中标结果公告

招标人在确定中标人之日起 3 日内，按照投标人须知前附表规定的公告媒介和期限公告中标结果，公告期不得少于 3 日。公告内容包括中标人名称、中标价。

（4）提交履约保证金

在签订合同前，中标人应按投标人须知前附表规定的形式、金额和招标文件第四章"合同条款及格式"规定的或事先经过招标人书面认可的履约保证金格式向招标人提交履约保证金。除投标人须知前附表另有规定外,履约保证金为签约合同价的10%。联合体中标的,其履约保证金以联合体各方或联合体中牵头人的名义提交。采用银行保函时,应由符合投标人须知前附表规定级别的银行开具,所需的费用由中标人承担,中标人应保证银行保函有效。

中标人不能按要求提交履约保证金的,视为放弃中标,其投标保证金不予退还,给招标人造成的损失超过投标保证金数额的,中标人还应对超过部分予以赔偿。

(5)中标结果公告

①招标人和中标人应在中标通知书发出之日起30日内,根据招标文件和中标人的投标文件订立书面合同。中标人无正当理由拒签合同,在签订合同时向招标人提出附加条件,或不按照招标文件要求提交履约保证金的,招标人取消其中标资格,其投标保证金不予退还;给招标人造成的损失超过投标保证金数额的,中标人还应对超过部分予以赔偿。

②发出中标通知书后,招标人无正当理由拒签合同,或在签订合同时向中标人提出附加条件的,招标人向中标人退还投标保证金;给中标人造成损失的,还应赔偿损失。

③签约合同价的确定原则如下:

a. 按照评标办法规定对投标报价进行修正后,若修正后的最终投标报价小于开标时的投标函大写金额报价,则签订合同时以修正后的最终投标报价为准;

b. 按照评标办法规定对投标报价进行修正后,若修正后的最终投标报价大于开标时的投标函大写金额报价,则签订合同时以开标时的投标函大写金额报价为准,同时按比例修正相应子目的单价或合价。

④联合体中标的,联合体各方应共同与招标人签订合同,就中标项目向招标人承担连带责任。

⑤招标人和中标人在签订合同协议书的同时,须按照本招标文件规定的格式和要求签订廉政合同,明确双方在廉政建设方面的权利和义务以及应承担的违约责任。

5.3　公路工程材料设备采购招投标

5.3.1　材料设备采购招标特点及报价方式

1. 材料设备采购方式及特点

建设工程材料和设备的采购主要采用询价选择供货商、直接向供货商订购和招标选择供货商三种方式。

(1)询价方式

询价方式一般用于采购数额不大的建筑材料和标准规格产品,由采购方对多家供货商就采购的标的物进行询价,还可通过多轮讨价还价及磋商,经过比较后选择其中一家签订供货合同。该方式避免了招标采购的复杂性,工作量小、耗时短、交易成本低,也在一定程度上进行了供货商之间的报价竞争,但存在较大的主观性和随意性。

（2）直接订购方式

直接订购方式多适用于零星采购、应急采购，是只能从一家供应厂商获得，或必须由原供货商提供产品或向原供货商补订的采购。该方式达成交易快，有利于及早交货，但采购来源单一，缺少对价格的比选，适用的条件较为特殊。

（3）招标投标

招标投标则是大宗及重要建筑材料和设备采购的最主要方式，该方式有利于规范买卖双方的交易行为、扩大比选范围、实现公开公平竞争，但程序复杂、工作量大、周期长，适合于较为充分竞争的市场环境。

2. 材料设备采购招标的类型

建设工程项目所需材料设备的采购，按标的物的特点可以分为买卖合同和加工承揽合同两大类。

（1）买卖合同

买卖合同适合于采购大宗建筑材料或通用型批量生产的中小型设备。由于标的物的规格、性能、主要技术参数均为通用指标，因此，招标时一般侧重对投标人的商业信誉、报价和交货期限等方面进行比较，较多考虑价格因素。

（2）加工承揽合同

加工承揽合同适用于订购非批量生产的大型复杂机组设备、特殊用途的大型非标准部件。中标人承担的工作涵盖从生产、交货、安装到调试、保修的全过程，招标时要对投标人的商业信誉、加工制造能力、报价、交货期限和方式、安装（或安装指导）、调试、保修及操作人员培训等各方面的条件进行全面比较，更多考虑性价比。

3. 材料设备采购投标报价方式

（1）主要报价方式

应根据招标文件的要求对建设工程项目材料设备进行投标报价，根据不同情况，主要有如下几类报价方式。

①从中国关境内提供的货物

a. 报出厂价

招标文件可规定由国内供货方（卖方）在其所在地或其他指定的地点（如工场、工厂或仓库）将货物交给买方后即完成交货，则投标人报出厂价（ExWorks, EXW 价）、仓库交货价，买方自行承担在卖方所在地受领货物后运至国内施工现场的运输费用和保险费。

报出厂价、仓库交货价的，除应包括要向中国政府缴纳的增值税和其他税，还应包括货物在制造或组装时使用的部件和原材料是从关境外进口的已交纳或应交纳的全部关税、增值税和其他税。

b. 投标前已进口货物报仓库交货价

对投标截止时间前已经进口的货物，可报仓库交货价，除应包括要向中国政府缴纳的增值税和其他税，还应包括货物在从关境外进口时已交纳或应交纳的全部关税、增值税和其他税。

针对以上两类货物，招标文件中还可规定，由投标人报货物运至最终目的地的关境内运输、保险和相关服务等其他费用。

c. 报施工现场交货价

很多情况下,招标文件规定由国内供货方(卖方)负责将货物运至国内施工现场,则投标人报施工现场交货价,该报价包含出厂价(EXW 价)加上运至施工现场的内陆运输费和保险费。

②从中国关境外提供的货物

a. 报 FOB 价或 FCA 价

招标文件可要求国外供货方(卖方)报 FOB 价(free on board,装运港船上交货),卖方在装运港将货物装上买方指定的船只,即完成交货,卖方负责办理货物在指定的装运港装上船之前的一切运输事项及运输费用,费用包含在报价中。

报 FCA 价(free carrier,货交承运人指定地点),卖方在指定的地点将货物交给买方指定的承运人,即完成交货,卖方负责办理将货物在买方指定地点或其他同意的地点交由承运方保管之前的一切运输事项,并承担运输费用,费用包含在报价中。

b. 报 CIF 价或 CIP 价

更多情况下,可要求国外供货方(卖方)报 CIF(指定目的港)价(即 cost,insurance and freight,成本、保险费和海运费),卖方负责办理租船订舱,并承担将货物装上船之前的一切费用,以及海运费和从转运港运至目的港的保险费。

报 CIP(指定目的地)价(即 carriage and insurance paid to,运费和保险费付至目的地),卖方负责与承运人签订运输协议,并承担货物运至目的地的运费和保险费。

(2)分项报价内容

①标准材料及标准设备招标分项报价

分项报价表的内容包括分项名称、单位、数量、单价(元)、总价(元)、合计报价。投标报价为各分项报价金额之和,如投标人在投标截止时间前修改投标函中的投标报价总额,则应同时修改投标文件分项报价表中的相应报价。

②大中型机电设备招标分项报价

根据商务部对外贸易司(国家机电办)2014 年印发的《机电产品国际招标标准招标文件(试行)》,大中型机电设备采购招标文件中应提供投标分项报价表的格式,投标人应根据招标文件要求和产品技术要求在分项报价表上列出供货产品清单及分项报价和总价。

投标分项报价表的具体内容包括:

a. 供货分项类别,包括主机和标准附件,备品备件,专用工具,安装、调试、检验,培训,技术服务,其他。

b. 有关境内供货的,对上述类别内容分别填报如下报价信息:型号和规格,数量,原产地和制造商名称,单价(注明装运地点)、总价,至最终目的地的运费和保险费。

c. 有关境外供货的,则应按要求填报如下报价信息:型号和规格,数量,原产地和制造商名称,FOB/FCA 单价(注明装运港或装运地点),CIF/CIP 单价(注明目的港或目的地),CIF/CIP 总价,至最终目的地的内陆运费和保险费。

5.3.2 材料采购招标

1. 材料采购招标方式和规模

(1)材料采购招标方式

建设工程材料招标可以采用公开招标或邀请招标的方式。

招标公告或投标邀请书中应列明招标条件、项目概况与招标范围、投标人资格要求、招标文件获取方式、投标文件递交时间、地点及方式、招标人联系方式等内容。

招标条件中应写明本次招标采购的材料名称。

项目概况与招标范围中应写明招标项目的建设地点、规模、建设工期、标段划分和本次招标采购材料的名称、数量、技术规格、交货地点、交货期等。

(2)必须招标的工程规模标准

《必须招标的工程项目规定》(中华人民共和国国家发展和改革委员命令 2018 年第 16 号)规定,在我国进行下列工程建设项目有关的重要材料、设备等的采购,单项合同估算价在 200 万元人民币以上必须进行招标。

①大型基础设施、公共事业等关系社会公共利益、公众安全的项目;

②全部或部分使用国有资金投资或者国家融资的项目;

③使用国际组织或者外国政府贷款、援助资金的项目。

(3)对投标人的资格要求

资格审查可采用资格预审或资格后审的方式,通过资格审查保证合格的投标人均具备履行合同的能力。

通常情况下,对投标人的资格要求主要包括如下方面:

①具有独立订立合同的能力;

②在专业技术、设备设施、人员组织、业绩经验等方面具有设计、制造、质量控制、经营管理的相应资格和能力;

③具有完善的质量保证体系;

④业绩良好,具有设计、制造与招标材料相同或相近材料的供货业绩及运行经验;

⑤有良好的银行信用和商业信誉等。

2. 材料采购招投标文件编制

(1)招标文件的组成

《标准材料采购招标文件》(2017 年版)规定,材料采购招标文件的组成如下:

①招标公告(或投标邀请书);

②投标人须知;

③评标办法;

④合同条款及格式;

⑤供货要求;

⑥投标文件格式;

⑦投标人须知前附表规定的其他资料。

(2)供货要求

《标准材料采购招标文件》(2017 年版)规定,招标人应尽可能清晰准确地提出对材料的需求,并对所要求提供的材料名称、规格、数量及单位、交货期、交货地点、质量标准、验收标准、相关服务要求等作出说明。鉴于供货要求是合同文件的组成文件之一,指代主体名称宜采用买方和卖方分别表示招标人和投标人或中标人。

(3)投标文件的组成要求

《标准材料采购招标文件》(2017 年版)规定,投标文件应包括下列内容:

①投标函；

②法定代表人(单位负责人)身份证明或授权委托书；

③联合体协议书(如有)；

④投标保证金；

⑤商务和技术偏差表；

⑥分项报价表；

⑦资格审查资料；

⑧投标材料质量标准的详细描述；

⑨技术支持资料；

⑩相关服务计划；

⑪投标人须知前附表规定的其他资料。

投标人在评标过程中作出的符合法律法规和招标文件规定的澄清确认,构成投标文件的组成部分。

投标文件应当对招标文件有关供货期、投标有效期、供货要求、招标范围等实质性内容作出响应。投标文件在满足招标文件实质性要求的基础上,可以提出比招标文件要求更有利于招标人的承诺。

投标人根据招标文件载明的货物实际情况,拟在中标后将供货合同中的非主要部分进行分包的,应当在投标文件中载明。除非招标文件中规定允许有备选方案,否则,只允许投标人提供一个投标方案。

《招标投标法》规定,招标人应当确定投标人编制投标文件所需的合理时间。依法必须进行招标的货物,自招标文件开始发出之日起至投标人提交投标文件截止之日止,最短不得少于 20 日。

(4)投标保证金要求

招标人可以在招标文件中要求投标人以自己的名义提交投标保证金。投标保证金一般不得超过项目估算价的 2%,但最高不得超过 80 万元人民币。

投标人应当按照招标文件要求的方式和金额,在提交投标文件截止时间前将投标保证金提交给招标人或其委托的招标代理机构。投标保证金可以是招标人认可的银行出具的银行保函、保兑支票、银行汇票、现金支票、现金,也可以是其他合法担保形式。依法必须进行招标的项目的境内投标单位,以现金或者支票形式提交的投标保证金应当从其基本账户转出。投标保证金有效期应当与投标有效期一致。

(5)履约保证金要求

《招标投标法实施条例》还规定,招标文件要求中标人提交履约保证金的,履约保证金不得超过中标合同金额的 10%。

(6)投标响应要求

《标准材料采购招标文件》(2017 年版)规定,投标文件应当对招标文件的实质性要求和条件作出满足性或更有利于招标人的响应,否则,投标人的投标将被否决。实质性要求和条件见投标人须知前附表。

投标人应根据招标文件的要求提供投标材料质量标准的详细描述、技术支持资料及相关服务计划等内容,以对招标文件作出响应。

投标文件中应针对实质性要求和条件中列明的技术要求提供技术支持资料。技术支持资料以制造商公开发布的印刷资料,或检测机构出具的检测报告或投标人须知前附表允许的其他形式为准;不符合前述要求的,视为无技术支持资料,其投标将被否决。

投标人须知前附表规定了可以偏差的范围和最高偏差项数的,偏差应当符合投标人须知前附表规定的偏差范围和最高项数,超出偏差范围和最高偏差项数的投标将被否决。

3. 材料采购评标

(1)评标方法

《标准材料采购招标文件》(2017年版)规定,材料采购评标方法包括综合评估法和经评审的最低投标价法。

①综合评估法

评标委员会对满足招标文件实质性要求的投标文件,按照规定的评分标准进行打分,并按得分由高到低的顺序推荐中标候选人,或根据招标人授权直接确定中标人,但投标报价低于其成本的除外。综合评分相等时,以投标报价低的优先;投标报价也相等的,以技术得分高的优先;如果技术得分也相等,按照评标办法前附表的规定确定中标候选人顺序。

②经评审的最低投标价法

评标委员会对满足招标文件实质性要求的投标文件,根据规定的评标价格调整方法进行必要的价格调整,并按照经评审的投标价由低到高的顺序推荐中标候选人,或根据招标人授权直接确定中标人,但投标报价低于其成本的除外。经评审的投标价相等时,投标报价低的优先;投标报价也相等的,按照评标办法前附表中的规定确定中标候选人顺序。

(2)评标程序(综合评估法)

①初步评审

初步评审包括形式评审、资格评审、响应性评审。形式评审主要审查投标人名称、投标函签字盖章、投标文件格式、联合体协议书等是否符合招标文件的规定;资格评审主要审查营业执照和组织机构代码证、资质要求、财务要求、业绩要求、信誉要求等是否符合规定;响应性评审主要审查投标报价、投标内容、交货期、质量要求、投标有效期、投标保证金、权利义务、投标材料及相关服务等是否符合规定。

评标委员会可以要求投标人提交第二章“投标人须知”规定的有关证明和证件的原件,以便核验。评标委员会依据评标办法前附表中规定的标准对投标文件进行形式评审、资格评审、响应性评审。有一项不符合评审标准的,评标委员会应当否决其投标。

投标人有以下情形之一的,评标委员会应当否决其投标:

a. 投标文件没有对招标文件的实质性要求和条件作出响应,或者对招标文件的偏差超出招标文件规定的偏差范围或最高项数;

b. 有串通投标、弄虚作假、行贿等违法行为。

投标报价有算术错误及其他错误的,评标委员会按以下原则要求投标人对投标报价进行修正,并要求投标人书面澄清确认。投标人拒不澄清确认的,评标委员会应当否决其投标:

a. 投标文件中的大写金额与小写金额不一致的,以大写金额为准;

b. 总价金额与单价金额不一致的,以单价金额为准,但单价金额小数点有明显错误的除外;

c. 投标报价为各分项报价金额之和，投标报价与分项报价的合价不一致的，应以各分项合价累计数为准，修正投标报价；

d. 如果分项报价中存在缺漏项，则视为缺漏项价格已包含在其他分项报价之中。

②详细评审

评标委员按评标办法前附表中规定的量化因素和分值进行打分，并计算出综合评估得分。其中，商务部分计算出得分 A，技术部分计算出得分 B，对投标报价计算出得分 C，其他部分计算出得分 D（评分分值计算保留小数点后两位，小数点后第三位"四舍五入"）；投标人得分 $=A+B+C+D$。

评标委员会发现投标人的报价明显低于其他投标报价，使得其投标报价可能低于其个别成本的，应当要求该投标人作出书面说明并提供相应的证明材料。投标人不能合理说明或者不能提供相应证明材料的，评标委员会应当认定该投标人以低于成本报价竞标，并否决其投标。

（3）投标文件的澄清

在评标过程中，评标委员会可以书面形式要求投标人对投标文件中含义不明确、对同类问题表述不一致或者有明显文字和计算错误的内容做必要的澄清、说明或补正。澄清、说明或补正应以书面方式进行。评标委员会不接受投标人主动提出的澄清、说明或补正。

澄清、说明或补正不得超出投标文件的范围且不得改变投标文件的实质性内容，并构成投标文件的组成部分。

评标委员会对投标人提交的澄清、说明或补正有疑问的，可以要求投标人进一步澄清、说明或补正，直至满足评标委员会的要求。

（4）确定中标候选人

评标委员会按照得分由高到低的顺序推荐中标候选人，并标明排序。

5.3.3 设备采购招标

建设工程设备采购在招标方式、投标人资格要求、招标文件编制、投标文件内容、投标保证金和投标响应等方面的形式要求上与建设工程材料采购招标的形式要求基本一致，在供货要求和评标方法上既有与材料采购招标的相同之处，也有其自身的工作内容和特点。

1. 设备招标供货及服务要求

《标准设备采购招标文件》（2017 年版）规定，建设工程设备招标的供货要求应包括设备名称、规格、数量及单位、交货期、交货地点、技术性能指标、检验考核要求、技术服务和质保期服务要求等，不仅涉及合同设备的制造、运输，还涉及技术资料、安装、调试、考核、验收、技术服务及质量保证等。相关内容定义如下：

（1）合同设备，指卖方按合同约定应向买方提供的设备、装置、备品、备件、易损易耗件、配套使用的软件或其他辅助电子应用程序及技术资料，或其中任何一部分。

（2）技术资料：指各种纸质及电子载体的与合同设备的设计、检验、安装、调试、考核、操作、维修以及保养等有关的技术指标、规格、图纸和说明文件。

（3）安装：指对合同设备进行的组装、连接以及根据需要将合同设备固定在施工场地内一定的位置上，使其就位并与相关设备、工程实现连接。

（4）调试：指在合同设备安装完成后，对合同设备所进行的调校和测试。

（5）考核：指在合同设备调试完成后，对合同设备进行的用于确定其是否达到合同约定的技术性能考核指标的考核。

（6）验收：指合同设备通过考核达到约定的技术性能考核指标后，买方作出的接受合同设备的确认。招标人应对合同设备在考核中应达到的技术性能考核指标进行规定。

（7）技术服务：指卖方按合同约定，在合同设备验收前，向买方提供的安装、调试服务，或者在由买方负责的安装、调试、考核中对买方进行的技术指导、协助、监督和培训等。

（8）质量保证期：指合同设备验收后，卖方按合同约定保证合同设备适当、稳定运行，并消除合同设备故障的期限。

（9）质保期服务：指在质量保证期内，卖方向买方提供的合同设备维护服务、咨询服务、技术指导、协助以及对出现故障的合同设备进行修理或更换的服务。

此外，根据商务部印发的《机电产品国际招标标准招标文件（试行）》的规定，机电设备招标的范围除了交付约定的机组设备外，还包括"伴随服务"，即根据合同规定卖方承担与供货有关的辅助服务，如运输、保险、安装、调试、提供技术援助、培训和合同中规定卖方应承担的义务，一般包括：

（1）实施或监督所供货物的现场组装和试运行；

（2）提供货物组装和维修所需的工具；

（3）为所供货物的每一适当的单台设备提供详细的操作和维护手册；

（4）在双方商定的一定期限内对所供货物实施运行或监督或维护或修理，但该服务并不能免除卖方在合同保证期内所承担的义务；

（5）在卖方厂家和/或在项目现场就所供货物的组装、试运行、运行、维护和/或修理对买方人员进行培训。

卖方应提供合同专用条款/技术规格中规定的所有服务，可规定将为履行要求的伴随服务的报价或双方商定的费用包括在合同价中；如果卖方提供的伴随服务的费用未含在货物的合同价中，双方应事先就其达成协议，但其费用单价不应超过卖方向其他人提供类似服务所收取的现行单价。

2. 设备招标工作要点

（1）设备招标注意事项

①对工程成套设备的供应，投标人可以是生产厂家，也可以是工程公司或贸易公司，为了保证设备供应并按期交货，如工程公司或贸易公司为投标人，必须提供生产厂家同意其在本次投标中提供该货物的正式授权书，一个生产厂家对同一品牌同一型号的材料和设备，仅能委托一个代理商参加投标。

②对大型设备采购招标，由于产品设计和制造的难度及复杂性，对生产厂家应有较高的资质和能力条件的要求，须具有相应的制造能力，尤其是制作同类型产品的经验，以确保标的物能够保质保量、按期交货。

③与通用材料的采购相比较，设备采购，尤其是大型成套设备采购，买卖双方的权利和义务关系涉及的内容多、期限较长。合同的责任包括产品设计、原材料供应、生产加工、包装运输、到货开箱检验、安装或安装指导、设备调试、启动及试运行、质量保修以及保修期满后的服务等内容，应针对不同阶段设定明确要求。

④编写工作范围时，应注意写明具体采购货物的形式、规格和性能要求、结构要求、结合

部位要求、附属设备以及土建工程的限制条件；还应注意说明供应的主辅机设备、连接部件等与土建工程和其他工程项目的分界面，必要时用图纸细分明确。

⑤招标文件应明确规定，是否允许投标人提供可供选择的替代方案，以及可接受的替代方案的范围和要求，以便投标者做出响应。

（2）招标人编制技术性能指标注意事项

对建设工程设备招标，招标人编制技术性能指标应注意如下方面：

①技术性能指标是评价投标文件技术响应性的标准，因此，应将技术性能指标规定明确、全面，以有助于投标人编制响应性的投标文件，也有助于评标委员会审查、评审和比较投标文件。

②技术性能指标应具有适当的广泛性，以免在生产制造设备时对普遍使用的工艺、材料和设备造成限制；同时主要技术性能指标还要具体准确，不宜有过大的响应幅度，以免投标报价差异过大，不利于比选。

③招标文件中规定的工艺、材料和设备的标准不得有限制性，应尽可能地采用国家标准。法律法规对设备安全性有特殊要求的，应当符合有关产品质量的强制性国家标准、行业标准。

④技术性能指标不得要求或标明某一特定的专利技术、商标、名称、设计、原产地或供应者等，不得含有倾向或者排斥潜在投标人的其他内容。如果必须引用某一供应者的技术规格才能准确或清楚地说明拟招标货物的技术规格时，则应当在参照后面加上"或相当于"的字样。

⑤招标文件应对合同设备在考核中应达到的技术性能考核指标进行规定，并可根据合同设备的实际情况，规定可以接受的合同设备的最低技术性能考核指标。

（3）报价注意事项

报价分析不仅要考虑设备本体和辅助设备的费用，也要考虑大件运输、安装、调试、专用工具等的费用，还要考虑售后维修服务人员培训、备品备件、软件升级等的可获得性和费用。

3. 设备采购评标

（1）评标方法

《标准设备采购招标文件》（2017年版）规定，设备采购评标方法包括综合评估法和经评审的最低投标价法。

（2）评标程序（最低投标价法）

①初步评审

初步评审包括形式评审、资格评审、响应性评审。形式评审主要审查投标人名称、投标函签字盖章、投标文件格式、联合体协议书、备选投标方案等是否符合招标文件的规定；资格评审主要审查营业执照和组织机构代码证、资质要求、财务要求、业绩要求、信誉要求等是否符合规定；响应性评审主要审查投标报价、投标内容、交货期、交货地点、技术性能指标、投标有效期、投标保证金、权利义务、投标设备及技术服务和质保期服务、技术支持资料等是否符合规定。

评标委员会可以要求投标人提交"投标人须知"规定的有关证明和证件的原件，以便核验。评标委员会依据评标办法前附表中规定的标准对投标文件进行形式评审、资格评审、响应性评审。有一项不符合评审标准的，评标委员会应当否决其投标。

投标人有以下情形之一的,评标委员会应当否决其投标:

a. 投标文件没有对招标文件的实质性要求和条件作出响应,或者对招标文件的偏差超出招标文件规定的偏差范围或最高项数;

b. 有串通投标、弄虚作假、行贿等违法行为。

投标报价有算术错误及其他错误的,评标委员会按以下原则要求投标人对投标报价进行修正,并要求投标人书面澄清确认。投标人拒不澄清确认的,评标委员会应当否决其投标:

a. 投标文件中的大写金额与小写金额不一致的,以大写金额为准;

b. 总价金额与单价金额不一致的,以单价金额为准,但单价金额小数点有明显错误的除外;

c. 投标报价为各分项报价金额之和,投标报价与分项报价的合价不一致的,应以各分项合价累计数为准,修正投标报价;

d. 如果分项报价中存在缺漏项,则视为缺漏项价格已包含在其他分项报价之中。

②详细评审

评标委员会按详细评审标准规定的评标价格调整方法进行必要的价格调整,并编制"标价比较表"。

评标委员会发现投标人的报价明显低于其他投标报价,使得其投标报价可能低于其成本的,应当要求该投标人作出书面说明并提供相应的证明材料。投标人不能合理说明或者不能提供相应证明材料的,由评标委员会认定该投标人以低于成本报价竞标,并否决其投标。

(3)投标文件的澄清

在评标过程中,评标委员会可以书面形式要求投标人对投标文件中含义不明确、对同类问题表述不一致或者有明显文字和计算错误的内容作必要的澄清、说明或补正。澄清、说明或补正应以书面方式进行。评标委员会不接受投标人主动提出的澄清、说明或补正。

澄清、说明或补正不得超出投标文件的范围且不得改变投标文件的实质性内容,并构成投标文件的组成部分。

评标委员会对投标人提交的澄清、说明或补正有疑问的,可以要求投标人进一步澄清、说明或补正,直至满足评标委员会的要求。

(4)确定中标候选人

评标委员会按照得分由高到低的顺序推荐中标候选人,并标明排序。

复习思考题

1. 工程设计招标有哪些主要特征?

2. 工程勘察设计的招标方式有哪些?各适用于什么情况?

3. 开展工程勘察设计招标需要做好哪些准备工作?

4. 编制工程勘察设计招标文件和投标文件有哪些工作要点?

5. 工程勘察设计评标的评分因素应如何设置?

6. 工程勘察设计评标是通过哪些程序和方法选定中标人的?

7. 根据《公路工程标准施工监理招标文件》(2018 年版)，公路施工监理招标文件的组成内容有哪些？

8. 根据《公路工程标准施工监理招标文件》(2018 年版)，公路施工监理投标文件的组成内容有哪些？

9. 公路施工监理投标文件编制的注意事项有哪些？

10. 公路施工监理开标的程序是什么？

11. 工程材料设备采购招标有哪些特点？

12. 工程材料设备采购招标文件和投标文件分别有哪些组成内容？

13. 工程材料设备采购通常对投标人的资格有哪些要求？

14. 如何理解较之设计或施工投标，报价对大宗工程材料投标能否中标的影响往往会更大？

15. 工程设备招标文件中的设备技术性能指标的编制应注意哪些问题？

案 例 分 析 题

根据本单元所学知识，阅读并比较课程资源中××县××镇××高速公路出口至 115 县道公路工程施工招标文件及施工监理招标文件，列举出该工程施工招标与施工监理招标的相同（类似）点和不同点。（要求每人至少列出 5 个相同点和 5 个不同点）

综 合 实 训

小贴士

建设工程项目具有结构复杂、造价高、工期长等特点，需要工程建设各方单位进行良好沟通、紧密合作才能顺利完成。同样，在分组进行招标文件的编制过程中，也需要小组成员之间进行良好的沟通、合作、紧密配合，发挥团队协作精神，才能顺利完成小组实训任务。学习、动手能力较强的同学要发挥互帮互助的奉献精神，帮助、带领其他成员共同完成任务。

【任务 5-1】根据《公路工程标准施工监理招标文件》(2018 年版)第一章招标公告及国道×××线 K192＋427～K200＋838 段路面重铺工程 1 标段的项目基本信息，模拟××县××镇××高速公路出口至 115 县道公路工程监理招标公告，按个人或分小组完成国道×××线 K192＋427～K200＋838 段路面重铺工程 1 标段监理招标公告的编制。

【任务 5-2】根据任务 5-1 完成的国道×××线 K192＋427～K200＋838 段路面重铺工程 1 标段的施工监理招标公告，参照《公路工程标准施工监理招标文件》(2018 年版)，按个人或分小组编制其投标人须知前附表。

【**任务 5-3**】根据任务 5-1、5-2 完成的国道×××线 K192＋427～K200＋838 段路面重铺工程 1 标段的施工监理招标公告、投标人须知前附表等,参照《公路工程标准施工监理招标文件》(2018 年版),按个人或分小组编制其评标办法(合理标价法＋信用分)。

模块 6　建设工程合同管理基本知识

学习目标

知识目标	①理解合同和法律的概念,会说明合同与法律的关系,辨析合同法律关系的主体、客体及内容; ②会概述合同的形式、内容,归纳合同的类型,能概述合同代理的概念、特征、种类; ③会概述合同管理的概念、类型; ④会概述建设工程合同的概念、特点及分类; ⑤会说明建设工程合同的主要内容,叙述建设工程合同管理的任务和方法; ⑥会说明《建设工程施工合同(示范文本)》的组成。
能力目标	①具有辨析合同法律关系三个要素的能力; ②具有合同代理的相关知识及应用的能力; ③具有建设工程合同管理的基本知识并投入运用的能力; ④具有模拟《建设工程施工合同(示范文本)》编制施工合同的能力。
素质目标	①培养学生遵守国家法律、法规,严格执行行业标准及相关规定的意识; ②培养学生信守合同承诺,严格履行合同的契约精神。

工作任务

6-1　上网查阅《民法典》合同编的内容。

6-2　查阅一个工程项目的"建设工程施工合同"。

6.1　合同管理概述

6.1.1　合同的相关概念

1. 合同的概念

根据《民法典》合同编第四百六十四条中合同的定义,合同是民事主体之间设立、变更、终止民事法律关系的协议。依法成立的合同,受法律保护,仅对当事人具有法律约束力,但法律另有规定的除外。

合同当事人的法律地位平等,一方不得将自己的意志强加给另一方。当事人依法享有自愿订立合同的权利,任何单位和个人不得非法干预。

合同具有以下法律特征:

(1)合同是双方或多方意思表示一致的民事行为;

(2)合同以设立、变更或终止民事权利义务关系为目的;

(3)合同以民事权利义务为内容;

(4)有效合同受法律保障。

2. 法律的概念

法律是体现统治阶级意志,由国家制定或认可,依靠国家的强制力来保证实施的行为规范。简单地讲,法律是一种具有强制力的特殊行为规范。

3. 合同与法律的关系

(1)合同具有法律手段的特殊地位和作用,订立合同是一种法律行为,必须以法律为前提。合同必须服从法律(或法规),违反法律的合同是无效合同,不具有法律约束力。

(2)合同依法成立后,即具有法律约束力,受国家强制力的保障。

(3)当事人双方的合同关系,实际上是一种法律关系。合同与法律的关系,也是特殊与一般的关系,法律代表了行为规则的普遍性,而合同则是法律在某一具体问题中的应用,代表了行为规则的特殊性,普遍性寓于特殊性之中。

6.1.2　合同法律关系的构成

1. 合同法律关系的概念

合同法律关系是指由合同法律规范调整的,在民事流转过程中所产生的权利义务关系。合同法律关系包括合同法律关系主体、合同法律关系客体、合同法律关系内容三个要素。

2. 合同法律关系主体

合同法律关系主体,是参加合同法律关系,享有相应权利、承担相应义务的当事人。合同法律关系的主体可以是自然人、法人、非法人组织。

(1)自然人

自然人即生物学意义上的人,是基于出生而取得民事主体资格的人。其外延包括本国公民、外国公民和无国籍人。自然人与公民不同,公民仅指具有一国国籍的人。

自然人从出生时起到死亡时止,具有民事权利能力,依法享有民事权利,承担民事义务。自然人作为合同法律关系的主体应当具有相应的民事权利能力和民事行为能力。

（2）法人

根据《民法典》合同编第五十七条法人的定义,法人是具有民事权利能力和民事行为能力,依法独立享有民事权利和承担民事义务的组织。

法人应当具备以下条件:

①依法成立。法人不能自然产生,其产生必须经过法定的程序,必须经过政府主管机关的登记、注册和认可。

②有必要的财产或者经费。

③有自己的名称、组织机构和场所。

④能够独立承担民事责任。

根据《民法典》第三章法人的规定,法人可分为以下几种类型:

①营利法人。以取得利润并分配给股东等出资人为目的成立的法人,为营利法人。营利法人包括有限责任公司、股份有限公司和其他企业法人等。

②非营利法人。为公益目的或者其他非营利目的成立,不向出资人、设立人或者会员分配所取得利润的法人,为非营利法人。非营利法人包括事业单位、社会团体、基金会、社会服务机构等。

③特别法人。机关法人、农村集体经济组织法人、城镇农村的合作经济组织法人、基层群众性自治组织法人,为特别法人。

（3）非法人组织

非法人组织是不具有法人资格,但是能够依法以自己的名义从事民事活动的组织。

非法人组织包括个人独资企业、合伙企业、不具有法人资格的专业服务机构等。非法人组织应当依照法律的规定登记。

3. 合同法律关系的客体

合同法律关系的客体,是指参加合同法律关系的主体享有的权利和承担的义务所共同指向的对象。合同法律关系的客体主要包括行为、财、物、智力成果。

（1）行为

行为,在这里是指人们在主观意志支配下所实施的具体活动,包括作为和不作为,如义务人向权利人支付一定的货币,交付一定的物,完成一定的工作,提供一定的劳务等;还包括权利人对其所有物的支配行为,如勘察设计、施工安装等。

（2）财

财,一般是指货币资金,也包括有价证券,它是生产和流通过程中停留在货币形态上的那部分资金,如借款合同的信贷资金。

（3）物

物是指可为人们控制,具有使用价值和价值的生产资料和消费资料。我们所说的物,即是合同中的标的,其种类和范围均由法律加以规定,如建筑材料、建筑设备、建筑物等。

（4）智力成果

智力成果亦称非物质财富,它是指脑力劳动的成果,如专利权、商标权和著作权等。

4. 合同法律关系的内容

合同法律关系的内容是指合同约定和法律规定的权利和义务。合同法律关系的内容是合同的具体要求，决定了合同法律关系的性质，它是联结合同主体的纽带。

6.1.3 合同的形式

合同形式，是指当事人合意的外在表现形式，是合同内容的载体。

当事人订立合同，有书面形式、口头形式和其他形式。

(1)口头合同，指当事人只以口头语言的意思表示达成协议，而不以文字表达协议内容的合同。

口头合同内容简单且当面成交，履约时间短，无须签订书面协议；但在发生合同争议时，难以举证，不易分清责任。

(2)书面合同，指当事人以书面形式表达协议内容的合同。书面形式是合同书、信件、电报、电传、传真等可以有形地表现所载内容的形式。以电子数据交换、电子邮件等方式能够有形地表现所载内容，并可以随时调取查用的数据电文，视为书面形式。

书面合同既可成为当事人履行合同的依据，一旦发生合同争议又可成为证据，便于确定责任，能够确保交易安全；但不利于交易便捷（缺点）。

合同应当采用书面形式的两种情形：一是法律、行政法规规定；二是当事人约定。

(3)其他形式的合同，指以当事人的行为或者特定情形推定成立的合同。

6.1.4 合同的内容

《民法典》合同编第四百七十条合同主要条款与示范文本规定，合同的内容由当事人约定，一般包括下列条款：

1. 当事人的姓名或者名称和住所

这是每一个合同必须具备的条款，当事人是合同的主体。合同中如果不写明当事人，就无法确定权利的享受和义务的承担，发生纠纷也难以解决，特别是在合同涉及多方当事人的时候更是如此。合同中不仅要把应当规定的当事人都规定到合同中去，而且要把各方当事人名称或者姓名和住所都规定准确、清楚。

2. 标的

标的是合同当事人的权利义务指向的对象。标的是合同成立的必要条件，是一切合同的必备条款。没有标的，合同不能成立，合同关系无法建立。合同的种类很多，合同的标的也多种多样：

(1)有形财产。有形财产是指具有价值和使用价值并且法律允许流通的有形物。如依不同的分类有生产资料与生活资料、种类物与特定物、可分物与不可分物、货币与有价证券等。

(2)无形财产。无形财产是指具有价值和使用价值并且法律允许流通的不以实物形态存在的智力成果。如商标、专利、著作权、技术秘密等。

(3)劳务。劳务是指不以有形财产体现其成果的劳动与服务。如运输合同中承运人的运输行为，保管与仓储合同中的保管行为，接受委托进行代理、居间、行纪行为等。

(4)工作成果。工作成果是指在合同履行过程中产生的、体现履约行为的有形物或者无形物。如承揽合同中由承揽方完成的工作成果,建设工程合同中承包人完成的建设项目,技术开发合同中的委托开发合同的研究开发人员完成的研究开发工作等。合同对标的的规定应当清楚明白、准确无误,对名称、型号、规格、品种、等级、花色等都要约定得细致、准确、清楚,防止差错。特别是对于不易确定的无形财产、劳务、工作成果等更要尽可能地描述准确、明白。订立合同中还应当注意各种语言、方言以及习惯称谓的差异,避免不必要的麻烦和纠纷。

3. 数量

在大多数的合同中,数量是必备条款,没有数量,合同是不能成立的。许多合同,只要有了标的和数量,即使对其他内容没有规定,也不妨碍合同的成立与生效。因此,数量是合同的重要条款。对于有形财产,数量是对单位个数、体积、面积、长度、容积、重量等的计量;对于无形财产,数量是个数、件数、字数以及使用范围等多种量度方法;对于劳务,数量为劳动量;对于工作成果,数量是工作量及成果数量。一般而言,合同的数量要准确,选择使用共同接受的计量单位、计量方法和计量工具。根据不同情况,要求不同的精确度,允许的尾差、磅差、超欠幅度、自然耗损率等。

4. 质量

对有形财产来说,质量是物理、化学、机械、生物等性质;对于无形财产、服务、工作成果来说,也有质量高低的问题,并有衡量的特定方法。对于有形财产而言,质量亦有外观形态问题。质量是指标准、技术要求,包括性能、效用、工艺等,一般以品种、型号、规格、等级等体现出来。质量条款的重要性是毋庸置疑的,许许多多的合同纠纷由此引起。合同中应当对质量问题尽可能地规定细致、准确和清楚。国家有强制性标准规定的,必须按照规定的标准执行。如有其他质量标准的,应尽可能约定其适用的标准。当事人可以约定质量检验的方法、质量责任的期限和条件、对质量提出异议的条件与期限等。

5. 价款或者报酬

价款或者报酬,是一方当事人向对方当事人所付代价的货币支付。价款一般是指对提供财产的当事人支付的货币,如在买卖合同的货款、租赁合同的租金、借款合同中借款人向贷款人支付的本金和利息等。报酬一般是指对提供劳务或者工作成果的当事人支付的货币,如运输合同中的运费、保管合同与仓储合同中的保管费以及建设工程合同中的勘察费、设计费和工程款等。如果有政府定价和政府指导价的,要按照规定执行。价格应当在合同中规定清楚或者明确规定计算价款或者报酬的方法。有些合同比较复杂,货款、运费、保险费、保管费、装卸费、报关费以及一切其他可能支出的费用,由谁支付都要规定清楚。

6. 履行期限、地点和方式

履行期限是指合同中规定的当事人履行自己的义务如交付标的物、价款或者报酬,履行劳务、完成工作的时间界限。履行期限直接关系到合同义务完成的时间,涉及当事人的期限利益,也是确定合同是否按时履行或者迟延履行的客观依据。买卖合同中卖方的履行期限是指交货的日期,买方的履行期限是指交款日期,运输合同中承运人的履行期限是指从起运到目的地卸载的时间,工程建设合同中承包方的履行期限是指从开工到竣工的时间。正因如此,期限条款还是应当尽量明确、具体,或者明确规定计算期限的方法。

履行地点是指当事人履行合同义务和对方当事人接受履行的地点。不同的合同,履行地点有不同的特点。如买卖合同中,买方提货的,在提货地履行;卖方送货的,在买方收货地履行。在工程建设合同中,在建设项目所在地履行。运输合同中,从起运地运输到目的地为履行地点。履行地点有时是确定运费由谁负担、风险由谁承担以及所有权是否转移、何时转移的依据。履行地点也是在发生纠纷后确定由哪一地法院管辖的依据。因此,履行地点在合同中应当规定得明确、具体。

履行方式是指当事人履行合同义务的具体做法。不同的合同,决定了履行方式的差异。买卖合同是交付标的物,而承揽合同是交付工作成果。履行可以是一次性的,也可以是在一定时期内的,还可以是分期、分批的。运输合同按照运输方式的不同可以分为公路、铁路、海上、航空等方式。履行方式还包括价款或者报酬的支付方式、结算方式等,如现金结算、转账结算、同城转账结算、异地转账结算、托收承付、支票结算、委托付款、限额支票、信用证、汇兑结算、委托收款等。履行方式与当事人的利益密切相关,当事人应当从方便、快捷和防止欺诈等方面考虑采取最为适当的履行方式,并且应当在合同中明确规定。

7. 违约责任

违约责任是指当事人一方或者双方不履行合同或者不适当履行合同,依照法律的规定或者按照当事人的约定应当承担的法律责任。违约责任是促使当事人履行合同义务,使对方免受或少受损失的法律措施,也是保证合同履行的主要条款。违约责任在合同中非常重要,因此一般有关合同的法律对于违约责任都会作出较为详尽的规定。但法律的规定是原则的,即使细致也不可能面面俱到,照顾到各种合同的特殊情况。因此,当事人为了特殊的需要,为了保证合同义务严格按照约定履行,为了更加及时地解决合同纠纷,可以在合同中约定违约责任,如约定定金、违约金、赔偿金额以及赔偿金的计算方法等。

8. 解决争议的方法

解决争议的方法是指合同争议的解决途径,对合同条款发生争议时的解释以及法律适用等。解决争议的途径主要有:一是双方通过协商和解,二是由第三人进行调解,三是通过仲裁解决,四是通过诉讼解决。当事人可以约定解决争议的方法,如果意图通过诉讼解决争议是不用进行约定的,通过其他途径解决都要事先或者事后约定。依照仲裁法的规定,如果选择适用仲裁解决争议,除非当事人的约定无效,即排除法院对其争议的管辖。但是,如果仲裁裁决有问题,可以依法申请法院撤销仲裁裁决或者申请法院不予执行。当事人选择和解、调解方式解决争议,都不能排除法院的管辖,当事人可以提起诉讼。

解决争议的方法的选择对于纠纷发生后当事人利益的保护是非常重要的,应该慎重对待。但要选择解决争议的方法,比如选择仲裁,是选择哪一个仲裁机构要规定得具体、清楚,不能笼统规定"采用仲裁解决";否则,将无法确定仲裁协议条款的效力。

当事人可以参照各类合同的示范文本订立合同。

6.1.5 合同的分类

根据不同的分类标准,合同可以划分为以下几类。

1. 计划合同与普通合同

凡直接根据国家经济计划而签订的合同,称为计划合同。如企业法人根据国家计划签订的购销合同、建设工程承包合同等。普通合同亦称非计划合同,不以国家计划为合同成立的前提。公民间的合同是典型的非计划合同。中国经济体制改革以来,计划合同日趋减少。在社会主义市场经济条件下,计划合同已被控制在很小范围之内。

2. 双务合同与单务合同

双务合同即缔约双方相互负担义务，双方的义务与权利相互关联、互为因果的合同。如买卖合同、承揽合同等。单务合同是指仅由当事人一方负担义务，而他方只享有权利的合同。如赠与、无息借贷、无偿保管等合同为典型的单务合同。

3. 有偿合同与无偿合同

有偿合同为合同当事人一方因取得权利需向对方偿付一定代价的合同。无偿合同即当事人一方只取得权利而不偿付代价的合同，故又称恩惠合同。前者如买卖、互易合同等，后者如赠与、使用合同等。

4. 诺成合同与实践合同

以当事人双方意思表示一致，合同即告成立的，为诺成合同。除双方当事人意思表示一致外，尚需实物给付，合同始能成立，为实践合同，亦称要物合同。

5. 要式合同与非要式合同

凡合同成立须依特定形式始为有效的，为要式合同；反之，为非要式合同。《中华人民共和国经济合同法》规定，法人之间的合同除即时清结者外，应当以书面形式订立。公民间房屋买卖合同除用书面形式订立外，尚需在国家主管机关登记过户。

6. 主合同与从合同

凡不依他种合同的存在为前提而能独立成立的合同，称为主合同。凡必须以他种合同的存在为前提始能成立的合同，称为从合同。例如，债权合同为主合同，

保证该合同债务之履行的保证合同为从合同。从合同以主合同的存在为前提，故主合同消灭时，从合同原则上亦随之消灭。反之，从合同的消灭，并不影响主合同的效力。

6.1.6 合同的代理

1. 代理的概念

代理是代理人在代理权限内，以被代理人名义向第三人（相对人）为意思表示或受领意思表示，而该意思表示直接对本人生效的民事法律行为。代理人在代理权限内，以被代理人的名义实施民事法律行为。被代理人对代理人的代理行为，承担民事责任。

代理涉及三方当事人：一是在设定、变更或者终止民事权利义务关系时需要得到别人帮助的人，即被代理人或称本人；二是能够给予被代理人帮助，代替他实施意思表示或者受领意思表示的人，即代理人；三是代理关系之第三人。自然人和法人均可充当代理人，但法律有特别规定的商事代理，非经商业登记，不得从事该项代理。例如证券买卖代理，非有证券业务资格的商事特别法人，不得从事该业务。

2. 代理的特征

（1）代理人是以被代理人的名义在代理权限范围内进行的民事活动。代理的这一特点把它与行纪活动区别开来。行纪活动是指行纪人受委托人的委托，由委托人担负费用和给付一定报酬，为了实现委托人的利益而以行纪人的名义，去进行一种或多种民事法律行为。代理人是以本人的名义活动，而且代理不似行纪，可以是无偿的。

代理人与法人代表地位也不同。法人代表人在代表法人时，自己的人格被法人吸收，法人代表的行为就是法人的行为；代理人在代理时，仍是以自己的意思独立实施行为，只是该行为的法律效果归属于本人。两者相似之处在于行为人均不承担行为的效果，就此一点，不

难看出,法人代表制度源自代理制度。

(2)代理实施的行为必须是有法律效果的行为。代理人所进行的代理活动,能够在被代理人和第三人之间设立、变更或终止某种民事法律关系。如果不产生法律后果,虽然在形式上是受人委托进行某项活动,但不是民法上规定的代理。如请他人代拟合同文本、询价等,只委托事务,这些事务属于事实行为,不是民事法律行为,因而不产生代理关系。

(3)代理人进行代理活动时独立地进行意思表示。代理的这一特征把代理与传达人、居间人的活动区别开来。传达与代理均是辅助行为,但两者的法律关系迥然不同:传达人仅是向第三人转告本人已作出的意思表示,易言之,本人只是借传达人的嘴做媒介而已,若有传达错误,由传达人负过失赔偿责任;而代理人是自己为意思表示,即本人是借代理人的脑袋为自己服务,代理人行为就是本人的行为。质言之,传达是代理本人的"嘴";代理还包括"借脑"。居间人只是在当事人之间进行介绍,促使双方当事人缔约或交易,而双方成立的民事法律行为中并无居间人自己的意思,而代理人则是以自己的意思表示为本人设定权利义务。

3. 代理的种类

代理从不同的角度可以分成不同的类型,其中最重要的分类方法是根据代理权产生的原因的不同,将代理分为委托代理、法定代理和指定代理。

(1)委托代理

委托代理是指基于被代理人的委托授权而发生代理权的代理,由于它是依据本人意思而产生代理权的代理,本人意思表示是发生委托代理的前提条件,因此又称为意定代理。委托授权行为是被代理人以委托的意思表示将代理权授予代理人的行为。它是委托代理产生的根据。一般认为代理权的授予,并不是一种契约关系,而是一种单方法律行为,它不必取得代理人的同意,仅凭被代理人一方的意思表示,就能发生授权的效力,授权委托书只需要委托人签名或者盖章即可。

通常情况下,在本人完成授权行为之时,本人与代理人之间往往已设定一种合同关系作为代理权赖以产生的基本法律关系。所以,委托合同是产生委托代理授权的原因或基础,委托代理权就成为受托人处理委托事务的一种手段。但是,委托合同的成立和生效,并不当然产生代理权,只有委托人作出委托授权的单方行为,代理权才发生。此外,劳动合同关系、合伙关系、职务关系,并不存在委托合同关系,也能产生委托代理授权。

委托代理授权,一般为不要式行为。民事法律行为的委托代理,可以用书面形式,也可以用口头形式。法律规定用书面形式的,应当用书面形式。在法律规定必须用书面形式时,口头形式为无效。

(2)法定代理

法定代理,是依照法律的规定发生代理权的代理。这种法律规定,即法定授权行为,是国家立法机关基于保护公民和维护交易秩序的特别需要,而作出的关于具有特定身份的民事主体有权代理他人为民事法律行为的规定。取得法定代理人的资格既不需要当事人的意思表示,也不需要人民法院的指定,这是法定代理的一个显著特征。

法定代理通常适用于被代理人是无民事行为能力人、限制民事行为能力人的情况。限制民事行为能力人依法不能独立实施的民事行为,由他的法定代理人代理或征得法定代理人的同意实施;无民事行为能力人由他的法定代理人代理民事活动。无民事行为能力人、限制民事行为能力人的监护人是他的法定代理人。因此,具有监护人资格的人,依法享有法定代理权。监护人作为法定代理人实施代理行为时,本着有利于被监护人利益的精神而为之。监护人实施代理行为违反监护职责的要求或者侵害被监护人的合法权益时,应当承担由此产生的不利后果;若因此致被监护人受有损失,应负赔偿责任。

(3)指定代理

依据人民法院或者有关单位的指定行为而发生的代理,称为指定代理。这里所谓的"有关单位",是指依法对被代理人的合法权益负有保护义务的组织。人民法院可以依法为那些因特殊原因不能亲自处理自己事务,又不能通过法定代理人或委托代理人处理其事务的公民指定代理人。如为失踪人指定财产代管人,为没有法定代理人或者其法定代理人互相推诿代理责任的无诉讼行为能力人指定诉讼代理人。在不能由法院指定代理人的情况下,应由依法对他的合法权益负有保护义务的单位为其指定代理人。

4. 合同代理的表现形式

合同代理人主要有企业或经济组织内部的有关人员、企业或其他经济组织的外聘和外雇人员、其他法人组织或其外驻机构。

5. 无权代理

无权代理是指行为人没有代理权、超越代理权或者代理权终止后,仍然实施代理行为,未经被代理人追认的,对被代理人不发生效力的代理活动。

相对人可以催告被代理人自收到通知之日起 30 日内予以追认。被代理人未作表示的,视为拒绝追认。行为人实施的行为被追认前,善意相对人有撤销的权利。撤销应当以通知的方式做出。

行为人实施的行为未被追认的,善意相对人有权请求行为人履行债务或者就其受到的损害请求行为人赔偿。但是,赔偿的范围不得超过被代理人追认时相对人所能获得的利益。相对人知道或者应当知道行为人无权代理的,相对人和行为人按照各自的过错承担责任。

行为人没有代理权、超越代理权或者代理权终止后,仍然实施代理行为,相对人有理由相信行为人有代理权的表见代理,代理行为有效。

6.1.7 合同管理

合同管理是指依据合同规定对当事人的权利和义务进行监督管理的过程。

合同管理可分为宏观的合同管理和微观的合同管理。宏观的合同管理是指国家和政府机关为建立和健全合同制度所开展的管理工作,包括立法工作、行政执法工作、行政监督工作等;微观的合同管理是指企业对合同的管理工作。

就公路工程承包合同而言,微观的合同管理按主体的不同可分为业主的合同管理、承包商的合同管理以及监理单位的合同管理,同时又可分为广义的合同管理和狭义的合同管理。广义的合同管理是指以合同为依据所开展的所有合同管理工作,甚至包括招标投标工作;狭义的合同管理是指合同在变更过程中所开展的有关管理工作,包括处理工程变更、工程延期、费用索赔、审批工程分包等事宜。

6.2 建设工程合同管理概述

6.2.1 建设工程合同的概念及特点

1. 概念

建设工程合同是指承包人进行工程建设,发包人支付价款的合同。建设工程合同包括工程勘察、设计、施工合同。建设工程实行监理的,发包人也应与监理人订立委托监理合同。发包人主要是指建设单位,也称委托方;承包人一般包括勘察单位、设计单位和施工单位等。

《民法典》合同编第十八章建设工程合同部分共 21 条,对建设工程合同定义和种类,建设工程合同的形式,建设工程招投标活动的原则,建设工程的发包、承包、分包,施工合同的内容等作了详细规定。

发包人可以与总承包人订立建设工程合同,也可以分别与勘察人、设计人、施工人订立勘察、设计、施工承包合同。发包人不得将应当由一个承包人完成的建设工程肢解成若干部分发包给数个承包人。总承包人或者勘察、设计、施工承包人经发包人同意,可以将自己承包的部分工作交由第三人完成。第三人就其完成的工作成果与总承包人或者勘察、设计、施工承包人向发包人承担连带责任。承包人不得将其承包的全部建设工程转包给第三人或者将其承包的全部建设工程肢解以后以分包的名义分别转包给第三人。

禁止承包人将工程分包给不具备相应资质条件的单位。禁止分包单位将其承包的工程再分包。建设工程主体结构的施工必须由承包人自行完成。

2. 特点

(1)建设工程合同的主体必须是法人。承揽合同的主体既可以是法人,也可以是公民。建设工程合同的主体不能是公民,建设人只能是经过批准建设工程的法人,承建人是具有从事勘察、设计、建筑、安装任务资格的法人。

(2)建设工程合同的标的是基本建设工程。建设工程合同的标的一般是大型的不动产项目,即基本建设工程,具有周期长、规模大和技术要求高等特点。

(3)建设工程合同的签订和履行,受到国家的严格管理和监督。建设工程合同虽然贯彻当事人的意思自治原则,但由于其事关国计民生,因此受到国家的严格管理和监督,其订立具有较严格的程序。

(4)建设工程合同是要式合同。根据《民法典》合同编第七百八十九条规定,建设工程合同应当采用书面形式。建设工程合同是一种诺成合同,也是一种双务、有偿合同。

6.2.2 建设工程合同的类型

1. 按工程合同的内容划分

按工程合同的内容划分,建设工程合同分为勘察合同、设计合同、施工承包合同。

(1)工程勘察合同

工程勘察合同是指建设单位（业主）与勘察单位签订的为完成某项建设工程的勘察工作的协议。

(2)工程设计合同

工程设计合同是指建设单位和设计单位之间签订的为完成某项建设工程的设计工作的协议。

工程勘察、设计合同的签订，应根据国家批准的计划任务书和建设地址的选点报告，明确双方的权利和义务。

工程勘察、设计合同的内容包括提交有关基础资料和文件（包括概预算）的期限、质量要求、费用以及其他协作条件等条款。如建设单位应按规定时间提供有关勘察、设计的资料和文件；勘察、设计单位则应按时提出该项工程的初步设计和施工图，对于重点工程或特殊工程还应提出技术设计。合同中还应明确勘察、设计基础资料和设计文件的提交时间，明确勘察、设计的质量标准和要求及其他协作条件等。

勘察设计的质量不符合要求或者未按照期限提交勘察、设计文件拖延工期给发包人造成损失的，勘察人、设计人应当继续完善勘察、设计，减收或者免收勘察、设计费并赔偿损失。

(3)施工承包合同

建设工程施工承包合同是指发包方和承包方为完成商定的建筑安装工程施工任务，明确相互之间权利、义务关系的书面协议。

签订施工合同，必须遵守国家法律，符合国家政策，并具备经批准的承包工程的初步设计和总概算，承包工程所需的投资和统配物资已经列入国家计划，当事人双方均有履行合同的能力等基本条件，以保证施工合同切实可行。

施工承包合同的内容一般包括工程范围、建设工期、中间交工工程的开工和竣工时间、工程质量、工程造价、技术资料交付时间、材料和设备供应责任、拨款和结算、竣工验收、质量保修范围和质量保证期、双方相互协作等条款。

2. 按工程承包范围划分

按工程承包范围划分，建设工程合同分为总承包合同、分包合同。

(1)总承包合同

总承包合同是承包人与建设单位（业主）签订的、由承包人承担工程建设全过程直至工程竣工验收，或对工业建设项目还包括试运转、试生产、最终向建设单位（业主）移交使用（交钥匙）的承包合同。

上述建设全过程包括方案选择、总体规划、可行性研究、工程勘测、设计、施工以及材料、设备供应等在内。总承包合同由承包人对建设单位（业主）负责到底，一般是双方通过协商洽谈的办法签约，在国际承包市场上，这种合同形式仍占少数。

(2)分包合同

分包合同是由两个以上的承包人对筹建人负责，完成基本建设工程的合同。

总承建单位承包建设工程后，将其承包的某一部分或某几部分项目，再发包给其他承包人，并与其签订承包合同项下的分包合同。

3. 按合同计价的方式划分

按照计价方法分类，建设工程合同分为单价合同、总价合同、成本加酬金合同。

（1）单价合同

单价合同是指合同当事人约定以工程量清单及其综合单价进行合同价格计算、调整和确认的建设工程施工合同。工程实际总价按实际完成的工程量与合同单价计算确定。在约定的范围内合同单价不作调整。

单价合同也可以分为固定单价合同和可调单价合同。

①固定单价合同。这也是经常采用的合同形式，特别是在设计或其他建设条件（如地质条件）还不太落实的情况下（计算条件应明确），而以后又需增加工程内容或工程量时，可以按单价适当追加合同内容。在每月（或每阶段）工程结算时，根据实际完成的工程量结算，在工程全部完成时以竣工图的工程量最终结算工程总价款。

②可调单价合同。合同单价可调，一般是在工程招标文件中规定。在合同中签订的单价，根据合同约定的条款，如在工程实施过程中物价发生变化等，可作调整。有的工程在招标或签约时，因某些不确定因素而在合同中暂定某些分部分项工程的单价，在工程结算时，再根据实际情况和合同约定合同单价进行调整，确定实际结算单价。

可以将工程设计和施工同时发包，承包商在没有施工图纸的情况下报价，显然这种报价要求报价方有较高的水平、经验。

适用范围：大多用于工期长、技术复杂、实施过程中发生各种不可预见因素较多的大型工程。

（2）总价合同

总价合同是指合同当事人约定以施工图、已标价工程量清单或预算书及有关条件进行合同价格计算、调整和确认的建设工程施工合同。支付给承包方的工程价款在合同中是一个"固定"的金额，即总价。在约定的范围内合同总价不作调整。

适用范围：适合规模较小、工程量清晰、设计图纸完整、技术简单、工期较短、风险不大的工程。

（3）成本加酬金合同

成本加酬金合同是由发包方向承包方支付工程项目的实际成本，并按事先约定的某一种方式支付酬金的合同类型。分为成本加固定酬金、成本加固定百分比酬金、成本加浮动酬金、目标成本加奖罚。

适用范围：工程特别复杂、工程技术、结构方案不能确定；时间特别紧迫，如抢险、救灾工程；风险很大的项目。

6.2.3 建设工程合同的主要内容

1. 建设工程合同的主体

发包人、承包人是建设工程合同的当事人。发包人、承包人必须具备一定的资格，才能成为建设工程合同的合法当事人，否则，建设工程合同可能因主体不合格而导致无效。

（1）发包人的主体资格

发包人进行工程发包应当具备下列基本条件：

①应当具有相应的民事权利能力和民事行为能力；

②实行招标发包的，应当具有编制招标文件和组织评标的能力或者委托招标代理机构代理招标事宜；

③进行招标项目的相应资金或者资金来源已经落实；

④符合其他法律法规的要求。

（2）承包人的主体资格

建设工程合同的承包人分为勘察人、设计人、施工人。对于建设工程承包人，我国实行严格的市场准入制度。

《建筑法》规定，承包建筑工程的单位应当持有依法取得的资质证书，并在其资质等级许可的业务范围内承揽工程。《建设工程质量管理条例》规定，从事建设工程勘察、设计的单位应当依法取得相应等级的资质证书，并在其资质等级许可的范围内承揽工程。

2. 建设工程合同的基本条款

建设工程合同应当具备一般合同的条款，如发包人、承包人的名称和住所、标的、数量、质量、价款、履行方式、地点、期限、违约责任、解决争议的方法等。

由于建设工程合同标的的特殊性，法律还对建设工程合同中某些内容作出了特别规定，成为建设工程合同中不可缺少的条款。

3. 建设工程合同的形式

建设工程合同具有标的额大、履行时间长、不能即时清结等特点，因此应当采用书面形式。

对有些建设工程合同，国家有关部门制定了统一的示范文本（含有格式条款的合同文本），订立合同时可以参照相应的示范文本。

《民法典》合同编第四百九十六条格式条款规定，格式条款是当事人为了重复使用而预先拟定，并在订立合同时未与对方协商的条款。

采用格式条款订立合同的，提供格式条款的一方应当遵循公平原则确定当事人之间的权利和义务，并采取合理的方式提示对方注意免除或者减轻其责任等与对方有重大利害关系的条款，按照对方的要求，对该条款予以说明。提供格式条款的一方未履行提示或者说明义务，致使对方没有注意或者理解与其有重大利害关系的条款的，对方可以主张该条款不成为合同的内容。

建设部与国家工商行政管理局联合颁布了《建设工程施工合同（示范文本）》《建设工程勘察合同（示范文本）》《建设工程设计合同（示范文本）》。以上示范文本尽管不是法律、法规，只是推荐使用的文本，对于当事人无强制性，但对减少合同争议、完善合同管理起到了极大的推动作用。

采用示范文本或其他书面形式订立的建设工程合同，在组成上并不是单一的，凡能体现招标人与中标人协商一致的文字材料，包括各种文书、电报、图表等，均为建设工程合同文件。订立建设工程合同时，应当注意明确合同文件的组成及其解释顺序。

4. 建设工程合同文件的组成

建设工程合同文件，一般包括以下几个组成部分：

（1）合同协议书；

（2）中标通知书；

（3）投标书及其附件；

（4）合同通用条款；

（5）合同专用条款；

（6）治商、变更等明确双方权利义务的纪要、协议；

（7）工程量清单、工程报价单或工程预算书、图纸；

（8）标准、规范和其他有关技术资料、技术要求。

在工程实践中，当发现合同文件出现含糊不清或不相一致的情形时，通常按合同文件的优先顺序进行解释。合同文件的优先顺序，除双方另有约定外，应按合同条件中的规定确定，即排在前面的合同文件比排在后面的更具有权威性。

6.2.4　无效建设工程合同的认定

无效建设工程合同是指虽由发包方与承包方订立，因违反法律规定而没有法律约束力，国家不予承认和保护，甚至对违法当事人进行制裁的建设工程合同。

建设工程合同属下列情况之一的，合同无效：

（1）没有经营资格而签订的合同；

（2）超越资质等级所订立的合同；

（3）跨越省级行政区域承揽工程，但未办理审批许可手续而订立的合同；

（4）违反国家、部门或地方基本建设计划的合同；

（5）未取得"建设工程规划许可证"或者违反"建设工程规划许可证"的规定进行建设，严重影响城市规划的合同；

（6）未取得"建设用地规划许可证"而签订的合同；

（7）未依法取得土地使用权而签订的合同；

（8）未依法办理报建手续而签订的合同；

（9）应当办理而未办理招标投标手续所订立的合同；

（10）根据无效定标结果所签订的合同；

（11）非法转包的合同；

（12）不符合分包条件而分包的合同；

（13）违法带资、垫资施工的合同；

（14）采取欺诈、胁迫的手段所签订的合同；

（15）损害国家利益和社会公共利益的合同；

（16）违反国家指令性建设计划而签订的合同。

6.2.5　工程建设中的合同关系

在建设工程项目合同体系中，业主和承包商是两个最主要的相关方。

1. 业主的主要合同关系

业主为了实现建设工程项目总目标，可以通过签订合同将建设工程项目寿命期内有关活动委托给相应的专业承包单位或专业机构。如工程勘察合同、工程设计合同、工程施工承包合同、设备和材料采购供应合同、工程咨询（可行性研究、技术咨询）合同与项目管理服务合同、土地征用与出让合同等。

2. 承包商的主要合同关系

承包商是工程项目施工的具体实施者，是工程承包合同的执行者，所签订的主要合同有工程分包合同、材料设备采购合同、设备租赁合同、运输合同、流动租金贷款合同、保险合同等。

工程建设中各方的合同关系详见图 6-1。

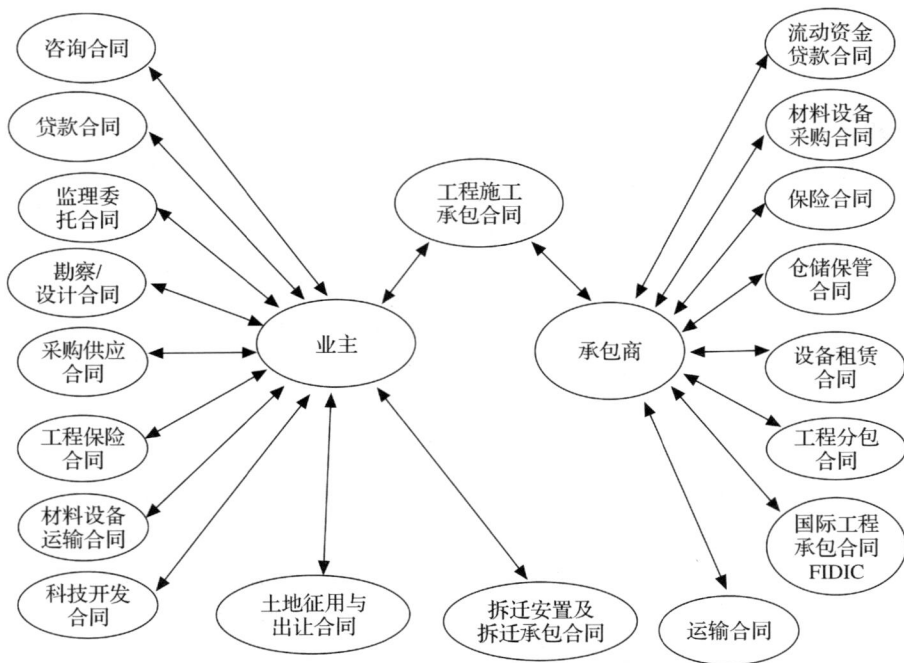

图 6-1　工程建设中各方的合同关系

6.2.6　建设工程合同管理的任务

现阶段,我国建设工程合同管理的主要任务包括以下几个方面:

(1)发展和完善建筑市场。

(2)推进建筑领域的改革。我国在建筑领域中推行项目法人制、投标招标制、工程监理制和合同管理制。在这些制度改革中,核心内容是合同管理制。

(3)提高工程建设的管理水平。

(4)避免和克服建筑领域中的经济违法和犯罪。

6.2.7　建设工程合同的管理方法

现阶段的建设工程合同管理主要应采用以下方法:

(1)严格执行建设工程合同管理法律法规;

(2)普及相关法律知识,培训合同管理人才;

(3)建立合同管理机构,配备合同管理人员;

(4)建立合同管理目标制度;

(5)执行合同示范文本制度。

6.3 《建设工程施工合同(示范文本)》简介

6.3.1 《建设工程施工合同(示范文本)》的颁布

为了指导建设工程施工合同当事人的签约行为,维护合同当事人的合法权益,依据《中华人民共和国合同法》、《中华人民共和国建筑法》、《中华人民共和国招标投标法》以及相关法律法规,住房和城乡建设部、国家工商行政管理总局对《建设工程施工合同(示范文本)》(GF—1999-0201)进行了修订,制定了《建设工程施工合同(示范文本)》(GF—2013-0201)。

2017 年 9 月 22 日,中华人民共和国住房和城乡建设部、中华人民共和国国家工商行政管理总局发布了《住房和城乡建设部　工商总局关于印发建设工程施工合同(示范文本)的通知》,通知中说明,为规范建筑市场秩序,维护建设工程施工合同当事人的合法权益,对《建设工程施工合同(示范文本)》(GF—2013-0201)进行了修订,制定了《建设工程施工合同(示范文本)》(GF—2017-0201),自 2017 年 10 月 1 日起执行,原《建设工程施工合同(示范文本)》(GF—2013-0201)同时废止。

6.3.2 《建设工程施工合同(示范文本)》的组成

《示范文本》由合同协议书、通用合同条款和专用合同条款三部分组成。

1. 合同协议书

《示范文本》合同协议书共计 13 条,主要包括工程概况、合同工期、质量标准、签约合同价和合同价格形式、项目经理、合同文件构成、承诺以及合同生效条件等重要内容,集中约定了合同当事人基本的合同权利义务。

第一部分 合同协议书

发包人(全称):＿＿＿＿＿＿＿＿＿＿＿＿＿＿＿＿

承包人(全称):＿＿＿＿＿＿＿＿＿＿＿＿＿＿＿＿

根据《中华人民共和国合同法》、《中华人民共和国建筑法》及有关法律规定,遵循平等、自愿、公平和诚实信用的原则,双方就＿＿＿＿＿＿＿＿＿＿＿＿＿＿工程施工及有关事项协商一致,共同达成如下协议:

一、工程概况

1. 工程名称:＿＿＿＿＿＿＿＿＿＿＿＿＿＿＿＿＿＿＿。

2. 工程地点:＿＿＿＿＿＿＿＿＿＿＿＿＿＿＿＿＿＿＿。

3. 工程立项批准文号:＿＿＿＿＿＿＿＿＿＿＿＿＿＿＿。

4. 资金来源:＿＿＿＿＿＿＿＿＿＿＿＿＿＿＿＿＿＿＿。

5. 工程内容:＿＿＿＿＿＿＿＿＿＿＿＿＿＿＿＿＿＿＿＿＿＿＿＿＿＿。

群体工程应附《承包人承揽工程项目一览表》(附件 1)。

6. 工程承包范围：

_____。

二、合同工期

计划开工日期：_____年_____月_____日。

计划竣工日期：_____年_____月_____日。

工期总日历天数：_____天。工期总日历天数与根据前述计划开竣工日期计算的工期天数不一致的,以工期总日历天数为准。

三、质量标准

工程质量符合_____标准。

四、签约合同价与合同价格形式

1. 签约合同价为：

  人民币(大写)_____(¥_____元)。

  其中：

(1)安全文明施工费：

  人民币(大写)_____(¥_____元)；

(2)材料和工程设备暂估价金额：

  人民币(大写)_____(¥_____元)；

(3)专业工程暂估价金额：

  人民币(大写)_____(¥_____元)；

(4)暂列金额：

  人民币(大写)_____(¥_____元)。

2. 合同价格形式：_____。

五、项目经理

承包人项目经理：_____。

六、合同文件构成

本协议书与下列文件一起构成合同文件：

(1)中标通知书(如果有)；

(2)投标函及其附录(如果有)；

(3)专用合同条款及其附件；

(4)通用合同条款；

(5)技术标准和要求；

(6)图纸；

(7)已标价工程量清单或预算书；

(8)其他合同文件。

在合同订立及履行过程中形成的与合同有关的文件均构成合同文件组成部分。

上述各项合同文件包括合同当事人就该项合同文件所作出的补充和修改,属于同一类内容的文件,应以最新签署的为准。专用合同条款及其附件须经合同当事人签字或盖章。

七、承诺

1. 发包人承诺按照法律规定履行项目审批手续、筹集工程建设资金并按照合同约定的期限和方式支付合同价款。

2. 承包人承诺按照法律规定及合同约定组织完成工程施工,确保工程质量和安全,不进行转包及违法分包,并在缺陷责任期及保修期内承担相应的工程维修责任。

3. 发包人和承包人通过招投标形式签订合同的,双方理解并承诺不再就同一工程另行签订与合同实质性内容相背离的协议。

八、词语含义

本协议书中词语含义与第二部分通用合同条款中赋予的含义相同。

九、签订时间

本合同于_____年____月____日签订。

十、签订地点

本合同在_____签订。

十一、补充协议

合同未尽事宜,合同当事人另行签订补充协议,补充协议是合同的组成部分。

十二、合同生效

本合同自_____生效。

十三、合同份数

本合同一式_____份,均具有同等法律效力,发包人执_____份,承包人执_____份。

发包人: (公章)   承包人: (公章)

法定代表人或其委托代理人: 法定代表人或其委托代理人:
(签字)   (签字)

组织机构代码:_____   组织机构代码:_____
地   址:_____   地   址:_____
邮政编码:_____   邮政编码:_____
法定代表人:_____   法定代表人:_____
委托代理人:_____   委托代理人:_____
电   话:_____   电   话:_____
传   真:_____   传   真:_____
电子信箱:_____   电子信箱:_____
开户银行:_____   开户银行:_____
账   号:_____   账   号:_____

2. 通用合同条款

通用合同条款是合同当事人根据《中华人民共和国建筑法》《中华人民共和国合同法》等法律法规的规定,就工程建设的实施及相关事项,对合同当事人的权利义务作出的原则性约定。

通用合同条款共计20条,具体条款分别为一般约定、发包人、承包人、监理人、工程质量、安全文明施工与环境保护、工期和进度、材料与设备、试验与检验、变更、价格调整、合同价格、计量与支付、验收和工程试车、竣工结算、缺陷责任与保修、违约、不可抗力、保险、索赔和争议解决。前述条款安排既考虑了现行法律法规对工程建设的有关要求,也考虑了建设工程施工管理的特殊需要。

其中建设工程合同文件的解释顺序为:

组成合同的各项文件应互相解释,互为说明。除专用合同条款另有约定外,解释合同文件的优先顺序如下:

(1)合同协议书;

(2)中标通知书(如果有);

(3)投标函及其附录(如果有);

(4)专用合同条款及其附件;

(5)通用合同条款;

(6)技术标准和要求;

(7)图纸;

(8)已标价工程量清单或预算书;

(9)其他合同文件。

上述各项合同文件包括合同当事人就该项合同文件所作出的补充和修改,属于同一类内容的文件,应以最新签署的为准。

在合同订立及履行过程中形成的与合同有关的文件均构成合同文件组成部分,并根据其性质确定优先解释顺序。

3. 专用合同条款

专用合同条款是对通用合同条款原则性约定的细化、完善、补充、修改或另行约定的条款。合同当事人可以根据不同建设工程的特点及具体情况,通过双方的谈判、协商,对相应的专用合同条款进行修改、补充。在使用专用合同条款时,应注意以下事项:

(1)专用合同条款的编号应与相应的通用合同条款的编号一致。

(2)合同当事人可以通过对专用合同条款的修改,满足具体建设工程的特殊要求,避免直接修改通用合同条款。

(3)在专用合同条款中有横道线的地方,合同当事人可针对相应的通用合同条款进行细化、完善、补充、修改或另行约定;如无细化、完善、补充、修改或另行约定,则填写"无"或画"/"。

4. 工程质量保修书

其中工程质量保修书的格式如附件 3 所示:

附件 3:

工程质量保修书

发包人(全称):_____

承包人(全称):_____

发包人和承包人根据《中华人民共和国建筑法》和《建设工程质量管理条例》,经协商一致就_____（工程全称）签订工程质量保修书。

一、工程质量保修范围和内容

承包人在质量保修期内，按照有关法律规定和合同约定，承担工程质量保修责任。

质量保修范围包括地基基础工程、主体结构工程，屋面防水工程、有防水要求的卫生间、房间和外墙面的防渗漏，供热与供冷系统，电气管线、给排水管道、设备安装和装修工程，以及双方约定的其他项目。具体保修的内容，双方约定如下：

_____

_____。

二、质量保修期

根据《建设工程质量管理条例》及有关规定，工程的质量保修期如下：

1. 地基基础工程和主体结构工程为设计文件规定的工程合理使用年限；

2. 屋面防水工程、有防水要求的卫生间、房间和外墙面的防渗为_____年；

3. 装修工程为_____年；

4. 电气管线、给排水管道、设备安装工程为_____年；

5. 供热与供冷系统为_____个采暖期、供冷期；

6. 住宅小区内的给排水设施、道路等配套工程为_____年；

7. 其他项目保修期限约定如下：

_____。

质量保修期自工程竣工验收合格之日起计算。

三、缺陷责任期

工程缺陷责任期为_____个月，缺陷责任期自工程通过竣工验收之日起计算。单位工程先于全部工程进行验收，单位工程缺陷责任期自单位工程验收合格之日起算。

缺陷责任期终止后，发包人应退还剩余的质量保证金。

四、质量保修责任

1. 属于保修范围、内容的项目，承包人应当在接到保修通知之日起 7 天内派人保修。承包人不在约定期限内派人保修的，发包人可以委托他人修理。

2. 发生紧急事故需抢修的，承包人在接到事故通知后，应当立即到达事故现场抢修。

3. 对于涉及结构安全的质量问题，应当按照《建设工程质量管理条例》的规定，立即向当地建设行政主管部门和有关部门报告，采取安全防范措施，并由原设计人或者具有相应资质等级的设计人提出保修方案，承包人实施保修。

4. 质量保修完成后，由发包人组织验收。

五、保修费用

保修费用由造成质量缺陷的责任方承担。

六、双方约定的其他工程质量保修事项：_____

_____

_____。

工程质量保修书由发包人、承包人在工程竣工验收前共同签署，作为施工合同附件，其有效期限至保修期满。

发包人(公章)：＿＿＿＿＿＿＿＿＿＿＿＿ 　　承包人(公章)：＿＿＿＿＿＿＿＿＿＿＿＿

地　　址：＿＿＿＿＿＿＿＿＿＿＿＿＿＿ 　　地　　址：＿＿＿＿＿＿＿＿＿＿＿＿＿＿

法定代表人(签字)：＿＿＿＿＿＿＿＿＿＿ 　　法定代表人(签字)：＿＿＿＿＿＿＿＿＿＿

委托代理人(签字)：＿＿＿＿＿＿＿＿＿＿ 　　委托代理人(签字)：＿＿＿＿＿＿＿＿＿＿

电　　话：＿＿＿＿＿＿＿＿＿＿＿＿＿＿ 　　电　　话：＿＿＿＿＿＿＿＿＿＿＿＿＿＿

传　　真：＿＿＿＿＿＿＿＿＿＿＿＿＿＿ 　　传　　真：＿＿＿＿＿＿＿＿＿＿＿＿＿＿

开户银行：＿＿＿＿＿＿＿＿＿＿＿＿＿＿ 　　开户银行：＿＿＿＿＿＿＿＿＿＿＿＿＿＿

账　　号：＿＿＿＿＿＿＿＿＿＿＿＿＿＿ 　　账　　号：＿＿＿＿＿＿＿＿＿＿＿＿＿＿

邮政编码：＿＿＿＿＿＿＿＿＿＿＿＿＿＿ 　　邮政编码：＿＿＿＿＿＿＿＿＿＿＿＿＿＿

复习思考题

1. 什么是合同？什么是法律？合同与法律有什么关系？
2. 什么是合同法律关系？合同法律关系包括哪些构成要素？其含义各是什么？
3. 合同的形式有哪几种？
4. 合同按照不同的划分标准，可分为哪些类型？
5. 合同内容一般包括哪些条款？
6. 什么是代理？代理有哪几种类型？
7. 什么是建设工程合同？它有哪些特点？
8. 建设工程合同的类型有哪些？
9. 建设工程合同无效的情况有哪些？
10.《建设工程施工合同(示范文本)》由哪几部分组成？

模块 7 公路工程施工合同订立

学习目标

知识目标	①理解合同订立的基本原则、设计合同订立的程序,理解要约与承诺的内涵,会说明合同成立的概念、要件、情形、地点等,叙述合同生效和无效合同的情形; ②会归纳公路工程施工承包合同订立的基本要求; ③会归纳合同协议书的签订步骤流程; ④会概述公路工程施工合同的主要内容; ⑤会概述建设工程施工总承包合同及分包、转包的相关规定; ⑥会归纳合同的鉴证与公证的内容、规定及区别; ⑦会概述合同担保的概念、法律特征及形式。
能力目标	①具有解决合同订立过程中产生的一般法律问题的能力; ②具有编写合同协议书及模拟实际工程签订合同协议书的能力; ③具有解决公路工程施工合同订立中的一些常见问题的能力; ④具有运用分包与转包中相关法律规定的能力; ⑤具有运用合同的鉴证、公证、担保等知识的能力,能够编写履约保证书。
素质目标	①培养学生遵守国家法律法规,严格执行行业标准及相关规定的意识; ②培养学生信守合同承诺,严格履行合同的契约精神。

工作任务

7-1 根据"模块 4 公路工程项目施工开标、评标与定标"工作任务 4-1、4-2 中××县××镇××高速公路出口至 115 县道公路工程施工招标项目的中标情况,编写一份施工合同协议书。

7-2 编写一份履约保证书。

7.1 合同订立与生效

7.1.1 合同订立的基本原则

订立合同的过程是合同当事人就合同的权利、义务及合同的主要条款达成一致的过程。当事人之间订立合同是产生一定社会后果的法律行为，为保证合同的有效性，在合同的订立过程中应遵守以下基本原则。

1. 合法原则

订立合同时，必须遵守法律和行政法规，服从法律、法规的规定和要求。合法原则的内容如下：

(1)主体资格合法。即订立合同的当事人，应该是法人或其他经济组织、个体工商户、农村承包经营户等，且应满足合同条例和行政法规的规定。

(2)合同的内容必须合法、真实。即合同的标的必须是法律允许交易的标的，合同的条款应服从法律、法规的规定，合同的主要条款应完备，内容表述应真实。

(3)代理合法。即合同的代理应符合我国的合同代理制度，代订合同前，应取得委托人的委托证明，并根据授权范围以委托人的名义签订。

(4)程序和形式合法。即合同的订立程序和订立形式应符合法律、法规的具体规定。

2. 平等、自愿、公平原则

在订立合同过程中，应遵循平等互利、协商一致的原则，满足地位平等、权利平等、意志平等的要求。当事人有订立或不订立合同的自由。任何一方不得把自己的意志强加给对方，更不得胁迫对方签订合同，任何单位和个人不得非法干预合同的订立。

3. 诚实信用原则

《民法典》规定，当事人行使权利、履行义务应当遵循诚信原则，秉持诚实，恪守承诺。

诚实信用原则主要包括：(1)订立合同时，不得有欺诈或其他违背诚实信用的行为；(2)履行合同义务时，当事人应当根据合同的性质、目的和交易习惯，履行及时通知、协助、提供必要条件、防止损失扩大、保密等义务；(3)合同终止后，当事人应当根据交易习惯，履行通知、协助、保密等义务，也称后契约义务。

4. 守法与公序良俗原则

当事人行使权利、履行义务，不得违反法律，不得违背公序良俗。

5. 绿色原则

当事人行使权利、履行义务，应当有利于节约资源、保护生态环境。

7.1.2 合同订立程序

合同订立是指合同当事人合意的过程，也就是指订立合同双方当事人所作的意思表示趋于一致的过程。施工承包合同的订立首先必须遵守国家规定的建设程序。当事人订立合同，可以采取要约、承诺方式或者其他方式。

1. 要约

(1)要约的概念

要约是希望与他人订立合同的意思表示,该意思表示应当符合下列条件:

①内容具体确定;

②表明经受要约人承诺,要约人即受该意思表示约束。

(2)要约的构成要件

要约的构成要件主要有:①要约是由具有订约能力的特定人作出的意思表示;②要约必须具有订立合同的意图;③要约须向要约人希望与其缔结合同的受要约人发出;④要约的内容必须具体确定。

(3)要约邀请

要约邀请是希望他人向自己发出要约的意思表示。拍卖公告、招标公告、招股说明书、债券募集办法、基金招募说明书、商业广告和宣传、寄送的价目表等为要约邀请。商业广告和宣传的内容符合要约条件的,构成要约。

(4)要约与要约邀请的主要区别

要约一般向相对人发出,内容明确、全面,包括未来订立的合同的主要条款,以订立合同为目的,一经发出即产生法律效果。

要约邀请一般向不特定多数人发出,内容无须包括未来可能订立的合同主要条款,目的是让对方向自己发要约,不产生法律效果,无须承诺。

(5)要约的撤回与撤销

要约可以撤回。撤回要约的通知应当在要约到达受要约人之前或者与要约同时到达受要约人。

撤销要约的意思表示以对话方式作出的,该意思表示的内容应当在受要约人作出承诺之前为受要约人所知道;撤销要约的意思表示以非对话方式作出的,应当在受要约人作出承诺之前到达受要约人。

《民法典》第四百七十六条规定,要约可以撤销,但是有下列情形之一的,要约不得撤销:

①要约人已确定承诺期限或者以其他形式明示要约不可撤销;

②受要约人有理由认为要约是不可撤销的,并已经为履行合同做了合理准备工作。

(6)要约的生效与失效

要约到达受要约人时生效。若在要约中提出了生效时间的,则以要约中提出的生效时间为准。

《民法典》第四百七十八条规定,有下列情形之一的,要约失效:

①要约被拒绝;

②要约被依法撤销;

③承诺期限届满,受要约人未作出承诺;

④受要约人对要约的内容作出实质性变更。

2. 承诺

(1)承诺的概念

承诺是指受要约人同意要约的意思表示。

承诺具有法律约束力,是因为:①承诺必须由受要约人或其合法的代理人作出;②承诺只能向要约人作出；③承诺的内容应当与要约保持一致；④承诺必须在要约的有效期内到达要约人。

（2）承诺的方式

承诺应当以通知的方式作出，但根据交易习惯或者要约表明可以通过行为作出承诺的除外。

（3）承诺生效与撤回

承诺生效时合同成立，但是法律另有规定或者当事人另有约定的除外。

以通知方式作出的承诺，承诺通知到达要约人时生效。承诺不需要通知的，根据交易习惯或者要约的要求作出承诺的行为时生效。要约以信件或者电报作出的，承诺期限自信件载明的日期或者电报交发之日开始计算。信件未载明日期的，自投寄该信件的邮戳日期开始计算。要约以电话、传真、电子邮件等快速通信方式作出的，承诺期限自要约到达受要约人时开始计算。

承诺生效的地点为合同成立的地点。采用数据电文形式订立合同的，收件人的主营业地为合同成立的地点；没有主营业地的，其经常居住地为合同成立的地点。当事人另有约定的，按照其约定。

承诺可以撤回。撤回承诺的通知应当在承诺通知到达要约人之前或者与承诺通知同时到达要约人。

（4）承诺的期限

《民法典》第四百八十一条规定，承诺应当在要约确定的期限内到达要约人。要约没有确定承诺期限的，承诺应当依照下列规定到达：

①要约以对话方式作出的，应当即时作出承诺；

②要约以非对话方式作出的，承诺应当在合理期限内到达。

要约以信件或者电报作出的，承诺期限自信件载明的日期或者电报交发之日开始计算。信件未载明日期的，自投寄该信件的邮戳日期开始计算。要约以电话、传真等快速通信方式作出的，承诺期限自要约到达受要约人时开始计算。

（5）迟延承诺

受要约人超过承诺期限发出承诺的，除要约人及时通知受要约人该承诺有效的以外，为新要约；但是，要约人及时通知受要约人该承诺有效的除外。

受要约人在承诺期限内发出承诺，按照通常情形能够及时到达要约人，但因其他原因承诺到达要约人时超过承诺期限的，除要约人及时通知受要约人因承诺超过期限不接受该承诺的以外，该承诺有效。

（6）承诺的变更

《民法典》第四百八十八条规定，承诺的内容应当与要约的内容一致。受要约人对要约的内容作出实质性变更的，为新要约。有关合同标的、数量、质量、价款或者报酬、履行期限、履行地点和方式、违约责任和解决争议方法等的变更，是对要约内容的实质性变更。

《民法典》第四百八十九条规定，承诺对要约的内容作出非实质性变更的，除要约人及时表示反对或者要约表明承诺不得对要约的内容作出任何变更外，该承诺有效，合同的内容以承诺的内容为准。

3. 要约与承诺的表现形式

要约与承诺最典型的表现形式是招标和拍卖。

（1）招标

招标分为招标文件的准备与发送、投标、评标定标三个阶段。

①招标文件的准备与发送：招请有关单位参与投标的行为，在性质上属于要约邀请。

②投标：投标是一种要约，对投标人有约束力。

③评标定标：向中标人签发中标通知书是定标的标志，定标有发生承诺的效力。

投标与定标的过程实际上就是要约与承诺的过程，定标即意味着双方当事人的意思表示一致，合同成立。

（2）拍卖

拍卖人提出的拍卖要求和条件属于要约邀请，应买人提出的条件属于要约，拍卖人的拍定属于承诺。

7.1.3 合同的成立

合同成立，是指当事人就合同主要条款达成了合意。合同的成立一般要经过要约和承诺两个阶段，承诺生效时合同成立。

1. 合同成立需具备下列条件

（1）存在两方以上的订约当事人；

（2）订约当事人对合同主要条款达成一致意见。

2. 合同成立的情形主要有以下几种

（1）当事人采用合同书形式订立合同的，自双方当事人签字或盖章时合同成立；

（2）采用合同书形式订立合同，在签字或盖章之前，当事人一方已履行主要义务，对方接受的，该合同成立；

（3）法律、行政法规规定或者当事人约定合同应当采用书面形式订立，当事人未采用书面形式，但是一方已经履行主要义务，对方接受时，该合同成立。

（4）当事人采用信件、数据电文等形式订立合同的，可以在合同成立之前要求签订确认书，签订确认书时合同成立。

3. 合同成立的地点有如下规定

（1）承诺生效的地点为合同成立的地点。

（2）采用数据电文形式订立合同的，收件人的主营业地点为合同成立的地点；没有主营业地点的，其经常居住地为合同成立的地点；当事人另有约定的，按照其约定。

（3）当事人采用合同书形式订立合同的，最后签名、盖章或者按指印的地点为合同成立的地点。

（4）当事人约定了合同成立地点的，约定的地点为合同成立的地点。

4. 预约合同

当事人约定在将来一定期限内订立合同的认购书、订购书、预订书等，构成预约合同。

当事人一方不履行预约合同约定的订立合同义务的，对方可以请求其承担预约合同的违约责任。

7.1.4 缔约过失责任

缔约过失是指合同订立过程中,当事人一方因未履行依据诚实信用原则应承担的义务,而导致当事人另一方受到损失的过失。过失方应承担民事责任,即缔约过失责任。

由于缔约过失责任采取的是过错责任原则,所以其构成要件应当包括客观要件和主观要件两个方面。具体来说,缔约过失责任的构成要件有以下四个:

(1)缔约过失责任发生在合同订立过程中;

(2)缔约人一方主观上有过错(包括故意和过失);

(3)缔约人另一方受到实际损失;

(4)缔约当事人一方的过错与另一方当事人的损失之间存在因果关系。

当事人在订立合同过程中有下列情形之一,给对方造成损失的,应当承担损害赔偿责任:

(1)假借订立合同,恶意进行磋商;

(2)故意隐瞒与订立合同有关的重要事实或者提供虚假情况;

(3)有其他违背诚实信用原则的行为;

(4)有违反保密义务的行为。

7.1.5 合同生效

1. 合同生效的概念

合同生效是指已经依法成立的合同在当事人之间产生一定的法律约束力,亦即法律效力。

合同生效意味着双方当事人享有合同中约定的权利和承担合同中约定的应当履行的义务;任何一方不得擅自变更和解除合同;一旦当事人一方不履行合同规定的义务,另一方当事人可寻求法律保护;合同生效后,对合同当事人之外的第三人也具有法律约束力,第三人(包括单位、个人)均不得对合同当事人进行非法干涉,合同当事人对妨碍合同履行的第三人可以请求法院排除妨害;合同生效后,合同条款成为处理合同纠纷的重要依据。因而,合同成立是合同生效的前提条件,合同生效是当事人双方订立合同实现预期目标必然要追求的结果。

2. 合同的生效条件

(1)主体合格。合同当事人具有相应的民事权利能力和民事行为能力,订立合同的主体有自然人、法人、其他组织。作为合同生效的要件之一,自然人作为合同当事人,应是具有完全行为能力的自然人,才可以订立一切法律允许的合同;作为合同主体的法人、非法人组织,只有在登记核准的经营范围内从事经济活动,才具有法律效力,只有在经营范围内签订的合同,才受法律保护。建设工程合同中,合同当事人一般应具有法人资格,并且承包人还应具备相应的资质等级。

(2)合同当事人意思表示自愿和真实。意思表示真实为一切民事法律行为的生效条件,也是合同生效的核心要素。意思表示真实是合同的生效要件而非成立要件,意思表示不真实包括意思与表示不一致和不自由两种,具体表现为欺诈、胁迫的手段,或者乘人之危或逃避法律的行为,或在违背真实意思的情况下所为的行为,都将导致合同不发生法律效力,即意思表示不真实的合同不能取得法律效力。

（3）不违反法律或社会公共利益。该条件是合同生效的重要条件,是对合同自由的限制。主要包括两层含义:合同的内容合法和合同的目的合法。合同的内容和目的不得违反国家法律、法规的强制性规定;在法律、法规没有规定时,不得违反国家有关规定的禁止性规定。同时,合同的内容和目的不得损害他人利益和危害国家利益、社会公共利益。此外,在法律有明确规定的情况下合同还应当符合法定形式。

（4）具备法律、行政法规规定的合同生效必须具备的形式要件。

3. 合同的生效时间

合同生效时间,是指合同发生法律效力的时间。

（1）合同成立生效

对于一般合同,只要符合法律的要求,经协商达成一致意见,合同成立即可生效。如口头合同自受要约人承诺时生效,书面合同自双方当事人签字或者盖章时生效。

（2）批准登记生效

法律、行政法规规定应当办理批准、登记等手续生效的,自依法办理批准、登记等手续时生效。如房屋买卖合同、中外合资经营企业合同等。

（3）约定生效

附约定条件、期限的合同,在条件成熟、期限届至时生效。

4. 效力待定合同

效力待定合同又称效力未定的合同,是指合同虽然已经成立,但因其不完全符合有关生效要件的规定,因此其效力能否发生尚未确定,一般须经权利人表示承认才能生效。

（1）效力待定合同的特点

①效力待定合同已经成立,但合同因缺乏处分权、代理权或缺乏行为能力而效力并不齐备。

②效力待定合同的效力,既非完全无效,也非完全有效,而是处于一种效力不确定的中间状态。

③效力待定合同是否已经发生效力尚不能确定,有待于其他行为或事实使之确定。

（2）效力待定合同分类

合同成立后,其是否生效暂时不能确定,生效与否取决于合同成立后的后续行为。

①限制民事行为能力人订立的合同

合同作为一种民事法律行为也必须要求合同当事人具有相应的民事行为能力。限制民事行为能力人所签订的合同从主体资格上讲,是有瑕疵的,因为当事人缺乏完全的缔约能力、代签合同的资格和处分能力。

限制民事行为能力人签订的合同,如果该合同是纯获利益的合同或者是与其年龄、智力、精神健康状况相适应的人订立的合同,则合同有效。如果该合同不是纯获利益的合同或者是与其年龄、智力、精神健康状况不相适应的人订立的合同,则须经法定代理人追认后,合同才有效力。如果法定代理人不予追认或拒绝追认,则合同无效。所谓追认是指法定代理人明确无误地表示,同意限制民事行为能力人与他人签订的合同。这种同意是一种单方意思表示,无须合同的相对人同意即可发生效力。这里需要强调的是,法定代理人的追认应当以明示的方式作出,并且应当为合同的相对人所了解才能产生效力。

②无代理权人订立的合同

所谓无权代理的合同就是无代理权的人代理他人从事民事行为,而与相对人签订的合同。因无权代理而签订的合同有以下三种情形:

a. 根本没有代理权而签订的合同,是指签订合同的人根本没有经过被代理人的授权,就以被代理人的名义签订的合同。

b. 超越代理权而签订的合同,是指代理人与被代理人之间有代理关系而存在,但是代理人超越了被代理人的授权,与他人签订的合同。

c. 代理关系中止后签订的合同,是指行为人与被代理人之原有代理关系,但是由于代理期限届满、代理事务完成或者被代理人取消委托关系等原因,被代理人与代理人之间的代理关系已不复存在,但原代理人仍以被代理人名义与他人签订的合同。

③无处分权人处分他人财产订立的合同

无权处分是指无处分权人以自己名义擅自处分他人财产。无权处分行为是否发生效力,取决于权利人追认或处分人是否取得处分权。

无处分权人订立的合同,一般情况下无效。但下列两种情况下合同有效:

a. 经权利人追认,订立的合同有效;

b. 无处分权人通过订立合同取得财产的处分权。

5. 法定代表人、负责人超越权限订立的合同

《民法典》第五百零四条规定,法人的法定代表人或者非法人组织的负责人超越权限订立的合同,除相对人知道或者应当知道其超越权限外,该代表行为有效,订立的合同对法人或者非法人组织发生效力。

7.1.6 无效合同

1. 无效合同的概念

无效合同是指当事人违反了法律规定的条件而订立的,国家不承认其效力,不给予法律保护的合同。凡违反合同订立原则的合同都属于无效合同。

2. 无效合同的几种情形

(1)一方以欺诈、胁迫的手段订立合同,损害国家利益;

(2)恶意串通,损害国家、集体或者第三人利益;

(3)以合法形式掩盖非法目的;

(4)损害社会公共利益;

(5)违反法律、行政法规的强制性规定。

3. 无效合同的法律特征

(1)具有违法性,是指违反了法律和行政法规的强制性规定,损害了社会公共利益。

(2)具有不履行性,是指当事人在订立无效合同后,不得依据合同实际履行,也不承担不履行合同的违约责任。

(3)无效合同自始无效。无效合同违反了法律的规定,国家不予承认和保护。一旦确认无效,将具有溯及力,使合同从订立之日起就不具有法律约束力,以后也不能转化为有效合同。

4. 无效合同的确认及法律责任

（1）无效合同的确认权,归仲裁机构或人民法院。

（2）法律责任

对无效合同的财产后果,根据当事人的过错大小,按以下方法处理:

①返还财产。即使当事人的财产关系恢复到签约以前的状态。

②赔偿损失。过错方造成对方损失时,应当承担赔偿责任。

③追缴财产。这是对当事人恶意串通、故意损害国家利益、集体利益或者第三人利益的行为所采取的一种惩罚手段,追缴的财产上交国库或者返还集体、第三人。

7.1.7 可变更或可撤销合同

1. 可变更或可撤销合同的概念

可变更合同是指合同部分内容违背当事人的真实意思表示,当事人可以要求对该部分内容的效力予以撤销的合同。

可撤销的合同是指虽经当事人协商一致,但因非对方的过错而导致一方当事人意思表示不真实,允许当事人依照自己的意思使合同效力归于消灭的合同。

有下列情形之一的,当事人一方有权请求人民法院或仲裁机构变更或撤销合同:

（1）因重大误解而订立的合同;

（2）在订立合同时显失公平的合同;

（3）以欺诈、胁迫等手段或乘人之危,使对方在违背真实意思的情况下订立的合同。

2. 可变更或可撤销合同的法律特征

（1）可撤销的合同主要是意思表示不真实的合同,因重大误解而使其表示出来的意思与真实意思不符。

（2）必须要由当事人主动行使撤销权,请求撤销合同。

（3）可撤销合同在未被撤销以前仍是有效的。

（4）可撤销合同在《民法通则》中称为可变更、可撤销的合同,也就是说对此类合同,撤销权人有权请求予以撤销,也可以不要求撤销,而仅要求变更合同内容。

3. 合同撤销权的行使与消灭

当事人提出请求是合同变更、撤销的前提,人民法院或仲裁机构不得主动变更或撤销合同。

当事人如果只请求变更,人民法院或仲裁机构不得撤销其合同。

有下列情形之一的,撤销权消灭:

（1）具有撤销权的当事人自知道或者应当知道撤销事由之日起1年内没有行使撤销权;

（2）具有撤销权的当事人知道撤销事由后明确表示或者以自己的行为放弃撤销权。

4. 合同被撤销后的法律后果

合同被撤销后,因该合同取得的财产,应当予以返还;不能返还或者没有必要返还的,应当折价补偿。有过错的一方应当赔偿对方因此所受到的损失,双方都有过错的,应当各自承担相应的责任。

（1）返还财产

返还财产,是指合同当事人在合同被确认为无效或者被撤销以后,对已经交付给对方的

财产,享有返还财产的请求权,对方当事人对于已经接受的财产负有返还财产的义务。返还财产有以下两种形式:

第一,单方返还。单方返还,是指有一方当事人依据无效合同从对方当事人处接受了财产,该方当事人向对方当事人返还财产;或者虽然双方当事人均从对方处接受了财产,但是一方没有违法行为,另一方有故意违法行为,无违法行为的一方当事人有权请求返还财产,而有故意违法行为的一方当事人无权请求返还财产,其被对方当事人占有的财产,应当依法上缴国库。单方返还的应是原物,原来交付的货币,返还的就应当是货币;原来交付的是财物,就应当返还财物。

第二,双方返还。双方返还,是指双方当事人都从对方接受了给付的财产,则将双方当事人的财产都返还给对方,接受的是财物,就返还财物;接受的是货币,就返还货币。如果双方当事人故意违法,则应当将双方当事人从对方得到的财产全部收归国库。

（2）折价补偿

折价补偿是在因无效合同所取得的对方当事人的财产不能返还或者没有必要返还时,按照所取得的财产的价值进行折算,以金钱的方式对对方当事人进行补偿的责任形式。

（3）赔偿损失

根据《合同法》第五十八条之规定,当合同被确认为无效后,如果由于一方或者双方的过错给对方造成损失时,还要承担损害赔偿责任。此种损害赔偿责任应具备以下构成要件:

①有损害事实存在。

②赔偿义务人具有过错。这是损害赔偿的重要要件。

③过错行为与遭受损失之间有因果关系。

如果合同双方当事人都有过错,依第五十八条的规定,双方应各自承担相应的责任,即适用过错的程度,如一方的过错为主要原因,另一方为次要原因,则前者责任大于后者;此所谓过错的性质如一方系故意,另一方系过失,故意一方的责任应大于过失一方的责任。

因合同无效或者被撤销,一方当事人因此受到损失,另一方当事人对此有过错时,应赔偿受害人的损失,这种赔偿责任是基于缔约过失责任而发生的。这里的"损失"应以实际已经发生的损失为限,不应当赔偿期待利益,因为无效合同的处理以恢复原状为原则。

（4）追缴财产,收归国有

当事人恶意串通,损害国家、集体或者第三人利益的,因此取得的财产收归国家所有或者返还集体、第三人。

5. 当事人名称或者法定代表人变更不对合同效力产生影响

合同生效后,当事人不得因姓名、名称的变更或者法定代表人、负责人、承办人的变动而不履行合同义务。

6. 当事人合并或分立后对合同效力的影响

当事人合并的,合同由合并后的当事人继续履行。

当事人分立的,分立的当事人应及时告知对方,双方可重新协商合同的履行方式,如分立的当事人没有告知对方或协商不成的,由分立后的各方当事人承担连带责任。

7.2 公路工程施工合同的订立

7.2.1 公路工程施工合同的概念

公路工程施工合同是指发包人(建设单位、业主)与承包人(施工单位)间为完成商定的公路工程项目,确定双方权利和义务的协议。

7.2.2 合同文件的组成

根据《公路工程标准施工招标文件》(2018年版),公路工程施工合同文件的主要组成内容如下:

(1)合同协议书及各种合同附件(含评标期间和合同谈判过程中的澄清文件和补充资料);

(2)中标通知书;

(3)投标函及投标函附录;

(4)项目专用合同条款;

(5)公路工程专用合同条款;

(6)通用合同条款;

(7)工程量清单计量规则;

(8)技术规范;

(9)图纸;

(10)已标价工程量清单;

(11)承包人有关人员、设备投入的承诺及投标文件中的施工组织设计;

(12)其他合同文件。

7.2.3 施工承包合同协议书的签订

1. 签订合同的基本要求

招标人和中标人应在中标通知书发出之日起30日内,根据招标文件和中标人的投标文件订立书面合同。中标人无正当理由拒签合同,在签订合同时向招标人提出附加条件,或不按照招标文件要求提交履约保证金的,招标人取消其中标资格,其投标保证金不予退还;给招标人造成的损失超过投标保证金数额的,中标人还应对超过部分予以赔偿。

发出中标通知书后,招标人无正当理由拒签合同,或在签订合同时向中标人提出附加条件的,招标人向中标人退还投标保证金;给中标人造成损失的,还应赔偿损失。

签订建设工程施工合同,必须以建设计划和具体建设设计文件已获得国家有关部门批准为前提。签订施工合同须以履行有关法定审批程序为前提,这是由于建设工程施工合同的标的物为建筑产品,需要占用土地,耗费大量的资源,属于国民经济建设的重要组成部分。凡是没有经过计划部门、规划部门的批准,不能进行工程设计,建设行政主管部门不予办理报建手续及施工许可证,更不能组织施工。在施工过程中,如需变更原计划项目功能的,必须报经有关部门审核同意。

承包人主体资格受到严格限制。建设工程施工合同的承包人,除了在经工商行政管理部门核准的经营范围内从事经营活动外,应当遵守企业资质等级管理的规定,不得越级承揽任务。

签订及履行施工合同受到国家的严格监督管理。建设工程施工合同实行备案制度。在施工过程中,各级政府建设工程质量监督管理部门还要对工程建设的质量进行全面监督。

2. 合同谈判

合同谈判即与合同除己方外所有的其他参与方共同商谈合作细节,明确所有合同参与方的权利与义务,以及各方违约的处理方式,一般包含以下几个必须明确的谈判内容。

(1)关于工程内容和范围的确认

合同的"标的"是合同最基本的要素,工程承包合同的标的就是工程承包内容和范围。因此,在签订合同前的谈判中,必须首先共同确认合同规定的工程内容和范围。承包人应当认真重新核实投标报价的工程项目内容与合同中表述的内容是否一致,合同文字的描述和图纸的表达都应当准确,不能模糊含混。承包人应当查实自己的标价有没有任何只能凭推测和想象计算的成分。如果有这种成分,则应当通过谈判予以澄清和调整。应当力争删除或修改合同中出现的诸如"除另有规定外的一切工程",承包人可以合理推知需要提供的为本工程实施所需的一切"辅助工程"之类含混不清的工程内容或工程责任的说明词句。对于在谈判讨论中经双方确认的内容及范围方面的修改或调整,应和其他所有在谈判中双方达成一致的内容一样,以文字方式确定下来,并以"合同补遗"或"会议纪要"方式作为合同附件并说明构成合同的一部分。

发包人提出增减工程项目或要求调整工程量和工程内容时,务必在技术和商务等方面重新核实,确有把握方可应允。同时以书面文件、工程量表或图纸予以确认,其价格亦应通过谈判确认并填入工程量清单。

发包人提出的改进方案或发包人提出的某些修改和变动,或发包人接受承包人的建议方案等,首先应认真对其技术合理性、经济可行性以及在商务方面的影响等进行综合分析,权衡利弊后方能表态接受、有条件接受甚至拒绝。修改或变动必将对价格和工期产生影响,应利用这一时机争取变更价格或要求发包人改善合同条件以谋求更好的效益。

对于原招标文件中的"可供选择的项目"和"临时项目"应力争说服发包人在合同签订前予以确认,或商定一个确认的最后期限。

对于一般的单价合同,如发包人在原招标文件中未明确工程量变更部分的限度,则谈判是应要求与发包人共同确定一个"增减量幅度"(FIDIC第四版建议为15%),当超过该幅度时,承包人有权要求对工程单价进行调整。

(2)关于技术要求、技术规范和施工技术方案

技术要求是发包人极为关切而承包人也应更加注意的问题,我国在采用技术规范方面往往和国外有一定差异。建筑工程技术规范的国家标准是强制性标准,企业生产中必须遵守。投标中应仔细查看投标人的施工方法等是否与标书中的技术规范相符。如有差异,要研究自己是否能做到,以及其经济性如何。如有问题,可争取合法情况下的变通措施,如采用其他规范。尤其是对于施工程序比较复杂的项目,如水坝工程、道路工程、隧道工程和技

术要求高的工业与民用建筑工程等,在承包人提交的投标文件中都应提交施工组织设计方案及施工方法特别说明,并力争在投标答辩中使发包人赞同该方法,以显示公司的实力和实施该项工程的能力。对于大型项目,当发包人不能够提供足够的水文资料、气象资料、地质资料时,除在投标报价时做好相应的技术措施外,也应考虑足够的不可预见费用,将该风险转由发包人承担。

(3)合同的谈判与签订

尽管招标文件已经对合同内容的所有方面做了相当明确的规定,而且投标者业已在投标时表态愿意遵守,但是,对于大型项目,业主很少在这样文件的基础上简单地与投标者签订合同。业主通常在发出中标通知后仍然给予一定时间,与第一中标人进行正式的合同谈判,最终敲定合同文本之后再签订合同。合同的内容因项目和合同性质、原招标文件规定、业主的要求等的不同而有所不同。一般来讲合同谈判会涉及合同的商务和技术的所有条款。合同谈判可能涉及的主要内容有:项目范围;技术要求、技术规范和施工技术方案;价格调整条款;合同款支付方式;工期和维修期;争端的解决;其他有关改善合同条款的问题等。

在原投标报价文件的基础上,经过双方的讨论妥协,双方在合同谈判结束时已经就整个合同达成了基本一致的结论,这时就可以共同确定最终合同文本和签署合同。最终双方签署的合同应在原投标文件的基础上,补充合同澄清阶段承包商确认的内容和合同谈判阶段上达成一致的内容,而后形成一个正式文本。在投标后,双方同意变动的内容一般是以合同补遗的形式确定下来,与投标文件一起共同构成一个完整的项目承包合同。投标文件所附的合同文本及其他技术商务文件一般在投标阶段都已经多次研究,双方都比较熟悉,而合同补遗则是在合同谈判后根据谈判结果形成的,而且按一般法律惯例,合同补遗优先于合同的其他文件,因此双方对合同补遗的起草、定稿都相当重视。合同签署前,双方应当对所有在招标投标及前后所发出的文件、文字说明、解释性资料进行清理。凡是与上述合同构成内部矛盾的文件,应宣布作废。可以在双方签署的"合同补遗"中,对此作出排除性质的声明。

(4)关于价格调整条款

①对于工期较长的建设工程,容易遭受货币贬值或通货膨胀等因素的影响,可能给承包人造成较大损失。价格调整条款可以比较公正地解决承包人无法控制的风险损失问题。

②无论是单价合同还是总价合同,都可以确定价格调整条款,即是否调整以及如何调整等。

(5)关于合同款支付方式的条款

建设工程施工合同的付款分四个阶段进行,即预付款、工程进度款、最终付款和退还保留金。

(6)关于工期和维修期

①合同文本中应当对维修工程的范围、维修责任及维修期的开始和结束时间有明确的规定。承包人应该只承担由于材料和施工方法及操作工艺等不符合合同规定而产生的缺陷。

②承包人应力争以维修保函来代替业主扣留的保留金。

(7)合同条件中其他特殊条款的完善。

3. 合同协议书的签订

承包人按中标通知书规定的时间与发包人签订合同协议书。除法律另有规定或合同另有约定外,发包人和承包人的法定代表人或其委托代理人在合同协议书上签字并盖单位章后,合同生效。在合同协议书签订并生效之前,投标函和中标通知书将对双方具有约束力。

业主或咨询工程师在合同谈判结束后,应按协商内容拟出一个完整的合同文本草案,并经双方授权代表认可后形成文件。承包商代表应认真审核全部内容,尤其是对修改后的新工程量表和价格表以及合同补遗,是否双方谈判时达到的一致意见,对谈判修改或对原料原合同修整的部分是否已经明确地表示清楚,尤其对出资数字要核对无误。当双方认为无误后,由双方代表草签,至此合同谈判阶段即告结束,承包商应及时准备和递交履约保函或担保,准备正式的承包合同。合同正式签字前承包商代表或其助手要对准备签字的正式文本与草签的文本再重新复核。合同鉴定的过程,是当事人双方相互协商并最后就各自的权利、义务达成一致意见的过程,签约是双方意志统一的表现。合同协议书由业主和承包商的法人代表或正式授权委托的全权代表签署后,合同即正式开始生效。

4. 合同协议书签订的注意事项

(1)合同主体审查

承包人应注意审查发包人资质。对发包方主要应了解:

①主体资格,即建设相关手续是否齐全。如建设用地是否已经批准?是否列入投资计划?规划、设计是否得到批准?是否进行了招标等。

②发包人如果属于总包人,审查其是否具有分包资格。

③履约能力即资金问题。发包人的实力、已完成的工程、市场信誉度、施工所需资金是否已经落实或可能落实等。

发包人应注意审查承包人资质:

①承包人一般应为建筑企业法人,除了内部承包之外,公民个人不能成为建设工程合同的主体;

②承包人应具有承包建设工程的资质。

(2)工程范围

发包人与承包人都应当对合同工程范围进行明确的约定,最好应在合同中附上工程项目一览表及工程量。

(3)建设工期

合同应对工期约定准确、完善,如果存在中间交工工程,对中间交工工程的开工、竣工日期,也应在合同中作出明确约定。

(4)工程质量

发包人注意如下条款的约定:

①施工的工程质量要符合国家现有的有关法律、法规、技术标准、设计文件和合同中规定的要求,经质量监督站核定为合格或优良;

②工程所用的建筑材料、构配件和设备要有出厂合格证和必要的试验报告;

③工程完工时承包人应向发包人提交完整的工程技术档案和竣工图,并负责办理工程竣工交付使用的有关手续;

④应注意工程保修的约定。

作为承包人,关于工程质量条款的约定应确保己方能够满足,并且,对于质量条款的约定应尽量做简单约定。

（5）工程造价

发包人与承包人都应当注意以下事项：

①工程造价，如为招标工程，则应以中标时确定的中标金额为准；如按初步设计总概算投资包干时，应以经审批的概算投资中与承包内容相应部分的投资为工程价款；如按施工图预算包干，则应以审查后的施工图总预算或综合预算为准。

②合同造价是双方共同约定的条款，是承包方的利益所在，价款数额及付款日期应当明确具体。暂定价、暂估价、概算价都不能作为合同价款，约而不定的造价不能作为合同价款，并且对采用的合同价款结算方式，双方要作出明确的约定。

a. 对可调价格合同，双方对价款调整的方法应进行明确约定，包括材料、设备价格的涨落，设计变更，降雨、台风等自然因素等。

b. 采用固定价格应注意明确包死价的种类。如是总价包死、单价包死，还是部分总价包死，以免履约过程中发生争议。还必须把风险范围约定清楚，约定具体的风险费用的计算方法，双方应约定一个百分比系数，也可采用绝对值法。一般来说，固定价格合同，特别是固定总价合同，承包人往往承担的风险较大。因此，双方在合同中要对相关的承包工程范围、设计图纸所涵盖的工程量进行详细约定，并对物价因素、非承包人原因引起的工程量变化（如设计变更）、地质条件变化等因素给予充分考虑，将必要因素纳入风险范围。

（6）技术资料交付时间

承包人应注意在合同中约定发包人向承包人提供与本工程项目有关的全部施工技术资料的时间，并且约定若发包人未按时提供资料，造成的工期损失或者工程变更应由发包人负责。

（7）材料和设备供应责任

若材料和设备供应采用承包人采购的方式，则发包人应注意在合同中详细地约定以下内容：

①应详细填写材料设备供应的具体内容、品种、规格、数量、单价、质量等级、提供的时间和地点；

②应约定供应方承担的具体责任。

若材料和设备的供应采用发包人供材、发包人指定、发包人审核，则承包人应注意在合同中详细地约定以下内容：

①应详细填写材料设备供应的具体内容、品种、规格、数量、单价、质量等级、提供的时间和地点；

②应约定供应方承担的具体责任；

③双方应约定供应材料和设备的结算方法（可以选择预结法、现结法、后结法或其他方法）。

④由发包人指定材料时应将材料名称、品牌、型号、厂家、价格调整方式等约定清楚。

⑤如发包人限价时应注意约定发包人审核的程序及期限，以免耽误工期。

（8）工程进度款的拨款和结算

对于承包人，工程进度款的约定尤为重要。对于工程进度款，通常是按月付款或按工程进度拨付。

①约定按工程进度拨付的，应注意约定审核的时限及未能在时限内确认的违约责任，如

约定"甲方应在收到乙方月进度报告后 7 日内审核完毕,逾期则以乙方送审的工程量为准"。有的发包人为了加大对审核进度款的约束,故意约定复杂的审核程序,如约定工程量审核需经项目经理、财务部长、主管经理、董事长签字并加盖公章。此时承包人应引起重视,并采取相应的对策。

②约定按月支付,支付额度为上月完成工程量的相应比例。但某些建设项目大量增加合同外的工作量,使工程造价成倍增长,而工程款支付以合同价款为基数,并根据形象进度付款,造价的不准确必然导致工程款支付严重不足。合同外增加的价款,应约定当月签证,纳入当月支付。

(9)竣工验收

此条款的约定应以国家有关部委颁发的《关于基本建设项目竣工验收的暂行规定》、《工程施工及验收规定》、《建筑安装工程质量评定标准》和其他有关的竣工验收规定及施工图纸说明书、施工技术文件为依据。

(10)质量保修范围和质量保证期

发包人应当特别注意在合同中约定建设工程的质量保修范围和质量保证期。

(11)违约责任的约定

违约责任的约定应具有可操作性,以利于执行。

(12)其他条款

①作为承包人或者发包人,由于工程大,或者工程数量多,因此要办理授权手续。对于双方各自委派的人员,要向对方列出名单,明确职责和权限,特别应将对变更、签证、价格确认、验收确认等具有签认权的人员、签认范围、程序、生效条件等约定清楚,防止无权人员随意签字,或超出权限签字。

②争议管辖的约定不能违反级别管辖、专属管辖的规定,选择仲裁的,仲裁委员会的名称应当准确无误。

③如果合同各方对合同履行有特殊要求的,均应当在合同中予以明确约定。

7.2.4 履约担保

在签订合同前,中标人应按投标人须知前附表规定的形式、金额和招标文件第四章"合同条款及格式"规定的或事先经过招标人书面认可的履约保证金格式向招标人提交履约保证金。除投标人须知前附表另有规定外,履约保证金为签约合同价的 10%。联合体中标的,其履约保证金以联合体各方或联合体中牵头人的名义提交。采用银行保函时,应由符合投标人须知前附表规定级别的银行开具,所需的费用由中标人承担,中标人应保证银行保函有效。

中标人不能按招标要求提交履约保证金的,视为放弃中标,其投标保证金不予退还,给招标人造成的损失超过投标保证金数额的,中标人还应对超过部分予以赔偿。

1. 履约担保的一般要求

履约担保是担保公司承诺一旦在该项担保的受保人履行了其所应履行的合同义务之后,保证人将保证购销合同中有关货款支付、货物供应等结算条款或违约金支付条款得到执行,从而有效地避免或降低供需双方在交易过程中的风险,维护债权人的合法权益。

履约担保的种类包括工程合同履约担保、工程招投标履约担保、技术转让合同履约担保、贸易合同履约担保、房地产交易担保、机动车交易担保、房屋产权过户交易安全担保、企业产权过户交易安全担保、合约对冲押金/预付款/质量保证金担保、中介费/佣金担保、产品质量担保、出国留学经济担保、个人分期付款消费担保、诉讼保全担保等。

其中,开展最为广泛的业务有工程合同履约担保和工程招投标履约担保。

(1)工程合同履约担保

保证担保人(担保公司)向招标人出具履约保函,保证建设工程承包合同中规定的一切条款将在规定的日期内,以不超过双方议定的价格,按照约定的质量标准完成该项目。一旦承包商在施工过程中违约或因故无法完成合同,则保证担保人可以向该承包商提供资金或其他形式的资助以使其有能力完成合同;也可以安排由新的承包商来接替原承包商以完成该项目;还可以经过协商,业主重新开标,中标的承包商将完成合同中的剩余部分,由此造成最后造价超出原合同造价的部分将由保证担保人承担;如果对上述解决方案不能达成协议,则保证担保人将在保额内赔付业主的损失。

(2)工程招投标履约担保

保证担保人(担保公司)在投标人投标之前,向招标人出具投标保函,保证中标人将与招标人签订合同并提供招标人所要求的履约保函。如果中标人违约,则保证担保人将在保额内赔付招标人的损失。投标保证担保可用于设计招投标、施工招投标、监理招投标、材料采购招投标等各种招投标活动。

投标担保金额一般不得超过项目估算价的 2%,具体标准可遵照各行业规定。

2. 履约担保的形式

履约担保的形式主要有银行履约保函、履约担保书、履约保证金。

(1)银行履约保函

银行履约保函是由商业银行开具的担保证明,通常为合同金额的 10% 左右。银行保函分为有条件的银行保函和无条件的银行保函。有条件的保函是指下述情形:在承包人没有实施合同或者未履行合同义务时,由发包人或监理工程师出具证明说明情况,并由担保人对已执行合同部分和未执行部分加以鉴定,确认后才能收兑银行保函,由招标人得到保函中的款项。建筑行业通常倾向于采用这种形式的保函。

无条件的保函是指下述情形:在承包人没有实施合同或者未履行合同义务时,发包人不需要出具任何证明和理由,只要看到承包人违约,就可对银行保函进行收兑。

(2)履约担保书

履约担保书的担保方式是:当承包人在履行合同中违约时,开出担保书的担保公司或者保险公司用该项担保金去完成施工任务或者向发包人支付该项保证金。工程采购项目保证金提供担保形式的,其金额一般为合同价的 30%～50%。

承包人违约时,由工程担保人代为完成工程建设的担保方式,有利于工程建设的顺利进行,因此是我国工程担保制度探索和实践的重点内容。

(3)履约担保金

履约担保金可用保兑支票、银行汇票或现金支票,额度为合同价格的 10%。

3. 履约担保的格式

如采用银行保函,格式如下。

履约保证金

_____（发包人名称）：

鉴于_____（发包人名称，以下简称"发包人"）接受_____（承包人名称，以下简称"承包人"）于_____年_____月_____日参加_____（项目名称）_____标段施工的投标。我方愿意无条件地、不可撤销地就承包人履行与你方订立的合同，向你方提供担保。

1. 担保金额人民币（大写）_____元（￥_____）。

2. 担保有效期自发包人与承包人签订的合同生效之日起至发包人签发交工验收证书且承包人按照合同约定缴纳质量保证金之日止。

3. 在本担保有效期内，因承包人违反合同约定的义务给你方造成经济损失时，我方在收到你方以书面形式提出的在担保金额内的赔偿要求后，在 7 日内无条件支付，无须你方出具证明或陈述理由。

4. 发包人和承包人按合同条款第 15 条变更合同时，无论我方是否收到该变更，我方承担本担保规定的义务不变。

担保人名称：_____（盖单位章）

法定代表人或其委托代理人：_____（签字）

地　　　址：_____

邮政编码：_____

电　　话：_____

传　　真：_____

_____年_____月_____日

7.3　公路工程施工合同条款

7.3.1　公路工程施工合同条款

我国现行的公路工程施工合同条款一般采用《公路工程标准施工招标文件》（2018 版）中第一卷第四章"合同条款及格式"。

1. 施工合同条款的内容组成

公路工程施工合同条款的内容组成如图 7-1 所示。

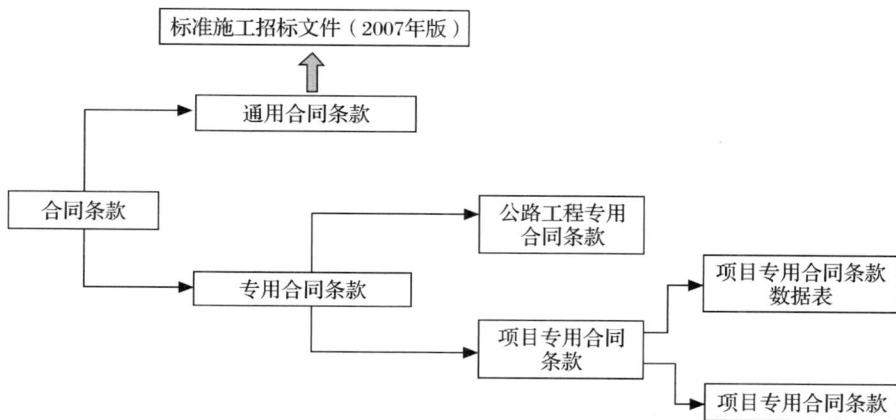

图 7-1　公路工程施工合同条款的内容组成

2. 合同通用条款的分类

（1）按条款编写顺序分类

按条款的主题和条款号顺序分为 24 条、131 款。这 24 条的主要内容简介如下：

①一般约定，包括 12 款 18 项 42 目内容；

②发包人义务，包括 8 款内容；

③监理人，包括 5 款 14 项内容；

④承包人，包括 11 款 36 项内容；

⑤材料和工程设备，包括 4 款 14 项内容；

⑩进度计划，包括 2 款内容；

⑬工程质量，包括 6 款 11 项内容；

⑮变更，包括 8 款 14 项内容；

⑰计量与支付，包括 6 款 19 项内容；

㉒违约，包括 3 款 11 项内容；

……

（2）按对条款的理解与执行分类

按有利于工程监理人员以及业主和承包人对范本合同条款的理解和实行，结合公路工程项目合同管理实际情况，将《公路工程标准施工招标文件》（2018 版）中的合同条款分类如下：

①一般约定及解释；

②合同条款中监理工程师的职责及相关规定；

③合同条款中发包人、承包人的义务；

④合同条款规定的质量管理；

⑤合同条款规定的进度管理；

⑥合同条款规定的造价管理；

……

7.3.2 施工合同条款中合同文件的管理

1. 合同的一般约定与解释

（1）合同中一般约定与解释的条款

施工合同条款按条款的主题和条款号顺序分为 24 条、131 款。其中一般约定包括 12 款 18 项 42 目，内容如下：

条款 1.1 词语定义

条款 1.2 语言文字

条款 1.3 法律

条款 1.4 合同文件的优先顺序

条款 1.5 合同协议书

条款 1.6 图纸和承包人文件

条款 1.7 联络

条款 1.8 转让

条款 1.9 严禁贿赂

条款 1.10 花式、文物

条款 1.11 专利技术

条款 1.12 图纸和文件的保密

（2）合同文件的优先顺序

组成合同的各项文件应互相解释，互为说明。除项目专用合同条款另有约定外，解释合同文件的优先顺序如下：

①合同协议书及各种合同附件（含评标期间和合同谈判过程中的澄清文件和补充资料）；

②中标通知书；

③投标函及投标函附录；

④项目专用合同条款；

⑤公路工程专用合同条款；

⑥通用合同条款；

⑦工程量清单计量规则；

⑧技术规范；

⑨图纸；

⑩已标价工程量清单；

⑪承包人有关人员、设备投入的承诺及投标文件中的施工组织设计；

⑫其他合同文件。

2. 合同文件管理的主要内容

（1）合同协议书

公路工程施工合同协议书由发包人和承包人通过合同谈判后签订，其内容及格式如项目示例 7-1。

【项目示例 7-1】国道×××线 K192＋427～K200＋838 段路面重铺工程 1 标段合同协议书

合 同 协 议 书

福建省▮▮▮市公路局▮▮▮分局（发包人名称，以下简称"发包人"）为实施国道▮▮▮线 K192+427~K200+838 段面重铺工程（项目名称），已接受▮▮▮▮▮▮▮▮▮▮▮有限公司（承包人名称，以下简称"承包人"）对该项目 1 标段施工的投标。发包人和承包人共同达成如下协议。

1. 第 1 标段 项目全长 8.402 公里，有路基路面、路基防护排水、通道涵洞、安全设施及预埋管线等，其中沥青混凝土路面长 2.172 公里，面积 28920.10 平方米；水泥混凝土路面长 6.23 公里，面积 73654.58 平方米。

2. 下列文件应视为构成合同文件的组成部分：

（1）本协议书及各种合同附件（含评标期间和合同谈判过程中的澄清文件和补充资料）；

（2）中标通知书；

（3）投标函及投标函附录；

（4）项目专用合同条款；

（5）公路工程专用合同条款；

（6）通用合同条款；

（7）工程量清单计量规则；

（8）技术规范；

（9）图纸；

（10）已标价工程量清单；

（11）承包人有关人员、设备投入的承诺及投标文件中的施工组织设计；

（12）其他合同文件。

1

上述合同文件互相补充和解释。如果合同文件之间存在矛盾或不一致之处，以上述文件的排列顺序在先者为准。

3. 根据工程量清单所列的预计数量和单价或总额价计算的签约合同价：人民币（大写）叁仟叁佰壹拾伍万贰仟玖佰元（¥33152900）。

4. 承包人项目经理：▮▮▮▮▮。 承包人项目总工：▮▮▮▮▮。

5. 工程质量符合标段工程交工验收的质量评定：达到《公路工程质量检验评定标准》（JTGF80/1-2017）、《公路工程交（竣）工验收办法》和《公路工程交（竣）工验收办法实施细则》规定，竣（交）工验收质量评定要求达到合格标准；竣工验收的质量评定：达到《公路工程质量检验评定标准》（JTGF80/1-2017）、《公路工程交（竣）工验收办法》和《公路工程交（竣）工验收办法实施细则》规定，竣（交）工验收质量评定要求达到合格标准。工程安全目标：应符合交通部颁发的《公路工程施工安全技术规程》（JTJ076-95），以预防为主，"无重伤以上责任事故，轻伤率控制在 2‰以下；无机械设备、行车事故；无火灾事故，无火工产品丢失和爆炸事故。"作业环境达卫生标准，不出现有害职工职业健康作业。

6. 承包人承诺按合同约定承担工程的实施、完成及缺陷修复。

7. 发包人承诺按合同约定的条件、时间和方式向承包人支付合同价款。

8. 承包人应按照监理人指示开工，工期为90日历天。

9. 本项目的基质沥青及水泥给予调差，调差按实际施工时间泉州建设工程造价信息网发布的当月信息价与 2019 年11月的信息价对比超过±3 %给予调差并计算税收，调差按施工配合比计算实际总使用量，其余原材料均不予调差。

10. 付款方式：进度款支付按完成合格工程量的85 %支付，工程交工验收后

2

支付至工程最终总造价的97%（含设计变更的调整和甲方中间签证增加等费用），余下工程最终总造价的3%为质量保证金。

11. 缺陷责任期：自实际交工日期起计算 2 年。

12. 在缺陷责任期满，且质量监督机构已按规定对工程质量检测鉴定合格，承包人向发包人申请到期应返还承包人剩余的质量保证金金额，发包人应在14天内会同承包人按照合同约定的内容核实承包人是否完成缺陷责任。如无异议，发包人应当在核实后将剩余保证金返还承包人。

13. 本协议书在承包人提供履约保证金后，由双方法定代表人或其委托代理人签署并加盖单位章后生效；在全部工程完工后经交工验收合格，且缺陷责任期满，签发缺陷责任终止证书后失效。履约保证金在完工后28天内退还。

14. 本协议书正本贰份、副本捌份，合同双方各执正本壹份，副本肆份，当正本与副本的内容不一致时，以正本为准。

15. 合同未尽事宜，双方另行签订补充协议。补充协议是合同的组成部分。

发包人：福建省___市公路局___分局（盖单位章）
法定代表人或其委托代理人___（签字）
20__年04月20日

承包人：___有限公司（盖单位章）
法定代表人或其委托代理人___（签字）
20__年04月20日

3

（2）图纸和承包人文件

①图纸的提供

监理人应在发出中标通知书之后 42 天内，向承包人免费提供由发包人或其委托的设计单位设计的施工图纸、技术规范和其他技术资料 2 份，并向承包人进行技术交底。承包人需要更多份数时，应自费复制。由于发包人未按时提供图纸造成工期延误的，按第 11.3 款的约定办理。

②承包人提供的文件

有下列情形之一的，承包人应免费向监理人提交相关部分工程的施工图纸 3 份，并附必要的计算书、技术资料，或施工工艺图、设备安装图及安装设备的使用和维护手册各 2 份供监理人批准。

a. 为使第 1.6.1 项所述的施工图纸适合于经施工测量后的纵、横断面；

b. 为使第 1.6.1 项所述的施工图纸适合于现场的具体地形；

c. 为使第 1.6.1 项所述的施工图纸适合于因尺寸与位置变化而引起的局部变更；

d. 由于合同要求与施工需要。

此类图纸应按监理人规定的格式和图幅绘制。监理人在收到由承包人绘制的上述工程、工艺图纸、计算书和有关技术资料后 14 天内应予批准或提出修改要求，承包人应按监理人提出的要求作出修改，重新向监理人提交，监理人应在 7 天内批准或提出进一步的修改意见。

③图纸的错误

承包人在查阅合同文件或在本合同工程实施过程中，发现有关的工程设计、技术规范、图纸或其他资料中的任何差错、遗漏或缺陷后，应及时通知监理人。监理人接到该通知后，应立即就此作出决定，并通知承包人和发包人。

（3）联络

①与合同有关的通知、批准、证明、证书、指示、要求、请求、同意、意见、确定和决定等，均应采用书面形式。

②第①项中的通知、批准、证明、证书、指示、要求、请求、同意、意见、确定和决定等来往函件，均应在合同约定的期限内送达指定地点和接收人，并办理签收手续。

7.3.3 施工合同有关各方的管理职责

1. 发包人的义务

（1）遵守法律

发包人在履行合同过程中应遵守法律，并保证承包人免于承担因发包人违反法律而引起的任何责任。

（2）发出开工通知

发包人应委托监理人按合同约定向承包人发出开工通知。

（3）提供施工场地

发包人应按专用合同条款约定向承包人提供施工场地，以及施工场地内地下管线和地下设施等有关资料，并保证资料的真实、准确、完整。

发包人负责办理永久占地的征用及与之有关的拆迁赔偿手续并承担相关费用。承包人在提交施工进度计划的同时,应向监理人提交一份按施工先后次序所需的永久占地计划。监理人应在收到此计划后的 14 天内审核并转报发包人核备。发包人应在监理人发出本工程或分部工程开工通知之前,对承包人开工所需的永久占地办妥征用手续和相关拆迁赔偿手续,通知承包人使用,以使承包人能够及时开工;此后按承包人提交并经监理人同意的合同进度计划的安排,分期(也可以一次)将施工所需的其余永久占地办妥征用以及拆迁赔偿手续,通知承包人使用,以使承包人能够连续不间断地施工。由于承包人施工考虑不周或措施不当等原因而造成的超计划占地或拆迁等所发生的征用和赔偿费用,应由承包人承担。

由于发包人未能按照本项规定办妥永久占地征用手续,影响承包人及时使用永久占地造成的费用增加和(或)工期延误应由发包人承担。由于承包人未能按照本项规定提交占地计划,影响发包人办理永久占地征用手续造成的费用增加和(或)工期延误由承包人承担。

(4)协助承包人办理证件和批件

协助承包人办理证件和批件,如施工许可证及其他施工所需证件、批件和临时用地、停水、停电、中断道路交通、爆破作业等的申请批准手续。

(5)组织设计交底

发包人应根据合同进度计划,组织设计单位向承包人进行设计交底,包括确定水准点与坐标控制点,以书面形式交给承包人,进行现场交验。

(6)支付合同价款

发包人应按合同约定向承包人及时支付合同价款。

(7)组织竣工验收

发包人应按合同约定及时组织竣工验收。

(8)其他义务

①开通施工场地与城乡公共道路的通道,以及专用条款约定的施工场地内的主要道路,满足施工运输的需要,保证施工期间的畅通;将施工所需水、电、电信线路从施工场地外部接至专用条款约定地点。

②协调处理施工场地周围地下管线和邻近建筑物、构筑物(包括文物保护建筑)、古树名木的保护工作,承担有关费用。

2. 承包人的义务及工作

(1)承包人的一般义务

①遵守法律。

②依法纳税。

③完成各项承包工作。承包人应按合同约定以及监理人根据第 3.4 款作出的指示,实施、完成全部工程,并修补工程中的任何缺陷。

④对施工作业和施工方法的完备性负责。

⑤保证工程施工和人员的安全。

⑥负责施工场地及其周边环境与生态的保护工作。

⑦避免施工对公众与他人的利益造成损害。

⑧为他人提供方便。

⑨工程的维护和照管。

⑩其他义务。临时占地由承包人向当地政府土地管理部门申请,并办理租用手续,承包

人按有关规定直接支付其费用,发包人对此将予以协调。

(2)履约保证金

承包人应保证其履约保证金在发包人签发交工验收证书且承包人按照合同约定缴纳质量保证金前一直有效。发包人应在收到承包人缴纳的质量保证金后 28 天内将履约保证金退还给承包人。

承包人拒绝按照本合同约定缴纳质量保证金的,发包人有权从交工付款证书中扣留相应金额作为质量保证金,或者直接将履约保证金金额用于保证承包人在缺陷责任期内履行缺陷修复义务。

(3)分包

①承包人不得将其承包的全部工程转包给第三人,或将其承包的全部工程肢解后以分包的名义转包给第三人。

②承包人不得将工程关键性工作分包给第三人。经发包人同意,承包人可将工程的其他部分或工作分包给第三人。分包包括专业分包和劳务分包。

③分包人的资格能力应与其分包工程的标准和规模相适应。

④按投标函附录约定分包工程的,承包人应向发包人和监理人提交分包合同副本。

⑤承包人应与分包人就分包工程向发包人承担连带责任。

(4)联合体

①联合体各方应共同与发包人签订合同协议书。联合体各方应为履行合同承担连带责任。

②联合体协议经发包人确认后作为合同附件。在履行合同过程中,未经发包人同意,不得修改联合体协议。

③联合体牵头人负责与发包人和监理人联系,并接受指示,负责组织联合体各成员全面履行合同。

④未经发包人事先同意,联合体的组成与结构不得变动。

(5)承包人项目经理

①承包人应按合同约定指派项目经理,并在约定的期限内到职。承包人更换项目经理应事先征得发包人同意,并应在更换 14 天前通知发包人和监理人。承包人项目经理短期离开施工场地,应事先征得监理人同意,并委派代表代行其职责。

②承包人项目经理应按合同约定以及监理人按第 3.4 款作出的指示,负责组织合同工程的实施。在情况紧急且无法与监理人取得联系时,可采取保证工程和人员生命财产安全的紧急措施,并在采取措施后 24 小时内向监理人提交书面报告。

③承包人为履行合同发出的一切函件均应盖有承包人授权的施工场地管理机构章,并由承包人项目经理或其授权代表签字。

④承包人项目经理可以授权其下属人员履行其某项职责,但事先应将这些人员的姓名和授权范围通知监理人。

(6)承包人人员的管理

①承包人应在接到开工通知后 28 天内,向监理人提交承包人在施工场地的管理机构以及人员安排的报告,其内容应包括管理机构的设置、各主要岗位的技术和管理人员名单及其资格,以及各工种技术工人的安排状况。承包人应向监理人提交施工场地人员变动情况的

报告。

②为完成合同约定的各项工作,承包人应向施工场地派遣或雇佣足够数量的下列人员:

a. 具有相应资格的专业技工和合格的普工;

b. 具有相应施工经验的技术人员;

c. 具有相应岗位资格的各级管理人员。

③承包人安排在施工场地的主要管理人员和技术骨干应与承包人承诺的名单一致,并保持相对稳定。未经监理人批准,上述人员不应无故不到位或被替换;若确实无法到位或需替换,需经监理人审核并报发包人批准后,用同等资质和经历的人员替换。

④特殊岗位的工作人员均应持有相应的资格证明,监理人有权随时检查。

⑤尽管承包人已按承诺派遣了上述各类人员,但若这些人员仍不能满足合同进度计划和(或)质量要求时,监理人有权要求承包人继续增派或雇用这类人员,并书面通知承包人和抄送发包人。承包人在接到上述通知后应立即执行监理人的上述指示,不得无故拖延,由此增加的费用和(或)工期延误由承包人承担。

(7)撤换承包人项目经理和其他人员

承包人应对其项目经理和其他人员进行有效管理。监理人要求撤换不能胜任本职工作、行为不端或玩忽职守的承包人项目经理和其他人员的,承包人应予以撤换,同时委派经发包人与监理人同意的新的项目经理和其他人员。

(8)保障承包人人员的合法权益

①承包人应与其雇佣的人员签订劳动合同,并按时发放工资。

②承包人应按劳动法的规定安排工作时间,保证其雇佣人员享有休息和休假的权利。因工程施工的特殊需要占用休假日或延长工作时间的,应不超过法律规定的限度,并按法律规定给予补休或付酬。

③承包人应为其雇佣人员提供必要的食宿条件,以及符合环境保护和卫生要求的生活环境,在远离城镇的施工场地,还应配备必要的伤病防治和急救的医务人员与医疗设施。

④承包人应按国家有关劳动保护的规定,采取有效的防止粉尘、降低噪声、控制有害气体和保障高温、高寒、高空作业安全等劳动保护措施。其雇佣人员在施工中受到伤害的,承包人应立即采取有效措施进行抢救和治疗。

⑤承包人应按有关法律规定和合同约定,为其雇佣人员办理保险。

⑥承包人应负责处理其雇佣人员因工伤亡事故的善后事宜。

(9)工程价款应专款专用

发包人按合同约定支付给承包人的各项价款应专用于合同工程。承包人必须在发包人指定的银行开户,并与发包人、银行共同签订《工程资金监管协议》,接受发包人和银行对资金的监管。承包人应向发包人授权进行本合同工程开户银行工程资金的查询。发包人支付的工程进度款应为本工程的专款专用资金,不得转移或用于其他工程。发包人的期中支付款将转入该银行所设的专门账户,发包人及其派出机构有权不定期对承包人的工程资金使用情况进行检查,发现问题及时责令承包人限期改正,否则,将终止月支付,直至承包人改正为止。

(10)承包人现场查勘

发包人提供的本合同工程的水文、地质、气象和料场分布、取土场、弃土场位置等资料均属于参考资料,并不构成合同文件的组成部分,承包人应对自己就上述资料的解释、推论和应用负责,发包人不对承包人据此作出的判断和决策承担任何责任。

(11)不利物质条件

①不利物质条件,除专用合同条款另有约定外,是指承包人在施工场地遇到的不可预见的自然物质条件、非自然的物质障碍和污染物,包括地下和水文条件,但不包括气候条件。

②承包人遇到不可预见的不利物质条件时,应采取适应不利物质条件的合理措施继续施工,并及时通知监理人。监理人应当及时发出指示,指示构成变更的,按第 15 条约定办理。监理人没有发出指示的,承包人因采取合理措施而增加的费用和(或)工期延误,由发包人承担。

③可预见的不利物质条件

a. 对于项目专用合同条款中已经明确指出的不利物质条件,无论承包人是否有其经历和经验均视为承包人在接受合同时已预见其影响,并已在签约合同价中计入因其影响而可能发生的一切费用。

b. 对于项目专用合同条款未明确指出,但是在不利物质条件发生之前,监理人已经指示承包人有可能发生,但承包人未能及时采取有效措施,而导致的损失和后果均由承包人承担。

(12)投标文件的完备性

合同双方一致认为,承包人在递交投标文件前,对本合同工程的投标文件和已标价工程量清单中开列的单价和总额价已查明是正确的和完备的。投标的单价和总额价应已包括了合同中规定的承包人的全部义务(包括提供货物、材料、设备、服务的义务,并包括暂列金额和暂估价范围内的额外工作的义务)以及为实施和完成本合同工程及其缺陷修复所必需的一切工作和条件。

(13)开展党建工作要求

对于政府投资的国家高速公路项目,或承包人为国有控股或参股企业的,承包人应按规定在项目现场设立基层党组织。不满足上述情形的,承包人应创造条件使党员能够参加党组织生活并接受相应管理。

承包人在项目现场设立基层党组织的,应明确党组织机构设置、党组织负责人及党务工作人员的配备情况,编制党务工作开展预案,并按照预案要求在项目实施过程中同步开展党务工作,充分发挥基层党组织在项目实施中的作用。

3. 监理人的管理职责

(1)监理人的职责和权利

监理人受发包人委托,享有合同约定的权力。监理人在行使某项权力前需要经发包人事先批准而通用合同条款没有指明的,应在专用合同条款中指明。

根据公路工程专用合同条款,监理人在行使下列权力前需要经发包人事先批准:

①根据第 4.3 款,同意分包本工程的某些非关键性工作或者适合专业化队伍施工的专项工程;

②确定第 4.11 款下产生的费用增加额;

③根据第 11.1 款、第 12.3 款、第 12.4 款发布开工通知、暂停施工指示或复工通知;

④决定第 11.3 款、第 11.4 款下的工期延长;

⑤审查批准技术方案或设计的变更;

⑥根据第 15.3 款发出的变更指示,其单项工程变更或累计变更涉及的金额超过了项目专用合同条款数据表中规定的金额;

⑦确定第 15.4 款下变更工作的单价;

⑧按照第 15.6 款决定有关暂列金额的使用;

⑨确定第 15.8 款下的暂估价金额;

⑩确定第 23.1 款下的索赔额。

如果发生紧急情况,监理人认为将造成人员伤亡,或危及本工程或邻近的财产需立即采取行动,监理人有权在未征得发包人的批准的情况下发布处理紧急情况所必需的指令,承包人应予执行,由此造成的费用增加由监理人按第 3.5 款商定或确定。

监理人发出的任何指示应视为已得到发包人的批准,但监理人无权免除或变更合同约定的发包人和承包人的权利、义务和责任。

合同约定应由承包人承担的义务和责任,不因监理人对承包人提交文件的审查或批准,对工程、材料和设备的检查和检验,以及为实施监理作出的指示等职务行为而减轻或解除。

(2)总监理工程师

发包人应在发出开工通知前将总监理工程师的任命通知承包人。总监理工程师更换时,应在调离 14 天前通知承包人。总监理工程师短期离开施工场地的,应委派代表代行其职责,并通知承包人。

(3)监理人员

①总监理工程师可以授权其他监理人员负责执行其指派的一项或多项监理工作。总监理工程师应将被授权监理人员的姓名及其授权范围通知承包人。被授权的监理人员在授权范围内发出的指示视为已得到总监理工程师的同意,与总监理工程师发出的指示具有同等效力。总监理工程师撤销某项授权时,应将撤销授权的决定及时通知承包人。

②监理人员对承包人的任何工作、工程或其采用的材料和工程设备未在约定的或合理的期限内提出否定意见的,视为已获批准,但不影响监理人在以后拒绝该项工作、工程、材料或工程设备的权利。

③承包人对总监理工程师授权的监理人员发出的指示有疑问的,可向总监理工程师提出书面异议,总监理工程师应在 48 小时内对该指示予以确认、更改或撤销。

④除专用合同条款另有约定外,总监理工程师不应将第 3.5 款约定应由总监理工程师作出确定的权力授权或委托给其他监理人员。

(4)监理人的指示

①监理人应按第 3.1 款的约定向承包人发出指示,监理人的指示应盖有监理人授权的施工场地机构章,并由总监理工程师或总监理工程师按第 3.3.1 项约定授权的监理人员签字。

②承包人收到监理人按第 3.4.1 项作出的指示后应遵照执行。指示构成变更的,应按第 15 条处理。

③在紧急情况下,总监理工程师或被授权的监理人员可以当场签发临时书面指示,承包人应遵照执行。承包人应在收到上述临时书面指示后 24 小时内,向监理人发出书面确认函。监理人在收到书面确认函后 24 小时内未予答复的,该书面确认函应被视为监理人的正

式指示。

④除合同另有约定外,承包人只从总监理工程师或按第 3.3.1 项被授权的监理人员处取得指示。

⑤由于监理人未能按合同约定发出指示、指示延误或指示错误而导致承包人费用增加和(或)工期延误的,由发包人承担赔偿责任。

(5)商定或确定

①合同约定总监理工程师应按照本款对任何事项进行商定或确定时,总监理工程师应与合同当事人协商,尽量达成一致。不能达成一致的,总监理工程师应认真研究后审慎确定。

如果这项商定或确定导致费用增加和(或)工期延长,或者涉及确定变更工程的价格,则总监理工程师在发出通知前,应征得发包人的同意。

②总监理工程师应将商定或确定的事项通知合同当事人,并附详细依据。对总监理工程师的确定有异议的,构成争议,按照第 24 条的约定处理。在争议解决前,双方应暂按总监理工程师的确定执行;按照第 24 条的约定对总监理工程师的确定作出修改的,按修改后的结果执行。

7.4 建设工程施工总承包及分包合同

7.4.1 建设工程施工总承包

1. 建设工程施工总承包的概念

建设工程施工总承包是指从事建设工程施工承包企业受业主委托,按照合同约定对工程项目的勘察、设计、采购、施工、试运行(竣工验收)等实行全过程或若干阶段的承包。工程总承包企业对承包工程的质量、安全、工期、造价全面负责。

2. 工程总承包合同的特点

工程总承包是国内外建设活动中多有使用的发承包方式,有利于理清工程建设中业主与承包商、勘察设计与业主、总包与分包、执法机构与市场主体之间的各种复杂关系。比如,在工程总承包条件下,业主选定总承包商后,勘察、设计以及采购、工程分包等环节直接由总承包商确定分包,从而业主不必再实行平行发包,避免了发包主体主次不分的混乱状态,也避免了执法机构过去在一个工程中要对多个市场主体实施监管的复杂关系。

(1)有利于优化资源配置。国外经验证明,实行工程总承包减少了资源占用与管理成本。在我国,则可以从三个层面予以体现。业主方摆脱了工程建设过程中的杂乱事务,避免了人员与资金的浪费;主包方减少了变更、争议、纠纷和索赔的耗费,使资金、技术、管理各个环节衔接更加紧密;分包方的社会分工专业化程度由此得以提高。

(2)有利于优化组织结构并形成规模经济。一是能够重构工程总承包、施工承包、分包三大梯度塔式结构形态;二是可以在组织形式上实现从单一型向综合型、现代开放型的转变,最终整合成资金、技术、管理密集型的大型企业集团;三是便于扩大市场份额;四是增强参与 BOT 的能力。

（3）有利于政府部门打破行业垄断,集中力量解决建筑市场最突出的问题,也有利于实行风险保障制度。因为唯有综合实力强的大公司方易获得保证担保。

（4）有利于控制工程造价,提升招标层次。在强化设计责任的前提下,通过概念设计与价格的双重竞标,把"投资无底洞"消灭在工程发包之中。并且,由于实行整体性发包,招标成本可以大幅度降低。

（5）有利于提高全面履约能力,并确保质量和工期。实践证明,工程总承包最便于充分发挥大承包商所具有的较强技术力量、管理能力和丰富经验的优势。同时,由于各建设环节均置于总承包商的指挥下,因此,各环节的综合协调余地大大增强,这对确保质量和进度是十分有利的。

（6）有利于推动管理现代化。工程总承包模式作为协调中枢必须建立起计算机系统,使各项工作实现电子化、信息化、自动化和规范化,提高了管理水平和效率,大力增强了我国企业的国际承包竞争力。

7.4.2　建设工程施工分包

建设工程施工分包是指在执行工程施工承包合同过程中,承包人由于某些原因,将自己所承担的一部分工程,在经发包人同意后,转包给另外的承包人施工的行为。承包人和分包人双方签订分包合同。

1. 分包的法律特征

承包人取得批准分包并不解除合同规定的承包人的任何责任或义务,他应对分包人加强监督和管理,并对分包人的工程质量及其职工的行为、违约和疏忽完全负责。分包人就分包项目向业主承担连带责任。业主对承包人与分包人之间的法律与经济纠纷不承担任何责任和义务。

2. 分包的合同规定

根据《通用合同条款》第 4.3 款,工程分包应遵守以下合同用款规定:

（1）承包人不得将其承包的全部工程转包给第三人,或将其承包的全部工程肢解后以分包的名义转包给第三人。

（2）承包人不得将工程主体、关键性工作分包给第三人。除专用合同条款另有约定外,未经发包人同意,承包人不得将工程的其他部分或工作分包给第三人。

（3）分包人的资格能力应与其分包工程的标准和规模相适应。

（4）按投标函附录约定分包工程的,承包人应向发包人和监理人提交分包合同副本。

（5）承包人应与分包人就分包工程向发包人承担连带责任。

（6）发包人对承包人与分包人之间的法律与经济纠纷不承担任何责任和义务。

（7）本项目的各项分包工作均应遵守《公路工程施工分包管理办法》的有关规定。

3. 分包的类型

根据交易对象的不同,建筑工程分包包括专业工程分包和劳务作业分包两类。按照合同签订形式,又分为自由分包、指定分包和独立分包。

（1）专业工程分包

专业工程分包,是指施工总承包企业将其所承包工程中的专业工程发包给具有相应资质的其他建筑业企业完成的活动。

在工程施工过程中,承包人进行专业分包必须遵守以下规定:

①允许专业分包的工程范围仅限于非关键性工程或者适合专业化队伍施工的专项工程。未列入投标文件的专项工程,承包人不得分包。但因工程变更增加了有特殊性技术要求、特殊工艺或者涉及专利保护等的专项工程,且按规定无须再进行招标的,由承包人提出书面申请,经发包人书面同意,可以分包。

②专业分包人的资格能力(含安全生产能力)应与其分包工程的标准和规模相适应,且应当具备如下条件:

a. 具有经工商登记的法人资格;

b. 具有从事类似工程经验的管理与技术人员;

c. 具有(自有或租赁)分包工程所需的施工设备。

承包人应向监理人提交专业分包人的资格能力证明材料,经监理人审查并报发包人批准后,可以将相应的专业工程分包给该专业分包人。

③专业分包工程不得再次分包。

④承包人和专业分包人应当按照交通运输主管部门制定的统一格式依法签订专业分包合同,并履行合同约定的义务。专业分包合同必须遵循承包合同的各项原则,满足承包合同中的质量、安全、进度、环保以及其他技术、经济等要求。专业分包合同必须明确约定工程款支付条款、结算方式以及保证按期支付的相应措施,确保工程款的支付。承包人应在工程实施前,将经监理人审查同意后的分包合同报发包人备案。

⑤专业分包人应当设立项目管理机构,对所分包工程的施工活动实施管理。项目管理机构应当具有与分包工程的规模、技术复杂程度相适应的技术、经济管理人员,其中项目负责人和技术、财务、计量、质量、安全等主要管理人员必须是专业分包人本单位人员。

⑥承包人应当建立健全相关的分包管理制度和台账,对专业分包工程的质量、安全、进度和专业分包人的行为等实施全过程管理,按照合同约定对专业分包工程的实施向发包人负责,并承担赔偿责任。专业分包合同不免除承包合同中规定的承包人的责任或者义务。

⑦专业分包人应当依据专业分包合同的约定,组织分包工程的施工,并对分包工程的质量、安全和进度等实施有效控制。专业分包人对其分包的工程向承包人负责,并就所分包的工程向发包人承担连带责任。

⑧承包人对施工现场的安全负总责,并对专业分包人的安全生产进行培训和管理。专业分包人应将其专业分包工程的施工组织设计和施工安全方案报承包人备案。专业分包人对分包施工现场的安全负责,发现事故隐患,应及时处理。

(2)劳务作业分包

劳务作业分包,是指施工总承包企业或者专业承包企业将其承包工程中的劳务作业发包给劳务分包企业完成的活动。

在工程施工过程中,承包人进行劳务分包必须遵守以下规定:

①劳务分包人应具有施工劳务资质。

②劳务分包应当依法签订劳务分包合同,劳务分包合同必须由承包人的法定代表人或其委托代理人与劳务分包人直接签订,不得由他人代签。承包人的项目经理部、项目经理、施工班组等不具备用工主体资格,不能与劳务分包人签订劳务分包合同。承包人应向发包

人和监理人提交劳务分包合同副本并报项目所在地劳动保障部门备案。

③承包人雇用的劳务作业应加入承包人的施工班组统一管理。有关施工质量、施工安全、施工进度、环境保护、技术方案、试验检测、材料保管与供应、机械设备等都必须由承包人管理与调配，不得以包代管。

④承包人应当对劳务分包人员进行安全培训和管理，劳务分包人不得将其分包的劳务作业再次分包。

违反上述规定之一者属违规分包。

7.4.3 工程转包

工程转包是指建设工程的承包人将其承包的建设工程倒手转让给第三人，使该第三人实际上成为该建设工程新的承包人的行为。

转包与分包的根本区别在于：转包行为中，原承包人将其工程全部倒手转给他人，自己并不实际履行合同约定的义务；而在分包行为中，承包人只是将其承包工程的某一部分或几部分再分包给其他承包人，承包人仍然要就承包合同约定的全部义务的履行向发包人负责。

根据合同法和其他法律规定，承包人经发包人同意将其部分工程分包给他人的行为是允许的，但不得将其承包的全部建设工程转包给第三人或者将其承包的全部建设工程肢解以后以分包的名义分别转包给第三人。

为防止某些承包单位在拿到工程项目后以分包的名义倒手转包，损害发包人的利益，破坏建设市场秩序，合同法要求承包人承包工程全部施工任务的，该工程的主体结构必须由承包人自行完成，即使经发包人同意，也不得将主体工程的施工再分包给第三人。承包人将工程主体部分的施工任务分包给第三人的，该分包合同无效。

7.5 合同的鉴证与公证

7.5.1 合同的鉴证

1. 合同鉴证的概念

合同鉴证是指工商行政管理机关根据合同双方当事人的自愿申请，对双方所立合同的真实性和合法性进行审查的一种制度。

2. 合同鉴证的审查内容

合同鉴证应当审查下列主要内容：

(1)合同主体是否合格；

(2)合同内容是否违反法律、法规、规章；

(3)合同标的是否为国家禁止买卖或者限制经营；

(4)合同当事人意思表示是否真实；

(5)合同签字人是否具有合法身份和资格，代理人的代理行为是否合法有效；

(6)合同主要条款是否齐全，文字表达是否准确，手续是否完备。

3. 合同鉴证的办理机构

合同鉴证根据双方当事人的申请办理。法律、法规、规章规定应当鉴证的,双方当事人应当到工商行政管理机关办理鉴证手续。

合同鉴证由县级以上工商行政管理机关办理。有条件的工商行政管理所,经上级机关确定后,可以以县(市)、区工商行政管理局的名义办理合同鉴证。

合同鉴证可以到合同签订地、合同履行地工商行政管理机关办理;经过工商行政管理机关登记的当事人,还可以到登记机关所在地办理鉴证。法律、法规、规章另有规定的,从其规定。

合同当事人商定到登记机关所在地工商行政管理机关办理鉴证,但双方当事人不在同一地登记或者虽在同一地但不在同一登记机关登记的,由当事人选择。

合同当事人登记机关所在地与当事人住所地不一致的,由当事人协商。

4. 申请鉴证应当提供的材料

申请合同鉴证,双方当事人应当提出合同鉴证申请,并提供下列材料:

(1)合同原本;

(2)营业执照副本或者其他主体资格证明文件,有关专项许可证的正本或者副本;

(3)签订合同的法定代表人的资格证明或者委托代理人的委托代理书;

(4)申请鉴证经办人的资格证明;

(5)其他有关证明材料。

7.5.2 合同公证

1. 合同公证的概念

合同公证是公证机关根据当事人的申请,对当事人之间签订合同的真实性、合法性予以证明的活动。这是公证机关代表国家对合同进行法律监督的一种手段。

合同公证是国家公证机构依法证明当事人之间签订合同行为的真实性、合法性的一种非诉讼活动。合同公证是国家对合同的签订和履行实行监督的法律制度。公证机关指导合同当事人依法签订合同,使合同真实、合法、完善,并促使签约各方认真履行合同,预防纠纷,维护国家利益和合同当事人的合法权益。

2. 合同公证的规定

当事人申请合同公证,应当向公证机关提交申请书和合同的原本。公证机关受理后,应根据民法、经济合同法、劳动法等实体法的规定,重点审查:

(1)合同当事人各方的主体资格。

(2)当事人签订的合同是否遵守了国家的法律,是否符合国家政策和国家计划的要求,是否贯彻了自愿协商、平等互利、等价有偿的原则等。

(3)合同的具体内容是否符合实体法的有关规定,合同条款是否齐全,文字表达是否明确、具体。

(4)签订合同的手续是否完备。公证机关经过审查,认为当事人签订合同的行为既真实又合法的,即可出具公证书。

3. 合同公证的办理机构

合同公证只能到当地公证处办理。除公证处以外的任何单位都无权对合同进行公证。

4. 合同鉴证与公证的区别

（1）出证的机关不同

合同鉴证机关是我国各级工商行政管理机关。公证机关是司法行政机关下属的公证处。

（2）出证的性质不同

对合同进行鉴证，是一种行政管理制度，属于行政监督措施。公证，则是一种司法制度，属司法性质。

（3）证明的范围不同

鉴证，只适用于合同，是对合同的有效性和合法性的一种证明。而公证，则对法律行为、有法律意义的文书和事实的合法性都可以进行证明。

（4）出证的方式不同

鉴证时，鉴证人应在原合同文本上签署鉴证意见，并签名和加盖工商行政管理局合同鉴证章，同时发给当事人鉴证通知书。而公证时，公证人员应按统一的格式出具公证书，不能在原合同文书上签字盖章。

（5）法律效力不同

经过鉴证的合同，如果一方违约，当事人可向原鉴证机关申请调解或按约定去仲裁，也可以发生纠纷直接向人民法院诉讼。经过鉴证的合同不能作为申请法院强制执行的依据，而且只在我国行政区域内具有法律约束力。经过公证的合同，如果一方不履行时，当事人可以向公证处申请，公证处认为真实、合法，而且具备了一定条件，则可证明此合同有强制执行的效力，当事人可向有管辖权的人民法院申请执行。经过公证的合同，同时具有域内域外的法律效力。

7.6 合同担保

7.6.1 合同担保的概念、法律特征及形式

合同担保，是指法律规定或者当事人约定的确保债务人履行债务，保障债权人的债权得以实现的法律措施。合同担保对提高合同的法律效力，维护当事人的合法权益是十分必要的。

合同担保主要有从属性、补充性、保障性三大特征。

（1）从属性：指合同担保从属于所担保的债务所依存的主合同，即主债依存的合同。合同担保以主合同的存在为前提，因主合同的变更而变更，因主合同的消灭而消灭，因主合同的无效而无效。

（2）补充性：指的是合同担保一经成立，就在主债关系基础上补充了某种权利义务关系。

（3）保障性：指合同担保是用以保障债务的履行和债权的实现。

担保有5种方式，即保证、抵押、质押、留置、定金。

7.6.2 保证

1. 保证的概念

保证是合同双方当事人以外的第三方向合同关系中的债权方保证合同关系中的债务方全部或部分履行合同债务的担保方式。保证人在被担保的当事人不履行合同时,承担连带赔偿的责任。

2. 保证的主要法律特征

(1)保证是一种双方的民事法律行为。保证须由债权人与保证人双方的意思表示一致才可成立。凡仅由一方的意思表示即可成立的保证,不是民法上的普通保证。如票据法上的保证,只需保证人一方的意思表示即可成立。

(2)保证是担保债务人履行债务的行为。保证是双方约定由保证人担保债务人履行债务的,所以保证人只能是债务人以外的第三人,也就是说被保证人只能是保证当事人以外的人。保证人与被担保履行债务的债务人不能是一人,因此,凡对自己的行为所作的保证,都不属于担保法上的保证。

(3)保证是约定于债务人不履行债务时由保证人承担保证责任的行为。保证人的保证是以债务人不履行债务为生效要件。因此,凡不能发生保证人保证债务,或不是在债务人不履行债务时才负担保证债务的保证,均不是担保法上的保证。

3. 保证合同的概念及内容

保证合同指的是保证人和债权人达成明确的相互权利义务,当债务人不履行债务时,由保证人承担代为履行或连带责任的协议。保证合同的内容主要包含:

(1)被保证的主债权种类、数额;

(2)债务人履行债务的期限;

(3)保证的方式;

(4)保证担保的范围;

(5)保证的期间;

(6)双方认为需要约定的其他事项。

4. 保证方式

《担保法》第 16 条规定,保证的方式包括一般保证和连带责任保证。

(1)一般保证

一般保证是指保证人与债权人约定,当债务人不能履行债务时,由保证人承担保证责任的行为。一般保证最重要的特点就是保证人享有先诉抗辩权。所谓先诉抗辩权,是指一般保证的保证人在主合同纠纷未经审判或者仲裁,并就债务人财产依法强制执行仍不能履行债务前,对债权人可以拒绝承担保证责任。先诉抗辩权是保证人的一项权利,保证人既可以选择行使,也可以将其放弃。

(2)连带责任保证

连带责任保证是指保证人与债权人约定,保证人与债务人对债务承担连带责任的行为。连带责任保证的债务人,在主合同规定的债务履行期限届满没有履行债务的,债权人可以要求债务人履行债务,也可以要求保证人在其保证范围内承担保证责任。也就是说,只要债务人到期不履行债务,债权人既可以要求债务人履行债务,也可以直接要求保证人承担连带保证责任,即在连带保证责任中,保证人不享有先诉抗辩权,其承担保证责任不再以债权人先诉求债务人履行债务为前提。这是连带责任保证与一般保证最为重大的区别。可见,保证人在连带责任保证中承担的责任更重一些。

5. 保证责任的范围

保证责任又称保证债务或者保证义务,是指保证人依照保证合同的约定,在主债务人不履行债务时,代主债务人履行债务或者承担责任的义务。

保证责任的范围包括主债权及利息、违约金、损害赔偿金和实现债权的费用。保证合同另有约定的,按照约定办理。当事人对保证担保的范围没有约定或者约定不明确的,保证人应当对全部债务承担责任。上述这种承担全部责任的保证,称为无限保证。如果当事人在保证合同中明确规定由保证人承担上述责任中的一部分,则该保证为有限保证。

6. 建设工程施工常见的保证种类

(1)投标保证金

投标保证金是指投标人按照招标文件的要求向招标人出具的,以一定金额表示的投标责任担保。其实质是为了避免因投标人在投标有效期内随意撤回、撤销投标或中标后不能提交履约保证金和签署合同等行为而给招标人造成损失。投标保证金除现金外,可以是银行出具的银行保函、保兑支票、银行汇票或现金支票。其目的是避免因投标人在投标有效期内随意撤销投标或中标后不能提交履约保证金和签署合同等行为而给招标人造成损失。

(2)履约保证金

履约担保是工程发包人为防止承包人在合同执行过程中违反合同规定或违约,弥补给发包人造成的经济损失而存在的担保。其形式有履约担保金(又叫履约保证金)、履约银行保函和履约担保书三种。履约保证金可用履约担保、保兑支票、银行汇票或现金支票,履约保证金一般不超过合同价格的 10%。

招标人必须在招标文件中明确规定出中标单位提交履约保证金时,此项条款方为有效,如果在招标书中没有明确规定,在中标后不得追加。这就维护了招标中邀约的真实性和投标人的权益,工程招标人可以根据自身的条件选择对该项工程是否投标。因此,履约保证金具有选择性。

履约保证金不同于定金,履约保证金的目的是担保承包商完全履行合同,主要担保工期和质量符合合同的约定。承包商顺利履行完毕自己的义务,招标人必须将履约保证金全额返还承包商。履约保证金的功能,在于承包商违约时,赔偿招标人的损失,也即如果承包商违约,将丧失收回履约保证金的权利,且并不以此为限。

(3)工程款支付担保

工程款支付担保是指为保证业主履行合同约定的工程款支付义务,由担保人为业主向承包人提供的保证业主支付工程款的担保。业主工程款支付担保和承包商付款担保应当采用第三方保证担保的方式。担保人对其出具的保函或担保书承担连带责任。

业主工程款支付担保方式为银行和专业担保机构保函,担保金额不得低于合同价款的10%,且不得少于合同约定的分期付款的最高额度。当业主不能按合同约定支付工程款时,双方可商定延期付款协议。协商不成或延期付款协议到期后业主仍不支付工程款时,承包人可以要求出具保函的银行承担担保责任。因业主不履行合同而导致工程款支付保函金额被全部提取后,业主应在 15 日内向承包人重新提交同等金额的工程款支付担保函。否则,承包人有权停止施工并要求赔偿损失。

（4）预付款担保

预付款担保是指承包人与发包人签订合同后，承包人正确、合理使用发包人支付的预付款的担保。建设工程合同签订以后，发包人给承包人一定比例的预付款，一般为合同金额的10%，但需由承包人的开户银行向发包人出具预付款担保。

预付款担保的主要形式为银行保函。其主要作用是保证承包人能够按合同规定进行施工，偿还发包人已支付的全部预付金额。如果承包人中途毁约，中止工程，使发包人不能在规定期限内从应付工程款中扣除全部预付款，则发包人作为保函的受益人有权凭预付款担保向银行索赔该保函的担保金额作为补偿。

7.6.3 抵押

抵押，是指抵押人和债权人以书面形式订立约定，不转移抵押财产的占有，将该财产作为债权的担保。当债务人不履行债务时，债权人有权依法以该财产折价或者以拍卖、变卖该财产的价款优先受偿。前款规定的债务人或者第三人为抵押人，债权人为抵押权人，提供担保的财产为抵押物。

抵押主要有以下几种法律特征：

（1）抵押人和抵押权人应当以书面形式订立抵押合同。抵押合同的内容包含：①被担保的主债权种类、数额；②债务人履行债务的期限；③抵押物的名称、数量、质量、状况、所在地、所有权权属或者使用权权属；④抵押担保的范围；⑤当事人认为需要约定的其他事项。

（2）抵押不转移抵押财产的占有。

（3）当债务人不履行债务时，债权人有权依法以该财产折价或者以拍卖、变卖该财产的价款优先受偿。

7.6.4 质押

质押是债务人或第三人向债权人移转某项财产的占有，并由后者掌握该项财产，以作为前者履行某种支付金钱或履约责任的担保。当这种责任履行完毕时，质押的财产必须予以归还。债务人不履行责任时，债权人有权依法将质物折价或者拍卖，并对所得价款优先受偿。

最常见的质押是当事人与当铺所进行的交易。

质押分为动产质押和权利质押两种。动产质押是指可移动并因此不损害其效用的物的质押；权利质押是指以可转让的权利为标的物的质押。

动产质押的质权人因保管质物不善使之灭失或毁损的，应承担民事责任。在可能造成灭失或毁损质物时，出质人可以要求质权人将质物提存或提前清偿债务而返还质物，而质权人则可以要求出质人提供相应的担保，出质人不提供的，质权人可以对质物拍卖或变卖后用于优先受偿或者与出质人约定的第三人提存。

可作为质押的权利有：汇票、支票、本票、债券、存款单、仓单、提单；依法可以转让的股份、股票；依法可以转让的商标专用权、专利权、著作权中的财产权；依法可以质押的其他权利。

质权人对权利质押载明兑现日期或提货日期的各种票单日期先于债务履行期的，可以在债务履行期届满前兑现或者提货,并与出质人协议将兑现的价金或提取的货物用于提前清偿债务或与出质人约定的第三人提存。以依法可以转让的股票或商标专用权、专利权、著作权中财产权出质的,出质人与质人应当在签订书面合同后向证券登记机构或向其管理部门办理出质登记,质押合同自登记之日起生效。

7.6.5 留置

留置,指在保管合同、运输合同、加工承揽合同以及法律规定的其他合同中,债权人按照约定占有债务人的动产,债务人不按照合同约定期限履行债务的,债权人有权依法留置该财产,以该财产折价或者以拍卖、变卖该财产的价款优先受偿的担保方式。

留置权人与债务人应当约定留置财产后的债务履行期间,没有约定或者约定不明确的,留置权人应当给债务人 2 个月以上履行债务的期间,但鲜活、易腐等不易保管的动产除外。债务人逾期未履行的,留置权人可以与债务人协议以留置财产折价,也可以就拍卖、变卖留置财产所得的价款优先受偿。

留置担保的范围包括主债权及利息、违约金、损害赔偿金,留置物保管费用和实现留置权的费用。因保管合同、运输合同、加工承揽合同发生的债权,债务人不履行债务的,债权人有留置权。

7.6.6 定金

定金是指当事人双方为了保证债务的履行,约定由当事人一方先行支付给对方一定数额的货币作为担保。定金的数额由当事人约定,但不得超过主合同标的额的 20%。

定金合同要采用书面形式,并在合同中约定交付定金的期限,定金合同从实际交付定金之日生效。债务人履行债务后,定金应当抵作价款或者收回。给付定金的一方不履行约定债务的,无权要求返还定金;收受定金的一方不履行约定的债务的,应当双倍返还定金。

因当事人一方迟延履行或者其他违约行为,致使合同目的不能实现,可以适用定金罚则,但法律另有规定或者当事人另有约定的除外。当事人一方不完全履行合同的,应当按照未履行部分所占合同约定内容的比例,适用定金罚则。因不可抗力、意外事件致使主合同不能履行的,不适用定金罚则。因合同关系以外第三人的过错,致使主合同不能履行的,适用定金罚则。受定金处罚的一方当事人,可以依法向第三人追偿。

复习思考题

1. 合同订立的基本原则有哪些?
2. 合同生效应当具备的条件是什么?
3. 什么叫要约与承诺? 要约与承诺取得法律效力的要件各是什么?
4. 合同内容一般包括哪些条款?
5. 公路工程施工承包合同组成按优先顺序排列,共有哪些文件?
6. 无效合同的情况有哪些?

7. 履约担保的形式有哪些？

8. 发包人与承包人的义务与工作有哪些？

9. 工程总承包合同的特点有哪些？

10. 合同分包与转包的注意事项有哪些？

11. 合同鉴证与公证的区别有哪些？

12. 建设工程施工常见的保证种类有哪些？

案例分析题

甲某为某施工企业法定代表人，在企业合法经营范围内就一项施工任务与某公路项目的发包人签订了承包合同。这时候，该施工企业通知项目发包人："根据公司章程规定，甲某无权独立对外签订施工合同，故甲某与贵方所签订的合同没有效力，对我公司没有约束力。"但事实上，在此之前，该项目发包人不知道而且不可能知道施工企业的这项规定。

问题：

(1)你认为该施工企业的说法是否正确？试根据我国《民法典》合同编的有关规定，说明理由。

(2)如果上述合同是甲某通过授权书委托乙某与发包人签订的，该合同是否有效？

(3)如果上述合同是施工企业职工乙某与发包人签订的，但未提供甲某签署的授权书，该合同是否对该施工企业发生效力？

(4)根据《民法典》合同编规定，哪些情形下订立的合同无效？

模块 8 公路工程施工合同履行管理

知识目标	①理解合同履行的概念,会概述合同履行的基本原则、抗辩权的类型、不履行的情况; ②会概述施工承包合同条款中关于材料、设备、工程测量、工程质量、检验和试验、缺陷责任与保修责任等各项约定; ③会归纳施工进度管理的基础知识,概述施工承包合同条款中关于进度计划、开工和竣工、暂停施工、交工验收等各项约定; ④会归纳计量与支付的基础知识,概述施工承包合同条款中关于计量与支付、价格调整的约定; ⑤会归纳工程变更与索赔的基础知识,概述施工承包合同条款中关于工程变更、索赔的约定; ⑥会归纳工程项目风险、风险管理、工程保险的基础知识,概述施工承包合同条款中关于保险的约定; ⑦会归纳违约与违约责任、合同争议的基础知识,概述施工承包合同条款中关于违约、不可抗力、争议解决的约定; ⑧会概述施工承包合同条款中关于施工安全、治安保卫和环境保护、交通运输的约定。
能力目标	①具有处理履约中发现的合同漏洞及合同的不当履行的能力; ②具有根据施工合同条款约定进行工程质量管理的能力; ③具有根据施工合同条款约定进行工程进度管理的能力; ④具有根据施工合同条款约定进行工程计量与支付的能力; ⑤具有根据施工合同条款约定进行工程变更与索赔处理的能力; ⑥具有根据施工合同条款约定进行工程风险管理及投保的能力; ⑦具有根据施工合同条款约定进行违约处理与合同争议解决的能力; ⑧具有根据施工合同条款约定进行施工安全、环境保护与交通运输管理的能力。

续表

素质目标	①培养学生遵守国家法律、法规,严格执行行业标准及相关规定的意识; ②培养学生信守合同承诺,严格履行合同的契约精神; ③培养学生保持良好的工程质量、安全生产及环境保护等意识; ④培养学生自觉维护国家和社会公共利益,将公众的安全、健康和福祉放在首位的品质。

工作任务

8-1　查阅《民法典》中关于合同履行的条款。

8-2　查阅"通用合同条款"和"公路工程专用合同条款"中关于质量管理、工程进度管理、工程计量支付、工程变更与索赔处理、工程风险管理及投保、违约处理与合同争议的解决、施工安全、环境保护与交通运输管理的相关条款。

8-3　编制一份某工程项目的变更文件。

8.1　合同履行的法律知识

合同也称契约,在发包人与承包人签订建设工程承包合同后,双方当事人就应该保持良好的职业道德,严格按照合同条款约定,履行自己应承担的合同义务,信守合同承诺,遵守合同契约精神。

8.1.1　合同履行的概念

合同履行是指合同生效后,当事人双方依照合同约定的标的、数量、质量、价款、履行期限、履行地点和履行方式等,全面完成各自应承担的合同义务的行为。

8.1.2　合同履行的基本原则

《民法典》合同编第五百零九条规定了合同履行的原则:当事人应当按照约定全面履行自己的义务;当事人应当遵循诚信原则,根据合同的性质、目的和交易习惯履行通知、协助、保密等义务;当事人在履行合同过程中,应当避免浪费资源、污染环境和破坏生态。

当事人在合同履行过程中,应当遵循以下原则。

1. 全面履行(适当履行)原则

全面履行又叫适当履行或正确履行原则,是指在合同履行过程中,除非当事人协商一致对合同进行变更外,当事人双方必须按照合同约定的标的数量和质量,在约定的时间、地点,按约定的方式全面履行合同约定的各项义务。

逾期付标的物的,遇价格上涨时,按照原价格执行;价格下降时,按照新价格执行。逾期提取标的物或逾期付款的,遇价格上涨时,按照新价格执行;价格下降时,按照原价格执行。

2. 实际履行

实际履行又叫实物履行,指合同当事人必须严格按照合同规定的标的履行各自应尽的义务(除非合同被解除)。

实际履行包括以下内容:

(1)合同规定什么标的,就应该交付使用或完成什么标的,不能用其他东西来代替。

(2)当事人一方不能履行或不能完全履行合同时,即使交付了违约金或赔偿金,承担了经济责任,也不能免除继续履行合同的义务。

(3)除非是法律规定的例外情形,当事人一方不履行合同时,对方有权在履行期限届满前向人民法院请求强制执行。

3. 诚实信用原则

诚实信用原则是指合同当事人在履行合同过程中,应信守合同承诺,按时、按质、按量履行合同规定的义务,讲究信用,恪守诺言,诚实不欺,在不损害他人利益和社会利益的前提下追求自己的利益。

诚实信用原则要求合同当事人在合同履行过程中维持合同双方的合同利益平衡,以诚实、真诚、善意的态度行使合同权利、履行合同义务,不对另一方当事人进行欺诈,不滥用权利。

4. 合法原则

合同当事人在履行合同过程中,应当遵守法律、行政法规,尊重社会公德,不得扰乱社会秩序,损害社会公共利益,应当避免浪费资源、污染环境和破坏生态。

对当事人利用合同实施危害国家利益、社会公共利益行为的,市场监督管理和其他有关行政主管部门依照法律、行政法规的规定负责监督处理。

5. 协作履行原则

合同当事人在履行合同过程中,应相互协作,相互帮助,除认真履行同规定的各项基本义务外,还应全面及时履行各项附随义务(如通知、协助、保密等),积极为对方履行合同创造有利条件,及时协商解决合同履行中出现的问题,在对方发生损失的情况下采取积极措施防止损失扩大。

6. 情势变更原则

合同成立后,合同的基础条件发生了当事人在订立合同时无法预见的、不属于商业风险的重大变化,继续履行合同对当事人一方明显不公平的,受不利影响的当事人可以与对方重新协商;在合理期限内协商不成的,当事人可以请求人民法院或者仲裁机构变更或者解除合同。人民法院或者仲裁机构应当结合案件的实际情况,根据公平原则变更或者解除合同。

合同生效后,当事人不得因姓名、名称的变更或者法定代表人、负责人、承办人的变动而不履行合同义务。

8.1.3 合同履行中条款空缺的法律适用

1. 合同条款空缺的含义

所谓合同条款空缺,是指合同生效后,当事人对有关合同内容未约定或者约定不明确而存在的缺陷。

2. 履约中发现合同漏洞的处理规定

在实际工作中,一旦遇到属于应该订立而没有订立,应该详细订立却订得不详细、不具体的情况,都属于合同漏洞。

根据《民法典》合同编第五百一十条、第五百一十一条规定,合同漏洞可采用以下三段式办法补救,不要因此而妨碍合同的履行。

(1)由当事人协议补充;

(2)如不能达成补充协议的,则按合同的有关条款或者交易习惯确定;

(3)如果按前两种方式仍然不能确定的,则按下列规定,公平、合理地处理:

①质量要求不明确的,按照强制性国家标准履行;没有强制性国家标准的,按照推荐性国家标准履行;没有推荐性国家标准的,按照行业标准履行;没有国家标准、行业标准的,按照通常标准或者符合合同目的的特定标准履行。

②价款或者报酬不明确的,按照订立合同时履行地的市场价格履行;依法应当执行政府定价或者政府指导价的,依照规定履行。

③履行地点不明确,给付货币的,在接受货币一方所在地履行;交付不动产的,在不动产所在地履行;其他标的,在履行义务一方所在地履行。

④履行期限不明确的,债务人可以随时履行,债权人也可以随时请求履行,但是应当给对方必要的准备时间。

⑤履行方式不明确的,按照有利于实现合同目的的方式履行。

⑥履行费用的负担不明确的,由履行义务一方负担;因债权人原因增加的履行费用,由债权人负担。

8.1.4 合同履行中的抗辩权

合同履行抗辩权是指合同履行中,在符合法律规定的条件下,合同当事人一方对抗对方当事人的履行请求权,暂时拒绝履行其债务的权利。

抗辩权只能存在于双务合同中。合同履行中的抗辩权为一时的抗辩权,延缓的抗辩权,在产生抗辩权的原因消失后,债务人仍应当履行债务。

合同履行中的抗辩权可分为同时履行抗辩权、后履行抗辩权、先履行抗辩权三种。

1. 同时履行抗辩权

《民法典》合同编第五百二十五条规定,当事人互负债务,没有先后履行顺序的,应当同时履行。

一方在对方履行之前有权拒绝其履行要求;一方在对方履行债务不符合约定时,有权拒绝其相应的履行要求。

同时履行抗辩权的适用条件:

(1)由同一双务合同产生互负的对价给付债务;

(2)合同中未约定履行的顺序;

(3)对方当事人没有履行债务或没有正确履行义务;

(4)双方的对价给付是可能履行的义务。

如施工合同中期付款时,对承包人施工质量不合格部分,发包人有权拒付该部分的工程款;如果发包人拖欠工程款,则承包人可以放慢施工进度,甚至停止施工。

2. 后履行抗辩权

《民法典》合同编第五百二十六条规定,当事人互负债务,有先后履行顺序,应当先履行债务一方未履行的,后履行一方有权拒绝其履行请求。先履行一方履行债务不符合约定的,后履行一方有权拒绝其相应的履行请求。

后履行抗辩权的适用条件:

(1)由同一双务合同产生互负的对价给付债务;

(2)合同中约定了履行的顺序;

(3)应当先履行的合同当事人没有履行债务或没有正确履行债务;

(4)应当先履行的对价给付是可能履行的义务。

3. 先履行抗辩权(不安抗辩权)

先履行抗辩权(不安抗辩权)是指合同中约定了履行的顺序,合同成立后发生了应当后履行合同一方财务状况恶化的情况,应当先履行合同的一方在对方未履行或提供担保前有权拒绝先履行。

《民法典》合同编第五百二十七条规定,应当先履行合同的一方有确切证据证明对方有下列情形之一的,可以中止履行:

(1)经营状况严重恶化;

(2)转移财产、抽逃资金,以逃避债务;

(3)丧失商业信誉;

(4)有丧失或可能丧失履行债务能力的其他情形。

当事人没有确切证据就中止履行合同的应承担违约责任。

《民法典》合同编第五百二十八条规定,当事人依据前条规定中止履行的,应当及时通知对方。对方提供适当担保的,应当恢复履行。中止履行后,对方在合理期限内未恢复履行能力且未提供适当担保的,视为以自己的行为表明不履行主要债务,中止履行的一方可以解除合同并请求对方承担违约责任。

例如:工程施工过程中,业主工程款不到位,不能按时支付工程进度款时,施工单位可暂时停工。

8.1.5 合同的不履行

凡是违反实际履行和适当履行要求的行为,都称为不履行合同。不履行合同的情况是复杂的,原因是多种的,它包括全部不履行、部分不履行、到期不履行等情况:

(1)全部不履行是指合同签订或者当事人的合同关系产生以后当事人即拒不履行合同的行为,如获得中标资格(或与业主签订合同)后,承包人不进场施工。

(2)部分不履行是指当事人没有按约定全面履行合同的内容,这是违反全面履行原则的行为,实践中,这种问题相当普遍。

(3)到期不履行是指到了约定的期限未按期履行或过期履行,也叫作履行迟延。到期不受领,也是一种到期不履行。如公路工程施工承包合同履行中,承包人已按时完工,但业主不予及时验收。

8.1.6　合同不当履行的处理

1. 因债权人致使债务人履行困难的处理

《民法典》合同编第五百二十九条规定,债权人分立、合并或者变更住所没有通知债务人,致使履行债务发生困难的,债务人可以中止履行或者将标的物提存。债权人分立、合并或者变更住所应当通知债务人。如果没有通知债务人,会使债务人不知向谁履行债务或者不知在何处履行债务,致使履行债务发生困难的,债务人可以中止履行或者将标的物提存。

所谓中止履行是指债务人暂时停止合同的履行或者延期履行合同。标的物提存是指由于债权人的原因致使债务人无法向其交付标的物,债务人可以将标的物交给有关机关保存以此消灭合同的制度。

2. 合同提前或部分履行的处理

合同提前履行是指债务人在合同规定的履行期限到来之前就开始履行自己的义务。合同部分履行是指债务人没有按照合同约定履行全部义务而只履行了自己的一部分义务。

《民法典》合同编第五百三十条规定,债权人可以拒绝债务人提前履行债务,但是提前履行不损害债权人利益的除外。债务人提前履行债务给债权人增加的费用,由债务人负担。

《民法典》合同编第五百三十一条规定,债权人可以拒绝债务人部分履行债务,但是部分履行不损害债权人利益的除外。债务人部分履行债务给债权人增加的费用,由债务人负担。

3. 合同不当履行中的保全措施

(1)代位权

《民法典》合同编第五百三十五条规定,因债务人怠于行使其债权或者与该债权有关的从权利,影响债权人的到期债权实现的,债权人可以向人民法院请求以自己的名义代位行使债务人对相对人的权利,但是该权利专属于债务人自身的除外。

代位权的行使范围以债权人的到期债权为限。债权人行使代位权的必要费用,由债务人负担。相对人对债务人的抗辩,可以向债权人主张。

①代位权的概念:代位权是指当债务人怠于行使其对第三人享有的权利而对债权人的债权造成损害时,债权人为保全自己的债权,以自己的名义代债务人行使其债权的权利。

②债权人代位权的成立条件有四个:

a. 债权人与债务人之间必须存在合法的债权债务关系。

b. 债务人必须有对方的权利存在。

c. 必须是债务人怠于行使其债权。

d. 必须是债务人怠于行使权力的行为有害于债权人的债权。

③债权人代位权的行使规定:应通过人民法院,其范围应以债权人的债权为限,债权人行使代位权的必要费用,由债务人承担。

(2)撤销权

《民法典》合同编第五百三十八条规定,债务人以放弃其债权、放弃债权担保、无偿转让财产等方式无偿处分财产权益,或者恶意延长其到期债权的履行期限,影响债权人的债权实现的,债权人可以请求人民法院撤销债务人的行为。

《民法典》合同编第五百三十九条规定,债务人以明显不合理的低价转让财产、以明显不合理的高价受让他人财产或者为他人的债务提供担保,影响债权人的债权实现,债务人的相对人知道或者应当知道该情形的,债权人可以请求人民法院撤销债务人的行为。

①撤销权的概念:撤销权是指债权人对债务人滥用其财产处分权而损害债权人的债权的行为,请求法院予以撤销的权利。

②债权人撤销权的构成要件:

a. 债务人实施了一定的处分财产的行为。

b. 债务人处分财产的行为已经发生法律效力。

c. 债务人处分财产的行为已经损害债权人的债权。

d. 债务人处分财产的行为已经具有主观恶意。

③撤销权的行使规定:撤销权行使应通过人民法院,其范围应以债权人的债权为限,债权人行使撤销权的必要费用,由债务人承担。撤销权自债权人知道或者应当知道撤销事由之日起一年内行使。自债务人的行为发生之日起五年内没有行使撤销权的,该撤销权消灭。

债务人影响债权人的债权实现的行为被撤销的,自始没有法律约束力。

8.2 合同履行中的质量管理

百年大计,质量第一。在工程施工承包合同的履行过程中,合同当事人及相关方应严格遵守《民法典》《中华人民共和国建筑法》《建设工程质量管理条例》等相关法律法规,按照发包人(甲方)与承包人(乙方)签订的工程施工承包合同中相关条款约定进行施工质量管理。

《民法典》合同编第八百零一条"施工人对建设工程质量承担的民事责任":因施工人的原因致使建设工程质量不符合约定的,发包人有权请求施工人在合理期限内无偿修理或者返工、改建。经过修理或者返工、改建后,造成逾期交付的,施工人应当承担违约责任。

第八百零二条"合理使用期限内质量保证责任":因承包人的原因致使建设工程在合理使用期限内造成人身损害和财产损失的,承包人应当承担赔偿责任。

在《公路工程标准施工招标文件》(2018年版)的"通用合同条款"和"公路工程专用合同条款"中,涉及施工质量管理的条款主要有第5条材料和工程设备、第6条施工设备和临时设施、第8条测量放样、第13条工程质量、第14条试验和检验、第19条缺陷责任与保修责任。在工程施工承包合同的履行过程中,合同参与各方应严格按照这些合同条款约定进行工程质量管理。

8.2.1 材料和工程设备的质量管理规定

1. 承包人提供的材料和工程设备

(1)除专用合同条款另有约定外,承包人提供的材料和工程设备均由承包人负责采购、运输和保管。承包人应对其采购的材料和工程设备负责。

(2)承包人应按专用合同条款的约定,将各项材料和工程设备的供货人及品种、规格、数量和供货时间等报送监理人审批。承包人应向监理人提交其负责提供的材料和工程设备的质量证明文件,并满足合同约定的质量标准。

（3）对承包人提供的材料和工程设备,承包人应会同监理人进行检验和交货验收,查验材料合格证明和产品合格证书,并按合同约定和监理人指示,进行材料的抽样检验和工程设备的检验测试,检验和测试结果应提交监理人,所需费用由承包人承担。

2. 发包人提供的材料和工程设备

（1）发包人提供的材料和工程设备,应在专用合同条款中写明材料和工程设备的名称、规格、数量、价格、交货方式、交货地点和计划交货日期等。

（2）承包人应根据合同进度计划的安排,向监理人报送要求发包人交货的日期计划。发包人应按照监理人与合同双方当事人商定的交货日期,向承包人提交材料和工程设备。

（3）发包人应在材料和工程设备到货7天前通知承包人,承包人应会同监理人在约定的时间内,赴交货地点共同进行验收。除专用合同条款另有约定外,发包人提供的材料和工程设备验收后,由承包人负责接收、运输和保管。

承包人负责接收并按规定对材料进行抽样检验和对工程设备进行检验测试,若发现材料和工程设备存在缺陷,承包人应及时通知监理人,发包人应及时改正通知中指出的缺陷。承包人负责接收后的运输和保管,因承包人的原因发生丢失、损坏或进度拖延,由承包人承担相应责任。

（4）发包人要求向承包人提前交货的,承包人不得拒绝,但发包人应承担承包人由此增加的费用。

（5）承包人要求更改交货日期或地点的,应事先报请监理人批准。由于承包人要求更改交货时间或地点所增加的费用和（或）工期延误由承包人承担。

（6）发包人提供的材料和工程设备的规格、数量或质量不符合合同要求,或由于发包人原因发生交货日期延误及交货地点变更等情况的,发包人应承担由此增加的费用和（或）工期延误,并向承包人支付合理利润。

3. 材料和工程设备专用于合同工程

（1）运入施工场地的材料、工程设备,包括备品备件、安装专用工器具与随机资料,必须专用于合同工程,未经监理人同意,承包人不得运出施工场地或挪作他用。

（2）随同工程设备运入施工场地的备品备件、专用工器具与随机资料,应由承包人会同监理人按供货人的装箱单清点后共同封存,未经监理人同意不得启用。承包人因合同工作需要使用上述物品时,应向监理人提出申请。

4. 禁止使用不合格的材料和工程设备

（1）监理人有权拒绝承包人提供的不合格材料或工程设备,并要求承包人立即进行更换。监理人应在更换后再次进行检查和检验,由此增加的费用和（或）工期延误由承包人承担。

（2）监理人发现承包人使用了不合格的材料和工程设备,应即时发出指示要求承包人立即改正,并禁止在工程中继续使用不合格的材料和工程设备。

（3）发包人提供的材料或工程设备不符合合同要求的,承包人有权拒绝,并可要求发包人更换,由此增加的费用和（或）工期延误由发包人承担。

8.2.2 施工设备和临时设施的质量管理规定

1. 承包人提供的施工设备和临时设施

(1)承包人应按合同进度计划的要求,及时配置施工设备和修建临时设施。进入施工场地的承包人设备需经监理人核查后才能投入使用。承包人更换合同约定的承包人设备的,应报监理人批准。

(2)承包人应自行承担修建临时设施的费用,需要临时占地的,应由发包人办理申请手续并承担相应费用或由承包人按第 4.1.10 项(1)目的规定办理。

2. 发包人提供的施工设备和临时设施

发包人提供的施工设备或临时设施在专用合同条款中约定。

3. 要求承包人增加或更换施工设备

承包人承诺的施工设备必须按时到达现场,不得拖延、短缺或任意更换。尽管承包人已按承诺提供了上述设备,但若承包人使用的施工设备不能满足合同进度计划和(或)质量要求时,监理人有权要求承包人增加或更换施工设备,承包人应及时增加或更换,由此增加的费用和(或)工期延误由承包人承担。

4. 施工设备和临时设施专用于合同工程

(1)除合同另有约定外,运入施工场地的所有施工设备以及在施工场地建设的临时设施应专用于合同工程。未经监理人同意,不得将上述施工设备和临时设施中的任何部分运出施工场地或挪作他用。

(2)经监理人同意,承包人可根据合同进度计划撤走闲置的施工设备。

8.2.3 测量放样的质量管理规定

1. 施工控制网

(1)发包人应在专用合同条款约定的期限内,通过监理人向承包人提供测量基准点、基准线和水准点及其书面资料。

(2)承包人应负责管理施工控制网点。

2. 施工测量

(1)承包人应负责施工过程中的全部施工测量放线工作,并配置合格的人员、仪器、设备和其他物品。

(2)监理人可以指示承包人进行抽样复测。

3. 基准资料错误的责任

发包人应对其提供的测量基准点、基准线和水准点及其书面资料的真实性、准确性和完整性负责。承包人发现发包人提供的上述基准资料存在明显错误或疏忽的,应及时通知监理人。

4. 监理人使用施工控制网

监理人需要使用施工控制网的,承包人应提供必要的协助,发包人不再为此支付费用。经监理人批准,其他相关承包人也可免费使用施工控制网。

8.2.4 工程质量的管理规定

1. 工程质量要求

(1)工程质量验收按技术规范及《公路工程质量检验评定标准》执行。

(2)因承包人原因造成工程质量达不到合同约定验收标准的,监理人有权要求承包人返工直至符合合同要求为止,由此造成的费用增加和(或)工期延误由承包人承担。

(3)因发包人原因造成工程质量达不到合同约定验收标准的,发包人应承担由于承包人返工造成的费用增加和(或)工期延误,并支付承包人合理利润。

(4)发包人和承包人应严格遵守《关于严格落实公路工程质量责任制的若干意见》的相关规定,认真执行工程质量责任登记制度并按要求填写工程质量责任登记表。

(5)本项目严格执行质量责任追究制度。质量事故处理实行“四不放过”原则:事故原因调查不清不放过;事故责任者没有受到教育不放过;没有防范措施不放过;相关责任人没受到处理不放过。

2. 承包人的质量管理

(1)承包人应在施工场地设置专门的质量检查机构,配备专职质量检查人员,建立完善的质量检查制度。承包人应在合同约定的期限内,提交工程质量保证措施文件,包括质量检查机构的组织和岗位责任、质检人员的组成、质量检查程序和实施细则等,报送监理人审批。承包人提交工程质量保证措施文件的期限:签订合同协议书后 28 天之内。

(2)承包人应加强对施工人员的质量教育和技术培训,定期考核施工人员的劳动技能,严格执行规范和操作规程。

(3)公路工程施行质量责任终身制。承包人应当书面明确相应的项目负责人和质量负责人。承包人的相关人员按照国家法律法规和有关规定在工程合理使用年限内承担相应的质量责任。

(4)承包人应当建立健全工程质量保证体系,制定质量管理制度,强化工程质量管理措施,完善工程质量目标保障机制。

(5)承包人对工程施工质量负责,应当按合同约定设立现场质量管理机构,配备工程技术人员和质量管理人员,落实工程施工质量责任制。

(6)承包人应当严格按照工程设计图纸、施工技术标准和合同约定施工,对原材料、混合料、构配件、工程实体、机电设备等进行检验;按规定施行班组自检、工序交接检、专职质检员检验的质量控制程序;对分项工程、分部工程和单位工程进行质量自评。检验或者自评不合格的,不得进入下道工序或者投入使用。

(7)承包人应当加强施工过程质量控制,并形成完整、可追溯的施工质量管理资料,主体工程的隐蔽部位施工还应当保留影像资料。对施工中出现的质量问题或者验收不合格的工程,应当负责返工处理;对在保修范围和保修期限内发生质量问题的工程,应当履行保修义务。

(8)承包人应当按照合同约定设立工地临时试验室,配齐检测和试验仪器、仪表,及时校正以确保其精度;严格按照工程技术标准、检测规范和规程,在核定的试验检测参数范围内开展试验检测活动,并确保规范规定的检验、抽检频率。承包人应当对其设立的工地临时试验室所出具的试验检测数据和报告的真实性、客观性、准确性负责。

(9)承包人应当依法规范分包行为,并对承担的工程质量负总责,分包单位对分包合同范围内的工程质量负责。

(10)承包人驻工程现场机构应在现场驻地和重要的分部、分项工程施工现场设置明显的工程质量责任登记公示牌。

3. 承包人的质量检查

承包人应按合同约定对材料、工程设备以及工程的所有部位及其施工工艺进行全过程质量检查和检验,并作详细记录,编制工程质量报表,报送监理人审查。

4. 监理人的质量检查

监理人有权对工程的所有部位及其施工工艺、材料和工程设备进行检查和检验。承包人还应按监理人指示,进行施工场地取样试验、工程复核测量和设备性能检测,提供试验样品、提交试验报告和测量成果以及监理人要求进行的其他工作。监理人的检查和检验,不免除承包人按合同约定应负的责任。

监理人及其委派的检验人员,应能进入工程现场,以及材料或工程设备的制造、加工或制配的车间和场所,包括不属于承包人的车间或场所进行检查,承包人应为此提供便利和协助。

监理人可以将材料或工程设备的检查和检验委托给一家独立的有质量检验认证资格的检验单位。该独立检验单位的检验结果应视为监理人完成的。监理人应将这种委托的通知书不少于7天前交给承包人。

5. 工程隐蔽部位覆盖前的检查

(1)通知监理人检查

经承包人自检确认的工程隐蔽部位具备覆盖条件后,承包人应通知监理人在约定的期限内检查。承包人的通知应附有自检记录和必要的检查资料。监理人应按时到场检查。经监理人检查确认质量符合隐蔽要求,并在检查记录上签字后,承包人才能进行覆盖。监理人检查确认质量不合格的,承包人应在监理人指示的时间内修整返工后,由监理人重新检查。

当监理人有指令时,承包人应对重要隐蔽工程进行拍摄或照相并应保证监理人有充分的机会对将要覆盖或掩蔽的工程进行检查和量测,特别是在基础以上的任一部分工程修筑之前,对该基础进行检查。

(2)监理人未到场检查

监理人未按约定的时间进行检查的,除监理人另有指示外,承包人可自行完成覆盖工作,并作相应记录报送监理人,监理人应签字确认。监理人事后对检查记录有疑问的,可按第(3)项的约定重新检查。

(3)监理人重新检查

承包人按第(1)项或第(2)项覆盖工程隐蔽部位后,监理人对质量有疑问的,可要求承包人对已覆盖的部位进行钻孔探测或揭开重新检验,承包人应遵照执行,并在检验后重新覆盖恢复原状。经检验证明工程质量符合合同要求的,由发包人承担由此增加的费用和(或)工期延误,并支付承包人合理利润;经检验证明工程质量不符合合同要求的,由此增加的费用和(或)工期延误由承包人承担。

(4)承包人私自覆盖

承包人未通知监理人到场检查,私自将工程隐蔽部位覆盖的,监理人有权指示承包人钻孔探测或揭开检查,由此增加的费用和(或)工期延误由承包人承担。

6. 清除不合格工程

(1)承包人使用不合格材料、工程设备,或采用不适当的施工工艺,或施工不当,造成工程不合格的,监理人可以随时发出指示,要求承包人立即采取措施进行替换、补救或拆除重建,直至达到合同要求的质量标准,由此增加的费用和(或)工期延误由承包人承担。

如果承包人未在规定时间内执行监理人的指示,发包人有权雇用他人执行,由此增加的费用和(或)工期延误由承包人承担。

(2)由于发包人提供的材料或工程设备不合格造成的工程不合格,需要承包人采取措施补救的,发包人应承担由此增加的费用和(或)工期延误,并支付承包人合理利润。

7.《公路工程质量检验评定标准》(2017 年版)中关于工程质量验收的规定

(1)公路工程质量检验评定按分项工程、分部工程、单位工程逐级进行。

(2)单位工程、分部工程、分项工程在施工准备阶段应按本标准附录 A 进行划分。

(3)公路工程质量检验评定应符合下列规定:

①分项工程完工后,应根据本标准进行检验,对工程质量进行评定。隐蔽工程在隐蔽前应检查合格。

②分部工程、单位工程完工后,应汇总评定所属分项工程、分部工程的质量资料,检测外观质量,对工程质量进行评定。

(4)工程质量等级分为合格和不合格。

(5)评定为不合格的分项工程、分部工程,经返工、加固、补强或调测,满足设计要求后,可重新进行检验评定。

8.2.5 试验和检验的管理规定

1. 材料、工程设备和工程的试验和检验

(1)承包人应按合同约定进行材料、工程设备和工程的试验和检验,并为监理人对上述材料、工程设备和工程的质量检查提供必要的试验资料和原始记录。

(2)监理人未按合同约定派员参加试验和检验的,除监理人另有指示外,承包人可自行试验和检验,并应立即将试验和检验结果报送监理人,监理人应签字确认。

(3)监理人对承包人的试验和检验结果有疑问的,或为查清承包人试验和检验成果的可靠性要求承包人重新试验和检验的,可按合同约定由监理人与承包人共同进行。

2. 现场材料试验

(1)承包人根据合同约定或监理人指示进行的现场材料试验,应由承包人提供试验场所、试验人员、试验设备器材以及其他必要的试验条件。

(2)监理人在必要时可以使用承包人的试验场所、试验设备器材以及其他试验条件,进行以工程质量检查为目的的复核性材料试验,承包人应予以协助。

3. 现场工艺试验

承包人应按合同约定或监理人指示进行现场工艺试验。对大型的现场工艺试验,监理人认为必要时,应由承包人根据监理人提出的工艺试验要求,编制工艺试验措施计划,报送监理人审批。

4. 试验和检验费用

（1）承包人应负责提供合同和技术规范规定的试验和检验所需的全部样品，并承担其费用。

（2）在合同中明确规定的试验和检验，包括无须在工程量清单中单独列项和已在工程量清单中单独列项的试验和检验，其试验和检验的费用由承包人承担。

（3）如果监理人所要求做的试验和检验为合同未规定的或是在该材料或工程设备的制造、加工、制配场地以外的场所进行的，则检验结束后，如表明操作工艺或材料、工程设备未能符合合同规定，其费用应由承包人承担，否则，其费用应由发包人承担。

8.2.6　缺陷责任与保修责任

1. 缺陷责任期的起算时间

缺陷责任期自实际竣工日期起计算。在全部工程竣工验收前，已经发包人提前验收的单位工程，其缺陷责任期的起算日期相应提前。

2. 缺陷责任

（1）承包人应在缺陷责任期内对已交付使用的工程承担缺陷责任。

（2）缺陷责任期内，发包人对已接收使用的工程负责日常维护工作。发包人在使用过程中，发现已接收的工程存在新的缺陷或已修复的缺陷部位或部件又遭损坏的，承包人应负责修复，直至检验合格为止。

在缺陷责任期内，承包人应尽快完成在交工验收证书中写明的未完成工作，并完成对本工程缺陷的修复或监理人指令的修补工作。

（3）监理人和承包人应共同查清缺陷和(或)损坏的原因。经查明属承包人原因造成的，应由承包人承担修复和查验的费用。经查验属发包人原因造成的，发包人应承担修复和查验的费用，并支付承包人合理利润。

（4）承包人不能在合理时间内修复缺陷的，发包人可自行修复或委托其他人修复，所需费用和利润的承担，按第(3)项约定办理。

3. 缺陷责任期的延长

由于承包人原因造成某项缺陷或损坏使某项工程或工程设备不能按原定目标使用而需要再次检查、检验和修复的，发包人有权要求承包人相应延长缺陷责任期，但缺陷责任期最长不超过 2 年。

4. 进一步试验和试运行

任何一项缺陷或损坏修复后，经检查证明其影响了工程或工程设备的使用性能，承包人应重新进行合同约定的试验和试运行，试验和试运行的全部费用应由责任方承担。

5. 承包人的进入权

缺陷责任期内承包人因缺陷修复工作需要，有权进入工程现场，但应遵守发包人的保安和保密规定。

承包人在缺陷修复施工过程中，应服从管养单位的有关安全管理规定，由于承包人自身原因造成的人员伤亡、设备和材料的损毁及罚款等责任由承包人自负。

6. 缺陷责任期终止证书

在约定的缺陷责任期限终止后 14 天内，由监理人向承包人出具经发包人签认的缺陷责任期终止证书,并退还剩余的质量保证金。

7. 保修责任

(1)保修期自实际交工日期起计算,具体期限在项目专用合同条款数据表中约定。保修期与缺陷责任期重叠的期间内,承包人的保修责任同缺陷责任。在缺陷责任期满后的保修期内,承包人可不在工地留有办事人员和机械设备,但必须随时与发包人保持联系,在保修期内承包人应对由于施工质量原因造成的损坏自费进行修复。

(2)在全部工程交工验收前,已经发包人提前验收的单位工程,其保修期的起算日期相应提前。

(3)工程保修期终止后 28 天内,监理人签发保修期终止证书。

(4)若承包人不履行保修义务和责任,则承包人应承担由于违约造成的法律后果,并由发包人将其违约行为上报省级交通运输主管部门,作为不良记录纳入公路建设市场信用信息管理系统。

8.2.7 《项目专用合同条款》的补充规定

除了《通用合同条款》及《公路工程专用合同条款》中的规定外,各个工程项目《项目专用合同条款》也会对项目的质量做出一些专项补充规定。

【项目示例 8-1】国道×××线 K192＋427～K200＋838 段路面重铺工程对项目质量的专项补充规定

国道×××线 K192＋427～K200＋838 段路面重铺工程《项目专用合同条款》对以下条款作了补充:

1."13.1 工程质量要求"中第 13.1.1 项补充如下:工程管理及质量应满足《福建省公路局管理局转发关于进一步加强国省干线旧水泥砼路面改造沥青路面管理的通知》、《福建省普通国省干线公路旧水泥混凝土路面改造为沥青路面建设指导意见》要求。

2."13.2 承包人的质量管理"第 13.2.6 项补充如下:应执行《福建省普通公路施工标准化指南》《福建省普通公路建设项目施工单位管理标准化指南》的规定。

3. 缺陷责任期:自实际交工日期起计算 2 年;工程保修期:自实际交工日期起计算 5 年。

小贴士

质量

质量是企业的生命线。请秉持诚实守信、认真负责的工作态度,强化工程质量意识,严格按照施工图纸要求进行工程施工,做好质量检查及检验,履行工程保修义务和责任。

8.3 合同履行中的进度管理

8.3.1 工程施工进度管理概述

施工进度管理是一项动态、循环、复杂的过程。它是指在项目施工过程中采用计划、实施、检查、调整四种手段使工程进度在计划执行中不断循环往复,直至按设定的进度如期完成。

施工项目经理部根据合同规定的工期要求编制施工进度计划,并以此作为管理的目标,对施工的全过程经常进行检查、对比、分析,及时发现实施中的偏差,并采取有效措施,调整工程建设施工进度计划,排除干扰,保证工期目标实现的全部活动。

1. 施工进度计划的编制

公路工程项目施工进度计划是施工进度管理的主要依据,是对工程实施过程进行管理的前提,没有进度计划,也就谈不上对工程项目的进度管理。因此,在工程开始施工之前,承包人应根据工程项目内容及合同工期要求等,编制一份科学、合理的工程项目进度计划。

工程项目进度计划,根据工程项目实施的不同阶段,分别编制总体进度计划及年、月进度计划;对于某些起控制作用的关键工程项目(如桥梁、隧道、立体交叉等),还应单独编制工程进度计划。

2. 工程施工中的进度检查

进度检查就是将实际进度与计划进度作对比,找出偏差。偏差不外乎有三种可能,实际与计划相比的提前、按时(正常)或拖延(延误),在进度检查时所谈及的偏差往往是针对正在检查的内容即工作(或分项工程),因此还应分析这些偏差对工程项目或合同段工期有何影响,即工程总体进度状况发展的趋势。

施工进度检查的方法主要有横道图法、"S"曲线法(工程进度表)、前锋线法。

3. 进度计划的调整

调整工程进度计划,主要是调整关键线路上的施工安排;对于非关键工作,如果实际进度与计划进度的差距并不对工程的工期造成不利影响,监理工程师可不必要求承包人对整个工程进度计划进行调整。

(1)调整进度计划的原因

承包人对进度计划进行调整主要是因以下两种情况而引起。

①进度计划的延期。承包人获得延期批准后,监理工程师应要求承包人根据延期批复调整工程进度计划。

②进度计划的拖延。由于承包人自身原因造成工程进度延误,而且承包人拒绝接受监理工程师加快工程进度的指令,或虽采取了加快工程进度的措施,但仍然不能赶上预期的工程进度并将使工程在合同工期内难以完成时,监理工程师应对承包人的施工能力重新进行审查和评价,并应该发出书面通知,要求承包人调整计划或发出书面警告,同时向业主提出书面报告。

（2）进度计划调整的方法

进度计划的调整，根据调整的原因分为两种，一是延期后应按新合同工期调整计划；二是延误了工期却又无权获得延期，因此需要调整计划使后续计划的工作内容改变或缩短时间以符合合同工期。前一种相当于在给定的工期内以原来计划为参考重新编制符合新合同工期的计划；后一种是在原计划的基础上压缩工期，使计划的计算工期符合合同工期。

8.3.2　合同条款中的进度管理约定

在《公路工程标准施工招标文件》（2018年版）的《通用合同条款》和《公路工程专用合同条款》中，涉及施工进度管理的条款主要有第10条　进度计划、第11条　开工和竣工、第12条　暂停施工、第18条　交工验收。在工程施工承包合同的履行过程中，合同参与各方应严格按照这些合同条款约定进行工程进度管理。

1. 进度计划

（1）合同进度计划

承包人应按专用合同条款约定的内容和期限，编制详细的施工进度计划和施工方案说明报送监理人。监理人应在专用合同条款约定的期限内批复或提出修改意见，否则该进度计划视为已得到批准。经监理人批准的施工进度计划称合同进度计划，是控制合同工程进度的依据。承包人还应根据合同进度计划，编制更为详细的分阶段或分项进度计划，报监理人审批。

公路工程合同进度计划还应遵循以下几条规定：

①承包人编制施工方案说明的内容见项目专用合同条款。

②承包人向监理人报送施工进度计划和施工方案说明的期限：签订合同协议书后28天之内。

③监理人应在14天内对承包人的施工进度计划和施工方案说明予以批复或提出修改意见。

④合同进度计划应按照关键线路网络图和主要工作横道图两种形式分别编绘，并应包括每月预计完成的工作量和形象进度。

（2）合同进度计划的修订

无论何种原因造成工程的实际进度与合同进度计划不符时，承包人可以在专用合同条款约定的期限内向监理人提交修订合同进度计划的申请报告，并附有关措施和相关资料，报监理人审批；监理人也可以直接向承包人作出修订合同进度计划的指示，承包人应按该指示修订合同进度计划，报监理人审批。监理人应在专用合同条款约定的期限内批复。监理人在批复前应获得发包人同意。

公路工程合同进度计划的修订还应遵循以下两条规定：

①承包人提交合同进度计划修订申请报告，并附上有关措施和相关资料的期限：实际进度发生滞后的当月25日前。

②监理人批复修订合同进度计划的期限：收到修订合同进度计划后14天内。

（3）年度施工计划

承包人应在每年11月底前，根据已同意的合同进度计划或其修订的计划，向监理人提交2份格式和内容符合监理人合理规定的下一年度的施工计划，以供审查。

（4）合同用款计划

承包人应在签订本合同协议书后 28 天之内，按招标文件中规定的格式，向监理人提交 2 份按合同规定承包人有权得到支付的详细的季度合同用款计划，以备监理人查阅。如果监理人提出要求，承包人还应按季度提交修订的合同用款计划。

2. 开工和竣工

（1）开工

①监理人应在开工日期 7 天前向承包人发出开工通知。监理人在发出开工通知前应获得发包人同意。工期自监理人发出的开工通知中载明的开工日期起计算。承包人应在开工日期后尽快施工。

②承包人应按约定的合同进度计划，向监理人提交工程开工报审表，经监理人审批后执行。开工报审表应详细说明按合同进度计划正常施工所需的施工道路、临时设施、材料设备、施工人员等施工组织措施的落实情况以及工程的进度安排。

承包人应在分部工程开工前 14 天向监理人提交分部工程开工报审表，若承包人的开工准备、工作计划和质量控制方法是可接受的且已获得批准，则经监理人书面同意，分部工程才能开工。

（2）竣工

承包人应在约定的期限内完成合同工程。实际竣工日期在接收证书中写明。

（3）发包人的工期延误

在履行合同过程中，由于发包人的下列原因造成工期延误的，承包人有权要求发包人延长工期和（或）增加费用，并支付合理利润。需要修订合同进度计划的，按照合同约定办理。

①增加合同工作内容；

②改变合同中任何一项工作的质量要求或其他特性；

③发包人迟延提供材料、工程设备或变更交货地点的；

④因发包人原因导致的暂停施工；

⑤提供图纸延误；

⑥未按合同约定及时支付预付款、进度款；

⑦发包人造成工期延误的其他原因。

即使由于上述原因造成工期延误，如果受影响的工程并非处在工程施工进度网络计划的关键线路上，则承包人无权要求延长总工期。

（4）异常恶劣的气候条件

由于出现专用合同条款规定的异常恶劣气候的条件导致工期延误的，承包人有权要求发包人延长工期。

异常气候是指项目所在地 30 年以上一遇的罕见气候现象（包括温度、降水、降雪、风等）。异常恶劣的气候条件应在项目专用合同条款中作具体约定。

（5）承包人的工期延误

①承包人应严格执行监理人批准的合同进度计划，对工作量计划和形象进度计划分别控制。

②如果承包人在接到监理人通知后的 14 天内，未能采取加快工程进度的措施，致使实际工程进度进一步滞后，或承包人虽采取了一些措施，仍无法按预计工期交工时，监理人应

立即通知发包人。发包人在向承包人发出书面警告通知 14 天后,可按第 22.1 款终止对承包人的雇用,也可将本合同工程中的一部分工作交由其他承包人或其他分包人完成。在不解除本合同规定的承包人责任和义务的同时,承包人应承担因此所增加的一切费用。

③由于承包人原因造成工期延误,承包人应支付逾期交工违约金。逾期交工违约金的计算方法在项目专用合同条款数据表中约定,时间自预定的交工日期起到交工验收证书中写明的实际交工日期止(扣除已批准的延长工期),按天计算。

④承包人支付逾期交工违约金,不免除承包人完成工程及修补缺陷的义务。

(6)工期提前

发包人要求承包人提前竣工,或承包人提出提前竣工的建议能够给发包人带来效益的,应由监理人与承包人协商采取加快工程进度的措施,修订合同进度计划。发包人应承担承包人由此增加的费用,并向承包人支付专用合同条款约定的相应奖金。

公路工程工期还应遵循以下两条规定:

①发包人不得随意要求承包人提前交工,承包人也不得随意提出提前交工的建议。如遇特殊情况,确需将工期提前的,发包人和承包人必须采取有效措施,确保工程质量。

②如果承包人提前交工,发包人支付奖金的计算方法在项目专用合同条款数据表中约定,时间自交工验收证书中写明的实际交工日期起至预定的交工日期止,按天计算。但奖金最高限额不超过项目专用合同条款数据表中写明的限额。

(7)工作时间的限制

承包人在夜间或国家规定的节假日进行永久工程的施工,应向监理人报告,以便监理人履行监理职责和义务。但是,为了抢救生命或保护财产,或为了工程的安全、质量而不可避免地短暂作业,则不必事先向监理人报告。但承包人应在事后立即向监理人报告。

本款规定不适用于习惯上或施工本身要求实行连续生产的作业。

3. 暂停施工

(1)承包人暂停施工的责任

因下列原因暂停施工增加的费用和(或)工期延误由承包人承担:

①承包人违约引起的暂停施工;

②由于承包人原因为工程合理施工和安全保障所必需的暂停施工;

③承包人擅自暂停施工;

④承包人其他原因引起的暂停施工;

⑤现场气候条件导致的必要停工(合同约定的异常恶劣的气候条件除外):

a. 现场气候条件导致的必要停工(合同约定的异常恶劣的气候条件除外);

b. 项目专用合同条款可能约定的由承包人承担的其他暂停施工。

(2)发包人暂停施工的责任

由于发包人原因引起的暂停施工造成工期延误的,承包人有权要求发包人延长工期和(或)增加费用,并支付合理利润。

(3)监理人暂停施工指示

①监理人认为有必要时,可向承包人作出暂停施工的指示,承包人应按监理人指示暂停施工。不论由于何种原因引起的暂停施工,暂停施工期间承包人应负责妥善保护工程并提供安全保障。

②由于发包人的原因发生暂停施工的紧急情况,且监理人未及时下达暂停施工指示的,承包人可先暂停施工,并及时向监理人提出暂停施工的书面请求。监理人应在接到书面请求后的 24 小时内予以答复,逾期未答复的,视为同意承包人的暂停施工请求。

(4)暂停施工后的复工

①暂停施工后,监理人应与发包人和承包人协商,采取有效措施积极消除暂停施工的影响。当工程具备复工条件时,监理人应立即向承包人发出复工通知。承包人收到复工通知后,应在监理人指定的期限内复工。

②承包人无故拖延和拒绝复工的,由此增加的费用和工期延误由承包人承担;因发包人原因无法按时复工的,承包人有权要求发包人延长工期和(或)增加费用,并支付合理利润。

(5)暂停施工持续 56 天以上

①监理人发出暂停施工指示后 56 天内未向承包人发出复工通知,除了该项停工属于第 12.1 款的情况外,承包人可向监理人提交书面通知,要求监理人在收到书面通知后 28 天内准许已暂停施工的工程或其中一部分工程继续施工。如监理人逾期不予批准,则承包人可以通知监理人,将工程受影响的部分视为可取消工作。如暂停施工影响到整个工程,可视为发包人违约,应按合同相应条款的规定办理。

②由于承包人责任引起的暂停施工,如承包人在收到监理人暂停施工指示后 56 天内不认真采取有效的复工措施,造成工期延误,可视为承包人违约,应按合同相应条款的规定办理。

4. 交工验收

(1)交工验收的含义

①竣工验收是指承包人完成了全部合同工作后,发包人按合同要求进行的验收。

②国家验收是政府有关部门根据法律、规范、规程和政策要求,针对发包人全面组织实施的整个工程正式交付投运前的验收。

③需要进行国家验收的,竣工验收是国家验收的一部分。竣工验收所采用的各项验收和评定标准应符合国家验收标准。发包人和承包人为竣工验收提供的各项竣工验收资料应符合国家验收的要求。

(2)交工验收申请报告

当工程具备以下条件时,承包人即可向监理人报送交工验收申请报告:

①除监理人同意列入缺陷责任期内完成的尾工(甩项)工程和缺陷修补工作外,合同范围内的全部单位工程以及有关工作,包括合同要求的试验、试运行以及检验和验收均已完成,并符合合同要求。

②竣工资料的内容:承包人应按照《公路工程竣(交)工验收办法》和相关规定编制竣工资料。竣工资料的份数在项目专用合同条款数据表中约定。

③已按监理人的要求编制了在缺陷责任期内完成的尾工(甩项)工程和缺陷修补工作清单以及相应的施工计划。

④监理人要求在竣工验收前应完成的其他工作。

⑤监理人要求提交的竣工验收资料清单。

(3)验收

监理人收到承包人按合同条款约定提交的竣工验收申请报告后,应审查申请报告的各项内容,并按以下不同情况进行处理。

①监理人审查后认为尚不具备竣工验收条件的,应在收到竣工验收申请报告后的28天内通知承包人,指出在颁发接收证书前承包人还需进行的工作内容。承包人完成监理人通知的全部工作内容后,应再次提交竣工验收申请报告,直至监理人同意为止。

②监理人审查后认为已具备竣工验收条件的,应在收到竣工验收申请报告后的28天内提请发包人进行工程验收。

交工验收由发包人主持,由发包人、监理人、质监、设计、施工、运营、管理养护等有关部门代表组成交工验收小组,对本项目的工程质量进行评定,并写出交工验收报告报交通运输主管部门备案。承包人应按发包人的要求提交竣工资料,完成交工验收准备工作。

③发包人经过验收后同意接受工程的,应在监理人收到竣工验收申请报告后的56天内,由监理人向承包人出具经发包人签认的工程接收证书。发包人验收后同意接收工程但提出整修和完善要求的,限期修好,并缓发工程接收证书。整修和完善工作完成后,监理人复查达到要求的,经发包人同意后,再向承包人出具工程接收证书。

④发包人验收后不同意接收工程的,监理人应按照发包人的验收意见发出指示,要求承包人对不合格工程认真返工重作或进行补救处理,并承担由此产生的费用。承包人在完成不合格工程的返工重作或补救工作后,应重新提交竣工验收申请报告,按第18.3.1项、第18.3.2项和第18.3.3项的约定进行。

⑤经验收合格工程的实际交工日期,以最终提交交工验收申请报告的日期为准,并在交工验收证书中写明。

⑥发包人在收到承包人竣工验收申请报告56天后未进行验收的,视为验收合格,实际竣工日期以提交竣工验收申请报告的日期为准,但发包人由于不可抗力不能进行验收的除外。

⑦组织办理交工验收和签发交工验收证书的费用由发包人承担。但按照合同规定达不到合格标准的交工验收费用由承包人承担。

(4)单位工程验收

①发包人根据合同进度计划安排,在全部工程竣工前需要使用已经竣工的单位工程时,或承包人提出经发包人同意时,可进行单位工程验收。验收的程序可参照第18.2款与第18.3款的约定进行。验收合格后,由监理人向承包人出具经发包人签认的单位工程验收证书。已签发单位工程接收证书的单位工程由发包人负责照管。单位工程的验收成果和结论作为全部工程竣工验收申请报告的附件。

②发包人在全部工程竣工前,使用已接收的单位工程导致承包人费用增加的,发包人应承担由此增加的费用和(或)工期延误,并支付承包人合理利润。

(5)施工期运行

①施工期运行是指合同工程尚未全部竣工,其中某项或某几项单位工程或工程设备安装已竣工,根据专用合同条款约定,需要投入施工期运行的,经发包人按第18.4款的约定验收合格,证明能确保安全后,才能在施工期投入运行。

②在施工期运行中发现工程或工程设备损坏或存在缺陷的,由承包人按第19.2款约定进行修复。

(6)试运行

①除专用合同条款另有约定外,承包人应按专用合同条款约定进行工程及工程设备试

运行,负责提供试运行所需的人员、器材和必要的条件,并承担全部试运行费用。

②由于承包人的原因导致试运行失败的,承包人应采取措施保证试运行合格,并承担相应费用。由于发包人的原因导致试运行失败的,承包人应当采取措施保证试运行合格,发包人应承担由此产生的费用,并支付承包人合理利润。

(7)竣工清场

①除合同另有约定外,工程接收证书颁发后,承包人应按以下要求对施工场地进行清理,直至监理人检验合格为止。竣工清场费用由承包人承担。

a. 施工场地内残留的垃圾已全部清除出场;

b. 临时工程已拆除,场地已按合同要求进行清理、平整或复原;

c. 按合同约定应撤离的承包人设备和剩余的材料,包括废弃的施工设备和材料,已按计划撤离施工场地;

d. 工程建筑物周边及其附近道路、河道的施工堆积物,已按监理人指示全部清理;

e. 监理人指示的其他场地清理工作已全部完成。

②承包人未按监理人的要求恢复临时占地,或者场地清理未达到合同约定的,发包人有权委托其他人恢复或清理,所发生的金额从拟支付给承包人的款项中扣除。

(8)施工队伍的撤离

工程接收证书颁发后的 56 天内,除了经监理人同意需在缺陷责任期内继续工作和使用的人员、施工设备和临时工程外,其余的人员、施工设备和临时工程均应撤离施工场地或拆除。除合同另有约定外,缺陷责任期满时,承包人的人员和施工设备应全部撤离施工场地。

(9)竣工文件

承包人应按照《公路工程竣(交)工验收办法》的相关规定,在缺陷责任期内为竣工验收补充竣工资料,并在签发缺陷责任期终止证书之前提交。

8.4 合同履行中的费用管理

8.4.1 计量与支付概述

1. 计量与支付的概念及依据

(1)工程计量与支付的概念

工程计量与支付又称项目结算,是指监理工程师在工程施工过程中,依据合同双方约定的计量支付条款及相关规定,对承包商符合要求的已完工程量,进行计量、计价并报业主审批由其办理支付的过程,也是承包商、监理工程师、业主共同参与完成的工作。

(2)计量与支付的依据

①国家和地方交通主管部门颁发的有关工程造价编制方面的文件规定。

②工程承包合同。

③合同条款。包括通用合同条款、公路工程专用合同条款、项目专用合同条款。

④技术规范和工程量清单计量规则。

⑤工程量清单。在施工结算中,作为合同文件重要组成部分的工程量清单中所列的支付子目编号、项目名称、计量单位、单价是施工结算编制的重要依据,且不得随意更改。

⑥计量的工程量。

⑦日常施工记录。

⑧国家有关主管部门颁发的文件。

2. 工程计量

(1)工程计量的概念

工程计量是指按照公路工程招标文件中工程量清单计量规则所规定的方法对承包人符合要求的已完工程的实际数量所进行的测量、计算、核查和确认的过程。

工程计量的任务是确定实际工程数量的多少。

(2)工程计量的条件

工程计量一方面是准确地测定和计算已完工程的数量,另一方面也是对已完工程进行综合评价。因此,拟进行计量的工程必须满足以下条件。

①计量的项目应符合合同要求。合同规定计量的项目包括清单中的工程细目、合同文件中规定的项目、工程变更项目三个方面。

②质量必须达到合同规范标准的要求。

③验收手续必须齐全。

(3)工程计量的依据

计量的依据一般有质量合格证书、工程量清单说明、合同条件中的"计量支付"条款、工程量清单计量规则和设计图纸及各种测量数据等。

计量主要依据的文件有:

①中间计量表;

②工程分项开工申请批复单;

③检验申请批复单及有关的自检资料;

④工程质量检验表及有关的质量评定意见;

⑤工程变更令;

⑥中间交工证书。

(4)计量的程序

工程计量的一般程序为:①由承包人向监理工程师提出计量申请并附有必要的中间交工验收资料或质量合格证明;②监理工程师进行计量时,事先通知承包人,承包人应立即委派合格人员前往协助监理工程师进行计量工作,还应提供必要的人员、设备和交通工具;③计量工作可以由监理工程师和承包人双方委派合格人员在现场进行,也可以采用记录和图纸在室内按计量规则进行计算,并填写中间计量单;④监理工程师和承包人双方同意,签字认可。

3. 工程支付

(1)工程费用支付的概念

工程支付是指按合同规定对承包商的应付款项进行确认并办理付款手续的过程。

(2)工程支付的原则

费用支付是工程费用监理的关键,也是监理工程师的核心权力。为了达到公平合理的支付目标,监理工程师在费用支付上必须遵循以下几个基本原则:

①支付必须以工程计量为基础；

②支付必须以合同(技术规范、报价单、合同条件等)为依据；

③支付必须遵循严格的程序；

④支付金额必须大于阶段证书的最低限额；

⑤支付必须及时、准确。

（3）支付程序

在合同实施期间的历次中期支付，或交接证书签发后的支付，或缺陷责任期终止后的最后支付，都必须按照付款的程序进行。基本支付程序如下：

①承包人提出申请：工程费用支付一般由承包人通过监理工程师向业主提出付款申请，承包人在提出付款申请时要出具一系列的报表，以说明其申请金额的准确性。其主要工作就是填好财务支付月结账单(或最后结账单)。

②监理工程师审核与签认：监理工程师对承包人的财务支付月结账单(或最后结账单)进行全面审核和计算(监理工程师有权修改其中的错误或不实之处)，在逐项审核和计算的基础上签认应支付的工程费用，并以支付证书的方式确认工程费用的数额。

③业主付款：业主收到监理工程师签认的支付证书后，在规定的时间内支付费用给承包人。

（4）工程支付的费用项目

①清单支付项目(工程量清单内的费用项目)

清单支付是工程费用支付中最主要和最基本的内容，一般包括以物理单位计量的工程、以自然单位计量的项目、暂定金额和计日工四类。

②合同支付项目(清单外、合同内的费用项目)

合同支付项目包括开工预付款、材料预付款、保留金、拖期损失偿金、提前竣工奖金、迟付款利息、工程变更、索赔费用和价格调整等共九项。

4. 工程计量与支付表格

在公路工程施工中，常用的计量与支付表格有：

（1）支表 1　工程进度表

（2）支表 2　中期支付证书

（3）支表 3　清单支付报表

（4）支表 4　计日工支付报表

（5）支表 5　工程变更一览表

（6）支表 6　价格调整汇总表

（7）支表 7　价格调整表

（8）支表 8　单价变更一览表

（9）支表 9　永久性材料价差金额一览表

（10）支表 10　永久性工程材料到达现场计量表

（11）支表 1l　扣回材料设备预付款一览表

（12）支表 12　扣回开工预付款一览表

（13）支表 13　中间计量表

（14）支表 14　中间计量支付汇总表

8.4.2　计量与支付的合同条款约定

1. 计量

（1）计量单位

计量采用国家法定的计量单位。

（2）计量方法

工程的计量应以净值为准,除非项目专用合同条款另有约定。工程量清单中各个子目的具体计量方法按本合同文件工程量清单计量规则中的规定执行。

（3）计量周期

除专用合同条款另有约定外,单价子目已完成工程量按月计量,总价子目的计量周期按批准的支付分解报告确定。

（4）单价子目的计量

①已标价工程量清单中的单价子目工程量为估算工程量。结算工程量是承包人实际完成的,并按合同约定的计量方法进行计量的工程量。

②承包人对已完成的工程进行计量,向监理人提交进度付款申请单、已完成工程量报表和有关计量资料。

③监理人对承包人提交的工程量报表进行复核,以确定实际完成的工程量。对数量有异议的,可要求承包人按第8.2款约定进行共同复核和抽样复测。承包人应协助监理人进行复核并按监理人要求提供补充计量资料。承包人未按监理人要求参加复核,监理人复核或修正的工程量视为承包人实际完成的工程量。

④监理人认为有必要时,可通知承包人共同进行联合测量、计量,承包人应遵照执行。

⑤承包人完成工程量清单中每个子目的工程量后,监理人应要求承包人派员共同对每个子目的历次计量报表进行汇总,以核实最终结算工程量。监理人可要求承包人提供补充计量资料,以确定最后一次进度付款的准确工程量。承包人未按监理人要求派员参加的,监理人最终核实的工程量视为承包人完成该子目的准确工程量。

⑥监理人应在收到承包人提交的工程量报表后的7天内进行复核,监理人未在约定时间内复核的,承包人提交的工程量报表中的工程量视为承包人实际完成的工程量,据此计算工程价款。

⑦承包人未在已标价工程量清单中填入单价或总额价的工程子目,将被认为其已包含在本合同的其他子目的单价和总额价中,发包人将不另行支付。

（5）总价子目的计量

除专用合同条款另有约定外,总价子目的分解和计量按照下述约定进行。

①总价子目的计量和支付应以总价为基础,不因合同条款中的因素而进行调整。承包人实际完成的工程量,是进行工程目标管理和控制进度支付的依据。

②承包人在合同约定的每个计量周期内,对已完成的工程进行计量,并向监理人提交进度付款申请单、专用合同条款约定的合同总价支付分解表所表示的阶段性或分项计量的支持性资料,以及所达到工程形象目标或分阶段需完成的工程量和有关计量资料。

③监理人对承包人提交的上述资料进行复核,以确定分阶段实际完成的工程量和工程形象目标。对其有异议的,可要求承包人按第8.2款约定进行共同复核和抽样复测。

④除按照合同约定的变更外,总价子目的工程量是承包人用于结算的最终工程量。

⑤《公路工程专用合同条款》本项补充:本项目工程量清单中要求承包人以"总额"方式报价的子目,各子目的支付原则和支付进度按项目专用合同条款的规定执行。

2. 预付款

(1)预付款

预付款包括开工预付款和材料、设备预付款。具体额度和预付办法如下:

①开工预付款的金额在项目专用合同条款数据表中约定。在承包人签订了合同协议书且承包人承诺的主要设备进场后,监理人应在当期进度付款证书中向承包人支付开工预付款。

承包人不得将该预付款用于与本工程无关的支出,监理人有权监督承包人对该项费用的使用,如经查实承包人滥用开工预付款,发包人有权立即向银行索赔履约保证金,并解除合同。

②材料、设备预付款按项目专用合同条款数据表中所列主要材料、设备单据费用(进口的材料、设备为到岸价,国内采购的为出厂价或销售价,地方材料为堆场价)的百分比支付。其预付条件为:

a. 材料、设备符合规范要求并经监理人认可;

b. 承包人已出具材料、设备费用凭证或支付单据;

c. 材料、设备已在现场交货,且存储良好,监理人认为材料、设备的存储方法符合要求,则监理人应将此项金额作为材料、设备预付款计入下一次的进度付款证书中,在预计交工前3个月,将不再支付材料、设备预付款。

(2)预付款保函

承包人无须向发包人提交预付款保函。发包人向承包人支付的预付款,应按照本合同第17.2.1项规定使用,承包人提交的履约保证金对预付款的正常使用承担保证责任。

(3)预付款的扣回与还清

①开工预付款在进度付款证书的累计金额未达到签约合同价的30%之前不予扣回,在达到签约合同价30%之后,开始按工程进度以固定比例(即每完成签约合同价的1%,扣回开工预付款的2%)分期从各月的进度付款证书中扣回,全部金额在进度付款证书的累计金额达到签约合同价的80%时扣完。

②当材料、设备已用于或安装在永久工程之中时,材料、设备预付款应从进度付款证书中扣回,扣回期不超过3个月。已经支付材料、设备预付款的材料、设备的所有权应属于发包人。

3. 工程进度付款

(1)付款周期

付款周期同计量周期。

(2)进度付款申请单

承包人应在每个付款周期末,按监理人批准的格式和专用合同条款约定的份数,向监理人提交进度付款申请单,并附相应的支持性证明文件。除专用合同条款另有约定外,进度付款申请单应包括下列内容:

①截至本次付款周期末已实施工程的价款;

②增加和扣减的变更金额;

③增加和扣减的索赔金额;

④应支付的预付款和扣减的返还预付款；

⑤应扣减的质量保证金；

⑥根据合同应增加和扣减的其他金额。

（3）进度付款证书和支付时间

①监理人在收到承包人进度付款申请单以及相应的支持性证明文件后的 14 天内完成核查，提出发包人到期应支付给承包人的金额以及相应的支持性材料，经发包人审查同意后，由监理人向承包人出具经发包人签认的进度付款证书。监理人有权扣发承包人未能按照合同要求履行任何工作或义务的相应金额。

如果该付款周期应结算的价款经扣留和扣回后的款额少于项目专用合同条款数据表中列明的进度付款证书的最低金额，则该付款周期监理人可不核证支付，上述款额将按付款周期结转，直至累计应支付的款额达到项目专用合同条款数据表中列明的进度付款证书的最低金额为止。

②发包人应在监理人收到进度付款申请单且承包人提交了合格的增值税专用发票后的 28 天内，将进度应付款支付给承包人。发包人不按期支付的，按项目专用合同条款数据表中约定的利率向承包人支付逾期付款违约金。违约金计算基数为发包人的全部未付款额，时间从应付而未付该款额之日算起（不计复利）。

③监理人出具进度付款证书，不应视为监理人已同意、批准或接受了承包人完成的该部分工作。

④进度付款涉及政府投资资金的，按照国库集中支付等国家相关规定和专用合同条款的约定办理。

（4）工程进度付款的修正

在对以往历次已签发的进度付款证书进行汇总和复核中发现错、漏或重复的，监理人有权予以修正，承包人也有权提出修正申请。经双方复核同意的修正，应在本次进度付款中支付或扣除。

（5）农民工工资保证金

①为确保施工过程中农民工工资实时、足额发放到位，承包人应按照项目专用合同条款约定的时间和金额缴存农民工工资保证金。

②农民工工资保证金可采用银行保函或现金、支票形式。采用银行保函时，出具保函的银行须具有相应担保能力，且按照发包人批准的格式出具，所需费用由承包人承担。

③农民工工资保证金的扣留条件、返还时间按照项目专用合同条款的约定执行。

【项目示例 8-2】国道×××线 K192＋427～K200＋838 段路面重铺工程农民工工资保证金约定

国道×××线 K192＋427～K200＋838 段路面重铺工程《项目专用合同条款》本款约定为：

（1）农民工工资保证金的缴存时间：在确定中标人之日起 10 个工作日内缴纳工资保证金。

（2）农民工工资保证金的缴存金额：参照执行《××市人民政府关于进一步促进建筑业

发展壮大的若干意见》（××政文〔2014〕98 号）、《××市人力资源和社会保障局××市住房和城乡建设局关于进一步完善工程建设领域工资保证金制度的意见》（×人社〔2017〕342 号）、×人社〔2017〕91 号《关于转发进一步完善工程建设领域工资保证金制度的意见》及泉建筑〔2018〕11 号文的有关规定。

（3）农民工工资保证金的扣留条件：另行约定。

（4）农民工工资保证金的返还时间：出具验收单后。

4. 质量保证金

（1）按第 17.4.1 项交工验收证书签发后 14 天内，承包人应向发包人缴纳质量保证金。质量保证金可采用银行保函或现金、支票形式，金额应符合项目专用合同条款数据表的规定。采用银行保函时，出具保函的银行须具有相应担保能力，且按照发包人批准的格式出具，所需费用由承包人承担。

质量保证金采用现金、支票形式提交的，发包人应在项目专用合同条款数据表中明确是否计付利息以及利息的计算方式。

（2）在合同约定的缺陷责任期满，且质量监督机构已按规定对工程质量检测鉴定合格，承包人向发包人申请到期应返还承包人剩余的质量保证金金额，发包人应在 14 天内会同承包人按照合同约定的内容核实承包人是否完成缺陷责任。如无异议，发包人应当在核实后将剩余保证金返还承包人。

（3）在合同约定的缺陷责任期满时，承包人没有完成缺陷责任的，发包人有权扣留与未履行责任剩余工作所需金额相应的质量保证金余额，并有权根据合同约定要求延长缺陷责任期，直至完成剩余工作为止。

【项目示例 8-3】国道×××线 K192＋427～K200＋838 段路面重铺工程质量保证金规定

国道×××线 K192＋427～K200＋838 段路面重铺工程《项目专用合同条款》本款约定为：质量保证金金额：3％合同价格。

5. 竣工结算

（1）竣工付款申请单

①承包人向监理人提交交工付款申请单（包括相关证明材料）的份数在项目专用合同条款数据表中约定；期限：交工验收证书签发后 42 天内。

②监理人对竣工付款申请单有异议的，有权要求承包人进行修正和提供补充资料。经监理人和承包人协商后，由承包人向监理人提交修正后的竣工付款申请单。

（2）竣工付款证书及支付时间

①监理人在收到承包人提交的竣工付款申请单后的 14 天内完成核查，提出发包人到期应支付给承包人的价款送发包人审核并抄送承包人。发包人应在收到申请单后 14 天内审核完毕，由监理人向承包人出具经发包人签认的竣工付款证书。监理人未在约定时间内核查，又未提出具体意见的，视为承包人提交的竣工付款申请单已经监理人核查同意；发包人

未在约定时间内审核又未提出具体意见的,监理人提出发包人到期应支付给承包人的价款视为已经发包人同意。

②发包人应在监理人出具交工付款证书且承包人提交了合格的增值税专用发票后的14天内,将应支付款支付给承包人。发包人不按期支付的,按第17.3.3(2)目的约定,将逾期付款违约金支付给承包人。

③承包人对发包人签认的竣工付款证书有异议的,发包人可出具竣工付款申请单中承包人已同意部分的临时付款证书。存在争议的部分,按第24条的约定办理。

④竣工付款涉及政府投资资金的,按第17.3.3(4)目的约定办理。

6. 最终结清

(1)最终结清申请单

①承包人向监理人提交最终结清申请单(包括相关证明材料)的份数在项目专用合同条款数据表中约定;期限:缺陷责任期终止证书签发后28天内。

最终结清申请单中的总金额应认为是代表了根据合同规定应付给承包人的全部款项的最后结算。

②发包人对最终结清申请单内容有异议的,有权要求承包人进行修正和提供补充资料,由承包人向监理人提交修正后的最终结清申请单。

(2)最终结清证书和支付时间

①监理人收到承包人提交的最终结清申请单后的14天内,提出发包人应支付给承包人的价款送发包人审核并抄送承包人。发包人应在收到申请单后14天内审核完毕,由监理人向承包人出具经发包人签认的最终结清证书。监理人未在约定时间内核查,又未提出具体意见的,视为承包人提交的最终结清申请已经监理人核查同意;发包人未在约定时间内审核又未提出具体意见的,监理人提出应支付给承包人的价款视为已经发包人同意。

②发包人应在监理人出具最终结清证书且承包人提交了合格的增值税专用发票后的14天内,将应支付款支付给承包人。发包人不按期支付的,按第17.3.3(2)目的约定,将逾期付款违约金支付给承包人。

③承包人对发包人签认的最终结清证书有异议的,按第24条的约定办理。

④最终结清付款涉及政府投资资金的,按第17.3.3(4)目的约定办理。

8.4.3　价格调整合同条款约定

1. 物价波动

物价波动引起的价格调整除专用合同条款另有约定外,因物价波动引起的价格调整按照本款约定处理。

(1)采用价格指数调整价格差额

①价格调整公式

因人工、材料和设备等价格波动影响合同价格时,根据投标函附录中的价格指数和权重表约定的数据,按以下公式计算差额并调整合同价。

$$\Delta P = P_0 \left[A + \left(B_1 \times \frac{F_{t1}}{F_{01}} + B_2 \times \frac{F_{t2}}{F_{02}} + B_3 \times \frac{F_{t3}}{F_{03}} + \cdots + B_n \times \frac{F_{tn}}{F_{0n}} \right) - 1 \right]$$

式中:ΔP——需调整的价格差额。

P_0——第 17.3.3 项、第 17.5.2 项和第 17.6.2 项约定的付款证书中承包人应得到的已完成工程量的金额。此项金额应不包括价格调整、不计质量保证金的扣留和支付、预付款的支付和扣回。第 15 条约定的变更及其他金额已按现行价格计价的,也不计在内。

A——定值权重(即不调部分的权重),$A=1-(B_1+B_2+B_3+\cdots+B_n)$。

$B_1,B_2,B_3,\cdots,B_n$——各可调因子的变值权重(即可调部分的权重)为各可调因子在投标函投标总报价中所占的比例。

$F_{t1},F_{t2},F_{t3},\cdots,F_{tn}$——各可调因子的现行价格指数,指合同约定的付款证书相关周期最后一天的前 42 天的各可调因子的价格指数。

$F_{01},F_{02},F_{03},\cdots,F_{0n}$——各可调因子的基本价格指数,指基准日期的各可调因子的价格指数。

以上价格调整公式中的各可调因子、定值和变值权重,以及基本价格指数及其来源在投标函附录价格指数和权重表中约定。价格指数应首先采用有关部门提供的价格指数,缺乏上述价格指数时,可采用有关部门提供的价格代替。

在采用价格调整公式进行调价时,还应遵守以下规定:

a. 以上价格调整公式中的各可调因子、定值权重,以及基本价格指数及其来源由发包人在投标函附录价格指数和权重表中约定。价格指数应首先采用国家或省、自治区、直辖市价格部门或统计部门提供的价格指数,缺乏上述价格指数时,可采用上述部门提供的价格代替。

b. 价格调整公式中的变值权重,由发包人根据项目实际情况测算确定范围,并在投标函附录价格指数和权重表中约定范围;承包人在投标时在此范围内填写各可调因子的权重,合同实施期间将按此权重进行调价。

②暂时确定调整差额

在计算调整差额时得不到现行价格指数的,可暂用上一次价格指数计算,并在以后的付款中再按实际价格指数进行调整。

③权重的调整

按第 15.1 款约定的变更导致原定合同中的权重不合理时,由监理人与承包人和发包人协商后进行调整。

④承包人工期延误后的价格调整

由于承包人原因未在约定的工期内竣工的,则对原约定竣工日期后继续施工的工程,在使用价格调整公式时,应采用原约定竣工日期与实际竣工日期的两个价格指数中较低的一个作为现行价格指数。

(2)采用造价信息调整价格差额

施工期内,因人工、材料、设备和机械台班价格波动影响合同价格时,人工、机械使用费按照国家或省、自治区、直辖市建设行政管理部门、行业建设管理部门或其授权的工程造价管理机构发布的人工成本信息、机械台班单价或机械使用费系数进行调整;需要进行价格调整的材料,其单价和采购数量应由监理人复核,监理人确认需调整的材料单价及数量,作为调整工程合同价格差额的依据。

(3)除项目专用合同条款另有约定外,因物价波动引起的价格调整应按项目专用合同条款数据表的规定,按照合同约定的原则处理;或者上面第(2)条在合同执行期间(包括工期拖延期间），由于人工、材料和设备价格的上涨而引起工程施工成本增加的风险由承包人自行承担，合同价格不会因此而调整。

2. 法律变化引起的价格调整

在基准日后，因法律变化导致承包人在合同履行中所需要的工程费用发生除第 16.1 款约定以外的增减时，监理人应根据法律、国家或省、自治区、直辖市有关部门的规定，按第 3.5 款商定或确定需调整的合同价款。

3.《项目专用合同条款》本款约定

在公路工程招投标时，发包人通常会在《项目专用合同条款》中对价格调整作出补充约定。

【项目示例 8-4】国道×××线 K192＋427～K200＋838 段路面重铺工程价格调整

国道×××线 K192＋427～K200＋838 段路面重铺工程《项目专用合同条款》本款约定为：本项目的基质沥青及水泥给予调差，调差按实际施工时间泉州建设工程造价信息网发布的当月信息价与 20×× 年 11 月的信息价对比超过 ±3％ 给予调差并计算税收，调差按施工配合比计算实际总使用量，其余原材料均不予调差。

8.5　工程变更与索赔管理

8.5.1　工程变更的基础知识

1. 工程变更的概念

工程变更是合同变更的一种特殊形式，是指施工承包合同依法成立后，在工程实施过程中，发包商和承包商依法通过协商对合同的内容进行修订或调整所达成的协议。包括设计变更、进度计划变更、施工条件变更以及原招标文件和工程量清单中未包括的"新增工程"。

2. 工程变更的法律特征

工程变更是造价管理的重点，工程变更与一般的合同变更相比有自己的法律特征，主要如下：

(1)工程变更具有强制性；

(2)工程变更令是工程变更有效成立的前提。

3. 工程变更的产生原因

(1)按主客观原因分

①主观原因：如勘察设计工作深度不足，以致在施工过程中发现许多招标文件中没有考虑或估算不准确的工程量，因而不得不改变施工项目或增减工程量。

②客观原因：如发生不可预见的事故，自然或社会原因引起的停工和工期拖延等，致使工程变更不可避免。

(2)按提出人不同划分

①业主的原因；

②设计方面的原因；

③监理方面的原因；

④承包人的原因；

⑤工程相邻地段之外的第三方原因。

4. 工程变更的处理原则

(1)应依据施工承包合同；

(2)必须符合有关技术标准、设计规范以及节约能源和环保的要求；

(3)处理应及时、正确，避免引起工程纠纷；

(4)没有监理人的变更指示，承包人不得擅自变更。

8.5.2　工程变更的合同条款约定

1. 变更的范围和内容

除专用合同条款另有约定外，在履行合同中发生以下情形之一，应按照本条规定进行变更。

(1)取消合同中任何一项工作，但被取消的工作不能转由发包人或其他人实施，由于承包人违约造成的情况除外；

(2)改变合同中任何一项工作的质量或其他特性；

(3)改变合同工程的基线、标高、位置或尺寸；

(4)改变合同中任何一项工作的施工时间或改变已批准的施工工艺或顺序；

(5)为完成工程需要追加的额外工作。

2. 变更权

在履行合同过程中，经发包人同意，监理人可按第 15.3 款约定的变更程序向承包人作出变更指示，承包人应遵照执行。没有监理人的变更指示，承包人不得擅自变更。

3. 变更程序

(1)变更的提出

①在合同履行过程中，可能发生变更的范围和内容约定情形的，监理人可向承包人发出变更意向书。变更意向书应说明变更的具体内容和发包人对变更的时间要求，并附必要的图纸和相关资料。变更意向书应要求承包人提交包括拟实施变更工作的计划、措施和竣工时间等内容的实施方案。发包人同意承包人根据变更意向书要求提交的变更实施方案的，由监理人按第 15.3.3 项约定发出变更指示。

②在合同履行过程中，发生第 15.1 款约定情形的，监理人应按照第 15.3.3 项约定向承包人发出变更指示。

③承包人收到监理人按合同约定发出的图纸和文件，经检查认为其中存在第 15.1 款约定情形的，可向监理人提出书面变更建议。变更建议应阐明要求变更的依据，并附必要的图纸和说明。监理人收到承包人书面建议后，应与发包人共同研究，确认存在变更的，应在收到承包人书面建议后的 14 天内作出变更指示。经研究后不同意作为变更的，应由监理人书面答复承包人。

④若承包人收到监理人的变更意向书后认为难以实施此项变更,应立即通知监理人,说明原因并附详细依据。监理人与承包人和发包人协商后确定撤销、改变或不改变原变更意向书。

(2)变更估价

①除专用合同条款对期限另有约定外,承包人应在收到变更指示或变更意向书后的 14 天内,向监理人提交变更报价书,报价内容应根据第 15.4 款约定的估价原则,详细开列变更工作的价格组成及其依据,并附必要的施工方法说明和有关图纸。

②变更工作影响工期的,承包人应提出调整工期的具体细节。监理人认为有必要时,可要求承包人提交要求提前或延长工期的施工进度计划及相应施工措施等详细资料。

③除专用合同条款对期限另有约定外,监理人收到承包人变更报价书后的 14 天内,根据第 15.4 款约定的估价原则,按照第 3.5 款商定或确定变更价格。

(3)变更指示

①变更指示只能由监理人发出。

②变更指示应说明变更的目的、范围、变更内容以及变更的工程量及其进度和技术要求,并附有关图纸和文件。承包人收到变更指示后,应按变更指示进行变更工作。

(4)设计变更程序应执行《公路工程设计变更管理办法》的相关规定。

4. 变更的估价原则

除项目专用合同条款另有约定外,因变更引起的价格调整按照本款约定处理。

(1)如果取消某项工作,则该项工作的总额价不予支付。

(2)已标价工程量清单中有适用于变更工作的子目的,采用该子目的单价。

(3)已标价工程量清单中无适用于变更工作的子目,但有类似子目的,可在合理范围内参照类似子目的单价,由监理人按第 3.5 款商定或确定变更工作的单价。

(4)已标价工程量清单中无适用或类似子目的单价,可在综合考虑承包人在投标时所提供的单价分析表的基础上,由监理人按第 3.5 款商定或确定变更工作的单价。

(5)如果本工程的变更指示是因承包人过错、承包人违反合同或承包人责任造成的,则这种违约引起的任何额外费用应由承包人承担。

5. 承包人的合理化建议

(1)在履行合同过程中,承包人对发包人提供的图纸、技术要求以及其他方面提出的合理化建议,均应以书面形式提交监理人。合理化建议书的内容应包括建议工作的详细说明、进度计划和效益以及与其他工作的协调等,并附必要的设计文件。监理人应与发包人协商是否采纳建议。建议被采纳并构成变更的,应按约定向承包人发出变更指示。

(2)承包人提出的合理化建议缩短了工期,发包人按第 11.6 款的规定给予奖励。承包人提出的合理化建议降低了合同价格或者提高了工程经济效益的,发包人按项目专用合同条款数据表中规定的金额给予奖励。

6. 暂列金额

(1)暂列金额应由监理人报发包人批准后指令全部或部分地使用,或者根本不予动用。

(2)对于经发包人批准的每一笔暂列金额,监理人有权向承包人发出实施工程或提供材料、工程设备或服务的指令。这些指令应由承包人完成,监理人应根据约定的变更估价原则和第 15.7 款的规定,对合同价格进行相应调整。

(3)当监理人提出要求时,承包人应提供有关暂列金额支出的所有报价单、发票、凭证和账单或收据,除非该工作是根据已标价工程量清单列明的单价或总额价进行的估价。

7. 计日工

(1)发包人认为有必要时,由监理人通知承包人以计日工方式实施变更的零星工作。其价款按列入已标价工程量清单中的计日工计价子目及其单价进行计算。

(2)采用计日工计价的任何一项变更工作,应从暂列金额中支付,承包人应在该项变更的实施过程中,每天提交以下报表和有关凭证报送监理人审批:

①工作名称、内容和数量;

②投入该工作的所有人员的姓名、工种、级别和耗用工时;

③投入该工作的材料类别和数量;

④投入该工作的施工设备型号、台数和耗用台时;

⑤监理人要求提交的其他资料和凭证。

(3)计日工由承包人汇总后,按第17.3.2项的约定列入进度付款申请单,由监理人复核并经发包人同意后列入进度付款。

8. 暂估价

(1)发包人在工程量清单中给定暂估价的材料、工程设备和专业工程属于依法必须招标的范围并达到规定的规模标准的,由发包人和承包人以招标的方式选择供应商或分包人。发包人和承包人的权利义务关系在专用合同条款中约定。中标金额与工程量清单中所列的暂估价的金额差以及相应的税金等其他费用列入合同价格。

(2)发包人在工程量清单中给定暂估价的材料和工程设备不属于依法必须招标的范围或未达到规定的规模标准的,应由承包人按第5.1款的约定提供。经监理人确认的材料、工程设备的价格与工程量清单中所列的暂估价的金额差以及相应的税金等其他费用列入合同价格。

(3)发包人在工程量清单中给定暂估价的专业工程不属于依法必须招标的范围或未达到规定的规模标准的,由监理人按照第15.4款进行估价,但专用合同条款另有约定的除外。经估价的专业工程与工程量清单中所列的暂估价的金额差以及相应的税金等其他费用列入合同价格。

8.5.3 公路工程变更常用表格

在公路工程施工承包合同条款履行过程中,公路工程变更常用的表格有以下几种:

表1　工程变更审批表

表2　工程变更方案确认表

表3　工程变更申报表

表4　工程变更费用估算表

表5　工程变更现场数量确认表

表6　变更前工程量确认表

表7　变更后工程量确认表

表8　工程变更费用申请审批表

表9　工程变更令

表格格式详见表8-1～表8-9。

××××××公路工程

表 8-1　工程变更审批表

承包单位：　　　　　　　　　　　　　　　　　　　合同号：
监理单位：　　　　　　　　　　　　　　　　　　　编　号：BG-×××

工程名称		桩号及部位		变更等级	
变更依据、方案及数量：					
		承包人（章）			
		签字：		日期：	
监理工程师：					
		签字(盖章)：		日期：	
设计意见：					
		签字(盖章)：		日期：	
项目公司意见：					
		签字(盖章)：		日期：	
项目实施机构意见：					
		签字(盖章)：		日期：	

××××××公路工程

表 8-2　工程变更方案确认表

承包单位：　　　　　　　　　　　　　　　　合同号：
监理单位：　　　　　　　　　　　　　　　　编　号：BGFA-×××

工程名称		桩号及部位		变更等级	
变更前工程情况：					
变更原因：					
变更方案：					
附件： 　1. 工程变更申报表； 　2. 会议纪要〔2021〕3 号； 　3. 设计更改通知单。					
承包人： 　签字： 　日期：	承包人： 　签字： 　日期：		设计代表： 　签字： 　日期：		项目公司： 　签字： 　日期：

××××××公路工程

表 8-3　工程变更申报表

承包单位：　　　　　　　　　　　　　　　　合同号：
监理单位：　　　　　　　　　　　　　　　　编　号：BG-×××

变更项目名称		
桩号及部位		变更等级	
致：××××××××××公路工程总监办 事由： 建议： 　　　　　　　　承包人（章） 　　　　　签字：　　　　　　　日期：		
监理意见： 　　　　　签字：　　　　　　　日期：		
设计代表意见： 　　　　　签字：　　　　　　　日期：		
项目公司意见： 　　　　　签字：　　　　　　　日期：		

×××××××公路工程

表 8-4　工程变更费用估算表

承包单位：　　　　　　　　　　　　　　　　　　　　合同号：
监理单位：　　　　　　　　　　　　　　　　　　　　编　号：BG-001

变更工程名称				桩号			
细目号	细目名称	单位	单价(元)	预计变更增减		预计可计金额	
				数量	金额(元)	数量	金额(元)
人员签字	承包人： 　　　　　　　　签字：　　　　　　　　日期：						
	监理工程师： 　　　　　　　　签字：　　　　　　　　日期：						
	项目公司： 　　　　　　　　签字：　　　　　　　　日期：						

×××××××公路工程

表 8-5　工程变更现场数量确认表

承包单位：　　　　　　　　　　　　　　　　　　　　合同号：
监理单位：　　　　　　　　　　　　　　　　　　　　编　号：BG-×××

变更项目名称			桩号及部位			
细目号	细目名称	单位	原设计数量	数量		可计数量
				变更后	增减量	
人员签字	承包人： 　　　　　　　　签字：　　　　　　　　日期：					
	监理工程师： 　　　　　　　　签字：　　　　　　　　日期：					
	项目公司： 　　　　　　　　签字：　　　　　　　　日期：					

××××××公路工程

表 8-6　变更前工程量确认表

合同号：
编　　号：BG-×××

承包单位：
监理单位：

施工图号：

序号	部位	细目号	细目名称	桩号及部位			计算式	备注
				单位	数量			

承包人：　　　　　　　监理工程师：　　　　　　　项目公司：　　　　　　　日期：

××××××公路工程

表 8-7　变更后工程量确认表

合同号：
编　　号：BG-×××

承包单位：
监理单位：

施工图号：

序号	部位	细目号	细目名称	桩号及部位			计算式	备注
				单位	数量			

承包人：　　　　　　　监理工程师：　　　　　　　项目公司：　　　　　　　日期：

××××××公路工程

表8-8 工程变更费用申请审批表

承包单位：
监理单位：
合同号：
编 号：BG-×××

变更项目名称：

序号	细目号	细目名称	单位	承包人					桩号及部位	监理					项目公司					备注
				单价	变更增减		其中可计价			单价	变更增减		其中可计价		单价	变更增减		其中可计价		
					数量	金额(元)	数量	金额(元)			数量	金额(元)	数量	金额(元)		数量	金额(元)	数量	金额(元)	

承包人（签章）：

年 月 日

总监办（签章）：

年 月 日

项目公司（签章）：

年 月 日

×××××××公路工程

表8-9 工程变更令

承包单位：   合同号：

监理单位：   编　　号：BGL-×××

变更依据：

致：×××工程集团有限公司：

　　根据总监办会议纪要×××号及设计更改通知单，你部下列项目须变更，变更内容如下：

　　　　　　　　　　　　　总监理工程师：　　　　　　　　　日期：

细目编号	变更项目	单位	单价	原设计数量	变更后数量	预计变更增减		预计可计金额	
						数量	金额(元)	数量	金额(元)
合　　计									

附件：1. 工程变更申报表；
　　　2. 已批复的工程变更方案确认单；
　　　3. 工程变更费用估算表；
　　　4. 总监办会议纪要〔20××〕3号；
　　　5. 设计更改通知单。

8.5.4　工程索赔的基础知识

1. 工程索赔的概念

　　工程索赔是指在工程合同履行过程中，合同当事人一方对于并非自己的过错，而是应由对方承担责任的情况造成的实际损失，向对方提出经济补偿和(或)时间补偿要求的行为。

　　在实际工作中，"索赔"是双向的，既包括承包人向发包人的索赔，也包括发包人向承包人的索赔(称为反索赔)。但在工程实践中，发包人索赔数量较少，而且处理方便，可以通过冲账、扣拨工程款、扣保证金等实现对承包人的索赔；而承包人对发包人的索赔则比较困难一些。通常情况下，索赔是指承包人向发包人提出的索赔，是指承包人(施工单位)在合同实施过程中，对非自身原因造成的工程延期、费用增加而要求发包人给予补偿损失的一种权利要求。本书主要讲的是承包人向发包人提出的索赔。

施工索赔是指在施工阶段发生的索赔,通常指承包商向业主提出的索赔,包括两个方面:一是对额外所消耗资源的索赔,即费用索赔;二是对时间的索赔,就建筑工程施工生产而言,体现为延期。

2. 工程索赔的特征

从 FIDIC 合同通用条件和《公路工程标准施工招标文件》的规定中可以看出,工程索赔具有以下几个本质特征:

(1)索赔是要求给予赔偿的权利主张;

(2)索赔的依据是合同文件及适用法律的规定;

(3)承包人自己没有过错;

(4)事件的责任应由业主(包括其代理人或监理工程师)承担;

(5)与合同标准相比较已经发生实际损失(包括工期及经济损失);

(6)必须有确实的证据。

3. 工程索赔产生的原因

工程索赔产生的原因是多种多样的,根据《标准施工招标文件》(2007 年版)通用合同条款、《公路工程标准施工招标文件》专用合同条款以及工程实践情况等,总结起来共有以下几种。

(1)发包人违约

发包人违约常常表现为发包人或监理人未能按合同规定为承包人提供得以顺利施工的条件。通用合同条款约定的有:

①发包人未能按合同约定支付预付款或合同价款,或拖延、拒绝批准付款申请和支付凭证,导致付款延误的;

②发包人原因造成停工的;

③监理人无正当理由没有在约定期限内发出复工指示,导致承包人无法复工的;

④发包人无法继续履行或明确表示不履行或实质上已停止履行合同的;

⑤发包人不履行合同约定其他义务的。

(2)合同缺陷

合同缺陷常常表现为合同文件规定不严谨甚至矛盾、合同中的遗漏或错误,不仅包括商务条款中的缺陷,也包括技术规范和图纸中的缺陷。在这种情况下,监理人有权做出解释。但如果承包人执行监理人的解释后引起成本增加或工期延长,则承包人可以为此提出索赔,监理人应给予证明,发包人应给予补偿。

(3)工程变更

工程变更常常表现为设计变更、施工方法变更、追加或取消某些工作、合同规定的其他变更等。变更可以由发包人、监理工程师或承包人提出。在实际工作中可以把工程变更分为变更及相应的索赔两个部分,即把事先可以确定费用、双方签订了变更令的变更归入"工程变更"办理;把变更当时无法预知的费用或双方没有达成一致的变更价格,事后再由承包人以索赔形式提出补偿要求的变更归入"索赔"办理。

(4)国家政策及法律、法令变更

国家政策及法律、法令变更,通常是指直接影响工程造价的某些法律、法令的变更,比如限制进口、外汇管制或税收及其他收费标准的提高。国家的政策和法律、法令是承包人投标时编制报价的重要依据之一。通常合同都规定,投标截止日期之前的第 28 天以后,如果工程所在国法律或政策的变更导致承包人施工费用增加,则发包人应向承包人补偿该增加值;相反,如果导致费用减少,则也应由发包人受益。

(5)不利物质条件

不利物质条件通常是指承包人在施工现场遇到的不可预见的自然物质条件、非自然的物质障碍和污染物,包括地下和水文条件,但不包括气候条件。合同中一般约定,承包人遇到不利物质条件时,应采取适应不利物质条件的合理措施继续施工,并通知监理人。监理人发出指示,指示构成变更的,按有关变更的约定处理。监理人没有发出指示的,承包人因采取合理措施而增加的费用和(或)工期延误,由发包人承担。监理人发出的指示不构成变更时,承包人因采取合理措施而增加的费用和(或)工期延误,也应由发包人承担。

(6)不可抗力因素

不可抗力是指承包人和发包人在订立合同时不可预见,在工程施工过程中不可避免发生并不能克服的自然灾害和社会性突发事件。除专用合同条款另有约定外,不可抗力导致的人员伤亡、财产损失、费用增加和(或)工期延误等后果,由合同双方按规定原则分别承担。

(7)其他承包人干扰

其他承包人干扰通常指因其他承包人未能按时按质按量进行并完成某工作,各承包人之间配合协调不好等而给承包人工作带来的干扰。大中型土建工程,往往会有多个承包人同时在现场施工。特别是高等级公路建设,一般分为几个标段,每个标段由不同的承包人承担,由于各承包人之间没有合同关系,他们只各自与发包人存在合同关系,监理人作为发包人代理人有责任组织协调好各承包人之间的工作,否则,就会给整个工程和各承包人的工作带来严重影响引起承包人索赔。

4. 工程索赔的分类

工程索赔依据不同的标准可以进行不同的分类。

(1)按索赔的依据分类

①合同内索赔。此项索赔也称为合同中明示的索赔,是指承包人所提出的索赔要求在该工程项目的合同文件中有文字依据,承包人可以据此提出索赔要求,并取得经济补偿。

②合同外索赔。此项索赔也称为合同中默示的索赔,是指索赔的内容和权利难以在合同条款中找到依据,但可以从合同引申含义和合同适用法律或政府颁发的有关法规中找到索赔的依据。

(2)按索赔目的分类

①工期索赔。由非承包人责任的原因而导致施工进程延误,要求批准顺延合同工期的索赔,称为工期索赔。工期索赔形式上是对权利的要求,以避免在原定合同竣工日不能完工时,被发包人追究拖期违约责任。

②费用索赔。费用索赔的目的是要求经济补偿。当施工的客观条件改变导致承包人增加开支,要求对超出计划成本的附加开支给予补偿,以挽回不应由他承担的经济损失。

(3)按索赔对象分类

①承包人与发包人之间的索赔;

②承包人与分包人之间的索赔;

③承包人或发包人与供货人之间的索赔；

④承包人或发包人与保险人之间的索赔。

(4)按索赔事件的性质分类

①工程延误索赔。因发包人未按合同要求提供施工条件,如未及时交付设计图纸、施工现场、道路等,或因发包人指令工程暂停或不可抗力事件等原因造成工期拖延的,承包人对此提出索赔。这是工程中常见的一类索赔。

②工程变更索赔。由于发包人或监理人指令增加或减少工程量或增加附加工程、修改设计、变更工程顺序等,造成工期延长和费用增加,承包人对此提出索赔。

③合同被迫终止的索赔。由发包人或承包人违约以及不可抗力事件等原因造成合同非正常终止,无责任的受害方因蒙受经济损失而向对方提出索赔。

④工程加速索赔。由于发包人或监理人指令承包人加快施工速度,缩短工期,引起承包人人力、财力、物力的额外开支而提出的索赔。

⑤意外风险和不可预见因素索赔。在工程实施过程中,因人力不可抗拒的自然灾害、特殊风险以及一个有经验的承包人通常不能合理预见的不利施工条件或外界障碍,如地下水、地质断层、溶洞、地下障碍物等引起的索赔。

⑥其他索赔。如因汇率变化,物价、工资上涨,政策法令变化等原因引起的索赔。

5. 索赔成立的基本条件

根据法律法规及合同规定,索赔成立的基本条件是：

(1)有明确的合同依据(或法律依据)。即合同中明确规定其责任由业主承担,应增加额外费用。如果合同中没有明确规定,承包人也可依据法律规定对业主因过错不履行合同造成的损失进行索赔。

(2)有具体的损害事实。即承包人能提供确凿的证据,证明自身确实因此而受到了损害,如财产损失、成本增加、预期利益丧失等。

(3)索赔期限符合合同规定。即承包人已严格按照合同规定的期限(或监理工程师允许的期限)提出了索赔意向书和索赔报告。

(4)索取的费用与损害事实相符。即索赔报告中所报事实真实,资料齐全,计算方法公平合理,计算结果可信。

6. 工程索赔的处理原则

(1)索赔必须以合同为依据。不论是风险事件的发生,还是当事人不完成合同工作,都必须在合同中找到相应的依据,当然,有些依据可能是合同中隐含的。

(2)及时、合理地处理索赔。索赔事件发生后,索赔的提出应当及时,索赔的处理也应当及时。索赔处理得不及时,对双方都会产生不利的影响,如承包人的索赔长期得不到合理解决,索赔积累的结果会导致其资金周转困难,同时会影响工程进度,给双方带来不利的影响。

(3)加强主动控制,减少工程索赔。对于工程应当加强主动控制,尽量减少索赔。这就要求在工程管理过程中尽量将工作做在前面,减少索赔事件的发生。这样能够使工程更顺利地进行,降低工程投资,缩短施工工期。

8.5.5 工程索赔的程序

在《标准施工招标文件》(2007 年版)通用合同条款第 23 条和《公路工程标准施工招标

文件》专用合同条款第 23 条中,对工程索赔程序做了如下约定。

1. 承包人索赔的提出

根据合同约定,承包人认为有权得到追加付款和(或)延长工期的,应按以下程序向发包人提出索赔:

(1)承包人应在知道或应当知道索赔事件发生后 28 天内,向监理人递交索赔意向通知书,并说明发生索赔事件的事由。承包人未在前述 28 天内发出索赔意向通知书的,丧失要求追加付款和(或)延长工期的权利。

索赔意向通知书一般包括以下内容:

①索赔事件发生的时间、地点或工程部位;

②索赔事件发生的双方当事人或其他有关人员;

③索赔事件发生的原因及性质,特别说明并非承包人的责任;

④承包人对索赔事件发生后的态度,应特别说明承包人为控制事件的发展、减少损失所采取的行动;

⑤写明事件的发生会使承包人产生额外经济支出或其他不利影响;

⑥提出索赔意向,注明合同条款依据。

(2)承包人应在发出索赔意向通知书后 28 天内,向监理人正式递交索赔通知书(也称索赔报告)。索赔通知书应详细说明索赔理由以及要求追加的付款金额和(或)延长的工期,并附必要的记录和证明材料。

索赔报告主要包括以下 3 项内容。

①致监理人的索赔说明信。信中简明扼要地说明索赔的事项、理由和金额(工期)。

②索赔报告正文。内容包括标题、事实与理由、损失计算。

③详细的计算结果和证明材料。详细的计算结果是对正文的补充。证明材料主要内容有:a.各种工程合同文件;b.施工日志;c.各项设计交底记录、变更图纸、变更施工指令等;d.经发包人和监理工程师签认的签证;e.来往信件、指令、通知、答复等;f.各项会议纪要;g.施工计划及现场实施情况记录;h.工程停电、停水和干扰事件影响的日期及恢复施工的日期;i.工程照片和工程声像资料;j.各种检查报告和技术鉴定报告等。

(3)索赔事件具有连续影响的,承包人应按合理的时间间隔继续递交延续索赔通知,说明连续影响的实际情况和记录,列出累计的追加付款金额和(或)工期延长天数。

(4)在索赔事件影响结束后的 28 天内,承包人应向监理人递交最终索赔通知书,说明最终要求索赔的追加付款金额和(或)延长的工期,并附必要的记录和证明材料。

2. 监理人索赔处理程序

(1)监理人收到承包人提交的索赔通知书后,应及时审查索赔通知书的内容,查验承包人的记录和证明材料,必要时监理人可要求承包人提交全部的原始记录副本。

(2)监理人应按合同第 3.5 款商定或确定追加的付款和(或)延长的工期,并在收到上述索赔通知书或有关索赔的进一步证明材料后的 42 天内,将索赔处理结果报发包人批准后答复承包人。如果承包人提出的索赔要求未能遵守合同第 23.1(2)~(4)项的规定,则承包人只限于索赔由监理人按当时记录予以核实的那部分款额和(或)工期延长天数。

(3)承包人接受索赔处理结果的,发包人应在做出索赔处理结果答复后 28 天内完成赔付。承包人不接受索赔处理结果的,按合同第 24 条的约定办理。

工程索赔时限见图 8-1。

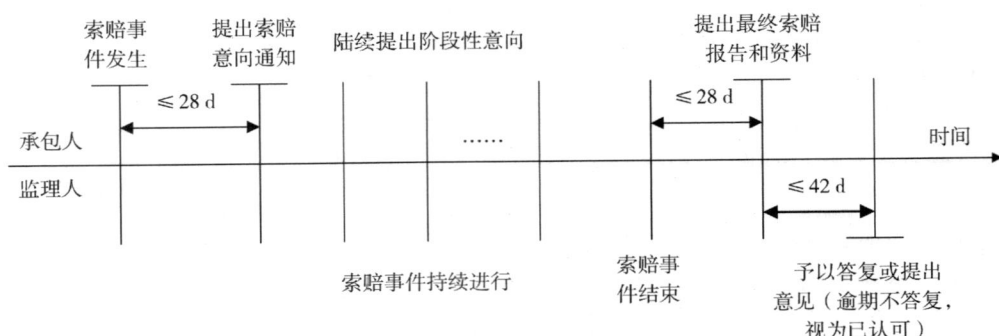

图 8-1　工程索赔时限

3. 承包人提出索赔的期限

(1)承包人按合同约定接受了竣工付款证书后,应被认为已无权再提出在合同工程接收证书颁发前所发生的任何索赔。

(2)承包人按合同约定提交的最终结清申请单中,只限于提出工程接收证书颁发后发生的索赔。提出索赔的期限自接受最终结清证书时终止。

4. 发包人的索赔

(1)发生索赔事件后,监理人应及时书面通知承包人,详细说明发包人有权得到的索赔金额和(或)延长缺陷责任期的细节和依据。发包人提出索赔的期限和要求与第 23.3 款的约定相同,延长缺陷责任期的通知应在缺陷责任期届满前发出。

(2)监理人按第 3.5 款商定或确定发包人从承包人处得到赔付的金额和(或)缺陷责任期的延长期。承包人应付给发包人的金额可从拟支付给承包人的合同价款中扣除,或由承包人以其他方式支付给发包人。

8.5.6　工期索赔的分析

在建设工程施工中,工期索赔的分析方法有网络分析法、比例分析法、其他方法。

1. 网络分析法

网络分析法是通过分析工程延误前后的施工网络计划,比较两种计算结果,计算出工程应顺延的工期。这种方法通常可适用于各种干扰时间引起的工期索赔。

2. 比例类推法

比例类推法是通过分析增加或减少的单项工程量(工程造价)与合同总量(合同总造价)的比值,推断出增加或减少的工期。比例类推法可根据工程量进行类推,也要根据工程造价进行类推。

(1)按工程量进行比例类推

$$工期索赔值 = 原合同工期 \times \frac{额外增加的工程量}{原合同工程量} \tag{8-1}$$

(2)按造价进行比例类推

$$工期索赔值 = 原合同工期 \times \frac{额外增加的工程量价格}{原合同总价} \tag{8-2}$$

例如某桥梁工程的桥台扩大基础施工中,出现了不利地质障碍,地基开挖到设计标高后,基底承载力不足,监理人指令承包人继续往下开挖,土石方工程量由原来的 1650 m³ 增至 2185 m³,原定工期 30 天,同时合同约定 10％范围内的工程量增加为承包人承担的风险,则承包人可索赔工期工程量为

$$Q = 2185 - 1650 \times (1 + 10\%) = 370 (\text{m}^3)$$

可索赔的工期为

$$\Delta T = 30 \times \frac{370}{1650(1 + 10\%)} = 6.12 (\text{天}) \approx 7 (\text{天})$$

3. 其他方法

工程现场施工中,可以根据索赔事件的实际增加天数确定索赔工期,发包方与承包方也可以协议确定索赔工期。

8.5.7 索赔费用的计算

1. 可索赔的费用内容

工程索赔的费用内容与合同报价包含的内容相似,主要包括人工费、材料费、机械使用费、管理费、延长工期后的费用、延期付款利息、赶工费、利润等。

(1)人工费

①停工及窝工的人工费

a.合同中规定了计算方法的,原则上按合同中规定的计算方法计算。

b.合同中未规定计算方法的,可以参考计日工单价、人工费预算单价、当前的人工工资水平来计算。

在此基础上确定停工及窝工费的工日单价并根据实际的停工及窝工时间进行计算。其中停工、窝工时间应根据工程的不同性质扣除雨水天气所占用的时间。

②增加的人工费

由于增加了合同以外的工程内容,或由于业主原因造成工程拖延,致使承包人多用了人工或者延长了工作时间,则承包人有权向业主要求补偿人工费的损失。其计算方法是:工资单价×人工数×应赔偿(或延长)的天数。经累加后,即为要求赔偿的人工费。

(2)材料费

①材料积压损失费。

a.合同中已支付材料预付款的,原则上不考虑材料积压损失费。

b.合同中未支付材料预付款的,可根据材料费价格及积压材料的费用总额计算其利息。

c.对于使用时间有要求的材料,当材料积压时间太长时,应根据实际情况考虑材料超过使用期限后报废的损失。

②增加材料的费用

由于业主修改了工程内容,或需要重新施工制作,致使工程材料用量增加,则承包人可向业主提出材料费用索赔。其计算方法是:(实际使用的材料数量-原来材料数量)×所使用材料单价,由此就可以求出增加材料的费用。

（3）机械费

①机械设备停置费

a.合同中规定了计算方法的,原则上按合同中规定的计算方法计算。

b.合同中未规定计算方法的,可参考式(8-3)计算:

机械停置费台班单价 ＝ (折旧费＋检修费)×α％＋机上人员工资＋车船使用税　(8-3)

其中,折旧费、检修费是指机械台班费用定额中每台班的折旧费和检修费。α％为机械设备的使用率,查有关规定执行。机上人员工资按停工、窝工人工费的计算方法确定。车船使用税可查有关定额或规定。

c.施工单位租赁机械,可在出具租赁合同后,根据租赁价格扣除燃料费后确定其停置费。

②增加机械设备的费用

首先计算机械工作时间的增加量,即原有各种机械比预定计划增加的工作时间(或台班),以及新增加各种机械的工作时间(或台班)。其次,将求得以上各种工作时间的增加量乘以合同规定单价或台班单价。最后,将不同种类机械费用累计,就可以计算出机械的索赔金额。

（4）管理费

①可根据实际情况由业主、监理工程师、承包人协商确定(主要考虑现场管理费)。

②按辅助资料表之单价分析表中的管理费比例,测算管理费占合同总价的比例,确定合同总价中的管理费总额,再根据项目合同工期测算承包人每天的现场管理费总额,最后根据增工、停工或窝工时间确定索赔事件期间所发生的管理费总额。

（5）延长工期后的费用

①当合同规定由承包人办理工程保险时,工程保险费追加可根据保险单或调查所得的保险费率来确定保险费用。

②承包人临时设施维护费,如已包含在现场管理费中,则不另行计算,否则可根据延长时间由业主、监理工程师、承包人协商确定维护费用。

③当合同规定临时租地费由承包人承担时,延长期间的临时租地费可根据租地合同或其他票据参考确定。

④临时工程的维护费可根据临时工程的性质及实际情况由业主、承包人、监理工程师协商确定。

（6）延期付款利息

根据投标书附件中规定的延期付款利率和延期付款时间按单利法进行计算。

（7）赶工费

为抢工期而增加的周转性材料增加费、工效和机械效率降低费、职工的加班费、不经济地使用材料等赶工费由业主、承包人、监理工程师根据赶工的工程性质和当时当地的实际情况协商确定。

（8）利润

对于不同性质的索赔,取得利润索赔的成功率是不同的。一般来说,由于工程范围的变更和施工条件变化引起的索赔,承包人是可以列入利润的;由于业主的原因终止或放弃合同,承包人除有权获得已完成工程款外,还应得到原定比例的利润。而对于工程延误的索赔,由于利润通常是包括在每项实施的工程内容的价格之内的,而延误工期并未影响、削减某些项目的实施而导致利润减少,所以,一般监理工程师很难同意在延误费用索赔中加进利润损失。索赔利润款额的计算通常与原报价单中的利润百分率保持一致,即在索赔款直接费的基础上,乘以原报价单中的利润率,即为该项索赔款中的利润额。

2. 索赔费用的计算

(1)计算原则

①合同原则。所谓合同原则是指承包商提出的索赔必须以合同为依据。即合同中已经明确规定,此项风险损失费由业主及其代理人承担,或者明确规定此项风险费用不应由承包商承担。合同原则还包括索赔费用的计算方法应该采用合同规定的计算方法。

②损害事实原则。合同中规定由业主及其代理人承担的风险责任确实给承包商造成了实际损失,使承包商增加了额外费用,因此承包商的索赔要以实际损害为前提,以损害事实为依据。如果没有损害事实,则承包商不能要求业主给予补偿。

(2)计算方法

①分项法。分项法也叫实际费用法,是按每个索赔事件所引起损失的费用项目分别分析计算索赔金额的一种方法。在工程实践中,绝大多数工程的索赔都采用分项法计算。分项法计算分三个步骤:

a.分析每个或每类索赔事件所影响的费用项目。

b.计算每个费用项目受索赔事件影响后的数值,通过与合同价的费用值进行比较,即可得到该项费用索赔值。

c.将各费用项目的索赔值汇总,得到总费用索赔值。

分项法中索赔费用主要包括该项工程施工过程中所发生的额外的人工费、材料费、机械使用费、相应管理费,以及应得的利润等。

②总费用法。总费用法又称总成本法,就是当多次发生索赔事件后,重新计算出该工程的实际总费用,再从这个实际总费用中减去投标合同价,即为索赔金额。其计算公式为

$$索赔金额 = 实际总费用 - 合同价 \tag{8-4}$$

这种计算方法的缺点,一是实际总费用中可能包括了承包人自身原因(如管理不善等)而增加的费用;二是使承包人的低价中标无形中得到补偿。因此,只有索赔较多难以计算索赔费用时才采用这种方法。

③修正的总费用法

修正的总费用法是对总费用法的改进,即在总费用计算的原则上,去掉一些不合理的因素,使其更合理。

【案例8-1】 某桥梁工程项目的施工合同总价为6000万元人民币(其中直接费为3900万元,现场管理费率10%,公司管理费率6%,利润率3%),工期13个月。在桥梁基础施工过程中,由于业主提出对原设计修改,导致停工1个月(全场性停工30天),并增加材料费23000元。另外因停工造成价值120万元的材料积压(材料预付款已支付75%),现场施工的技术管理人员6人、技术工人11名、临时工15人、5台装载质量15 t以内自卸汽车、1台斗容量1.6 m³履带式单斗挖掘机停工,承包人在规定期限内向监理工程师提出工期和费用索赔。试问:

（1）监理工程师是否同意索赔？如果同意，则可以索赔哪些费用？

（2）求给承包人的索赔费用。[假设技术管理人员采用工资单价，平均为 170 元/工日；技术工人采用计日工单价，为 130 元/工日；临时工按聘用合同单价，为 100 元/工日。机械设备按机械台班费用定额（未计车船使用税）确定机械设备停置费赔偿额，机械使用率按50%计。利息按每天利率 0.0002 计算。]

解：（1）由于业主修改设计，监理工程师应同意索赔，索赔费用包括因停工造成的人工和机械设备的闲置费、材料积压费、材料增加费及因工期延长增加的现场管理费和公司管理费等。

（2）索赔费用计算

人工停工赔偿额为：$(170 \times 6 + 130 \times 11 + 100 \times 15) \times 30 = 118500$（元）。

应计算材料积压损失的材料费：$120 \times (1 - 75\%) = 30$（万元）。

其利息按利率 0.0002 计算，使用单利法，可得利息为：$30 \times 10000 \times 0.0002 \times 30 = 1800$（元）。

因此，总的材料费赔偿额为 $23000 + 1800 = 24800$ 元。

机械设备按机械台班费用定额（2018）确定机械设备停置费赔偿额（未计车船使用税），得

自卸汽车（15 t）：$5 \times [(207.58 + 24.53) \times 50\% + 1 \times 130] = 1230$（元）。

挖掘机（1.6 m³）：$1 \times [(310.83 + 81.20) \times 50\% + 2 \times 130] = 456$（元）。

所以，机械设备停置费赔偿额为：$(1230 + 456) \times 30 = 50580$（元）。

$$现场管理费 = 直接费 \div 工期 \times 现场管理费率 \times 延误时间$$
$$= 3900 \div 13 \times 10\% \times 1 = 30（万元）$$

$$公司管理费 = \frac{直接费 + 现场管理费的索赔额}{工期} \times 公司管理费率 \times 延误时间$$
$$= (3900 + 30) \div 13 \times 6\% \times 1$$
$$= 18.14（万元）。$$

管理费增加总额：$30 + 18.14 = 48.14$（万元）。

总的索赔费用合计：$24800 + 118500 + 50580 + 481400 = 675280$（元）。

8.6 工程风险与保险管理

8.6.1 工程项目风险概述

1. 工程项目风险的概念及特点

（1）风险的定义

目前，关于风险的定义有许多种。

我国风险管理学界主流的风险定义是不确定性带来的损害。该风险定义分为两个层次：首先强调风险的不确定性，其次强调风险给人们带来的损害。

国际标准化组织对风险的定义是不确定性对目标的影响。

风险因素、风险事故、风险损失是构成风险的三要素。其中风险因素引发风险事故,而风险事故又导致损失,三者之间存在有机的联系,组成一条因果关系链条。

风险具有客观性、普遍性、偶然性、相对性、可变性、可测性等特征。

(2)工程项目风险的概念

工程项目风险是一种不确定的事件或条件,一旦发生,就会对一个或多个项目目标造成积极或消极的影响,如进度、成本和质量等。

(3)工程项目风险的特点

①工程风险管理需要专业知识

只有具备了工程建设相关的知识,才能凭借工程专业经验,识别、评估风险,尽早发现、解决工程建设中出现的问题,实施有效的工程风险管理。

②工程风险发生频率高

由于建设工程周期长,不确定因素多,尤其在大型工程中,人为或自然原因造成的工程风险交集,进而导致风险损失频发。

③工程风险承担者的综合性

风险事故的发生常常是由多方责任造成的,因而一项工程通常有多个风险承担者,与其他行业相比,这就更具突出性。

④工程风险损失的关联性

由于工程项目涉及面较广,同步施工和接口协调比较复杂,各分部分项工程之间关联度很高,各种风险相互关联呈现出相关分布的灾害链,使得建筑安装工程产生特有的风险组合。

2. 风险的分类

(1)按工程项目风险产生的原因或来源可分为自然风险和人为风险。

①自然风险

自然风险是指自然界存在的危险因素,诸如洪水、地震、台风、海啸、恶劣天气等引发的风险,可能危及人类的生命财产安全。例如,公路工程施工中发生的洪水或地震造成的工程损害、材料和施工机械损失及人员伤亡。

②人为风险

人为风险是指由于人的活动而带来的风险,可分为行为风险、经济风险、技术风险、政治风险、信用风险和组织风险等。

a. 行为风险。行为风险是指由于个人或组织的过失、疏忽、侥幸、恶意等不当行为造成财产损毁、人员伤亡的风险。

b. 经济风险。经济风险是指人们在从事经济活动中,由于经营管理不善、市场预测失误、价格波动、供求关系发生变化、通货膨胀、汇率变动等导致经济损失的风险。

c. 技术风险。技术风险是指由一些技术条件的不确定性带来的风险,如勘察资料未能全面正确反映或解释工程的地质情况,采用新技术,设计文件、技术规范的失误等。

d. 政治风险。政治风险是指由工程项目所在地的政局变化、政权更迭、罢工、战争等引起社会动荡而造成财产损失和损害及人员伤亡的风险。

e. 信用风险。信用风险是指由于合同一方的业务能力、管理能力、财务能力有缺陷或者因没有圆满履行合同而给另一方带来的风险。

f. 组织风险。组织风险是指由于项目有关各方关系不协调以及其他不确定性而引起的风险。

（2）依据国际工程承包管理的科学分支——风险管理与决策，一般又将风险划分成极端严重的风险、严重危害的风险、常见的一般危害的风险三个等级。

①极端严重的风险

此类风险一旦发生，足以对业主和施工承包公司造成致命的危害，使业主和承包人破产或倒闭。《公路工程标准施工招标文件》(2018 年版)合同条款中第 21.1.1 条的不可抗力产生的特殊风险就属于此类，包括战争、骚乱、暴动，核反应、辐射或放射性污染，空中飞行物体坠落或非发包人或承包人责任造成的爆炸、火灾，以及瘟疫。另外的风险还来自自然界，是承包人所不可预测、防范或抗拒的，包括地震、海啸、火山爆发、泥石流、暴雨(雪)、台风、龙卷风、水灾等自然灾害。

例如，中东工程承包市场，在过去利比亚战争和伊科战争期间，战争的风险和危害很大，因此，由于决策的目标和方法不同，一些国际工程承包人退出了该市场，而另一些国际承包人则继续在该地区开拓市场并有条件地承包工程项目。

②严重危害的风险

此类风险若发生，可能给业主和承包人带来严重的经济损失。但是，若能事先预测，认真对待，再加上合同条款的公平与保证，可以避开或减少此类风险。一些经济风险，如通货膨胀，人工费、材料费猛涨等。

③常见的一般危害的风险

这类风险危害较轻且常见。如合同条件不明、技术规范不当、管理决策失误等，有经验的工程业主和承包人只要采取适当的措施，就可以预测此类风险并避开和转移风险。

3. 风险责任的划分

（1）业主承担的风险责任

①特殊风险(不可抗力)，包括战争、入侵、核反应、核辐射或放射性污染，空中飞行物坠落或非业主和承包人责任造成的爆炸、火灾或暴乱、骚乱。

②工程还未办理正常交工手续，业主提前使用造成工程的损害或损坏。

③对于工程变动风险、合同缺陷风险、不可预见的恶劣自然条件或地下障碍风险、国家政策及法律变更带来的风险等，一般应由业主承担。

④对于经济方面的风险，如通货膨胀等，应根据实际工程中发生的费用，由业主承担。

⑤若属于非承包人设计部分，已对工程造成损害，则应由业主或设计方承担经济及其他责任。

（2）承包人应承担的风险责任

①对于承包人提供的材料及工程的缺陷、施工技术和方法不完备、临时工程倒塌等造成的工程损害，应由承包人自费负责修复。承包人对整个工程的照管的责任承担，应从工程开工，一直到交工证书签发后移交给业主照管为止。

②对于单价的报价风险、材料及设备的采购风险、施工工艺和技术风险、工程进度与质量风险、因管理不善造成内部工人暴乱、骚乱等风险，以及承包人设计不当造成的工程损害，则应由承包人承担。

③对于自然界的不可抗力和人身安全等意外事故,业主和承包人双方可共同或分别进行保险,若遇到风险后可向保险公司索赔以转移和减轻风险所造成的损失。

8.6.2　工程项目风险管理

1. 工程项目风险管理的概念及作用

(1)工程项目风险管理的概念

工程项目风险管理是指工程项目的管理组织通过对工程项目风险的识别、分析、评价、应对和监控,以最小的成本,在最大程度上保证项目总体目标实现的协调活动的总称。

(2)工程项目风险管理的作用

工程项目风险管理的研究及推广应用,对于工程组织具有重要的现实指导意义。其作用主要体现在以下几个方面:

①能促进工程决策的科学化、合理化,降低决策风险。

②能提供安全的运作环境。

③能保证工程目标的顺利实现。

④能促进工程经济效益的提高。

2. 工程项目风险管理过程

项目风险管理过程,一般由若干主要阶段组成,这些阶段不仅相互作用,而且与项目管理的其他管理区域也互相影响,每个风险管理阶段的完成都需项目管理人员的努力。

工程项目风险管理过程一般分为风险规划(计划)、风险识别、风险估计、风险评价、风险应对、风险监控六个阶段和环节,如图8-2所示。

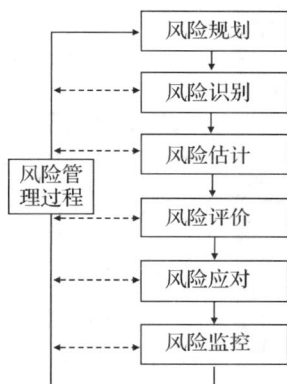

图8-2　工程项目风险管理过程

3. 风险应对策略

(1)风险应对策略类型

风险对策又称风险防范手段或风险管理技术。制定风险应对策略是指确定工程项目风险宏观上的方针和政策的过程,它是风险应对的基础。对于工程项目风险,既可以采取一种策略也可以采取多种策略的组合来应对,具体的选择要视风险的大小和性质而定。

工程项目常用的风险应对策略有风险回避、风险转移、风险缓解、风险自留和风险利用,以及这些策略的组合。对某一工程项目风险,可能有多种应对策略或措施;同一种类的风险问题,对于不同的工程项目主体采用的风险应对策略或应对措施可能是不一样的。因此,需要根据工程项目风险的具体情况以及风险管理者的心理承受能力,以及抗风险的能力去确定工程项目风险应对策略或应对措施。

(2)选择风险应对策略的一般原则

在风险频率和强度均高时,采取的策略最好是风险回避。在风险频率高(即风险可能经常发生)及强度低(造成后果不大)时,可以考虑风险缓解和风险自留的策略或组合策略。对频率低但强度高的潜在的风险,采取风险缓解是最小化风险的有效途径。对于特殊的强度很大(即一旦发生,造成的后果很严重)但频率低的潜在风险,最好采取风险转移。对于频率低且强度低的风险,风险很少发生,即使发生,造成的后果也不严重,可以采取风险自留的策略,通过自己的力量来使风险最小化。

选择风险应对策略的一般原则如图 8-3 所示。

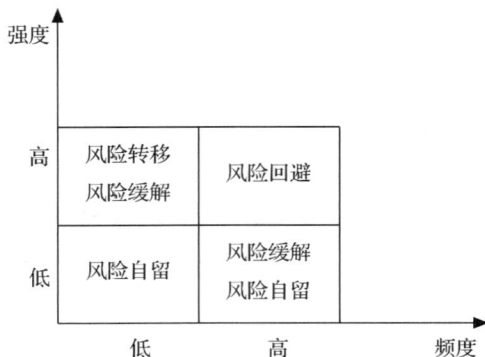

图 8-3　风险应对策略选择

8.6.3　业主与承包人的风险管理

1. 业主的风险管理

业主的工程项目风险管理主要包括：对工程项目的前期评估与可行性研究，认真编制招标文件与合同文件，加强对承包人的资质审查与评标择优工作，聘用优秀的监理工程师对施工过程进行监督与管理，注意施工过程与承包人的协调与配合，以及工程竣工后投入运营的养护管理和工程项目的总结后评估等。

2. 承包人的风险管理

(1)了解工程所在国家(地区)的情况(涉外工程)。对工程项目所在国的政治及经济信息的考察分析，以及法律和习俗的了解，是承包人投标与承包工程项目的前提条件。

①工程所在国的政治稳定性是评估在该国实施工程的风险所需考虑的首要因素。

②工程所在国的经济稳定性是评估施工风险要考虑的关键因素。

③工程所在国的法律和习俗是评估施工风险的重要因素。

(2)了解工程现场情况。

(3)依据招标文件及合同方式，增加风险性报价。

(4)争取公平合理的合同条款，以减少相应风险。

(5)合理成立联营体以共担风险。

(6)向保险公司投保以转移风险。

8.6.4　工程保险的概念与种类

1. 工程保险的概念

公路工程施工阶段的保险是指通过专门机构——保险公司以收取保险费的方式建立保险基金，一旦发生自然灾害或意外事故，造成参加保险者的财产损失或人身伤亡时，即用保险金给以补偿的一种制度。

保险的好处在于参保者只需付出一定的小量保险费，就能换得遭受大量损失时得到补偿的保障，从而增强抵御风险的能力。

2. 工程一切险

所谓工程一切险,是一种综合性的保险,是对该项投保工程从工程开工到竣工颁发竣工证书止进行保险。

(1)工程一切险的赔偿范围

①自然灾害(包括水灾、冰灾、海啸、风暴、雪暴、雪崩、地崩、冻灾、地震、雷击等);

②意外的事故,如火灾和飞行物体坠落或飞机坠毁;

③盗窃;

④职工缺乏经验、疏忽、过失或其他恶意行为;

⑤原材料和工艺缺陷引起事故及其他等;

⑥爆炸及其他不可预料的突发事故等。

(2)工程一切险不予赔偿的风险损失原因

①战争、入侵;

②核反应、辐射或放射性污染引起的损失、费用或责任;

③自然磨损、氧化和锈蚀等;

④设计错误引起的损失、费用或责任;

⑤非外力引起的机械电器装置的损坏或建设用机械设备的失灵;

⑥终止合同、违约罚金等;

⑦丧失合同和拖延工期;

⑧货物运输及工地外的交通事故等;

⑨被保险人及其代表的故意行为和重大过失所引起的损失、费用或责任;

⑩全部停工或部分停工引起的损失;

⑪保单中规定由被保险人自行负责的免赔额。

3. 第三方责任险

所谓第三方责任险,是对因实施本合同工程而造成的财产(本工程除外)的损失或损害,或人员(业主和承包人雇员除外)的死亡或伤残所负责进行的保险。

4. 人身意外险

人身意外险,又称意外伤害保险,也称人身意外伤害保险,是指投保人向保险公司缴纳一定金额的保费,当被保险人在保险期限内遭受意外伤害,并以此为直接原因造成死亡或残废时,保险公司按照保险合同的约定向被保险人或受益人支付一定数量保险金的一种保险。它具有短期性、灵活性、低保费的特点。

中国人民保险公司办有团体人身意外伤害保险,一般以一年为期,也可投保短期险。保险额最低为1000元,最高为10000元,具体数额可由投保人选定。一般保险费为每人每年保险金额的2‰～7‰不等,视工种和工作环境而定。

人身意外险的一切费用由承包人承担,并已包括在工程量清单的单价及总额价中,业主不单独支付。

5. 人员工伤事故的保险

工伤保险,是指劳动者在工作中或在规定的特殊情况下,遭受意外伤害或患职业病导致暂时或永久丧失劳动能力以及死亡时,劳动者或其遗属从国家和社会获得物质帮助的一种社会保险制度。

6. 设备、材料等保险

(1)承包装备的保险

承包人应为已经运抵现场的承包人装备办理财产保险,其投保金额应足以现场重置。办理承包人装备的保险的一切费用均由承包人承担,并已包括在工程量清单的单价及总额价中,业主不单独支付。

(2)货物运输险

承包人购买的机具和各种材料,在海运、空运和陆运过程中应当另投保运输险。通常卖方不承担运输风险责任,但如果买主要求,也可以代买主投保运输险,并将保险费计入其货物报价中。货物运输险分为海上、陆上(火车、汽车)、航空三种货物运输险,保险条款大致相同:保险金额为货物到工地价格的110%,保险费率视不同的运输方式、货物特性、运距、险别等因素而定。

各种运输险一般有平安险和一切险等。

(3)其他保险

在特殊情况下,涉外工程还可向保险公司投保战争险、投资险或其他政治险。

8.6.5　保险的合同条款约定

在《公路工程标准施工招标文件》(2018年版)通用合同条款及《公路工程专用合同条款》中,对保险作了详细的规定。

1. 工程保险

建筑工程一切险的投保内容:为本合同工程的永久工程、临时工程和设备及已运至施工工地用于永久工程的材料和设备所投的保险。

保险金额:工程量清单第100章(不含建筑工程一切险及第三者责任险的保险费)至第700章的合计金额。

保险费率:在项目专用合同条款数据表中约定。

保险期限:开工日起直至本合同工程签发缺陷责任期终止证书止(即合同工期+缺陷责任期)。

承包人应以发包人和承包人的共同名义投保建筑工程一切险。建筑工程一切险的保险费由承包人报价时列入工程量清单第100章内。发包人在接到保险单后,将按照保险单的费用直接向承包人支付。

2. 人员工伤事故的保险

(1)承包人员工伤事故的保险

承包人应依照有关法律规定参加工伤保险,为其履行合同所雇用的全部人员,缴纳工伤保险费,并要求其分包人也进行此项保险。

(2)发包人员工伤事故的保险

发包人应依照有关法律规定参加工伤保险,为其现场机构雇用的全部人员,缴纳工伤保险费,并要求其监理人也进行此项保险。

3. 人身意外伤害险

(1)发包人应在整个施工期间为其现场机构雇用的全部人员,投保人身意外伤害险,缴纳保险费,并要求其监理人也进行此项保险。

（2）承包人应在整个施工期间为其现场机构雇用的全部人员，投保人身意外伤害险，缴纳保险费，并要求其分包人也进行此项保险。

4. 第三者责任险

（1）第三者责任险系指在保险期内，对因工程意外事故造成的、依法应由被保险人负责的工地上及毗邻地区的第三者人身伤亡、疾病或财产损失（本工程除外），以及被保险人因此而支付的诉讼费用和事先经保险人书面同意支付的其他费用等赔偿责任。

（2）在缺陷责任期终止证书颁发前，承包人应以承包人和发包人的共同名义，投保第20.4.1项约定的第三者责任险，其保险费率、保险金额等有关内容在专用合同条款中约定。

第三者责任险的保险费由承包人报价时列入工程量清单第 100 章内。发包人在接到保险单后，将按照保险单的费用直接向承包人支付。

5. 其他保险

承包人应为其施工设备等办理保险，其投保金额应足以现场重置。办理本款保险的一切费用均由承包人承担，并包括在工程量清单的单价及总额价中，发包人不单独支付。

6. 对各项保险的一般要求

（1）保险凭证

承包人向发包人提交各项保险生效的证据和保险单副本的期限：开工后 56 天内。

（2）保险合同条款的变动

承包人需要变动保险合同条款时，应事先征得发包人同意，并通知监理人。保险人作出变动的，承包人应在收到保险人通知后立即通知发包人和监理人。

（3）持续保险

承包人应与保险人保持联系，使保险人能够随时了解工程实施中的变动，并确保按保险合同条款要求持续保险。

在整个合同期内，承包人应按合同条款规定保证足够的保险额。

（4）保险金不足的补偿

保险金不足以补偿损失的（包括免赔额和超过赔偿限额的部分），应由承包人和（或）发包人按合同约定负责补偿。

（5）未按约定投保的补救

①由于负有投保义务的一方当事人未按合同约定办理保险，或未能使保险持续有效的，另一方当事人可代为办理，所需费用由对方当事人承担。

②由于负有投保义务的一方当事人未按合同约定办理某项保险，或未按保险单规定的条件和期限及时向保险人报告事故情况，或未按要求的保险期限进行投保，或未按要求投保足够的保险金额，导致受益人未能或未能全部得到保险人的赔偿，原应从该项保险得到的保险金应由负有投保义务的一方当事人支付。

（6）报告义务

当保险事故发生时，投保人应按照保险单规定的条件和期限及时向保险人报告。

7.《项目专用合同条款》本款约定

在公路工程招投标时，发包人通常会在《项目专用合同条款》中对保险的费率、投保金额等作出补充约定。

【项目示例 8-5】国道×××线 K192＋427～K200＋838 段路面重铺工程关于保险的约定

国道×××线 K192＋427～K200＋838 段路面重铺工程《项目专用合同条款》本款约定为：

建筑工程一切险的保险金额：工程量清单第 100 章（不含建筑工程一切险及第三者责任险的保险费）至第 700 章的合计金额，保险费率：3‰；第三者责任险的最低投保金额：500 万元，事故次数不限（不计免赔额）保险费率：1.5‰。

8.7 违约与合同争议的解决

8.7.1 违约与违约责任概述

1. 违约的含义

违约是指合同当事人拒绝或未能完成其合同义务。若违约行为构成毁约，则受害方有权解除合同；若违约行为给对方造成了损失或损害，则受害方有权要求赔偿。

2. 违约责任的概念

违约责任是指合同当事人违反合同约定，不履行义务或者限行义务不符合约定所承担的责任。违约责任制度是保证当事人履行合同义务的重要措施，有利于促进合同的全部履行。

《民法典》第三篇《合同》第八章第五百七十七条规定，当事人一方不履行合同义务或者履行合同义务不符合约定的应当承担继续履行、采取补救措施或者赔偿损失等违约责任。

3. 违约责任的承担方式

（1）继续履行

继续履行合同要求违约人按照合同的约定，切实履行所承担的合同义务。包括两种情况：一是债权人要求债务人按合同的约定履行合同；二是债权人向法院提出起诉，由法院判决强迫违约一方具体履行其合同义务。当事人违反金钱债务，一般不能免除其继续履行的义务。

《民法典》合同编第五百七十九条规定，当事人一方未支付价款、报酬、租金、利息，或者不履行其他金钱债务的，对方可以请求其支付。

《民法典》合同编第五百八十条规定，当事人一方不履行非金钱债务或者履行非金钱债务不符合约定的，对方可以请求履行，但是有下列情形之一的除外：

（一）法律上或者事实上不能履行；

（二）债务的标的不适于强制履行或者履行费用过高；

（三）债权人在合理期限内未请求履行。

有前款规定的除外情形之一，致使不能实现合同目的的，人民法院或者仲裁机构可以根据当事人的请求终止合同权利义务关系,但是不影响违约责任的承担。

(2)采取补救措施

采取补救措施是指在当事人违反合同后,为防止损失发生或者扩大,由其依照法律或者合同约定而采取的修理、更换、退货、减少价款或者报酬等措施。这一违约责任的承担方式,主要是在发生瑕疵履行,如质量不符合约定等情况下采用。

《民法典》合同编第五百八十二条规定,履行不符合约定的,应当按照当事人的约定承担违约责任。对违约责任没有约定或者约定不明确,依据本法第五百一十条的规定仍不能确定的,受损害方根据标的的性质以及损失的大小,可以合理选择请求对方承担修理、重作、更换、退货、减少价款或者报酬等违约责任。

(3)赔偿损失

赔偿损失是指合同当事人就其违约而给对方造成的损失给予补偿的一种方法。

《民法典》合同编第五百八十三条规定,当事人一方不履行合同义务或者履行合同义务不符合约定的,在履行义务或者采取补救措施后,对方还有其他损失的,应当赔偿损失。

《民法典》合同编第五百八十四条规定,当事人一方不履行合同义务或者履行合同义务不符合约定,造成对方损失的,损失赔偿额应当相当于因违约所造成的损失,包括合同履行后可以获得的利益;但是,不得超过违约一方订立合同时预见到或者应当预见到的因违约可能造成的损失。

《民法典》合同编第五百九十一条规定,当事人一方违约后,对方应当采取适当措施防止损失的扩大;没有采取适当措施致使损失扩大的,不得就扩大的损失请求赔偿。当事人因防止损失扩大而支出的合理费用,由违约方负担。

(4)支付违约金

违约金是指按照当事人的约定或者法律直接规定,一方当事人违约时应向另一方支付的金钱。违约金的标的物是金钱,也可约定为其他财产。

《民法典》合同编第五百八十五条规定,当事人可以约定一方违约时应当根据违约情况向对方支付一定数额的违约金,也可以约定因违约产生的损失赔偿额的计算方法。

约定的违约金低于造成的损失的,人民法院或者仲裁机构可以根据当事人的请求予以增加;约定的违约金过分高于造成的损失的,人民法院或者仲裁机构可以根据当事人的请求予以适当减少。当事人就迟延履行约定违约金的,违约方支付违约金后,还应当履行债务。

(5)定金罚则

合同签订时,当事人双方可以约定一方向对方给付定金作为债权的担保。一方违约时,就需按定金罚则承担相应的违约责任。

《民法典》合同编第五百八十七条规定,债务人履行债务后定金应当抵作价款或收回。给付定金的一方不履行约定债务的,无权要求返还定金;收受定金的一方不履行约定债务的,应当双倍返还定金。

《民法典》合同编第五百八十八条规定,当事人既约定违约金,又约定定金的,一方违约时,对方可以选择适用违约金或者定金条款。

定金不足以弥补一方违约造成的损失的,对方可以请求赔偿超过定金数额的损失。

4. 违约责任的减免

合同生效后,当事人不履行合同或者履行合同不符合合同约定的都应承担违约责任。

但如果是由于发生了不可抗力或者意外事件,使合同不能按约定履行时,就应当作为例外来处理。

《民法典》合同编第五百九十条规定,当事人一方因不可抗力不能履行合同的,根据不可抗力的影响,部分或者全部免除责任,但是法律另有规定的除外。因不可抗力不能履行合同的,应当及时通知对方,以减轻可能给对方造成的损失,并应当在合理期限内提供证明。当事人迟延履行后发生不可抗力的,不免除其违约责任。

还有以下几种情况,不能免除当事人的违约责任:

(1)发生不可抗力事件后,当事人有义务及时采取一切可能采取的措施,尽最大努力避免和减少损失。否则,如果发生了本来可避免的损失,则对这一部分损失不能免除责任。

(2)合同约定不因不可抗力而免除违约责任的,可按约定执行。

(3)保险合同的保险方,不得因不可抗力而免除赔偿投保方的损失。

《民法典》第五百九十二条规定,当事人都违反合同的,应当各自承担相应的责任。当事人一方违约造成对方损失,对方对损失的发生有过错的,可以减少相应的损失赔偿额。

8.7.2 违约的合同条款约定

在《公路工程标准施工招标文件》(2018年版)通用合同条款、公路工程专用合同条款及项目专用合同条款中,均对违约作了详细的规定。

1. 承包人违约

(1)承包人违约的情形

在履行合同过程中发生的下列情况属承包人违约:

①承包人违反第1.8款或第4.3款的约定,私自将合同的全部或部分权利转让给其他人,或私自将合同的全部或部分义务转移给其他人;

②承包人违反第5.3款或第6.4款的约定,未经监理人批准,私自将已按合同约定进入施工场地的施工设备、临时设施、材料或工程设备撤离施工场地;

③承包人违反第5.4款的约定使用了不合格材料或工程设备,工程质量达不到标准要求,又拒绝清除不合格工程;

④承包人未能按合同进度计划及时完成合同约定的工作,已造成或预期造成工期延误;

⑤承包人在缺陷责任期内,未能对工程接收证书所列的缺陷清单的内容或缺陷责任期内发生的缺陷进行修复,而又拒绝按监理人指示再进行修补;

⑥承包人无法继续履行或明确表示不履行或实质上已停止履行合同;

⑦承包人未能按期开工;

⑧承包人违反第4.6款或第6.3款的规定,未按承诺或未按监理人的要求及时配备称职的主要管理人员、技术骨干或关键施工设备;

⑨经监理人和发包人检查,发现承包人有安全问题或有违反安全管理规章制度的情况;

⑩承包人不按合同约定履行义务的其他情况。

(2)对承包人违约的处理

①承包人发生第22.1.1(6)目约定的违约情况时,发包人可通知承包人立即解除合同,并按有关法律处理。

②承包人发生除第22.1.1(6)目约定以外的其他违约情况时,监理人可向承包人发出

整改通知,要求其在指定的期限内改正。承包人应承担其违约所引起的费用增加和(或)工期延误。

③经检查证明承包人已采取了有效措施纠正违约行为,具备复工条件的,可由监理人签发复工通知复工。

④承包人发生第22.1.1项约定的违约情况时,无论发包人是否解除合同,发包人均有权向承包人课以项目专用合同条款中规定的违约金,并由发包人将其违约行为上报省级交通运输主管部门,作为不良记录纳入公路建设市场信用信息管理系统。

(3)承包人违约解除合同

监理人发出整改通知28天后,承包人仍不纠正违约行为的,发包人可向承包人发出解除合同通知。合同解除后,发包人可派员进驻施工场地,另行组织人员或委托其他承包人施工。发包人因继续完成该工程的需要,有权扣留使用承包人在现场的材料、设备和临时设施。但发包人的这一行动不免除承包人应承担的违约责任,也不影响发包人根据合同约定享有的索赔权利。

(4)合同解除后的估价、付款和结清

①合同解除后,监理人按第3.5款商定或确定承包人实际完成工作的价值,以及承包人已提供的材料、施工设备、工程设备和临时工程等的价值。

②合同解除后,发包人应暂停对承包人的一切付款,查清各项付款和已扣款金额,包括承包人应支付的违约金。

③合同解除后,发包人应按第23.4款的约定向承包人索赔由于解除合同给发包人造成的损失。

④合同双方确认上述往来款项后,出具最终结清付款证书,结清全部合同款项。

⑤发包人和承包人未能就解除合同后的结清达成一致而形成争议的,按第24条的约定办理。

(5)协议利益的转让

因承包人违约解除合同的,发包人有权要求承包人将其为实施合同而签订的材料和设备的订货协议或任何服务协议利益转让给发包人,并在解除合同后的14天内,依法办理转让手续。

(6)紧急情况下无能力或不愿进行抢救

在工程实施期间或缺陷责任期内发生危及工程安全的事件,监理人通知承包人进行抢救,承包人声明无能力或不愿立即执行的,发包人有权雇用其他人员进行抢救。此类抢救按合同约定属于承包人义务的,由此发生的金额和(或)工期延误由承包人承担。

2. 发包人违约

(1)发包人违约的情形

在履行合同过程中发生的下列情形,属发包人违约:

①发包人未能按合同约定支付预付款或合同价款,或拖延、拒绝批准付款申请和支付凭证,导致付款延误的。

②发包人原因造成停工的。

③监理人无正当理由没有在约定期限内发出复工指示,导致承包人无法复工的。

④发包人无法继续履行或明确表示不履行或实质上已停止履行合同的。

⑤发包人不履行合同约定其他义务的。

《公路工程专用合同条款》本项⑤目细化为：发包人无正当理由不按时返还履约保证金、质量保证金或农民工工资保证金的。

⑥发包人不履行合同约定其他义务的。

(2)承包人有权暂停施工

发包人发生除第22.2.1(4)、(5)目以外的违约情况时，承包人可向发包人发出通知，要求发包人采取有效措施纠正违约行为。发包人收到承包人通知后的28天内仍不履行合同义务，承包人有权暂停施工，并通知监理人，发包人应承担由此增加的费用和(或)工期延误，并支付承包人合理利润。

发包人发生第22.2.1(5)目的违约情况时，承包人可向发包人发出通知，要求发包人采取有效措施纠正违约行为。发包人收到承包人通知后的28天内仍不返还履约保证金、质量保证金或农民工工资保证金的，发包人应按项目专用合同条款的约定向承包人支付逾期返还保证金的违约金。

(3)发包人违约解除合同

①发生第22.2.1(4)目的违约情况时，承包人可书面通知发包人解除合同。

②承包人按22.2.2项暂停施工28天后，发包人仍不纠正违约行为的，承包人可向发包人发出解除合同通知。但承包人的这一行动不免除发包人承担的违约责任，也不影响承包人根据合同约定享有的索赔权利。

(4)解除合同后的付款

因发包人违约解除合同的，发包人应在解除合同后28天内向承包人支付下列金额，承包人应在此期限内及时向发包人提交要求支付下列金额的有关资料和凭证：

①合同解除日以前所完成工作的价款。

②承包人为该工程施工订购并已付款的材料、工程设备和其他物品的金额。发包人付款后，该材料、工程设备和其他物品归发包人所有。

③承包人为完成工程所发生的，而发包人未支付的金额。

④承包人撤离施工场地以及遣散承包人人员的金额。

⑤由于解除合同应赔偿的承包人损失。

⑥按合同约定在合同解除日前应支付给承包人的其他金额。

发包人应按本项约定支付上述金额并退还质量保证金和履约担保，但有权要求承包人支付应偿还给发包人的各项金额。

(5)解除合同后的承包人撤离

因发包人违约而解除合同后，承包人应妥善做好已竣工工程和已购材料、设备的保护和移交工作，按发包人要求将承包人设备和人员撤出施工场地。承包人撤出施工场地应遵守第18.7.1项的约定，发包人应为承包人撤出提供必要条件。

3. 第三人造成的违约

在履行合同过程中，一方当事人因第三人的原因造成违约的，应当向对方当事人承担违约责任。一方当事人和第三人之间的纠纷，依照法律规定或者按照约定解决。

4.《项目专用合同条款》本款约定

在公路工程招投标时，发包人通常会在《项目专用合同条款》中对承包人的违约情形及违约的处理作出一些补充约定。

【项目示例 8-6】国道×××线 K192＋427～K200＋838 段路面重铺工程关于承包人违约的约定

国道×××线 K192＋427～K200＋838 段路面重铺工程《项目专用合同条款》本款约定为：

(1)22.1.1 承包人违约的情形：除了《公路工程标准施工招标文件》(2018 年版)通用合同条款外，还增加人员履约违约及关键机械设备违约情形等。

(2)22.1.2 当承包人发生第 22.1.1 项约定的违约情况时，发包人有权向承包人收取违约金，具体约定如下：

①人员履约违约的处理：

a. 变更为备选人员：发包人可要求承包人对更换项目经理每人次支付人民币 2 万元的违约金、更换项目技术负责人每人次支付人民币 2 万元的违约金，直至终止合同(若更换在评标时享受信用 AA 级、A 级奖励分的项目经理、项目技术负责人，则更换项目经理支付违约金 2 万元、更换项目技术负责人支付违约金 2 万元)。

b. 变更为其他同等资历人员：发包人可要求承包人对更换项目经理每人次支付人民币 2 万元的违约金、更换项目技术负责人每人次支付人民币 2 万元的违约金，直至终止合同(若更换在评标时享受信用 AA 级、A 级奖励分的项目经理、项目技术负责人，则更换项目经理支付违约金 2 万元、更换项目技术负责人支付违约金 10 万元)。若未经允许擅自更换人员，将按对应数额双倍进行违约处罚。

c. 项目经理和项目技术负责人擅自离岗或拒不到位的，发包人可要求承包人支付 2000 元/(天·人)的违约金。

d. 违反第 4.6.3 项，即使取得监理人的同意，发包人仍可要求承包人支付每人次 2000 元的违约金，直至终止合同。

②关键机械设备履约违约的处理：

违反第 6.3 款，发包人可要求承包人支付关键施工设备(如冲击式压路机、平地机、架桥机、衬砌台车等)每台(套)人民币 3 万元的违约金，其他主要设备每台(套)人民币 3 万元的违约金，直至终止合同。

③无正当理由未能根据第 11.1 款规定开工，或在接到通知后 14 天内未能采取有效措施加快进行本工程或其关键部位的施工，发包人可在监理人或发包人每次发出通知后，要求承包人支付每天 5000 元的违约金，直至监理人认为承包人已符合加快进度的要求，或者直接终止合同。同时发包人可将本工程或其中的一部分割让给指定的其他承包人，所需费用和一切后果由原承包人承担。被割让工程的单价或总额价参照市场行情由监理人与发包人确定，费用由发包人从向承包人支付的任何款项或履约担保中扣除，如还不足，发包人将向承包人追索。

④违反 22.1.1(11)目，发包人可视其情形严重程度要求承包人每处支付人民币 5000 元～10 万元的违约金。

⑤违反第 4.8.1 款，发包人可视其情形严重程度要求承包人每次支付人民币 5000 元～

10 万元的违约金。

⑥违反其他重要合同条款的，发包人可要求承包人每次、每处或每项支付人民币 1000 元以上 10 万元以下的违约金，直至终止合同。

上述违约金由发包人在通知承包人后，从支付给承包人的任何一期款项中扣除。违约金处理不代表免除承包人按照合同所应承担的相应责任和义务，承包人仍应按时完成违约事项的整改工作，以避免受到再一次或进一步的违约处罚。

（3）延误工期的处罚

承包人未能在合同规定的时间内或者在监理工程师批准的延长时间之内完成工程，工程的竣工时间将出现延期。这种因承包人自身组织与管理失误造成的工期延误，必须向业主支付项目专用合同条款数据表或投标函附录中写明的金额，作为逾期交工违约金。逾期交工违约金：5000 元/天；逾期交工违约金限额：10%签约合同价。

8.7.3 不可抗力的合同条款约定

1. 不可抗力的确认

不可抗力是指承包人和发包人在订立合同时不可预见，在工程施工过程中不可避免发生并不能克服的自然灾害和社会性突发事件。包括但不限于：

（1）地震、海啸、火山爆发、泥石流、暴雨（雪）、台风、龙卷风、水灾等自然灾害；

（2）战争、骚乱、暴动，但纯属承包人或其分包人派遣与雇用的人员由于本合同工程施工原因引起者除外；

（3）核反应、辐射或放射性污染；

（4）空中飞行物体坠落或非发包人或承包人责任造成的爆炸、火灾；

（5）瘟疫；

（6）项目专用合同条款约定的其他情形。

不可抗力发生后，发包人和承包人应及时认真统计所造成的损失，收集不可抗力造成损失的证据。合同双方对是否属于不可抗力或其损失的意见不一致的，由监理人按第 3.5 款商定或确定。发生争议时，按第 24 条的约定办理。

2. 不可抗力的通知

合同一方当事人遇到不可抗力事件，使其履行合同义务受到阻碍时，应立即通知合同另一方当事人和监理人，书面说明不可抗力和受阻碍的详细情况，并提供必要的证明。

如不可抗力持续发生，合同一方当事人应及时向合同另一方当事人和监理人提交中间报告，说明不可抗力和履行合同受阻的情况，并于不可抗力事件结束后 28 天内提交最终报告及有关资料。

3. 不可抗力后果及其处理

（1）不可抗力造成损害的责任

除专用合同条款另有约定外，不可抗力导致的人员伤亡、财产损失、费用增加和（或）工期延误等后果，由合同双方按以下原则承担：

①永久工程，包括已运至施工场地的材料和工程设备的损害，以及因工程损害造成的第三者人员伤亡和财产损失由发包人承担。

②承包人设备的损坏由承包人承担。

③发包人和承包人各自承担其人员伤亡和其他财产损失及其相关费用。

④承包人的停工损失由承包人承担,但停工期间应监理人要求照管工程和清理、修复工程的金额由发包人承担。

⑤不能按期竣工的,应合理延长工期,承包人不需支付逾期竣工违约金。发包人要求赶工的,承包人应采取赶工措施,赶工费用由发包人承担。

(2)延迟履行期间发生的不可抗力

合同一方当事人延迟履行,在延迟履行期间发生不可抗力的,不免除其责任。

(3)避免和减少不可抗力损失

不可抗力发生后,发包人和承包人均应采取措施尽量避免和减少损失的扩大,任何一方没有采取有效措施导致损失扩大的,应对扩大的损失承担责任。

(4)因不可抗力解除合同

合同一方当事人因不可抗力不能履行合同的,应当及时通知对方解除合同。合同解除后,承包人应按照第22.2.5项约定撤离施工场地。已经订货的材料、设备由订货方负责退货或解除订货合同,不能退还的货款和因退货、解除订货合同发生的费用,由发包人承担,因未及时退货造成的损失由责任方承担。合同解除后的付款,参照第22.2.4项约定,由监理人按第3.5款商定或确定,但由于解除合同应赔偿的承包人损失不予考虑。

8.7.4 合同争议的概念及解决方式

1. 合同争议的概念

合同争议是指当事人双方对合同订立和履行情况以及不履行合同的后果所产生的纠纷。对合同订立产生的争议,一般是对合同是否成立及合同的效力产生分歧;对合同履行情况产生的争议,往往是对合同是否履行或者是否已按合同约定履行产生的异议;而对不履行合同的后果产生的争议,则是对没有履行合同或者没有完全履行合同的责任,应由哪方承担责任和如何承担责任而产生的纠纷。

2. 合同争议的解决方式

在公路工程施工合同的履行过程中,合同争议的解决通常有如下几种处理方式:和解、调解、争议评审、仲裁、诉讼等。

(1)和解。和解是指争议的合同当事人,依据有关的法律规定和合同约定,在互谅互让的基础上,经过谈判和磋商,自愿对争议事项达成协议,从而解决合同争议的一种方法。和解的特点在于无须第三者介入,简便易行,能及时解决争议,并有利于双方的协作和合同的继续履行。但由于和解必须以双方自愿为前提,因此,当双方分歧严重,以及一方或双方不愿协商解决争议时,和解方式往往受到局限。

(2)调解。调解是争议当事人在第三方的主持下,通过其劝说引导,在互谅互让的基础上自愿达成协议,以解决合同争议的一种方式。调解也是以公平合理、自愿等为原则。在实践中,依调解人的不同,合同的调解有民间调解、仲裁机构调解和法庭调解三种。

调解解决合同争议可以不伤和气,使双方当事人互相谅解,有利于促进合作。但这种方式受当事人自愿的局限,如果当事人不愿调解,或调解不成时,则应及时采取仲裁或诉讼以最终解决合同争议。

（3）争议评审。争议评审是指在工程开始时或工程进行过程中当事人选择的独立于任何一方当事人的争议评审专家（通常是 3 人，小型工程 1 人）组成评审小组，就当事人发生的争议及时提出解决问题的建议或者作出决定的实时争议解决方式。

（4）仲裁。仲裁是指发生合同争议的双方当事人，根据争议发生前或发生后达成的仲裁协议，将争议提交仲裁机关进行裁决并解决争议的方式。仲裁具有"准司法"性质，仲裁机构作出的仲裁裁决具有法律效力，当事人应当履行。

（5）诉讼。诉讼是指合同争议发生后，当事人如果没有仲裁协议，任何一方均可以向人民法院提起民事诉讼，请求人民法院对合同争议依法予以处理。这是解决合同争议的最常见方式。合同争议经人民法院审理并作出判决后，当事人对人民法院作出的发生法律效力的判决书、调解书必须履行，拒不履行的，另一方当事人可以申请人民法院强制执行。

8.7.5　争议解决的合同条款约定

在《公路工程标准施工招标文件》（2018 年版）通用合同条款及专用合同条款中，对争议的解决作了详细的约定。

1. 争议的解决方式

发包人和承包人在履行合同中发生争议的，可以友好协商解决或者提请争议评审组评审。合同当事人友好协商解决不成、不愿提请争议评审或者不接受争议评审组意见的，可在专用合同条款中约定下列一种方式解决：

（1）向约定的仲裁委员会申请仲裁；

（2）向有管辖权的人民法院提起诉讼。

2. 友好解决

在提请争议评审、仲裁或者诉讼前，以及在争议评审、仲裁或诉讼过程中，发包人和承包人均可共同努力，友好协商解决争议。

3. 争议评审

（1）采用争议评审的，发包人和承包人应在开工日后的 28 天内或在争议发生后，协商成立争议评审组。争议评审组由有合同管理和工程实践经验的专家组成。

争议评审组由 3 人或 5 人组成，专家的聘请方法可由发包人和承包人协商确定，亦可请政府主管部门推荐或通过合同争议调解机构聘请，并经双方认同。争议评审组成员应与合同双方均无利害关系。争议评审组的各项费用由发包人和承包人平均分担。

（2）合同双方的争议，应首先由申请人向争议评审组提交一份详细的评审申请报告，并附必要的文件、图纸和证明材料，申请人还应将上述报告的副本同时提交给被申请人和监理人。

（3）被申请人在收到申请人评审申请报告副本后的 28 天内，向争议评审组提交一份答辩报告，并附证明材料。被申请人应将答辩报告的副本同时提交给申请人和监理人。

（4）除专用合同条款另有约定外，争议评审组在收到合同双方报告后的 14 天内，邀请双方代表和有关人员举行调查会，向双方调查争议细节；必要时争议评审组可要求双方进一步提供补充材料。

（5）除专用合同条款另有约定外，在调查会结束后的 14 天内，争议评审组应在不受任何干扰的情况下进行独立、公正的评审，作出书面评审意见，并说明理由。在争议评审期间，争议双方暂按总监理工程师的确定执行。

（6）发包人和承包人接受评审意见的,由监理人根据评审意见拟定执行协议,经争议双方签字后作为合同的补充文件,并遵照执行。

（7）发包人或承包人不接受评审意见,并要求提交仲裁或提起诉讼的,应在收到评审意见后的 14 天内将仲裁或起诉意向书面通知另一方,并抄送监理人,但在仲裁或诉讼结束前应暂按总监理工程师的确定执行。

4. 仲裁

（1）对于未能友好解决或未能通过争议评审解决的争议,发包人或承包人任一方均有权提交给第 24.1 款约定的仲裁委员会仲裁。

（2）仲裁可在交工之前或之后进行,但发包人、监理人和承包人各自的义务不得因在工程实施期间进行仲裁而有所改变。如果仲裁是在终止合同的情况下进行,则对合同工程应采取保护措施,措施费由败诉方承担。

（3）仲裁裁决是终局性的,并对发包人和承包人双方具有约束力。

（4）全部仲裁费用应由败诉方承担,或按仲裁委员会裁决的比例分担。

5. 仲裁的执行

（1）任何一方不履行仲裁机构的裁决的,对方可以向有管辖权的人民法院申请执行。

（2）任何一方提出证据证明裁决有《中华人民共和国仲裁法》第五十八条规定情形之一的,可以向仲裁委员会所在地的中级人民法院申请撤销裁决。人民法院认定执行该裁决违背社会公共利益的,裁定不予执行。仲裁裁决被人民法院裁定不予执行的,当事人可以根据双方达成的书面仲裁协议重新申请仲裁,也可以向人民法院起诉。

8.8　合同履行中的其他管理规定

在《公路工程标准施工招标文件》（2018 年版）通用合同条款及专用合同条款中,对施工安全、治安保卫和环境保护、交通运输作了详细的约定。

8.8.1　施工安全、治安保卫和事故处理

1. 发包人的施工安全责任

发包人应按合同约定履行安全职责,授权监理人按合同约定的安全工作内容监督、检查承包人安全工作的实施,组织承包人和有关单位进行安全检查。

发包人应对其现场机构雇用的全部人员的工伤事故承担责任,但由于承包人原因造成发包人人员工伤的,应由承包人承担责任。

发包人应负责赔偿以下各种情况造成的第三者人身伤亡和财产损失:

（1）工程或工程的任何部分对土地的占用所造成的第三者财产损失;

（2）由于发包人原因在施工场地及其毗邻地带造成的第三者人身伤亡和财产损失。

2. 承包人的施工安全责任

（1）承包人应按合同约定履行安全职责,执行监理人有关安全工作的指示,并在专用合

同条款约定的期限内,按合同约定的安全工作内容,编制施工安全措施计划报送监理人审批。

《公路工程专用合同条款》第9.2.1项细化为:承包人应按合同约定履行安全职责,严格执行国家、地方政府有关施工安全管理方面的法律、法规及规章制度,同时严格执行发包人制定的本项目安全生产管理方面的规章制度、安全检查程序及施工安全管理要求,以及监理人有关安全工作的指示。

承包人应根据本工程的实际安全施工要求,编制施工安全技术措施,并在签订合同协议书后28天内,报监理人和发包人批准。该施工安全技术措施包括(但不限于)施工安全保障体系,安全生产责任制,安全生产管理规章制度,安全防护施工方案,施工现场临时用电方案,施工安全评估,安全预控及保证措施方案,紧急应变措施,安全标识、警示和围护方案等。对影响安全的重要工序和危险性较大的工程应编制专项施工方案,并附安全验算结果,经承包人项目总工签字并报监理人和发包人批准后实施,由专职安全生产管理人员进行现场监督。

需要编制专项施工方案的工程项目包括但不限于以下内容:

①不良地质条件下有潜在危险性的土方、石方开挖;

②滑坡和高边坡处理;

③桩基础、挡墙基础、深水基础及围堰工程;

④桥梁工程中的梁、拱、柱等构件施工等;

⑤隧道工程中的不良地质隧道、高瓦斯隧道等;

⑥水上工程中的打桩船作业、施工船作业、外海孤岛作业、边通航边施工作业等;

⑦水下工程中的水下焊接、混凝土浇筑、爆破工程等;

⑧爆破工程;

⑨大型临时工程中的大型支架、模板、便桥的架设与拆除,桥梁、码头的加固与拆除;

⑩其他危险性较大的工程。

监理人和发包人在检查中发现有安全问题或有违反安全管理规章制度的情况时,可视为承包人违约,应按第22.1款的规定办理。

(2)承包人应加强施工作业安全管理,特别应加强易燃易爆材料、火工器材、有毒与腐蚀性材料和其他危险品的管理,以及对爆破作业和地下工程施工等危险作业的管理。

(3)承包人应严格按照国家安全标准制定施工安全操作规程,配备必要的安全生产和劳动保护设施,加强对承包人员的安全教育,并发放安全工作手册和劳动保护用具。

(4)承包人应按监理人的指示制定应对灾害的紧急预案,报送监理人审批。承包人还应按预案做好安全检查,配置必要的救助物资和器材,切实保护好有关人员的人身和财产安全。

(5)除项目专用合同条款另有约定外,安全生产费用应为投标价(不含安全生产费及建筑工程一切险及第三者责任险的保险费)的1.5%(若发包人公布了最高投标限价时,按最高投标限价的1.5%计)。安全生产费用应用于施工安全防护用具及设施的采购和更新、安全施工措施的落实、安全生产条件的改善,不得挪作他用。

(6)承包人应对其履行合同所雇用的全部人员,包括分包人人员的工伤事故承担责任,但由于发包人原因造成承包人人员工伤事故的,应由发包人承担责任。

（7）由于承包人原因在施工场地内及其毗邻地带造成的第三者人员伤亡和财产损失，由承包人负责赔偿。

（8）承包人应充分关注和保障所有在现场工作的人员的安全，采取有效措施，使现场和本合同工程的实施保持有条不紊，以免使上述人员的安全受到威胁。

（9）为了保护本合同工程免遭损坏，或为了现场附近和过往群众的安全与方便，在确有必要的时候和地方，或当监理人或有关主管部门要求时，承包人应自费提供照明、警卫、护栅、警告标志等安全防护设施。

（10）在通航水域施工时，承包人应与当地主管部门取得联系，设置必要的导航标志，及时发布航行通告，确保施工水域安全。

（11）在整个施工过程中对承包人采取的施工安全措施，发包人和监理人有权监督，并向承包人提出整改要求。如果由于承包人未能对其负责的上述事项采取各种必要的措施而导致或发生与此有关的人身伤亡、罚款、索赔、损失补偿、诉讼费用及其他一切责任，应由承包人负责。

3. 治安保卫

（1）除合同另有约定外，发包人应与当地公安部门协商，在现场建立治安管理机构或联防组织，统一管理施工场地的治安保卫事项，履行合同工程的治安保卫职责。

（2）发包人和承包人除应协助现场治安管理机构或联防组织维护施工场地的社会治安外，还应做好包括生活区在内的各自管辖区的治安保卫工作。

（3）除合同另有约定外，发包人和承包人应在工程开工后，共同编制施工场地治安管理计划，并制定应对突发治安事件的紧急预案。在工程施工过程中，发生暴乱、爆炸等恐怖事件，以及群殴、械斗等群体性突发治安事件的，发包人和承包人应立即向当地政府报告。发包人和承包人应积极协助当地有关部门采取措施平息事态，防止事态扩大，尽量减少财产损失，避免人员伤亡。

4. 事故处理

工程施工过程中发生事故的，承包人应立即通知监理人，监理人应立即通知发包人。发包人和承包人应立即组织人员和设备进行紧急抢救和抢修，减少人员伤亡和财产损失，防止事故扩大，并保护事故现场。需要移动现场物品时，应作出标记和书面记录，妥善保管有关证据。发包人和承包人应按国家有关规定，及时如实地向有关部门报告事故发生的情况，以及正在采取的紧急措施等。

小贴士

生命至上，安全第一。安全生产，重在预防。请按国家安全生产规章制度要求开展各项工程建设施工活动，牢固树立安全生产意识，确保工程施工安全。

8.8.2 环境保护

党的二十大报告指出，"中国式现代化是人与自然和谐共生的现代化"，"尊重自然、顺应自然、保护自然，是全面建设社会主义现代化国家的内在要求"，"必须牢固树立和践行绿水青山就是金山银山的理念",统筹好国土空间体系建设,提高自然资源要素保障和节约集约利用水平,严守耕地保护红线,坚持山水林田湖草沙一体化保护和系统治理,统筹好发展与保护的关系,做绿水青山的建设者和守护者。

因此,工程项目建设各方单位,尤其是承包人,在工程施工及履行合同过程中,要认真贯彻党的二十大精神,牢固树立环保意识,严守耕地保护红线,采取有效的环境保护措施,切实履行环境保护职责,满足国家有关环境保护方面的规定及要求。

(1)在施工过程中,应遵守有关环境保护的法律,履行合同约定的环境保护义务,并对违反法律和合同约定义务所造成的环境破坏、人身伤害和财产损失负责。

(2)按合同约定的环保工作内容,编制施工环保措施计划,报送监理人审批。

(3)按照批准的施工环保措施计划有序地堆放和处理施工废弃物,避免对环境造成破坏。因承包人任意堆放或弃置施工废弃物造成妨碍公共交通、影响城镇居民生活、降低河流行洪能力、危及居民安全、破坏周边环境,或者影响其他承包人施工等后果的,承包人应承担责任。

(4)按合同约定采取有效措施,对施工开挖的边坡及时进行支护,维护排水设施,并进行水土保护,避免因施工造成的地质灾害。

(5)按国家饮用水管理标准定期对饮用水源进行监测,防止施工活动污染饮用水源。

(6)按合同约定,加强对噪声、粉尘、废气、废水和废油的控制,努力降低噪声,控制粉尘和废气浓度,做好废水和废油的治理和排放。

(7)切实执行技术规范中有关环境保护方面的条款和规定。

(8)在整个施工过程中对承包人采取的环境保护措施,发包人和监理人有权监督,并向承包人提出整改要求。

(9)在施工期间,承包人应随时保持现场整洁,施工设备和材料、工程设备应整齐、妥善存放和储存,废料与垃圾及不再需要的临时设施应及时从现场清除、拆除并运走。

(10)在施工期间,承包人应严格遵守《关于在公路建设中实行最严格的耕地保护制度的若干意见》的相关规定,规范用地、科学用地、合理用地和节约用地。

(11)承包人应严格按照国家有关法规要求,做好施工过程中的生态保护和水土保持工作。施工中要尽可能减少对原地面的扰动,减少对地面草木的破坏,需要爆破作业的,应按规定进行控爆设计。雨季填筑路基应随挖、随运、随填、随压,要完善施工中的临时排水系统,加强施工便道的管理。取(弃)土场必须先挡后弃,严禁在指定的取(弃)土场以外的地方乱挖乱弃。

8.8.3 交通运输

1. 道路通行权和场外设施

承包人应根据合同工程的施工需要,负责办理取得出入施工场地的专用和临时道路的通行权,以及取得为工程建设所需修建场外设施的权利,并承担有关费用。需要发包人协调时,发包人应协助承包人办理相关手续。

2. 场内施工道路

(1)除专用合同条款另有约定外,承包人应负责修建、维修、养护和管理施工所需的临时道路和交通设施,包括维修、养护和管理发包人提供的道路和交通设施,并承担相应费用。

（2）除专用合同条款另有约定外,承包人修建的临时道路和交通设施应免费提供给发包人和监理人使用。

3. 场外交通

（1）承包人车辆外出行驶所需的场外公共道路的通行费、养路费和税款等由承包人承担。

（2）承包人应遵守有关交通法规,严格按照道路和桥梁的限制荷重安全行驶,并服从交通管理部门的检查和监督。

4. 超大件和超重件的运输

由承包人负责运输的超大件或超重件,应由承包人负责向交通管理部门办理申请手续,发包人给予协助。运输超大件或超重件所需的道路和桥梁临时加固改造费用和其他有关费用,由承包人承担,但专用合同条款另有约定的除外。

5. 道路和桥梁的损坏责任

因承包人运输造成施工场地内外公共道路和桥梁损坏的,由承包人承担修复损坏的全部费用和可能引起的赔偿。

6. 水路和航空运输

本条上述各款的内容适用于水路运输和航空运输,其中"道路"一词的含义包括河道、航线、船闸、机场、码头、堤防以及水路或航空运输中其他相似结构物;"车辆"一词的含义包括船舶和飞机等。

复习思考题

1. 合同履行的基本规则有哪些?
2. 履约中发现合同漏洞的处理规定有哪些?
3. 合同履行中的抗辩权有哪几种? 其适用条件各有哪些?
4. 合同不当履行中的保全措施有哪些?
5. 承包人提供的材料和工程设备有哪些要求?
6. 根据公路工程施工合同条款约定,承包人进入工地的施工设备有哪些要求?
7. 根据公路工程施工合同条款约定,承包人的质量管理应满足哪些要求?
8. 根据公路工程施工合同条款约定,公路工程的隐蔽部位检查有哪些规定?
9. 进度计划调整的原因和方法有哪些?
10. 根据公路工程施工合同条款约定,发包人的工期延误原因有哪些?
11. 根据公路工程施工合同条款约定,承包人的工期延误处理要求有哪些?
12. 根据公路工程施工合同条款约定,承包人应承担责任的暂停施工有哪几种?
13. 当工程具备哪些条件时,承包人可向监理人报送交工验收申请报告?
14. 除专用合同条款另有约定外,进度付款申请单应包括哪些内容?
15. 工程支付的费用项目包括哪些内容?
16. 公路工程施工合同条款中规定预付款的扣回方法是什么?

17. 在公路工程施工中,常用的计量与支付表格有哪些?

18. 工程变更的范围和内容有哪些?

19. 公路工程施工合同条款中规定变更的估价原则有哪些?

20. 什么是工程索赔? 索赔有哪些基本特征?

21. 索赔成立的条件有哪些?

22. 工程施工合同条款对承包人索赔程序有哪些规定?

23. 风险的类型有哪些?

24. 业主与承包人各应承担哪些风险?

25. 工程项目风险管理有哪些步骤?

26. 工程项目的风险对策有哪些?

27. 为了避开和减少风险,承包人应注意做好哪些方面的工作?

28. 据公路工程合同条款规定,承包人应办理哪些保险?

29. 工程一切险的赔偿范围是什么?

30. 违约责任的承担方式有哪些?

31. 施工合同通用条款及公路工程专用条款中规定承包人违约的情形有哪些?

32. 承包人违约的处理方式有哪些? 合同条款中各有哪些规定?

33. 施工合同通用条款及公路工程专用条款中规定发包人违约的情形有哪些?

34. 发包人违约后承包人有哪些对策? 合同条款中各有哪些规定?

35. 什么是不可抗力? 它通常包括哪些情形?

36. 公路工程施工合同条款中规定不可抗力造成损害的责任应如何分担?

37. 公路工程承包合同履约中产生合同争议的处理方式有哪些?

38. 公路工程施工合同条款中规定承包人的施工安全责任有哪些?

39. 公路工程项目需要编制专项施工方案的工程包括哪些内容?

40. 公路工程施工合同条款中对环境保护有哪些规定?

案例分析题

【案例题 1】某公路工程项目,工程量清单中的土方开挖数量为 750000 m³,岩石分类为软石、次坚石、坚石三类,对应的股价也随着递增,合同工期为 15 个月。

问题:

(1)在施工中,承包人开挖的土方数量比工程量清单中的数量多了约 100000 m³,为此承包人提出由于工程量的变化影响了工程的正常进度,要求业主对此给予赔偿。承包人的要求是否合理? 为什么?

(2)如果在施工中监理工程师未及时提供施工图纸,承包人是否能得到经济赔偿并顺延合同工期?

(3)如果工程量清单中的软石、次坚石、坚石与实际情况出入太大,承包人能否得到额外的费用补偿? 为什么?

(4)该工程在施工中部分工地遭受洪水不可抗力的灾害,监理工程师接到承包人提交的索赔申请后,应进行哪些工作?

【**案例题 2**】某地区因连降暴风雨而发生严重的洪水灾害,致使一条正在施工的公路发生如下损失:

(1)部分路基被洪水冲毁,估计损失为 600 万元。

(2)一座临时水泥仓库被暴雨淋湿,估计水泥损失为 30 万元。

(3)部分临时设施被毁,其损失为 20 万元。

(4)工程被迫停工 15 天,停工窝工和机械闲置损失 50 万元。

(5)现场的部分施工机械受损,其损失为 30 万元。

(6)因施工原因致使原排水系统被破坏,洪水无法正常宣泄,致使公路沿线的农田被淹,估计其损失为 60 万元。

(7)临时房屋倒塌造成承包人人员伤亡,其损失为 10 万元。

问题:根据风险责任的划分,上述风险损失该由谁承担? 若该工程办理了建筑工程一切险和第三者责任险,其投保金额分别为 5000 万元(工程造价约 10000 万元)和 50 万元,保险费率分别为 4‰ 和 3‰,试求应缴纳的保险费和当事人可获得的赔偿额。

模块 9　公路工程施工合同变更、转让及终止

学习目标

知识目标	①理解合同变更的概念,会概述合同履行的特征及法律规定; ②理解合同转让的概念,会列举合同转让三种情况的法律规定; ③理解合同解除的概念,会归纳合同解除的形式、程序及效力; ④理解合同终止的概念,会概述合同终止的情形及终止后的义务; ⑤会列举《公路工程竣(交)工验收办法》中交工验收和竣工验收的有关规定; ⑥会叙述公路工程缺陷责任和保修责任的有关规定。
能力目标	①具有运用合同变更、转让、解除及终止的法律规定,解决相关合同管理问题的能力; ②具有利用《公路工程竣(交)工验收办法》及合同条款完成具体工程的验收工作的能力。
素质目标	①培养学生遵守国家法律、法规,严格执行行业标准及相关规定的意识; ②培养学生信守合同承诺,严格履行合同的契约精神; ③培养学生保持良好的工程质量意识。

工作任务

9-1　查阅《民法典》中关于合同变更、转让及终止的法律条款。

9-2　查阅《公路工程竣(交)工验收办法》及《公路工程竣(交)工验收办法实施细则》。

9.1 合同变更、转让及终止的法律规定

9.1.1 合同变更

1. 合同变更的概念

合同变更是指合同依法成立以后,在尚未履行或尚未完全履行时,当事人双方依法对合同的内容进行修订或调整所达成的协议。它不包括合同主体的变更和合同标的的变更。合同主体变更叫作合同转让,而合同标的变更会导致原有合同关系的消灭和新合同关系的产生,即相当于将原合同解除后重新订立一项新的合同。

2. 合同变更的特征

(1)合同变更是对原合同内容的局部修改。

(2)合同主体及标的不变。

(3)合同的变更效力不溯及既往。

3. 合同变更的法律规定

《民法典》合同编第五百四十三条规定,当事人协商一致,可以变更合同;第五百四十四条规定,当事人对合同变更的内容约定不明确的,推定为未变更。

合同的变更,仅对变更后未履行部分有效,对已履行的部分无溯及力。书面形式的合同,变更协议也应采用书面形式。

9.1.2 合同转让

1. 合同转让的概念

合同转让是指当事人一方依法将其合同的权利和义务全部或部分地转让给第三人,由第三人接受权利和承担义务的法律行为。合同转让是指合同主体的变更,是合同变更的一种特殊形式。合同转让后,原合同主体之间的权利义务关系随之全部消失或部分消失。

2. 合同转让的三种情况

合同转让包括合同权利的转让(债权的转让)、合同义务的转让(债务的转让)以及合同权利、义务的一并转让三种情况。

3. 债权转让的法律规定

(1)《民法典》合同编第五百四十五条规定,债权人可以将债权的全部或者部分转让给第三人,但是有下列情形之一的除外:

①根据债权性质不得转让;

②按照当事人约定不得转让;

③依照法律规定不得转让。

当事人约定非金钱债权不得转让的,不得对抗善意第三人。当事人约定金钱债权不得转让的,不得对抗第三人。

(2)债权人转让债权,未通知债务人的,该转让对债务人不发生效力。债权转让的通知

不得撤销,但是经受让人同意的除外。

(3)债权人转让债权的,受让人取得与债权有关的从权利,但是该从权利专属于债权人自身的除外。受让人取得从权利不因该从权利未办理转移登记手续或者未转移占有而受到影响。

(4)债务人接到债权转让通知后,债务人对让与人的抗辩,可以向受让人主张。

(5)有下列情形之一的,债务人可以向受让人主张抵销:

①债务人接到债权转让通知时,债务人对让与人享有债权,且债务人的债权先于转让的债权到期或者同时到期;

②债务人的债权与转让的债权基于同一合同产生。

(6)因债权转让增加的履行费用,由让与人负担。

4. 债务转移的法律规定

(1)债务人将债务的全部或者部分转移给第三人的,应当经债权人同意。债务人或者第三人可以催告债权人在合理期限内予以同意,债权人未作表示的,视为不同意。

(2)第三人与债务人约定加入债务并通知债权人,或者第三人向债权人表示愿意加入债务,债权人未在合理期限内明确拒绝的,债权人可以请求第三人在其愿意承担的债务范围内和债务人承担连带债务。

(3)债务人转移债务的,新债务人可以主张原债务人对债权人的抗辩;原债务人对债权人享有债权的,新债务人不得向债权人主张抵销。

(4)债务人转移债务的,新债务人应当承担与主债务有关的从债务,但是该从债务专属于原债务人自身的除外。

5. 合同权利义务一并转让的法律规定

当事人一方经对方同意,可以将自己在合同中的权利和义务一并转让给第三人。

6. 建设工程合同的转让

建设工程合同的转让除应满足以上法律规定,还应遵守如下法律规定:

(1)禁止承包人将其承包的工程全部转包给第三人;

(2)禁止承包人将其承包的全部工程肢解以后以分包的名义分别转包给第三人。

9.1.3 合同解除

1. 合同解除的概念

合同的解除是指在合同依法成立以后,在尚未履行或尚未完全履行时,因当事人一方的意思表示,或者双方的协议,使基于合同而发生的债权债务关系归于消灭,提前终止合同效力的行为。

合同一经有效成立,就具有法律效力,当事人双方都必须严格遵守,适当履行,不得擅自变更或解除,否则应承担违约责任,这是中国法律所规定的重要原则。只有在主客观情况发生变化使合同履行成为不必要或不可能的情况下,合同继续存在已失去积极意义,将造成不适当的结果,才允许解除合同。

《民法典》合同编第五百六十二至五百六十七条对合同解除的情形、程序、效力等,做了明确的规定。

2. 合同解除的形式

合同解除包括约定解除和法定解除两种形式。

（1）约定解除

约定解除是指当事人双方通过协商一致解除原合同规定的权利和义务关系的行为。

有下列情形之一的，当事人可以解除合同：

①当事人协商一致，可以解除合同，是指合同当事人双方都同意解除合同，而不是单方行使解除权。

②如果当事人在合同中约定了解除合同的条件，则解除合同的条件成立时，解除权人可以解除合同。

约定解除是根据当事人的意思表示产生的，其本身具有较大的灵活性，在复杂的事物面前，它可以更确切地适应当事人的需要。当事人采取约定解除的目的虽然有所不同，但主要是考虑到当主客观上的各种障碍出现时，可以从合同的拘束下解脱出来，给废除合同留有余地，以维护自己的合法权益。

（2）法定解除

法定解除是指当具有了法律规定可以解除合同的条件时，当事人即可依法解除合同的行为。

有下列情形之一的，当事人可以解除合同：

①因不可抗力致使合同目的不能实现的；

②在履行期限届满之前，当事人一方明确表示或者以自己的行为表明不履行主要债务；

③当事人一方迟延履行主要债务，经催告后在合理期限内仍未履行；

④当事人一方迟延履行债务或者有其他违约行为致使不能实现合同目的；

⑤法律规定的其他情形。

以持续履行的债务为内容的不定期合同，当事人可以随时解除合同，但是应当在合理期限之前通知对方。

3. 解除权行使期限

法律规定或者当事人约定解除权行使期限，期限届满当事人不行使的，该权利消灭。法律没有规定或者当事人没有约定解除权行使期限，自解除权人知道或者应当知道解除事由之日起一年内不行使，或者经对方催告后在合理期限内不行使的，该权利消灭。

4. 合同解除程序

当事人一方依法主张解除合同的，应当通知对方。合同自通知到达对方时解除；通知载明债务人在一定期限内不履行债务则合同自动解除，债务人在该期限内未履行债务的，合同自通知载明的期限届满时解除。对方对解除合同有异议的，任何一方当事人均可以请求人民法院或者仲裁机构确认解除行为的效力。

当事人一方未通知对方，直接以提起诉讼或者申请仲裁的方式依法主张解除合同，人民法院或者仲裁机构确认该主张的，合同自起诉状副本或者仲裁申请书副本送达对方时解除。

5. 合同解除的效力

合同解除后，尚未履行的，终止履行；已经履行的，根据履行情况和合同性质，当事人可以要求恢复原状、采取其他补救措施，并有权要求赔偿损失。合同因违约解除的，解除权人可以请求违约方承担违约责任，但是当事人另有约定的除外。

主合同解除后,担保人对债务人应当承担的民事责任仍应当承担担保责任,但是担保合同另有约定的除外。

6. 建设工程合同解除及后果处理的规定

《民法典》第十八章《建设工程合同》第八百零六条规定:

(1)承包人将建设工程转包、违法分包的,发包人可以解除合同。

(2)发包人提供的主要建筑材料、建筑构配件和设备不符合强制性标准或者不履行协助义务,致使承包人无法施工,经催告后在合理期限内仍未履行相应义务的,承包人可以解除合同。

(3)合同解除后,已经完成的建设工程质量合格的,发包人应当按照约定支付相应的工程价款。已经完成的建设工程质量不合格的,经修复后验收合格的,发包人可以请求承包人承担修复费用,并参照合同关于工程价款的约定折价补偿承包人;修复后的建设工程经验收不合格的,承包人无权请求参照合同关于工程价款的约定折价补偿。

(4)发包人对因建设工程不合格造成的损失有过错的,应当承担相应的责任。

9.1.4 合同终止

1. 合同终止的概念

合同终止是指由于一定的法律事实的发生,使得合同所设定的权利义务在客观上已不再存在。也就是,合同权利和义务的终止,当事人之间的权利义务关系消灭。

2. 合同终止的情形

有下列情形之一的,合同的权利义务终止:

(1)债务已经按照约定履行;

(2)合同解除;

(3)债务相互抵销;

(4)债务人依法将标的物提存;

(5)债权人免除债务(债权人免除债务人部分或全部债务的,合同部分或全部终止);

(6)债权债务同归于一人(但涉及第三人利益的除外):

(7)法律规定或当事人约定终止的其他情形。

3. 合同终止后的义务

债权债务终止后,当事人应当遵循诚信等原则,根据交易习惯履行通知、协助、保密、旧物回收等义务。债权债务终止时,债权的从权利同时消灭,但是法律另有规定或者当事人另有约定的除外。

合同的权利义务终止,不影响合同中结算和清理条款的效力。

9.2 公路工程竣(交)工验收、缺陷责任及保修

9.2.1 公路工程竣(交)工验收

公路工程应按《公路工程竣(交)工验收办法》及《公路工程竣(交)工验收办法实施细则》进行竣(交)工验收,未经验收或者验收不合格的,不得交付使用。

公路工程验收一般分为交工验收和竣工验收两个阶段。对于规模较小、等级较低的小型项目,可将交工验收和竣工验收合并进行。规模较小、等级较低的小型项目的具体标准由省级人民政府交通主管部门结合本地区的具体情况制定。

各合同段交工验收工作所需的费用由施工单位承担。整个建设项目竣(交)工验收期间质量监督机构进行工程质量检测所需的费用由项目法人承担。

1. 公路工程竣(交)工验收的依据

(1)批准的工程可行性研究报告;

(2)批准的初步设计、施工图设计及变更设计文件;

(3)批准的招标文件及合同文本;

(4)行政主管部门的有关批复、批示文件;

(5)交通部颁布的公路工程技术标准、规范、规程及国家有关部门的相关规定。

2. 公路工程竣(交)工验收权限

交工验收由项目法人负责。竣工验收由交通主管部门按项目管理权限负责。交通部负责国家、部重点公路工程项目中100公里以上的高速公路、独立特大型桥梁和特长隧道工程的竣工验收工作;其他公路工程建设项目,由省级人民政府交通主管部门确定的相应交通主管部门负责竣工验收工作。

3. 交工验收

交工验收是检查施工合同的执行情况,评价工程质量是否符合技术标准及设计要求,是否可以移交下一阶段施工或者是否满足通车要求,对各参建单位的工作进行初步评价。

施工单位、监理单位各合同段符合交工验收条件后,经监理工程师同意,由施工单位向项目法人提出申请,项目法人应及时组织对该合同段进行交工验收。

(1)交工验收应具备的条件

公路工程(合同段)进行交工验收应具备以下条件:

①合同约定的各项内容已完成;

②施工单位按交通部制定的《公路工程质量检验评定标准》及相关规定要求对工程质量自检合格;

③监理工程师对工程质量的评定合格;

④质量监督机构按交通部规定的公路工程质量鉴定办法对工程质量进行检测(必要时可委托相应的检测机构承担检测任务),并出具检测意见;

⑤竣工文件已按交通部规定的内容编制完成;

⑥施工单位、监理单位已完成本合同段的工作总结。

（2）交工验收的主要工作内容

公路工程交工验收的主要工作内容是：

①检查合同执行情况；

②检查施工自检报告、施工总结报告及施工资料；

③检查监理单位独立抽检资料、监理工作报告及质量评定资料；

④检查工程实体，审查有关资料，包括主要产品质量的抽（检）测报告；

⑤核查工程完工数量是否与批准的设计文件相符，是否与工程计量数量一致；

⑥对合同是否全面执行、工程质量是否合格作出结论，按交通主管部门规定的格式签署合同段交工验收证书；

⑦按交通部规定的办法对设计单位、监理单位、施工单位的工作进行初步评价。

（3）参加交工验收单位的职责

项目法人负责组织公路工程各合同段的设计、监理、施工等单位参加交工验收。拟交付使用的工程，应邀请运营、养护管理单位参加。参加验收单位的主要职责是：

①项目法人负责组织各合同段参建单位完成交工验收工作的各项内容，总结合同执行过程中的经验，对工程质量是否合格作出结论。

②设计单位负责检查已完成的工程是否与设计相符，是否满足设计要求。

③监理单位负责完成监理资料的汇总、整理，协助项目法人检查施工单位的合同执行情况，核对工程数量，科学公正地对工程质量进行评定。

④施工单位负责提交竣工资料，完成交工验收准备工作。

（4）交工验收工程质量评定

项目法人组织监理单位按《公路工程质量检验评定标准》的要求对各合同段的工程质量进行评定。监理单位根据独立抽检资料对工程质量进行评定，当监理按规定完成独立抽检资料不能满足评定要求时，可以采用经监理确认的施工资料。项目法人根据对工程质量的检查及平时掌握的情况，对监理单位所做的工程质量进行审定。

各合同段工程质量评分采用所含各单位工程质量评分的加权平均值，即：

$$合同段工程质量评分值 = \frac{\sum(单位工程质量评分值 \times 该单位工程投资额)}{合同段总投资额}$$

工程各合同段交工验收结束后，由项目法人对整个工程项目进行工程质量评定，工程质量评分采用各合同段工程质量评分的加权平均值。即：

$$工程项目质量评分值 = \frac{\sum(合同段工程质量评分值 \times 该合同段投资额)}{\sum 合同段总投资额}$$

工程质量等级评定分为合格和不合格，工程质量评分值大于等于75分的为合格，小于75分的为不合格。

交工验收提出的工程质量缺陷等遗留问题，由施工单位限期完成。

（5）试运营

公路工程各合同段验收合格后，质量监督机构应向交通主管部门提交项目的检测报告。交通主管部门在15天内未对备案的项目交工验收报告提出异议，项目法人可开放交通进入试运营期。试运营期不得超过3年。

4. 竣工验收

竣工验收是综合评价工程建设成果,对工程质量、参建单位和建设项目进行综合评价。

公路工程符合竣工验收条件后,项目法人应按照项目管理权限及时向交通主管部门申请验收。交通主管部门应当自收到申请之日起 30 日内,对申请人递交的材料进行审查,对于不符合竣工验收条件的,应当及时退回并告知理由;对于符合验收条件的,应当自收到申请文件之日起 3 个月内组织竣工验收。

(1)竣工验收应具备的条件

公路工程进行竣工验收应具备以下条件:

①通车试运营 2 年后;

②交工验收提出的工程质量缺陷等遗留问题已处理完毕,并经项目法人验收合格;

③工程决算已按交通部规定的办法编制完成,竣工决算已经审计,并经交通主管部门或其授权单位认定;

④竣工文件已按交通部规定的内容完成;

⑤对需进行档案、环保等单项验收的项目,已经有关部门验收合格;

⑥各参建单位已按交通部规定的内容完成各自的工作报告;

⑦质量监督机构已按交通部规定的公路工程质量鉴定办法对工程质量检测鉴定合格,并形成工程质量鉴定报告。

(2)竣工验收的主要工作内容

公路工程竣工验收的主要工作内容是:

①成立竣工验收委员会;

②听取项目法人、设计单位、施工单位、监理单位的工作报告;

③听取质量监督机构的工作报告及工程质量鉴定报告;

④检查工程实体质量,审查有关资料;

⑤按交通部规定的办法对工程质量进行评分,并确定工作质量等级;

⑥按交通部规定的办法对参建单位进行综合评价;

⑦对建设项目进行综合评价;

⑧形成并通过竣工验收鉴定书。

(3)竣工验收委员会的组成

竣工验收委员会由交通主管部门、公路管理机构、质量监督机构、造价管理机构等单位代表组成。大中型项目及技术复杂工程,应邀请有关专家参加。国防公路应邀请军队代表参加。

项目法人、设计单位、监理单位、施工单位、接管养护等单位参加竣工验收工作。

(4)竣工验收工作各方面的主要职责

参加竣工验收工作各方面的主要职责是:

①竣工验收委员会负责对工程实体质量及建设情况进行全面检查。按交通部规定的办法对工程质量进行评分,对各参建单位进行综合评价,对建设项目进行综合评价,确定工程质量和建设项目等级,形成工程竣工验收鉴定书。

②项目法人负责提交项目执行报告及验收所需资料,协助竣工验收委员会开展工作。

③设计单位负责提交设计工作报告,配合竣工验收检查工作。

④监理单位负责提交监理工作报告,提供工程监理资料,配合竣工验收检查工作。

⑤施工单位负责提交施工总结报告,提供各种资料,配合竣工验收检查工作。

(5)竣工验收评价内容及方法

①工程质量评定

竣工验收工程质量评分采取加权平均法计算,其中,交工验收工程质量得分权值为0.2,质量监督机构工程质量鉴定得分权值为0.6,竣工验收委员会对工程质量评定得分权值为0.2。

工程质量评定得分大于等于90分为优良,小于90分且大于等于75分为合格,小于75分为不合格。

②对参建单位的工作评价

竣工验收委员会按交通部规定的办法对参建单位的工作进行综合评价。

评定得分大于等于90分且工程质量等级优良为好,大于等于75分为中,小于75分为差。

③竣工验收建设项目综合评分

竣工验收建设项目综合评分采取加权平均法计算,其中竣工验收工程质量得分权值为0.7,参建单位工作评价得分权值为0.3(项目法人占0.15,设计、施工、监理各占0.05)。

评定得分大于等于90分且工程质量等级优良的为优良,大于等于75分为合格,小于75分为不合格。

(6)竣工验收证书

负责组织竣工验收的交通主管部门对通过验收的建设项目按交通部规定的要求签发"公路工程竣工验收鉴定书"。

(7)竣工资料编制及移交

通过竣工验收的工程,由质量监督机构依据竣工验收结论,按照交通部规定的格式对参建单位签发工作综合评价等级证书,公路工程建设项目建成后,施工单位、监理单位、项目法人应负责编制工程竣工文件、图表、资料,并装订成册,其编制费用分别由施工单位、监理单位、项目法人承担。

对通过验收的工程,由项目法人按照国家规定,分别向档案管理部门和公路管理机构、接管养护单位办理有关档案资料和资产移交手续。

5. 公路工程竣(交)工验收的合同条款规定

公路工程竣(交)工验收的合同条款规定详见模块8的"8.3.2 合同条款中的进度管理规定"中的"4. 交工验收"(或合同条款第18条)。

9.2.2 缺陷责任

1. 缺陷责任期

缺陷责任期是指承包人按照合同约定承担缺陷修复义务,且发包人预留质量保证金的期限。

缺陷责任期自工程通过竣工验收之日起计算,一般为1年,最长不超过2年,具体由发承包双方在管理合同中约定。

2. 缺陷修复责任

缺陷责任期内,由承包人原因造成的缺陷,承包人应负责维修,并承担鉴定及维修费用。如承包人不维修也不承担费用,发包人可按合同约定扣除保留金,并由承包人承担违约责任。承包人维修并承担相应费用后,不免除对工程的一般损失赔偿责任。

承包人不能在合理时间内修复缺陷的,发包人可自行修复或委托其他人修复,所需费用和利润的承担,从承包人的保留金中扣除。

3. 缺陷责任期的工作内容

(1)检查承包人剩余工程计划。业主、监理工程师应定期检查承包人剩余工程计划的实施,并视工程具体情况,建议承包人对剩余工程计划进行调整。

(2)检查已完工程。业主、监理工程师应经常检查已完工程,对工程交接时存在的缺陷及签发证书之后发生的工程缺陷情况进行记录,并指示承包人进行修复。

(3)确定缺陷责任及修复费用。业主、监理工程师应对工程缺陷发生的原因及责任者进行调查。对非承包人原因造成由承包人进行修复的工程质量缺陷,监理工程师应对修复工作作出费用估价向业主签发为承包人追加费用的证明。

(4)督促承包人按合同规定完成竣工资料。

(5)全部或者部分使用政府投资的建设项目,按工程价款结算总额 5%左右的比例预留保证金。

社会投资项目采用预留保证金方式的,预留保证金的比例可参照执行。

4. 缺陷责任终止条件

缺陷责任终止证书签发的必要条件:

(1)业主、监理工程师确认承包人已按合同规定及监理工程师指示完成全部剩余工作。

(2)业主、监理工程师对全部剩余工作的质量予以认可。

(3)业主、监理工程师收到承包人含有如下内容的申请:

①剩余工作计划执行情况;

②缺陷责任期内监理工程师检查出并通知承包人修复的工程完成情况;

③交工资料的完成情况。

5. 缺陷责任期的合同条款规定

缺陷责任期的合同条款规定详见模块 8 中"8.2.6 缺陷责任与保修责任"(或合同条款 19.1~19.6 款)。

9.2.3 工程保修

工程竣工后,施工单位还要依照国家规定,在一定时期内,由施工单位主动对建设单位或用户进行回访,对工程项目发生的施工单位造成的建筑物使用功能不良或无法使用的问题,由施工单位负责修理,以保证工程项目的正常使用。

工程保修期是指依据《建设工程质量管理条例》规定,承包商在工程项目竣工后,对工程项目在保修范围内和保修期内出现的质量缺陷负有保修义务,并对造成的损失承担赔偿责任的时期。保修期自实际交工日期起计算,具体期限在项目专用合同条款数据表中约定。

工程保修的合同条款规定详见模块 8 中"8.2.6 缺陷责任与保修责任"。

复习思考题

1. 什么是合同变更？合同变更的特征有哪些？
2. 什么是合同转让？合同转让的情况有哪几种？债权转让的法律规定有哪些？
3. 合同解除有哪几种？法定解除的情形有哪些？
4. 什么是合同终止？合同终止的情形有哪些？
5. 公路工程竣（交）工验收的依据有哪些？
6. 公路工程交工验收应具备哪些条件？有哪些工作内容？
7. 交工验收工程质量是如何评定的？
8. 公路工程竣工验收应具备哪些条件？有哪些工作内容？
9. 公路工程竣工验收评价内容及方法有哪些？
10. 什么是缺陷责任期？缺陷责任终止证书签发的必要条件有哪些？

案例分析题

工程概况：××公司与××厂于某年 12 月 30 日签订了一份财产租赁合同。合同规定××公司租用××厂 5 台翻斗车拉运土方，租赁期为 1 年，租金必须按月付清，逾期未付，承租人承担滞纳金；超过 30 天仍不付清租金的，出租方有权解除合同。次年 2 月 1 日，××公司接车后，未付租金。××厂两次书面通知××公司按约付租金，并言明逾期将依约解除合同，但××公司仍未付。同年 6 月 10 日，××厂单方面通知解除与××公司的合同，并向××公司提起诉讼，要求赔偿其损失 12000 元。

问题：

(1)××厂是否有权解除合同？

(2)××厂的损失应由谁承担？

模块 10　公路工程其他合同

学习目标

知识目标	①理解公路工程勘察设计合同概念及特点,会叙述合同主要条款、双方当事人权利与义务、违约责任等; ②理解公路工程施工监理合同概念及特点,会概述《公路工程施工监理合同范本》的内容及有关规定、合同双方当事人权利与义务、责任和保障、争端的解决等; ③会概述建设工程材料设备采购合同的特点、种类、合同的履行管理等; ④会叙述借贷款合同的概念、类型及相关法律规定,理解工程保险与工程担保的概念、特点及两者的关系; ⑤会叙述 FIDIC 合同条件、NEC 合同条件、ECC 合同条件、AIA 合同条件的主要内容。
能力目标	①具有应用公路工程勘察设计合同、施工监理合同、材料设备采购合同的能力; ②具有辨析公路工程相关工程项目合同的种类、主要内容、适用条件的能力; ③具有辨析国际工程常用合同的适用条件、使用规则和主要类型的能力。
素质目标	①培养学生遵守国家法律、法规,严格执行行业标准及相关规定的意识; ②培养学生信守合同承诺,严格履行合同的契约精神。

工作任务

10-1　(上网)查阅公路工程勘察设计合同、施工监理合同、材料设备采购合同、借贷款合同、工程保险合同各一份。

10-2　(上网)查阅 FIDIC《土木工程施工合同条件》内容。

10.1 公路工程勘察设计合同

10.1.1 公路工程勘察设计合同的概念及特点

1. 公路工程勘察设计合同的概念

公路工程勘察设计合同是指公路建设单位或项目管理部门和勘察、设计单位为完成一定的勘察、设计任务,明确相互权利、义务关系的协议。发包人是建设单位或项目管理部门,承包人是勘察、设计单位。根据勘察、设计合同,承包人完成发包人委托的勘察、设计任务,发包人接受符合约定的勘察、设计成果,并支付报酬。

2. 公路工程勘察设计合同的特点

工程项目勘察、设计合同除了具有工程合同的基本特征外,还具有以下几方面特征:

(1)合同的订立必须符合工程项目的基本建设程序,实行项目报建制度。勘察、设计合同的签订,应在项目的可行性研究报告及项目计划任务书获得批准后进行。可行性研究是建设前期工作的重要内容之一,它为建设项目的决策和计划任务书的编制提供重要依据。计划任务书是工程建设的大纲,是确定建设项目和建设方案(包括依据、规模、布局、主要技术经济要求等)的基本文件,也是进行现场勘测和编制文件的主要依据。项目报建是对从事工程建设的业主方的资格、能力及项目准备情况的确定。

(2)勘察、设计方应具备合法的资格与等级。工程勘察、设计方必须具备法人条件,并且必须经过资格认证,获得工程勘测证书或工程设计证书。勘察、设计方应具备下列具体条件:

①有按法定主管部门批准成立勘察、设计机构的文件;

②由专门从事工程勘察、设计工作的固定职工组成实体;

③有固定的工作场所和一定的仪器装备;

④具备独立承担工程勘察、设计任务的能力。

10.1.2 公路工程勘察设计合同应具有的主要条款

1. 公路工程勘察设计合同文件的主要内容

采用招标方式的公路工程勘察设计合同文件的主要内容包括:

(1)合同书及各种合同附件(含评标期间和合同谈判过程中的澄清文件和补充资料,设计人提交的经发包人审核通过的勘察设计详细工作大纲及进度计划、专题研究详细工作大纲等);

(2)中标通知书;

(3)投标函;

(4)勘察设计合同专用条款;

(5)勘察设计合同通用条款;

(6)发包人要求;

(7)勘察设计费用清单;

（8）设计人有关人员投入的承诺；

（9）其他合同文件。

上述组成合同的各项文件应互为解释、互为说明，除专用合同条款另有约定外，解释合同文件以上述所列优先顺序为准。

合同当事人针对各类合同文件所作出的补充和修改亦属于合同文件的组成部分，属于同一类内容的文件，应以最新签署的为准。

2. 公路工程勘察设计合同主要条款

交通运输部颁布的《公路工程标准勘察设计招标文件》（2018 年版）的合同条款包括通用合同条款和专用合同条款。

（1）通用合同条款是根据我国现行法律、法规，结合公路工程勘察设计具体情况和实践经验而制定的，使用时不允许直接增删、修改，必须通过专用合同条款的形式使其具体化。通用合同条款共 15 条，包括一般约定、发包人义务、发包人管理、设计人义务、勘察设计要求、开始勘察设计和完成勘察设计、暂停勘察设计、勘察设计文件、勘察设计责任与保险、招标和施工期间配合、合同变更、合同价格与支付、不可抗力、违约、争议的解决。

（2）项目招标文件中专用合同条款由招标人根据《公路工程标准勘察设计招标文件》（2018 年版）编制。招标人可根据招标项目的具体特点和实际需要，对通用合同条款进行补充、细化。在专用合同条款中补充或细化的内容，不得违反法律、行政法规的强制性规定及平等、自愿、公平和诚实信用原则，专用合同条款的编号应与通用合同条款一致。

10.1.3 公路工程勘察设计合同中双方当事人的权利、义务

1. 发包人的义务

发包人的义务是指业主负责提供资料的内容、标准和期限，以及应承担的工作和服务项目。

主要包括以下内容：

（1）按法律规定合理确定设计工作量和设计期限，按合同约定确定设计费用并按规定及时支付。

（2）发包人按合同约定数量和期限向设计人提供设计所需的各种文件，包括基础资料、勘察设计任务书等。

（3）发包人应严格履行基本建设程序，根据本工程的具体情况和技术要求，确定合理的勘察设计工作量及合理的勘察设计服务期限。

（4）按合同约定及相关法律法规使用设计成果。

2. 设计人的义务

设计人的义务主要是按合同约定保质、保量、按时完成勘察设计工作，交付设计成果，并对合同工程勘察设计质量承担设计使用年限内的终身责任。

10.1.4 违约责任

如果在合同履行过程中，一方违约给另一方造成损害，违约方应当承担赔偿责任。公路工程承担违约责任的方式由双方在合同条件中约定或参照《公路工程标准勘察设计招标文件》（2018 年版）。

10.2　公路工程施工监理合同

10.2.1　公路工程施工监理合同的概念及特点

1. 概念

公路工程施工监理合同是由业主与监理单位之间签订的明确双方权利和义务的协议。施工监理合同的标的是服务,即监理工程师凭据自己的知识、经验、技能,受业主委托为工程建设实施阶段的其他合同的履行实施监督和管理。施工监理合同是一种委托合同,即双方当事人约定一方以他方的名义和费用为他方处理事务。

公路工程施工监理合同采用中华人民共和国交通部《公路工程施工监理合同范本》,监理合同范本对有关监理合同双方的权利与义务、违约责任及争端解决等均作了详细规定,监理合同双方均应按国家法律规定及合同条款规定执行。

2. 特点

国际土木工程实行监理制是一种非常普及的方法,形成了很完善的合同条件。我国在引进 FIDIC 条款实行公路建设项目管理后,逐步参照国际通行做法实行了工程项目监理制度,并形成了具有中国特色的监理合同条件。其主要特点为:

(1)制定了一套规范性管理办法

为推行公路工程项目监理制度,我国交通部先后制定了《公路工程施工监理规范》(JTJ 077—95)、《公路工程施工监理办法》、《公路工程施工监理招标投标办法》和《公路工程施工监理合同范本》等部门规章制度,为监理市场的规范、健康发展创造了制度条件,为我国工程施工和监理服务走向国际市场提供了锻炼的平台。目前,《公路工程国内施工监理招标文件范本》也正在制定之中,相信出台后一定会促进监理市场更大发展。

(2)监理合同的主体资格具有限定性

监理合同的业主方应具有法人资格和相应的经济、技术、管理能力;监理方必须具有法人资格和相适应的资质证书,有一定的经济能力、丰富的管理经验以及一定数量具有交通部监理资格证书的技术人员。

(3)合同订立条件和程序的严肃性

签订监理合同除遵守《合同法》的相关规定外,还必须遵守公路工程基本建设程序和招投标的程序及相关规定。

10.2.2　《公路工程施工监理合同范本》的内容及有关规定

公路工程监理合同文件是指合同协议书、中标通知书、投标函和投标函附录、专用合同条款、通用合同条款、委托人要求、监理报酬清单、监理大纲,以及其他构成合同组成部分的文件。

根据交通部 1997 年颁发的《公路工程施工监理合同范本》,我国公路工程监理合同条件主要包括以下部分:

（1）公路工程施工监理合同协议书。

（2）公路工程施工监理合同通用条件。

（3）公路工程施工监理合同专用条件。

（4）附件：附件 A　监理服务的形式、范围与内容；附件 B　业主提供的监理工作条件；附件 C　监理服务的费用与支付。

合同协议书是监理合同的纲领性文件，对监理合同的组成、合同的成立条件、合同双方的责、权、利等进行了规定和说明；也是一份标准化程度很高的文件，只要在空白处填写相应内容，不需修改其他内容和添加新条款，签字生效。

合同条件是监理合同的主要内容。通用条款具有普遍适用性，对双方的责、权、利、义作出了明确的规定。专用条件是针对具体项目对通用条件的补充和完善。

10.2.3　监理合同双方当事人的权利与义务

1. 监理单位的义务

（1）监理服务的形式、范围与内容

监理单位必须按照监理合同规定的形式、范围与内容履行与项目有关的监理服务，其具体内容在监理合同附件 A 中规定。

（2）正常的和附加的服务

①正常的服务是指监理合同附件 A 中规定的监理服务。

②附加的服务是指双方通过签订补充协议或根据监理合同的规定，在监理合同附件 A 规定的正常服务之外增加的监理服务。

（3）职责

监理单位应本着严格监理、热情服务、秉公办事、一丝不苟的原则，按照监理合同的要求，根据适合的专业技术规定和国际惯例公认的行业工作准则，谨慎而勤奋地履行监理服务。监理单位在履行监理服务过程中行使的权力或所需的授权，应在监理合同附件 A 中详细规定并加以说明。

如果监理单位在履行监理服务过程中行使的权力或所需的授权，来自业主和第三方签订的工程合同文件，该合同文件必须成为本监理合同的组成部分，两者之间如出现矛盾，则应编制补充说明文件一并列入监理合同。此时监理单位应：

①根据监理合同文件和工程合同文件履行监理服务；

②根据职责范围，在业主和第三方之间独立公正地行使上述合同文件赋予的权力；

③根据上述合同文件的授权，可对相应的工程和合同事宜进行变更，但未经业主的书面批准，不得变更工程合同文件中规定的工程标准和第三方的责任与义务。

（4）监理人员

监理单位派驻到项目所在地履行监理服务的监理人员，必须能够适应监理合同规定的监理服务工作，其主要监理人员的资质应在项目建议书中详细描述并得到业主的认可。

为了履行监理服务，监理单位应在项目建议书中指定一名授权代表与业主的授权代表建立工作联系。

监理单位因工作安排或其他原因，需要更换派驻到项目所在地履行监理服务的主要监理人员时，应事先得到业主的同意。

业主有权以书面形式要求监理单位更换不能按照监理合同的规定履行监理服务的派驻人员。

即使是业主要求或同意更换的监理人员,其代替人员的资质仍应得到业主的认可。

监理单位派驻到项目所在地履行监理服务的项目负责人及主要监理人员,必须常驻现场。

(5)业主财产

所有由业主提供给监理单位使用的设施、设备和物品,均属于业主财产,监理单位在使用时应予以爱护。当监理服务完成或中止时,监理单位应将上述设施、设备、尚未使用的物品的清单提交给业主。如果在专用条件中规定由监理单位负责移交上述设施、设备和物品,此项工作可作为监理单位附加的服务,或并入监理单位的服务费用报价中。

(6)保密

在监理合同有效期间或监理合同专用条件规定的期限内,未经业主的书面同意,监理单位不得泄露业主与本项目、本工程、本监理合同有关的保密资料。

2. 业主的义务

(1)监理工作条件

业主应按照监理合同的规定,向监理单位提供履行服务所必需的工作条件,其具体内容在监理合同附件 B 中明确。

(2)资料

业主应按照监理合同附件 B 的规定,向监理单位免费提供与监理单位履行监理服务有关的资料。

(3)决定

业主应在监理合同附件 B 规定的时间内,就监理单位书面提交并要求答复的重大问题,做出书面决定。

(4)代表

业主应指定一名授权代表与监理单位的授权代表建立工作联系。更换该代表或变更其授权时,必须提前 7 日通知监理单位。

(5)授权通知

业主必须将履行监理服务的监理单位及业主授予监理单位的权力,及时用书面形式通知第三方。

(6)设施和物品

业主应按照监理合同附件 B 的规定,向监理单位免费提供与监理单位履行监理服务有关的设施、设备、物品及相应服务。如果要求监理单位自备全部或部分上述设施、设备和重要物品,必须在监理合同附件 B 中规定,此项工作应作为监理单位附加的服务,或并入监理单位的监理服务费用报价中。

(7)辅助工作人员

业主应按照监理合同附件 B 的要求,向监理单位免费派遣与监理单位履行监理服务有关的辅助工作人员。上述人员应服从监理单位的工作安排和管理,并对自身的行为负责。如果要求监理单位自聘全部或部分上述人员,此项工作应作为监理单位附加的服务,或并入监理单位的监理服务费用报价中。

10.2.4　责任和保障

1. 监理单位的赔偿责任

监理单位违反监理合同的规定并造成业主经济损失的,应向业主赔偿,赔偿办法在专用条件中规定。监理单位对第三方责任造成的任何经济损失,不承担责任。如果监理单位与业主或第三方对有关经济损失共负责任时,应按责任比例计算赔偿。监理单位的上述责任赔偿,均应按照本合同条件第 4.4 条的规定办理。

2. 业主的赔偿责任

业主违反监理合同的规定并造成监理单位经济损失的,应向监理单位赔偿,赔偿办法在专用条件中规定。

3. 赔偿责任的期限

业主或监理单位任何一方向另一方要求的赔偿,都应在赔偿事件发生后的 28 日之内以书面形式提出索赔。如果该事件具有持续性,则应在事件首次发生后 7 日之内提出索赔意向,并每隔 7 日提供一次该事件仍在持续发展的证明材料,直至该事件结束后 28 日之内提出正式的索赔文件。否则,无论是业主还是监理单位均有权对上述索赔不予受理。

4. 赔偿的限额

鉴于双方在专用条件中约定了任何一方向另一方依据本合同条件第 4.1 条和第 4.2 条支付赔偿的最高限额,双方在此一致同意放弃超过该限额的剩余赔偿要求。但本合同条件其他条款规定的补偿和由于任何一方故意违约而引起的索赔,不受该限额的限制。

5. 保障

在监理单位不违反有关法律、法规的前提下,业主应保障监理单位免受因履行本监理合同而引起的外界索赔或干扰。

双方可在专用条件中约定,由监理单位按照业主认可的形式向业主递交履约担保书或履约保证金。如果监理单位无正当理由全部或部分不履行本监理合同时,业主有权根据具体情况没收全部或部分履约担保金。

10.2.5　争端的解决

委托人和监理人在履行合同中发生争议的,可以友好协商解决。合同当事人友好协商解决不成的,可在专用合同条款中约定下列一种方式解决:

(1)向约定的仲裁委员会申请仲裁;

(2)向有管辖权的人民法院提起诉讼。

10.3　建设工程材料设备采购合同

建设工程物资采购合同,是指具有平等民事主体的法人进行建设物资买卖,明确相互权利义务关系的协议。依照协议,卖方将建设物资交付给买方,买方接受该项建设物资并支付价款。

10.3.1 材料设备采购合同特点

建设工程物资采购合同属于购销合同,具有购销合同的一般特点,又具有独立的特征。

(1)当事人双方订立的物资采购合同,是以转移财产所有权为目的。

(2)采购人取得合同约定的建筑材料和设备,必须支付相应的价款。

(3)物资采购合同是双务、有偿合同。双方互负一定义务,供货人应当保质、保量、按期交付合同订购的物资、设备,采购人应当按合同约定的条件接收货物并及时支付货款。

(4)买卖合同是诺成合同。除了法律有特殊规定的情况外,当事人在合同上签字盖章合同即成立,并不以实物的交付为合同成立的条件。

10.3.2 材料设备采购合同分类

(1)根据我国目前建设工程物资采购情况,可将建设工程物资采购合同分为材料采购合同和设备采购合同两种。

(2)根据建设工程物资采购是国内卖方还是国外卖方的不同,可将建设工程物资采购合同分为国内采购合同和国际采购合同两种。

(3)以建设工程物资采购合同的订立是否纳入国家计划为标准,可将建设工程物资采购合同划分为计划供应合同和市场采购合同两种。

10.3.3 材料采购合同履行管理

工程建设中的物资包括建筑材料(含构配件)和设备。材料和设备的供应一般要经过订货、生产(加工)、运输、存储、使用(安装)等各个环节。建设工程物资采购合同分材料采购合同和设备采购合同,合同当事人为供货方和采购方。供货方一般为供应单位和设备的生产厂家,采购方为建设单位(业主)、项目总承包单位或施工单位。供货方应对其生产或供应的产品质量负责,而采购方则应根据合同的规定进行验收。

1. 合同的主要条款

(1)标的。主要包括购销物资的名称(注明牌号、商标)、品种、型号、规格、等级花色、技术标准或质量要求等。约定质量标准的一般原则如下:

①按照颁布的国家标准执行;

②没有国家标准而有部颁标准的则按照部颁标准执行;

③没有国家标准和部颁标准的,可按照企业标准执行。

合同内必须写明执行的质量标准代号、编号和标准名称,明确各种材料的技术要求、试验项目、试验频率等。

(2)数量。合同中应该明确所采用的计量方法,并明确计量单位。

(3)包装。包括包装的标准、包装物的供应和回收。包装物的回收主要采用两种形式:押金回收及折价回收。

(4)支付与运输方式。支付与运输方式为采购方到约定地点提货或供货方将货物送达指定地点。

(5)验收。合同应明确货物的验收依据。验收方式包括驻厂验收、提运验收、接运验收及入库验收。

(6)交货期限。交货日期的确定方式如下：

①供货方负责送货的,以采购方收货邮戳日期为准;

②采购方提货的,以供货方按合同规定通知的提货日期为准;

③委托运输部门或单位运输、送货或带运的,以供货方发运产品时承运单位签发的日期为准。

(7)价格。

(8)结算。付款方式包括验单付款和验货付款,结算方式包括现金支付和转账支付。

(9)违约责任。

2. 合同的订立和履行

(1)材料采购合同的订立方式

材料采购合同的订立可采用以下几种方式：

①公开招标。即由招标单位通过新闻媒介公开发布招标广告,以邀请不特定的法人或组织投标,按照法定程序在所有符合条件的材料供应商、建材厂家或建材经营公司中择优选择中标单位的一种方式。

②邀请招标。即招标人以投标邀请书的方式邀请特定的法人或组织投标,只有接到投标邀请书的法人或组织才能参加投标。一般邀请招标必须向三家以上的潜在投标人发出邀请。

③询价、报价、签订合同。物资买方向若干建材厂商或建材经营公司发出询价函,要求他们在规定的期限内做出报价,在收到厂商的报价后,经过比较,选定报价合理的厂商或公司并与其签订合同。

④直接订购。由材料买方直接向材料生产厂商或材料经营公司采购,双方商谈价格,签订合同。

(2)材料采购合同的履行

材料采购合同订立后,应依据我国《合同法》的规定予以全面、实际地履行。

①按约定的标的履行

卖方交付的货物必须与合同规定的名称、品种、规格、型号相一致,除非买方同意,不允许以其他货物代替合同中规定的货物,也不允许以支付违约金或赔偿金的方式代替履行合同。

②按合同规定的期限、地点交付货物

交付货物的日期应在合同规定的交付期限内,实际交付日期早于或迟于合同规定的交付日期,即视为同意延期交货。提前交付的,买方可拒绝接收;逾期交付的,应当承担逾期交付的责任。交付的地点应在合同指定的地点。合同双方当事人应当约定交付标的物的地点。

③按合同规定的数量和质量交付货物

当事人对于交付货物的数量应当当场检验,清点账目后,由双方当事人签字。对质量的检验,内在质量,需做物理或化学试验的,试验的结果为验收的依据;外在质量可当场检验。卖方在交货时,应将产品合格证随同产品交买方据以验收。

④买方的义务

买方在验收材料后,应按合同规定履行支付义务,否则承担法律责任。

⑤违约责任

买方的违约责任。买方中途退货,应向卖方偿付违约金;逾期付款,应按中国人民银行关于延期付款的规定向卖方偿付逾期付款违约金。

卖方的违约责任。卖方不能交货的,应向买方支付违约金;卖方所交货物与合同规定不符的,应根据情况由卖方包换、包退、包赔,并支付由此造成的买方的损失;卖方承担不能按合同规定期限交货的责任或提前交货的责任。

(3)不当履行合同的处理。

卖方多交标的物的,买方可以接收或拒绝接收多交部分。买方接收多交部分的,按照合同的价格支付价款;买方拒绝接收多交部分的,应当及时通知卖方。因标的物的主物不符合约定而解除合同的,解除合同的效力及于从物;因标的物的从物不符合约定被解除的,解除的效力不及于主物。

10.3.4　设备采购合同履行管理

1. 合同的主要条款

设备采购合同的条款可参照材料采购合同的一般条款,还要注意以下几个方面。

(1)设备价格与支付。设备采购合同提出采用固定总价合同,合同的支付方式一般分如下3次:

①设备制造前,支付设备价格的10%作为预付款;

②供货方按照合同要求将设备送达交货地点,采购方应支付设备货款的80%;

③剩余的10%作为设备保证金,待期满,采购方签发最终验收证书后支付。

(2)设备数量:应列出详细清单。

(3)技术标准。

(4)现场服务。

(5)验收和保修。

2. 合同的订立和履行

(1)建设工程中设备的供应方式

建设工程中设备的供应方式主要有以下3种。

①委托承包

根据发包单位提供的成套设备清单,设备成套公司进行承包供应,并收取一定的成套业务费。双方根据设备供应的时间、供应的难度以及需要进行技术咨询和开展现场服务的范围等确定其费率。

②按设备包干

根据发包单位提出的设备清单及双方核定的设备预算总价,由设备成套公司承包供应。

③招标投标

发包单位对需要的成套设备进行招标,设备成套公司参加投标,按照中标结果承包供应。

(2)设备采购合同的内容

设备采购合同通常采用标准合同格式,其内容可分为3部分:

①约首。合同的开头部分,包括项目名称、合同号、签约日期、签约地点、双方当事人名

称和地址等条款。

②正文。合同的主要内容,包括合同文件、合同范围和条件、货物及数量、合同金额、付款条件、交货地点和时间、验收方法、现场服务、保修内容及合同生效等条款。

③约尾。合同的结尾部分,规定本合同生效条件,具体包括双方的名称、签字盖章及签字时间、地点等。

(3)设备采购合同的履行

①交付货物

按合同规定,卖方应按时、按质、按量地履行供货义务,并做好现场服务工作,及时解决有关设备的技术质量、缺损件等问题。

②验收交货

对卖方交货,买方应及时进行验收,依据合同规定,对设备的质量及数量进行核实、检验,如有异议,应及时与卖方协商解决。

③结算

买方对卖方交付的货物检验没有发现问题,应按合同的规定及时付款;如果发现问题,在卖方及时处理达到合同要求后,也应及时履行付款义务。

④违约责任

在合同履行过程中,任何一方都不应借故延迟履约或拒绝履行合同义务,否则,应追究违约当事人的法律责任。

10.4　公路工程的其他相关合同

公路工程建设除了前面介绍的施工承包合同、勘察设计合同、施工监理合同、材料设备采购合同外,还有与公路工程项目密切相关的借贷款合同、运输合同、仓储保管合同、担保合同、保险合同、加工承揽合同、技术服务合同、供用电合同、机械设备租赁合同等。这些合同的签订与履行是否正常,合同管理是否严格,都会影响到公路工程项目目标的实现。下面就借贷款合同、担保和保险合同予以简要介绍。

10.4.1　借贷款合同

1. 借款合同的定义

借款合同是借款人向贷款人借款,到期返还借款并支付利息的合同。

2. 借款合同的种类

(1)银行借贷款合同

银行借贷款合同又称信贷合同或贷款合同,是指银行或其他的金融机构将货币出借给借用人使用,借用人于规定期限内返还借款并支付利息的合同。

贷款用途不同,可划分的贷款种类也不同。按贷款资金使用性质可划分为基本建设贷款、更新改造贷款、建筑企业流动资金贷款、临时周转贷款、委托贷款、信托贷款。

银行借贷款合同特征:①出借主体必须具备法定资格,必须是经中国人民银行批准设立的银行或其他金融机构;②有偿合同;③与实践合同相对而言,它是诺成合同;④双务合同;⑤要式合同。

借贷款合同应履行的手续包括:借款的申请;贷款合同的签订;贷款的担保;贷款的支付与监督;贷款的回收;利息的计算与收取;逾期贷款的处理;到期贷款的延期等。

（2）民间借款合同

民间借款合同狭义上是指自然人之间形成借款关系,广义上包括公民与企业之间的借款关系。

特征:不要式合同;实践合同(自然人之间的借款合同,自贷款人提供借款时生效);可能单务也可能双务;可能有偿也可能无偿。

（3）企业借款合同

企业借款合同一般有两种:一种是企业之间(这里的企业是指非金融机构)的借款,法律明确禁止,属于无效合同;另一种是公民与企业之间的借款,其定性为民间借贷。

3. 借款合同形式和内容

借款合同应当采用书面形式,但是自然人之间借款另有约定的除外。

借款合同的内容一般包括借款种类、币种、用途、数额、利率、期限和还款方式等条款。

4. 关于利息的法律规定

（1）借款利息不得预先扣除。《民法典》第六百七十条规定,借款的利息不得预先在本金中扣除。利息预先在本金中扣除的,应当按照实际借款数额返还借款并计算利息。

（2）禁止高利放贷以及对借款利息的确定。《民法典》第六百八十条规定,禁止高利放贷,借款的利率不得违反国家有关规定。

借款合同对支付利息没有约定的,视为没有利息。借款合同对支付利息约定不明确,当事人不能达成补充协议的,按照当地或者当事人的交易方式、交易习惯、市场利率等因素确定利息;自然人之间借款的,视为没有利息。

（3）借款人支付利息的期限。《民法典》第六百七十四条规定,借款人应当按照约定的期限支付利息。对支付利息的期限没有约定或者约定不明确,依据本法第五百一十条的规定仍不能确定,借款期间不满一年的,应当在返还借款时一并支付;借款期间一年以上的,应当在每届满一年时支付,剩余期间不满一年的,应当在返还借款时一并支付。

5. 借款人返还借款的法律规定

《民法典》第六百七十五至六百七十九条,对借款人返还借款的各种情形作了详细规定。

（1）借款人返还借款的期限。借款人应当按照约定的期限返还借款。对借款期限没有约定或者约定不明确,依据本法第五百一十条的规定仍不能确定的,借款人可以随时返还;贷款人可以催告借款人在合理期限内返还。

（2）借款人逾期返还借款的责任。借款人未按照约定的期限返还借款的,应当按照约定或者国家有关规定支付逾期利息。

（3）借款人提前返还借款。借款人提前返还借款的,除当事人另有约定外,应当按照实际借款的期间计算利息。

（4）借款展期。借款人可以在还款期限届满前向贷款人申请展期;贷款人同意的,可以展期。

（5）自然人之间借款合同的成立时间。自然人之间的借款合同,自贷款人提供借款时成立。

6. 民间借贷与刑事犯罪

主要有贷款诈骗罪、集资诈骗罪、非法吸收公众存款罪、高利转贷罪、合同诈骗罪等。

7. 借款合同（范本）

借款合同

出借人（甲方）：_____

小额贷款有限公司联系地址：_____

借款人（乙方）：_____

身份证号：_____

地　　址：_____

电　　话：_____

乙方因向甲方借款，现甲乙双方在平等、自愿、等价有偿的基础上，经友好协商，达成如下一致意见，供各方共同信守。

一、借款用途

_____

二、借款金额

乙方向甲方借款金额（大写）人民币_____万元整（小写：￥_____元）。

乙方指定的收款账户为：_____

开户银行：_____

账户名称：_____

账号：_____

三、借款期限

借款期限_____年，自_____年_____月_____日起（以甲方实际出借款项之日起算，乙方应另行出具收条）至_____年_____月_____日止，逾期未还款的，按本合同第八条处理。

四、还款方式

乙方应按照本协议规定时间主动偿还对甲方的欠款及利息。乙方到期还清所有本协议规定的款项，甲方收到还款后将借据交给乙方。

甲方指定的还款账户为：_____

开户银行：_____

账户名称：_____

账号：_____

五、借款利息

自支用借款之日起，按实际支用金额计算利息，在合同第三条约定的借款期内月利为_____，利息按月结算。借款方如果不按期还款付息，则每逾期一日按欠款金额的每日万分之八加收违约金。

六、权利义务

甲方有权监督借款使用情况，了解乙方的偿债能力等情况，乙方应该如实提供有关的资料。乙方如不按合同规定使用借款,甲方有权收回部分借款,并对违约部分参照银行规定加收罚息。(乙方提前还款的,应按规定减收利息。)

七、担保条款

乙方自愿用_____做抵押,在_____日内,与甲方一同办理抵押登记手续。如到期不能归还甲方款项,甲方有权处理抵押品。乙方到期如数归还甲方款项的,抵押权消灭。

八、逾期还款的处理

乙方如逾期还款,除应承担甲方实现债权之费用(包括但不限于甲方支出之律师费、诉讼费、差旅费等)外,还应按如下方式赔偿甲方之损失:逾期还款期限在30日以内的部分,按逾期还款金额每日的_____比例赔偿甲方损失;超过30日部分,按照逾期还款金额每日的_____比例赔偿甲方损失。前款约定的损失赔偿比例,系各方综合各种因素确定。在主张该违约金时,甲方无须对其损失另行举证,同时双方均放弃《中华人民共和国民法典》合同编第五百八十五条规定的违约金或损失赔偿金调整请求权。

九、合同争议的解决方式

本合同履行过程中发生的争议,由当事人双方友好协商解决,也可由第三人调解,协商或调解不成的,可由任意一方依法向甲方所在地人民法院起诉。

十、本合同自双方签章之日起生效。本合同一式_____份,双方各持_____份。每份均具有同等法律效力。

十一、本合同项下的一切形式的通知、催告均采用书面形式向本合同各方预留的地址发送,如有地址变更,应及时通知对方,书面通知以发送之日起3日届满视为送达。

甲方:_____

乙方:_____

签约日期:_____年_____月_____日

10.4.2 工程担保与保险合同

1. 工程保险合同

(1)含义及有关概念

《中华人民共和国保险法》把保险表述为:"本法所称保险,是指投保人根据合同约定,向保险人支付保险费,保险人对于合同约定的可能发生的事故因其发生所造成的财产损失承担赔偿保险金责任,或者当被保险人死亡、伤残、疾病或达到合同约定的年龄、期限等条件时承担给付保险金责任的商业保险行为。"保险责任以保险合同和保单为依据。

工程保险是指业主和承包商为了工程项目的顺利实施,向保险人(公司)支付保险费,保险人根据合同约定对在工程建设中可能产生的财产和人身伤害承担赔偿保险金责任。工程保险一般分为强制性保险和自愿保险两类。

(2)工程项目保险的特点

国际上工程保险的通行做法和特点是:保险经纪人在保险业务中充当重要角色,健全的法律体系为工程保险发展提供了保障,投保人与保险商通力合作是控制意外损失的有效途径,保险公司返赔率高且利润率低。

工程保险是一种综合性保险,这取决于工程风险的综合性。工程保险不同于一般的财产保险和人寿保险,其特点表现为如下方面:

①承保业务复杂,专业要求高。一项建筑安装工程面临各种各样的风险,风险产生的原因也错综复杂。

②保险金额很高。目前的工程项目投资少则几百万,多则超过亿元,相应的保险金额也很高。工程保险的保险金额是以投保标的的价值或投保人承担的经济赔偿责任为基础确定的。

③工程保险领域存在信息不对称问题。信息经济学中的信息不对称问题的研究最初就源于对保险市场的研究,可见保险市场信息不对称问题的普遍性,然而,该问题在工程保险市场表现得更为明显。

④工程保险可以附加承保且附加条款具有多样性。工程保险除了可以承保主险外,还可以承担附带的保险责任,附加各种附加条款或批单。

⑤关键保险条款具有个性化。各种类型工程的工程风险具有各自的特殊性,因此,工程保险条款的内容也不可能千篇一律。关键保险条款的内容需要根据保险标的的具体情况确定,因而工程保险条款具有个性化。

⑥保险条款可以变更。随着工程施工进展不断深入和施工过程内外环境变化,保险合同当事人在协商一致的基础上可以变更合同条款。

⑦保险标的投保时具有不完整性。一般情况下,签订保单之前工程尚未动工或只进行了一部分,此时确定的保险项目和保险金额等合同要素源于工程的预算资料和估计,因而保险标的存在一定程度的预测性。随着工程施工过程的深入,可能会增减一些工程子项,因而投保之初的保险标的常常是不完整的。

(3)工程项目保险的险种

在工业发达国家和地区,强制性的工程保险主要有以下几种:建筑工程一切险(附加第三者责任险)、安装工程一切险(附加第三者责任险)、社会保险(如人身意外险、雇主责任险和其他国家法令规定的强制保险)、机动车辆险、10 年责任险和 5 年责任险、专业责任险等。

国内现行的保险专业书籍多数把它们界定为一类较小的财产保险。但是,从工程保险承保的对象和保险公司实际的展业情况看,把工程保险仅仅界定为财产险种是不恰当的。工程保险不仅涉及财产保险,还涉及人身保险、责任保险等,是一类综合性险种。

(4)工程项目保险的基本功能

由于工程建设项目越来越多,建筑安装设计和施工越来越复杂,工程保险分散风险的作用是显而易见的,投保人以较少的保费可以获得较多的风险保障。工程保险的一人出险多人分担的保障机制起到有效分散工程风险损失的作用。这里从微观和宏观两个层面来分析工程保险的作用。

首先,来分析工程保险在微观层面的作用。

第一,保护工程承包商或分包商的利益。

第二,保护业主利益。

第三,减少工程风险发生。

其次,工程保险除了有利于保护保险合同当事人的利益,分散个体风险等微观层面的作

用外,还具有宏观层面的重要作用:

第一,工程建筑安装领域引进工程保险机制,保险公司作为工程利益相关者,必然关心工程施工的费用和质量等问题。

第二,发展工程保险市场,创新工程保险险种,完善工程保险机制,有利于健全我国金融体系,带动相关产业发展。

第三,鼓励业主和承包商积极投资工程项目。

第四,改善融资条件。

2. 工程担保合同

(1)工程项目担保的概念

工程担保是指担保人(一般为银行、担保公司、保险公司、其他金融机构、商业团体或个人)应工程合同一方(申请人)的要求向另一方(债权人)作出的书面承诺。工程担保是工程风险转移措施的又一重要手段,它能有效地保障工程建设的顺利进行。许多国家政府都在法规中规定要求进行工程担保,在标准合同中也含有关于工程担保的条款。

(2)工程项目担保的意义

工程项目担保是控制工程建设履约风险的一种国际惯例,通过推行工程保证担保促使建设各方主体树立诚信守约意识,加强诚信履约的自觉性;通过预控、程控、终控多种手段并用,形成一种保护守约行为、惩戒违约行为的环境;通过建立和实施索赔机制,规范合同当事人的履约行为,最终实现合同目标。

在我国的工程建设领域,可以考虑建立以下几种担保制度:投标担保、承包商履约担保和业主支付担保,其中承包商履约担保应包括承包商的支付担保和质量担保。

承包商的履约担保可以采取银行保函、担保公司提供的担保书的形式,在一定范围内,还可以试行同业担保。

业主支付担保是在我国具体国情下要特别考虑的。业主支付担保实际上是业主履约担保,主要是针对当前业主拖欠工程款的现象而设置。如果业主不履行支付义务,则应由担保人承担担保责任。

目前,我国的工程担保还处于初级阶段,工程担保公司刚刚起步,实力远不足以与国际上的大型工程担保公司相提并论。我国的工程风险管理在相当的间里的主要任务是积极培育工程担保公司,使之逐步成熟、壮大起来。

(3)工程项目担保管理制度

推行工程担保制度是规范建筑市场秩序的一项重要举措,对规范工程承包交易行为,防范和化解工程风险,遏制拖欠工程款和农民工工资,保证工程质量和安全等具有重要作用。国家建设部于2004年8月和2005年5月分别印发了《关于在房地产开发项目中推行工程建设合同担保的若干规定(试行)》(建市〔2004〕137号)和《工程担保合同示范文本》,并在部分试点城市积累了经验。

3. 工程项目保险与担保的关系

工程项目担保和工程保险都是风险转移和损失补偿的重要手段。在发达国家,建设市场主体各方如果没有取得相应的工程保证担保,或没有购买相应的工程保险,几乎无法获得工程合同。无论是工程保证担保,还是工程保险,都要遵循有关的法律规定,银行、担保公司、保险公司对被保证人的综合能力都要进行全面评估。

（1）相同点

①保障标的相同。无论是担保还是保险，其保障标的都是债权人在合同中权利的实现。

②保证性质与方式相同。保险具有保证担保的性质。保险人在签发保险单时，就作了一种保证，即债权人由于保单中规定的原因受到损失，保险人即承担付款责任。其保证方式属于一般保证。

③风险转移途径基本相同。一方面，担保和保险都是工程风险转移的重要途径；另一方面，担保和保险都是向第三方转移风险。担保是工程合同承发包双方向担保人转移风险，保险是工程合同承发包双方向保险人（保险公司）转移风险。

（2）不同点

工程保证担保与工程保险在运作方式、管理模式、会计制度和事故处理上具有许多相似之处。由于根本性质不同，工程保证担保与工程保险之间也存在着明显的区别：

①工程保证担保由三方当事人组成，即业主、承包商和保证人；而工程保险只有两方当事人，即保险人（保险公司）和投保人，通常不涉及第三方。

②工程保证担保是由被保证人申请，交付保证费来保证他人（权利人）的利益；而工程保险则是由投保人申请，交付保险费来保障自己的利益。

③工程保证担保所承担的是被保证人违约或失误的风险；而工程保险所承担的是投保人自己无法控制的、偶然的、意外的风险，投保人的故意行为属于除外责任。

④在工程保证担保中，被保证人提供保证的根本目的并非为了转移风险，而是为了满足对方要求提供的信用保障；而在工程保险中，投保人购买保险则是为了转移风险，保障自身的经济利益。

⑤在工程保证担保中，保证人所承担的风险小于被保证人，只有当被保证人的所有资产都付给保证人，仍然无法还清保证人为履约所支付的全部费用时，保证人才会蒙受损失；而在工程保险中，保险公司作为唯一的责任人，将对投保人的意外事故负责，相比之下，保险公司所承担的风险明显要高。

⑥在工程保证担保中，保证人往往要求被保证人提供反担保，保证人有权追索作为履约所支付的全部费用；而在工程保险中，作为保险人的保险公司将按期收取一定数额的保险费，事故发生后，保险公司将按照保险合同规定，负担赔偿全部或部分损失，保险公司无权向被保险人进行追偿。

⑦在工程保证担保中，被保证人因故不能履行合同时，保证人必须采取积极措施，保证合同得以继续履行完成；而在工程保险中，当投保人出现意外损失时，保险公司只需要支付相应数额的赔偿，无须承担其他责任。

⑧尽管同属工程风险转移手段，工程保证担保是由保证人暂时承担被保证人的信用风险，然后保证人可通过反担保很快追回部分或全部损失；而工程保险是将工程风险从投保人转移给保险人，最终由保险公司承担风险损失。

⑨当承包商或业主正常履行合同之后，工程保证应当如期返还，只有一方没有正常履约，另一方才能没收对方提供的工程保证；而在工程保险中，即使没有发生意外事故，投保人缴纳的保险费也不再返还。

⑩工程保证担保所要缴纳的保证费相当于手续费，因而相对较低；而工程保险所要缴纳的保险费则相对较高。

10.5 国际工程常用合同条件

10.5.1 国际工程的概念

国际工程通常是指一项由多个国家的公司参与工程建设,并且按照国际通用的项目管理概念和方法进行管理的建设工程项目。在许多发展中国家,根据项目建设资金的来源(如外国政府贷款、国际金融机构贷款等)和技术复杂程度,以及本国公司的能力具有局限性等情况,允许外国公司承担某些工程任务。国际工程包括咨询和承包等行业。

1. 国际工程咨询

国际工程咨询包括对工程项目前期的投资机会研究、预可行性研究、可行性研究、项目评估、勘察、设计、招标文件编制、工程监理、项目管理、项目后评价等,是以高水平的智力劳动为主的服务工作,一般都是为建设单位(业主)提供相关咨询服务,也可应承包人聘请,为其进行施工管理、成本管理等咨询。

2. 国际工程承包合同

国际工程承包合同是指参与国际工程的不同国家的有关法人之间为了实现某个工程项目中的施工、设备供货、安装调试以及提供劳务等特定目的而签订的明确彼此权利、义务关系的协议。

与国内工程合同相比,国际工程承包合同具有以下一些特点:

(1)国际工程合同是参与主体参与合同订立的法律行为。合同关系必须是双方(或多方)当事人的法律行为,而不能是单方面的法律行为。当事人之间具备"合意",合同才能成立。在国际工程参与主体订立合同的过程中,国际工程合同为合同双方规定了权利与义务。这种权利、义务的相互关系并不是一种道义上的关系,而是一种法律关系。双方签订的合同要受到有关缔约方国家的法律或国际惯例的制约、保护与监督。合同一经签字,双方必须履行合同规定的条款。违约一方要承担由此而造成的损失。

(2)国际工程合同是一种非法律性惯例。国际工程咨询和承包在国际上都有上百年历史,经过不断总结经验,国际上已经有了一批比较完善的合同范本,如 FIDIC 合同条件、ICE 合同条件、ECC 合同条件、AIA 合同条件等。这些国际工程承包合同示范文本内容全面,包括合同协议书、投标书、中标函、合同条件、技术规范、图纸、工程量表等多个文件。这些范本还在不断地修订和完善,可供我们学习和借鉴。

(3)国际工程承包合同管理是工程项目管理的核心。国际工程承包合同从前期准备、招投标、谈判、修改、签订到实施,都是国际工程中十分重要的环节。合同有关任何一方都不能粗心大意,只有订立好一个完善的合同,才能保证项目的顺利实施。

合同管理是整个项目管理的核心,合同双方对合同的内容和条款非常重视。在国际工程中,许多业主方都聘请专业化的项目管理公司负责或者协调其进行项目管理,公司代表业主的利益进行管理,实现项目管理的专业化。

10.5.2 FIDIC 系列合同条件

FIDIC 即国际咨询工程师联合会的缩写,是国际上最权威的咨询工程师的组织之一。与其他类似的国际组织一样,它推动了高质量的工程咨询服务业的发展。

1. 1999 年版 FIDIC 系列合同条件

1999 年新版 FIDIC 系列合同条件主要包括:

(1)施工合同条件(简称"新红皮书")。该合同主要用于由发包人设计的或由咨询工程师设计的房屋建筑工程和土木工程。施工合同条件的主要特点表现为以竞争性招标投标方式选择承包商,合同在履行过程中采用以工程师为核心的工程项目管理模式。

FIDIC《土木工程施工合同条件》内容简介:

①一般性条款。主要包括合同文件的组成、语言、优先次序等条款。

②法律性条款。主要为有关劳工、税收、原产地、保险、争议解决等条款。

③商务性条款。商务性条款是指与承包工程的一切财务、财产所有权密切相关的条款。

④技术性条款。针对承包工程的施工质量要求、材料检验及施工监督、检验测量、验收等环节而设立的条款。

⑤权利与义务条款。权利与义务条款包括承包商、业主和监理工程师三者的权利和义务。

⑥违约与索赔条款。违约惩罚与索赔是 FIDIC 条款中的一项重要内容,也是国际承包工程得以圆满实施的有效手段。采用工程承发包制实施工程的效果之所以明显优于其他方法,根本原因就在于按照这种制度,当事人各方责任明确,赏罚分明。

⑦附件和补充条款。FIDIC 条款还规定了作为招标文件的文件内容和格式,以及在各种具体合同中可能出现的补充条款。

(2)设备和设计——建造合同条件(简称"新黄皮书")。在新黄皮书条件下,承包人的基本义务是完成永久设备的设计、制造和安装。

(3)EPC/交钥匙项目合同条件(简称"银皮书")。银皮书又可译为"设计-采购-施工交钥匙项目合同条件"。它适用于工厂建设之类的开发项目。

(4)简明合同格式(简称"绿皮书")。该合同条件主要适用于价值较低或形式简单或重复性或工期短的房屋建筑和土木工程。

2. 2017 年版 FIDIC 系列合同条件更新摘要

2017 年 FIDIC 正式发布了与 1999 年版相对应的三本新版合同条件。2017 年版三本合同条件各自的应用范围、业主与承包商的职责和义务,尤其是风险分配原则与 1999 年版基本保持一致;合同条件的总体结构基本不变,但通用条件将索赔与争端区分开,并增加了争端预警机制。与 1999 年版相比,2017 年版的通用条件在篇幅上大幅增加,融入了更多项目管理思维,相关规定更加详细和明确,更具可操作性;2017 年版加强了工程师的地位和作用,同时强调工程师的中立性,更加强调在风险与责任分配及各项处理程序上业主和承包商的对等关系。

FIDIC 系列合同条件具有国际性、通用性和权威性。其合同条款公正合理,职责分明,程序严谨,易于操作。考虑到工程项目的一次性、唯一性等特点,FIDIC 合同条件分成了通用合同条件和专用合同条件两部分。通用合同条件适合所有工程,专用合同条件针对一个具体的工程项目,也是在考虑项目所在国法律法规、项目特点和发包人要求不同的基础上,对通用合同条件进行的具体化的修改和补充。

10.5.3 FIDIC 设计采购施工(EPC)合同条件

1.《EPC/交钥匙项目合同条件》的适用范围

《EPC/交钥匙项目合同条件》是一种现代新型的建设履行方式。该合同范本适用于建设项目规模大、复杂程度高、承包商提供设计、承包商承担绝大部分风险的情况。该合同范本与其他三个合同范本的最大区别在于,在《EPC/交钥匙项目合同条件》下,业主只承担工程项目很小的风险,而将绝大部分风险转移给承包商。这是由于作为这些项目(特别是私人投资的商业项目)投资方的业主,在投资前关心的是工程的最终价格和最终工期,以便他们能够准确地预测在该项目上投资的经济可行性。所以,他们希望少承担项目实施过程中的风险,以避免追加费用和延长工期。因此,《EPC/交钥匙项目合同条件》可满足业主如下几方面的需求:

(1)承包商承担全部设计责任,合同价格具有高度确定性,时间不允许逾期。

(2)不卷入每天的项目工作中去。

(3)多支付承包商建造费用,但作为条件,承包商需承担额外的工程总价及工期的风险。

(4)项目的管理严格采纳双方当事人的方式,如无工程师的介入。

另外,使用 EPC 合同的项目的招标阶段给予承包商充分的时间和资料,使其全面了解业主的要求并进行前期规划、风险评估;业主也不得过度干预承包商的工作;业主的付款方式应按照合同支付,而无须像新红皮书和新黄皮书里规定的那样,工程师核查工程量并签认支付证书后才付款。

《EPC/交钥匙项目合同条件》特别适用于下列项目类型:

(1)民间主动融资 PFI(private finance initiative)或公共/民间伙伴 PPP(public/private partnership)或 BOT(build operate transfer)及其他特许经营合同的项目。

(2)发电厂或工厂且业主期望以固定价格的交钥匙方式来履行项目。

(3)基础设计项目(如公路、铁路、桥、水或污水处理厂、水坝等)或类似项目,业主提供资金并希望以固定价格的交钥匙方式来履行项目。

(4)民用项目且业主希望采纳固定价格的交钥匙方式来履行项目,通常项目的完成包括所有家具、设备的调试。

2.《EPC/交钥匙项目合同条件》的主要特点

(1)风险。EPC 合同明确划分了业主和承包商的风险,特别是承包商要独自承担发生最为频繁的"外部自然力"这一风险。

(2)管理方式。由于业主承担的风险已大大减少,就没有必要专门聘请工程师来代表其对工程进行全面、细致的管理。EPC 合同中规定,业主或委派业主代表直接对项目进行管理,人选的更迭不需经过承包商同意;业主或业主代表对设计的管理比新黄皮书宽松,但是对工期和费用索赔管理是极为严格的,这也是 EPC 合同订立的初衷。

10.5.4 NEC 工程施工合同(ECC)及合作伙伴管理

ICE 是英国土木工程师学会(Institution of Civil Engineer)的简称。该学会是设于英国的国际性组织,已成为世界公认的学术中心、资质评定组织及专业代表机构。ICE 在土木工程建设合同方面具有高度的权威性,它编制的土木工程合同条件在土木工程中具有广泛的应用。

1991 年 1 月第六版的《ICE 合同条件(土木工程施工)》共计 71 条 109 款,主要内容包括:工程师及工程师代表;转让与分包;合同文件;承包商的一般义务;保险;工艺与材料质量的检查;开工、延期与暂停;变更、增加与删除;材料及承包商设备的所有权;计量;证书与支付;争端的解决;特殊用途条款;投标书格式。另外,《ICE 合同条件》的最后也附有投标书格式、投标书格式附件、协议书格式、履约保证等文件。于 1993 年出版新的合同文本称为《新工程合同》(new engineering contract,NEC)。1995 年出版了第二版,更名为《工程设计与施工合同(ECC)》。ECC 合同具有灵活性、简洁性、体现伙伴关系理论、有利于项目信息化管理的特点。

NEC 合同条件是由英国土木工程师协会编制的工程合同体系。包括六种主要选项条款(合同形式)、九项核心条件、十五项次要选项条款,发包人可以从中选择适合自己项目的条款。

1. NEC 合同条件体系

六种主要选项条款(合同形式)如下:

(1)总价合同;

(2)单价合同;

(3)目标总价合同;

(4)目标单价合同;

(5)成本加酬金合同;

(6)工程管理合同。

2. 九项核心条款

NEC 的核心条款包括如下 9 部分:

(1)总则;

(2)承包人的主要职责;

(3)工期;

(4)检验与缺陷;

(5)支付;

(6)补偿;

(7)权利;

(8)风险与保险;

(9)争端与终止。

3. 支付

发包人可根据自己的需求,从上述 6 种合同形式中选择一种。NEC 可以提供总价合同、单价合同、成本加酬金合同、目标成本合同和工程管理合同。因此,NEC 不是某种标准的合同条件,而是内涵广泛的系列合同条件。

4. 次要选择

NEC 含有 15 项次要选择,它们包括:

（1）完工保证；

（2）总公司担保；

（3）工程预付款；

（4）结算币种（多币种结算）；

（5）部分完工；

（6）设计责任；

（7）价格波动；

（8）保留（留置）；

（9）提前完工奖励；

（10）工期延误赔偿；

（11）工程质量；

（12）法律变更；

（13）特殊条件；

（14）责任赔偿；

（15）附加条款。

发包人可根据工程的特点、工程要求和计价方式做出选择。

5. NEC 的主要特征

与现有的其他标准合同条件相比，NEC 合同条件具有如下特性。

（1）适用范围广

NEC 合同立足于工程实践，主要条款都用非技术语言编写，避免特殊的专业术语和法律术语；设计责任不是固定地由发包人或者承包人承担，可根据项目的具体情况由发包人或承包人按一定的比例承担责任；六种工程款支付方式和十五种次要条款可以根据需要自行选择。在这个意义上讲，NEC 的灵活性体现了"自助餐式"的合同条件，适用范围广泛，并且可以减少争端。

（2）为项目管理提供动力

随着新的项目采购方式的应用和项目管理模式的发展和变化，现有的合同条件不能为项目的参与各方提供令人满意的内容。NEC 强调沟通、合作与协调，通过对合同条款和各种信息清晰的定义，旨在促进对项目目标进行有效的控制。

（3）简明清晰

NEC 的合同语言简明清晰，避免使用法律的和专业的技术语言，合同语句言简意赅。

10.5.5　AIA 系列合同及 CM 和 IPD 合同模式

AIA 是美国建筑师学会（American Institute of Architects）的简称。该学会作为建筑师的专业社团，已经有近 140 年的历史，成员总数达 56000 名，遍布美国及全世界。AIA 出版的系列合同文件在美国建筑业界及国际工程承包界，特别在美洲地区具有较高的权威性，应用广泛。

AIA 系列合同文件分为 A、B、C、D、G、INT 6 个系列，其中 A 系列是用于业主与承包商的标准合同文件，不仅包括合同条件，还包括承包商资格申报表、保证标准格式；B 系列主要用于业主与建筑师之间的标准合同文件，其中包括专门用于建筑设计、室内装修工程等特定情况的标准合同文件;C 系列主要用于建筑师与专业服务的咨询机构之间的标准合同文件;D 系列是建筑师行业内部使用的文件;G 系列是合同和办公管理中使用的文件和表格;INT系列是用于国际工程项目的合同文件(为 B 系列的一部分)。

AIA 合同条件主要用于私营的房屋建筑工程,在美洲地区具有较高的权威性,应用广泛。

复习思考题

1. 公路工程勘察设计合同的概念是什么? 其有哪些特点?

2. 简述公路工程勘察设计合同的主要内容及条款。

3. 公路工程施工监理合同的概念是什么? 其有哪些特点?

4. 简述公路工程施工监理合同的主要内容及条款。

5. 公路工程施工监理合同双方的权利和义务有哪些?

6. 建设工程材料和设备采购合同的特点有哪些?

7. 建设工程材料和设备采购合同的主要条款各有哪些?

8. 借款合同的种类有哪些? 借款利息和借款人返还借款各有哪些法律规定?

9. 什么是工程保险? 其有哪些特点?

10. 如何理解工程项目担保和工程保险的关系?

11. FIDIC 系列合同条件包括哪些?

12. FICIC 施工合同条件的主要内容是什么?

13. EPC 合同的适用范围有哪些?

14. NEC 合同条件体系包括哪些?

15. NEC 合同的主要特征有哪些?

16. 简述 AIA 合同文件 6 个系列的主要内容。

参考文献

[1]中华人民共和国民法典[M].北京:中国法制出版社,2021.

[2]中华人民共和国建筑法[M].北京:中国法制出版社,2018.

[3]中华人民共和国招标投标法[M].北京:法律出版社,2018.

[4]中华人民共和国交通运输部.公路工程标准施工招标文件[M].北京:人民交通出版社,2018.

[5]中华人民共和国交通运输部.公路工程标准施工招标资格预审文件(2018年版)[M].北京:人民交通出版社,2018.

[6]中华人民共和国交通运输部.公路工程标准施工监理招标文件[M].北京:人民交通出版社,2018.

[7]中华人民共和国交通运输部.公路工程标准施工监理招标资格预审文件(2018年版)[M].北京:人民交通出版社,2018.

[8]中华人民共和国.标准施工招标文件(2007年版)[M].北京:中国计划出版社,2007.

[9]中华人民共和国交通运输部.公路工程标准勘察设计招标文件[M].北京:人民交通出版社,2018.

[10]交通运输部路网监测与应急处置中心.公路工程建设项目概算预算编制办法(JTG 3830—2018)[M].北京:人民交通出版社,2018.

[11]中华人民共和国国家发展和改革委员会法规司.标准材料采购招标文件(2017年版)[M].北京:机械工业出版社,2017.

[12]中华人民共和国国家发展和改革委员会法规司.标准设备采购招标文件(2017年版)[M].北京:机械工业出版社,2017.

[13]施工合同编委会.建设工程施工合同(示范文本)(2017年版)[M].北京:中国建筑工业出版社,2017.

[14]中华人民共和国交通运输部.公路工程竣(交)工验收办法与实施细则[M].北京:人民交通出版社,2010.

[15]崔磊.公路工程招投标与合同管理[M].2版.北京:人民交通出版社,2019.

[16]原池.合同管理[M].3版.北京:人民交通出版社,2013.

[17]中国建设监理协会.建设工程合同管理[M].北京:中国建筑工业出版社,2021.

[18]刘三会.合同管理[M].3版.北京:人民交通出版社,2018.

[19]危道军.招投标与合同管理实务[M].4版.北京:高等教育出版社,2018.

[20]周艳冬.工程项目招投标与合同管理[M].北京:北京大学出版社,2017.

[21]杨志中.建设工程招投标与合同管理[M].北京:机械工业出版社,2013.

[22]王炳章.公路建设工程招投标与合同管理[M].成都:西南财经大学出版社,2020.

[23]王振峰,张丽,钱雨辰.公路工程招投标与合同管理[M].武汉:华中科技大学出版社,2020.

[24]任桂娇.公路工程招投标与合同管理[M].重庆:重庆大学出版社,2023.

[25]俞素平.交通土建工程安全风险评估与控制[M].2版.厦门:厦门大学出版社,2022.

[26]俞素平.公路工程定额与造价[M].4版.北京:人民交通出版社,2019.